Sandra Kostner, Elham Manea (Hg.)

Lehren aus 9/11
Zum Umgang des Westens mit Islamismus

Impulse. Debatten zu Politik, Gesellschaft, Kultur
herausgegeben von Sandra Kostner, Stefan Luft und Elham Manea

Die Reihe *Impulse* bietet ein Forum für unterschiedliche Standpunkte zu aktuellen gesellschaftspolitischen Debatten. Debattengrundlage ist jeweils ein Impulstext, auf den Autorinnen und Autoren Repliken verfassen. Ziel der Reihe ist es, ein möglichst breites Spektrum an Standpunkten abzubilden und die Begründungen, die für diese Standpunkte vorgebracht werden, durch die direkte Konfrontation mit Gegenargumenten einem Test zu unterziehen. Durch die Zusammenfassung unterschiedlicher Standpunkte in den Debattenbänden soll den Leserinnen und Lesern die Möglichkeit gegeben werden, sich in komprimierter Form einen Überblick über die Bandbreite an Standpunkten und die Stichhaltigkeit von Argumenten zu verschaffen. Die Reihe will zudem einen Beitrag dazu leisten, Debatten zu umstrittenen und emotional aufgeladenen Themen zu versachlichen. Denn hier sollen nur die Kraft und die Stringenz der Argumente zählen und nicht moralische Haltungen, ideologische Überzeugungen oder gar persönliche Diskreditierungen.
Die Reihe richtet sich an die interessierte Öffentlichkeit wie auch an Wissenschaftlerinnen und Wissenschaftler und Verantwortliche in Politik, Verwaltung und Medien.

1 Sandra Kostner (Hg.)
 Identitätslinke Läuterungsagenda
 Eine Debatte zu ihren Folgen für Migrationsgesellschaften
 ISBN 978-3-8382-1307-1

2 Arthur M. Schlesinger
 Die Spaltung Amerikas
 Überlegungen zu einer multikulturellen Gesellschaft
 ISBN 978-3-8382-1434-4

Sandra Kostner, Elham Manea (Hg.)

LEHREN AUS 9/11

Zum Umgang des Westens mit Islamismus

Bibliografische Information der Deutschen Nationalbibliothek
Die Deutsche Nationalbibliothek verzeichnet diese Publikation in der Deutschen Nationalbibliografie; detaillierte bibliografische Daten sind im Internet über http://dnb.d-nb.de abrufbar.

Bibliographic information published by the Deutsche Nationalbibliothek
Die Deutsche Nationalbibliothek lists this publication in the Deutsche Nationalbibliografie; detailed bibliographic data are available in the Internet at http://dnb.d-nb.de.

ISBN-13: 978-3-8382-1583-9
© *ibidem*-Verlag, Stuttgart 2021
Alle Rechte vorbehalten

Das Werk einschließlich aller seiner Teile ist urheberrechtlich geschützt. Jede Verwertung außerhalb der engen Grenzen des Urheberrechtsgesetzes ist ohne Zustimmung des Verlages unzulässig und strafbar. Dies gilt insbesondere für Vervielfältigungen, Übersetzungen, Mikroverfilmungen und elektronische Speicherformen sowie die Einspeicherung und Verarbeitung in elektronischen Systemen.

All rights reserved. No part of this publication may be reproduced, stored in or introduced into a retrieval system, or transmitted, in any form, or by any means (electronical, mechanical, photocopying, recording or otherwise) without the prior written permission of the publisher. Any person who does any unauthorized act in relation to this publication may be liable to criminal prosecution and civil claims for damages.

Printed in the EU

Inhaltsverzeichnis

Einleitung

Sandra Kostner und Elham Manea
Islamismus – erkannte, unterschätzte und ausgeblendete
Gefahren 9

Teil I: Motivation und Strategie der 9/11-Terroristen

Susanne Schröter
Paradiesjungfrauen, Weltentsagung und das Sterben für Gott –
die Hamburger Zelle des Dschihadismus 31

Ebrahim Afsah
Eine nützliche Geschichte des 11. September. Der fehlgeleitete
militärische Kampf gegen den politischen Islam 51

Michael Wolffsohn
Zur judenpolitischen Strategie der 9/11-Terroristen 65

Teil II: Islam und Islamismus

Ruud Koopmans
Religiös motivierter Terror im 21. Jahrhundert: 140.000 zivile
Todesopfer, die nichts mit dem Islam zu tun hatten? 73

Kristina Schröder
Und es hat doch mit dem Islam zu tun 91

Teil III: Dschihadismus und legalistischer Islamismus

Armin Pfahl-Traughber
Das ignorierte Gefahrenpotenzial des legalistischen Islamismus.
Eine Analyse anhand der Muslimbruderschaft im Westen 101

Heiko Heinisch
Nicht-bin-Laden-Sein. Oder: Wie legalistische Islamisten vom
Dschihadismus profitierten 127

Joachim Wagner
Islamismus in der Schule. Eine pädagogische
Herausforderung 149

Eckhard Jesse
Linksliberalismus und Islamismus. Aus der Perspektive der
vergleichenden Extremismusforschung 181

Teil IV: Länderfokussierte Analysen: Welche Lehren wurden gezogen?

Lorenzo Vidino
Was und wen bekämpfen wir? Auf diese Frage sucht der
Westen seit zwanzig Jahren Antworten 201

Aje Carlbom
Legalistischer Islamismus. Eine ideologische Herausforderung
in Schweden 219

Magnus Norell
Die wichtigsten Lehren aus den Terroranschlägen vom 11.
September 2001 239

Ayaan Hirsi Ali
Terrorismusbekämpfung ohne strategische Weitsicht. Die
Blindheit des Westens – und insbesondere der USA –
gegenüber dem Islamismus 255

Helene Aecherli
Der sanft verschleierte Islamismus 283

Thomas Kessler
Der Kampf ums kritische Denken. Islamisten und Regressive
gegen die Aufklärung 299

Necla Kelek
Wider den Verrat an der Freiheit, den Frauen und der
Aufklärung. Eine Philippika 315

Rebecca Schönenbach
Hybrider Islamismus, oder: die Politik der religiösen
Geiselnahme 335

Volker Beck
Deutsche Islampolitik: 9/11 als Paradigmenwechsel.................... 355

Autorinnen und Autoren 409

Islamismus – erkannte, unterschätzte und ausgeblendete Gefahren

Sandra Kostner und Elham Manea

Die von Al-Qaida verübten Terroranschläge am 11. September 2001 erschütterten die im Westen dominierende Vorstellung, dass der Islamismus allenfalls eine Bedrohung für mehrheitlich muslimische Länder darstelle. Wenngleich es schon vorher islamistisch motivierte Anschläge im Westen gegeben hatte, namentlich den Bombenanschlag auf das World Trade Center im Februar 1993 wurde mit dem Islamismus aufgrund der überschaubaren Zahl der Anschläge und Opfer keine ernstzunehmende Gefahr verbunden, die eine entsprechend umfangreiche sicherheits- und gesellschaftspolitische Reaktion erfordert. Das änderte sich am 11. September schlagartig.

Die damalige US-Regierung unter George W. Bush sah in den Anschlägen eine Kriegserklärung, auf die sie ihrerseits mit der Ausrufung eines globalen „Krieges gegen den Terror" reagierte. Erstes Kriegsziel war das von den Taliban beherrschte Afghanistan, das der Forderung der US-Regierung nach Auslieferung von Osama bin Laden nicht nachgekommen war. Dass die NATO erstmals in ihrer Geschichte den Bündnisfall ausgerufen und zahlreiche westliche Länder unmittelbar nach den Anschlägen ihre uneingeschränkte Solidarität mit den USA erklärt hatten, erwies sich für die US-Regierung als hilfreich bei ihren Bemühungen, andere Länder dazu zu bringen, mit den USA eine internationale „Koalition gegen den Terror" zu bilden. Militärische Operationen in Ländern, die islamistischen Terrororganisationen Zuflucht gewährten, dienten zuvorderst der Wiederherstellung beziehungsweise Aufrechterhaltung der Sicherheit in westlichen Gesellschaften. Der damalige deutsche Verteidigungsminister Peter Struck führte zur Rechtfertigung der deutschen Beteiligung am „Krieg gegen den Terror" eine neue verteidigungspolitische Maxime ein, die lautete: „Die Sicherheit der Bundesrepublik Deutschland wird auch am Hindukusch verteidigt." Diese Aussage bringt die Handlungsrationale auf den Punkt, die im Kern alle Regierungen akzeptierten, die sich der Antiterrorkoalition anschlossen: Sicherheit im Westen rechtfertigt Militäroffensiven in Ländern, mit denen ein islamistisches Terrorpotenzial verbunden wird.

Zur Eindämmung der sicherheitspolitischen Gefahren durch den gewaltorientierten Islamismus erließen oder verschärften westliche Regierungen ihre Antiterrorgesetze. Überdies wurde die internationale Zusammenarbeit intensiviert, um Terroranschläge zu verhindern. Viele Länder etablierten zudem Präventions- und Deradikalisierungsprogramme, um insbesondere junge männliche Muslime davon abzuhalten, sich dschihadistischen Ideologien zuzuwenden beziehungsweise im Fall der Deradikalisierung, sie von diesen Ideologien wegzuführen.[1]

Was für ein Fazit lässt sich nach zwanzig Jahren bezüglich der Maßnahmen ziehen, die westliche Länder ergriffen haben, um die islamistische Gefahr einzudämmen? Werfen wir zunächst einen Blick auf die seit 2001 verübten islamistischen Terroranschläge. Deren Zahl summiert sich auf mehrere Tausend. Die meisten dieser Anschläge wurden im Nahen und Mittleren Osten sowie in Afrika verübt; und die meisten Opfer der islamistischen Terroristen sind Muslime. Aber auch Europa wurde nach 9/11 in deutlich größerem Maße als zuvor zum Aktionsgebiet islamistischer Terroristen. Insbesondere in den ersten Jahren nach 9/11 und dann wieder in den Jahren 2015 bis 2017 verdichtete sich die Zahl der Anschläge. Im kollektiven Gedächtnis verankert sind vor allem die Anschläge in Madrid (März 2004, 191 Tote), London (Juli 2005, 52 Tote), Paris (Januar 2015, 12 Tote bei den Anschlägen auf *Charlie Hebdo* und einen koscheren Lebensmittelmarkt), Paris (November 2015, 130 Tote), Brüssel (März 2016, 32 Tote), Nizza (Juli 2016, 86 Tote), Berlin (Dezember 2016, 12 Tote), Manchester (Mai 2017, 23 Tote) und Barcelona (Juli 2017, 14 Tote). Diese und viele kleinere Anschläge haben weitere sicherheitspolitische Reaktionen nach sich gezogen, wie, um eine besonders augenfällige Reaktion herauszugreifen, die zahlreichen Poller, die in sämtlichen Städten Europas nunmehr das Stadtbild prägen.

Der „Krieg gegen den Terror", der vor allem dem Westen mehr Sicherheit bringen sollte, hat Europa verstärkt ins Visier von gewaltbereiten Islamisten gebracht. Dass es nicht noch zu mehr Anschlägen kam, ist der nach 9/11 entstandenen geheimdienstlichen Sicherheitsarchitektur zu verdanken. Die USA als treibende Kraft des Antiterrorkrieges kann auf eine bessere Bilanz verweisen. Nach 9/11 verzeichnete das Land „nur" zwei größere Anschläge: in San Bernardino im Dezember 2015 mit 14 Todesopfern und in Orlando im Juni 2016 mit 49 Todesopfern.

Betrachtet man die im Rahmen des „Krieges gegen den Terror" durchgeführten Militäreinsätze, allen voran in Afghanistan und im Irak, so muss man nach zwanzig Jahren feststellen, dass Unsummen investiert wurden (geschätzte 6,4 Billionen Dollar investierten allein die USA in den fast zwanzigjährigen Militäreinsatz in Afghanistan) und hohe Opferzahlen unter Militärangehörigen und in noch weitaus größerem Maß unter der Zivilbevölkerung zu verzeichnen sind (circa 2.500 US-Soldaten und 48.000 afghanische Zivilisten). Im Rahmen des „Costs of War"-Projekts haben Wissenschaftler zudem errechnet, dass infolge des 2003 von der Bush-Regierung begonnenen Irakkriegs über 4.500 US-Soldaten und circa 200.000 irakische Zivilisten ihr Leben verloren.[2]

Einem hohen Einsatz an Mitteln und Menschenleben steht ein äußerst ernüchterndes Ergebnis gegenüber: Weder der Krieg in Afghanistan noch der im Irak brachte mehr Sicherheit. Im Gegenteil: Der Sturz Saddam Husseins leitete nicht die angestrebte Demokratisierung des Iraks ein, sondern führte zu einem politischen Vakuum, das letztlich die Voraussetzungen dafür schuf, dass gewaltbereite Islamisten erstarken konnten. Die brutalste Gruppierung – der „Islamische Staat" (IS) – rief im Juni 2014 ein Kalifat aus, das Teile des irakischen und syrischen Staatsgebiets umfasste. Der IS übte dort, wo er Territorien kontrollierte (bis Dezember 2017 im Irak und bis März 2019 in Syrien), eine Schreckensherrschaft aus, die er aus seiner extremistischen Interpretation islamischer Glaubenslehren ableitete. Für diese Interpretation sowie für die intensive dschihadistische Online-Propaganda des IS zeigten sich weltweit vor allem junge Muslime empfänglich (insgesamt schlossen sich ungefähr 30.000 ausländische Dschihadisten aus 100 Ländern dem IS an). Allein aus Deutschland reisten über 1.000 Dschihadisten nach Syrien und in den Irak aus, um sich dem IS anzuschließen. Der IS stellte Deutschland beziehungsweise Europa jedoch nicht nur wegen ausreisender und später zurückkehrender Dschihadisten vor Herausforderungen. Seine Existenz hat auch zu einer deutlichen Zunahme an terroristischen Anschlägen geführt.[3]

Wenngleich Al-Qaida durch den Antiterrorkampf organisatorisch nachhaltig geschwächt werden konnte, stellt die Ideologie des Terrornetzwerks immer noch eine Inspirationsquelle für radikale Islamisten dar. Die am 7. Oktober 2001 unter dem Namen „Operation Enduring Freedom" gestartete Militäroffensive in Afghanistan beendete das radikalislamistische Taliban-Regime. Es zeigte sich jedoch schnell, dass der Sieg über die Taliban teuer erkauft war. Ernüchtert und nicht länger bereit, die notwendigen Ressourcen einzusetzen, um zumindest eine fragile Stabilität in Afghanistan aufrechtzuerhalten, haben die USA und in der Folge auch ihre Verbündeten kurz vor dem zwanzigsten Jahrestag von 9/11 ihre Truppen aus dem Land abgezogen. Sie taten dies ungeachtet der Tatsache, dass dies absehbar dazu führen wird, dass die Taliban wieder die Herrschaft übernehmen. Die Rückkehr der radikalen Islamisten an die Macht ist letztlich sowohl militärisch als auch ideologisch als eine Niederlage des Westens zu werten.

Insgesamt fällt das Fazit nach zwanzig Jahren Antiterrorkampf demnach ziemlich bescheiden aus. Dennoch gibt es auch Positives zu verzeichnen, nämlich dass westliche Regierungen infolge von 9/11 erkannt haben, dass von dschihadistischen Islamisten eine Gefahr für ihre Gesellschaften ausgeht, der sie entschlossen entgegentreten müssen. Man kann den Regierungen nicht vorwerfen, dass sie sich gescheut hätten, ressourcenintensive Maßnahmen zu ergreifen, ablesbar an den mit großen Kosten verbundenen Militäreinsätzen. Warum Mitteleinsatz und Erfolg in keinem adäquaten Verhältnis stehen, liegt in erster Linie daran, dass zu viele der ergriffenen Maßnahmen auf eine Symptombehandlung, also auf Gewalt und Terror, abzielten. Die Fokussierung auf diese Symptome steht im Zusammenhang damit, dass es den Regierungen nach 9/11 zunächst einmal darum ging, ihre Länder vor terroristischen Anschlägen zu schützen. Hinzu kam, dass der Beginn des Afghanistankrieges Anfang Oktober 2001 das Augenmerk auf militärische Lösungen richtete, die sich letztlich als enorme Fehlallokation von Ressourcen herausstellten. Was dadurch aus dem Blick geriet, ist die Ursachenbehandlung, ergo die ideologische Grundlage des Terrorismus: der Islamismus. Dessen Gefahrenpotenzial wurde zudem teilweise aus Sorge davor ausgeblendet, eine Weltreligion und ihre Anhänger zu stigmatisieren; teilweise wurde es unterschätzt, weil mit Islamismus nur Gewalt und Terror verbunden wurde, nicht aber die legalistische, also gewaltfreie, Variante, die jedoch zentrale Ziele mit der dschihadistischen gemein hat.

Beide Varianten des Islamismus streben eine theokratische Staats- und Gesellschaftsordnung an, die sie entsprechend ihrer fundamentalistischen Islaminterpretation gestalten möchten und für die sie alleinige und absolute Gültigkeit beanspruchen.[4] Die angestrebte Ordnung ist offenkundig nicht mit freiheitlich-demokratischen Rechtsstaatsprinzipien vereinbar, die insbesondere auf der gleichen Freiheit und Selbstbestimmung von Individuen, auf der Trennung von Staat und Religion, auf Pluralismus und auf den Bürgerinnen und Bürgern als Souverän aufbauen.

Die stark von der Muslimbruderschaft inspirierte legalistische Variante setzt darauf, die Strukturen der Gesellschaft sukzessive in ihrem Sinne zu verändern. Legalistische Islamisten agieren dabei bevorzugt unter dem Radar der Öffentlichkeit, zumindest solange sie sich in einer Minderheitenposition befinden. Sie zeichnen sich durch ein konziliantes Auftreten ebenso aus wie durch die Verwendung der Begriffe, die als Wesensmerkmale westlicher Gesellschaften gelten: also Freiheitsrechte, Demokratie und Minderheitenschutz. Sie verwenden diese Begriffe gezielt, um Vertreter westlicher Regierungen und Institutionen glauben zu machen, dass ihre Forderungen im Einklang mit diesen Wesensmerkmalen stehen, ja, dass sie sich letztlich sogar auf diese Merkmale zurückführen lassen. Die Botschaft, die dergestalt gesendet wird, lautet: Westliche Gemeinwesen, die den Forderungen legalistischer Islamisten nicht nachkommen, verstoßen gegen ihre eigenen Grundprinzipien und machen sich unglaubwürdig. Dabei wird insbesondere auf das Menschenrecht der Religionsfreiheit und den Minderheitenschutz verwiesen.

Die Botschaft verfängt leider allzu oft, wie zahlreiche Beiträge in diesem Band anhand konkreter Beispiele aus den letzten zwanzig Jahren illustrieren. Untermauert wird sie damit, dass Kritik an der islamistischen Agenda beziehungsweise die Zurückweisung von Forderungen moralisch diskreditiert wird, indem wahlweise der Vorwurf der Islamophobie oder des antimuslimischen Rassismus erhoben wird. An diesem Punkt stehen viele Politiker, Vertreter von Institutionen und Journalisten in der Tat vor der Herausforderung, dass es in ihren Gesellschaften mittlerweile ausgesprochen muslimfeindliche Kräfte gibt, die alle Muslime in Geiselhaft für das Vorgehen der legalistischen Islamisten und die Gewalttaten der dschihadistischen Islamisten nehmen. Dass man diesen Kräften keinen Vorschub leisten will, ist nachvollziehbar. Nur: Islamisten wissen um diese Sorge und haben gelernt, diese geschickt für ihre Belange zu nutzen, weshalb sie Kritik an ihrer freiheits- und demokratiefeindlichen Agenda als „Angriff" auf „den" Islam und „die" Muslime zu diskreditieren versuchen. Hilfreicher als sich aus Sorge vor Diskreditierungen zum Schweigen bringen zu lassen, wäre es, wenn man sich der Frage widmen würde, warum in sämtlichen westlichen Gesellschaften überhaupt solch muslimfeindliche Milieus entstehen konnten. Man müsste sich dann damit auseinandersetzen, dass deren Entstehung beziehungsweise deren Anwachsen auch ein Resultat des zögerlichen und entgegenkommenden Umgangs mit dem legalistischen Islamismus ist.

Ein weiterer Grund für die entgegenkommende Haltung gegenüber legalistischen Islamisten ist, dass die von ihnen eingebrachten Forderungen oftmals eng mit muslimischen Glaubenslehren und -praktiken verschmolzen sind, sodass schwer zu erkennen ist, ob es sich um reine Glaubensausübung oder um eine politische Instrumentalisierung des Glaubens handelt. Das augenfälligste und in nahezu allen Ländern vieldiskutierte Beispiel hierfür ist das Kopftuch. Dieses kann von Frauen aus spirituellen, identifikatorischen und traditionsbezogenen Gründen getragen werden.

Zugleich wird es aber von Islamisten propagiert, und wo immer sie die Macht haben, wird es Frauen mithilfe von sozialem Druck aufgenötigt beziehungsweise von Gesetzes wegen aufgezwungen.

Das Dilemma, vor dem Regierungen und Institutionen stehen, ist, dass das Tragen des Kopftuchs einerseits unter den Schutzbereich der Religionsfreiheit fällt, dass es andererseits jedoch von legalistischen Islamisten als Mittel eingesetzt wird, um ihrer Agenda – insbesondere in Institutionen – zur Sichtbarkeit zu verhelfen, und auf diese Weise Einfluss auf diese Institutionen zu nehmen. Um nicht auch die Frauen in ihrer Glaubensausübung einzuschränken, die das Kopftuch aus nicht-islamistischen Gründen tragen, nahmen westliche Regierungen immer wieder davon Abstand, Lehrerinnen, Richterinnen, Staatsanwältinnen und anderen Amtsträgerinnen des Staates das Kopftuchtragen zu verbieten. Hinzu kommt, dass ein solches Verbot alle Religionen – man denke an die jüdische Kippa oder den Turban der Sikhs – gleichermaßen betreffen muss, da ansonsten das für Rechtsstaaten essentielle Gleichbehandlungsgebot verletzt wird. Das gilt gleichermaßen für das Verbot für Kinder und Jugendliche, in der Schule religiöse Kleidungsstücke zu tragen.

Ein solches Verbot wurde von der österreichischen Regierung beschlossen und im Herbst 2019 in Kraft gesetzt. Aufgrund der Verletzung des Gleichbehandlungsgrundsatzes (die jüdische Kippa wurde vom Gesetzgeber explizit von diesem Verbot ausgenommen) und des Eingriffs in die Religionsfreiheit hat der Verfassungsgerichtshof Österreichs im Dezember 2020 das Verbot des Tragens religiöser Kopfbedeckungen an Schulen für unter zehnjährige Kinder als verfassungswidrig erklärt.[5] Dieses Urteil zeigt zweierlei: erstens, wie verfassungsrechtlich dilettantisch die österreichische Regierung bei der Ausgestaltung des Verbots vorgegangen war; und zweitens, wie westliche Freiheits- und Rechtsstaatsprinzipien legalistischen Islamisten Handlungsspielräume eröffnen – vor allem, wenn die Politik derart dilettantisch agiert.

Viel bedeutsamer als das „Kinderkopftuch", das als sichtbarer Indikator für Islamisierungsprozesse gewertet werden kann, ist das Ausmaß, in dem es Islamisten gelingt, Kinder und Jugendliche für ihre Islaminterpretation und die daraus abgeleiteten gesellschaftspolitischen Ziele zu gewinnen. Sie verfolgen letztlich eine islamistische Version des Marsches durch die Institutionen, der als Generationenprojekt angelegt ist. Anders gesagt: sie setzen auf den Faktor Zeit, um ihre Agenda ganz allmählich und schleichend voranzubringen. Dazu bedarf es des Zugangs zu den Köpfen von jungen Menschen, die auf der Suche nach Sinnstiftung und Identität besonders anfällig für ideologische Botschaften sind, die ihnen vermitteln, dass sie, wenn sie den islamistischen Regeln folgen, als „wahre" Gläubige bessere, gar überlegene Menschen sind, also zur muslimischen und damit gleichbedeutend zur menschlichen Elite gehören.

Um Einfluss auf Kinder und Jugendliche zu nehmen, bauen Islamisten Bildungsstrukturen auf, allen voran Koranschulen. Auch hier nutzen sie das im Rahmen der Religionsfreiheit bestehende Recht, Glaubenslehren an junge Menschen weiterzugeben. Dieses Recht einzuschränken ist schwierig, solange religiöse Gruppen nicht offen auf die Abschaffung der freiheitlich-demokratischen Grundordnung hinarbeiten beziehungsweise nicht gegen Gesetze verstoßen. Nach einem Urteil des deutschen Bundesverfassungsgerichts aus dem Jahr 2000 darf der Staat selbst für die Anerkennung von Religionsgemeinschaften als Körperschaften des öffentlichen Rechts nur Rechtstreue, nicht aber innere Zustimmung zum freiheitlichen Verfassungsstaat einfordern. Diese Entscheidung ist das Ergebnis einer von den Zeugen Jehovas eingereichten Klage. Diesen war bis dato der Körperschaftsstatus verweigert worden, weil sie den säkularen Staat als „Instrument des Teufels" ablehnen und ihre Mitglieder dazu aufrufen, ihr Wahlrecht weder aktiv noch passiv auszuüben. Das Gericht begründete diese Entscheidung damit, dass der Staat zu sehr in die Rechte von Religionsgemeinschaften eingreift und das staatliche Neutralitätsgebot verletzt, wenn er innere Haltungen zum Bewertungsmaßstab macht.[6] Diese Entscheidung ist verfassungsrechtlich nachvollziehbar. Sie erschwert es Regierungen jedoch, gegen legalistische Islamisten vorzugehen, weil: wenn der Staat selbst für die Verleihung des Körperschaftsstatus keine innere Zustimmung einfordern darf, wie soll er dann gegen die Verbreitung islamistischer Lehren in Koranschulen oder Moscheen vorgehen, solange dort nach außen rechtstreu agiert wird?

Das Kriterium der Rechtstreue gibt dem Staat zwar ausreichend Handlungsspielraum, um gegen Koranschulen und Moscheen mit dschihadistischer Ausrichtung vorzugehen, nicht aber gegen diejenigen mit legalistischer Ausrichtung. Das kommt den legalistischen Islamisten entgegen, die ja gerade besonders stark auf die Indoktrination junger Menschen setzen, um ihren freiheits- und demokratiefeindlichen politischen Machtanspruch voranzubringen – ein Machtanspruch, der bis zur Weltherrschaft reicht.[7] Die Herausforderung, die sich hier für den Staat ergibt, ist ganz anderer Natur als die hinsichtlich der Zeugen Jehovas, die sich nicht nach außen rechtstreu geben, um mithilfe ideologischer Indoktrination auf eine andere politische Gesellschafts- oder gar Weltordnung hinzuarbeiten. Hinzu kommt, dass die Zeugen Jehovas mit circa 170.000 Mitgliedern eine kleine Religionsgemeinschaft darstellen.

Regierungen und Institutionen müssen sich in diesem Zusammenhang bewusst machen, dass legalistische Islamisten, Begriffe wie Freiheit und Demokratie strategisch verwenden, um zu signalisieren, dass ihre Agenda kompatibel mit den westlichen Grundwerten ist. In der Realität stellen diese Werte für sie nur nützliche Instrumente dar, um die eigenen, mit diesen Werten inkompatiblen Ziele voranzutreiben. Betonen sie die herausragende Bedeutung der Religionsfreiheit, geht es ihnen dabei nicht um die religiöse Selbstbestimmung von Individuen, sondern darum, sich mithilfe dieses Freiheitsrechts Entfaltungsmöglichkeiten für ihre Agenda zu erschließen. Wie viel Islamisten von religiöser Selbstbestimmung halten, illustriert ein Blick in die Länder, in denen sie politisch oder sozial die Macht haben, ihre Dogmen durchzusetzen.

Islamisten wissen, dass das Menschenrecht auf Religionsfreiheit in allen westlichen Ländern einen hohen Stellenwert einnimmt, und versuchen dementsprechend es für ihre Belange zu instrumentalisieren. Die Instrumentalisierungsoptionen, die sich ihnen in einzelnen Ländern eröffnen, hängen nicht nur vom politischen

Handeln ab, sondern auch ganz maßgeblich davon, wie Religionsfreiheit verfassungspolitisch und -rechtlich konkret ausgestaltet ist. Exemplarisch für diese Unterschiede stehen: das französische Laizitätsprinzip, das auf eine strikte Trennung von Staat und Kirche abhebt, das britische Liberalitätsprinzip, bei dem die Freiheit des Individuums im Mittelpunkt steht, und das deutsche wohlwollende Neutralitätsprinzip, das unter Wahrung der staatlichen Neutralität Raum für individuelle Religionsausübung auch in der staatlichen Sphäre ermöglichen möchte. Diese unterschiedlichen Prinzipien sind der Grund dafür, dass Lehrkräfte und Justizangehörige in Frankreich kein Kopftuch tragen dürfen, während in Großbritannien kopftuchtragende Lehrerinnen nichts Ungewöhnliches sind, und auch schon die ersten kopftuchtragenden Richterinnen ernannt wurden. Deutschland nimmt eine Mittelposition ein, die im Wesentlichen aus einem nicht hinreichend geklärten Verhältnis von individueller Religionsfreiheit und staatlicher Neutralität resultiert.

So hat das Bundesverfassungsgericht 2015 entschieden, dass Lehrerinnen das Tragen des Kopftuchs grundsätzlich erlaubt werden muss. Im Februar 2020 entschied das Gericht hingegen, dass es rechtens ist, Rechtsreferendarinnen das Kopftuchtragen zu verbieten. Damit hat das Gericht auch die von einzelnen Bundesländern (Baden-Württemberg 2017, Nordrhein-Westfalen 2021) bereits verabschiedeten Neutralitätsgesetze für die Justiz unterstützt. Die unterschiedliche Priorisierung von Religionsfreiheit und Neutralität begründet das Bundesverfassungsgericht folgendermaßen: „Anders als im Bereich der bekenntnisoffenen Gemeinschaftsschule, in der sich gerade die religiös-pluralistische Gesellschaft widerspiegeln soll, tritt der Staat dem Bürger in der Justiz klassisch-hoheitlich und daher mit größerer Beeinträchtigungswirkung gegenüber."[8]

Das vom Bundesverfassungsgericht angeführte Argument, dass Schulen die „religiös-pluralistische Gesellschaft widerspiegeln" sollen, wird auch gerne von Islamisten bemüht. Das ist wenig überraschend, wissen sie doch, dass heutzutage Pluralität, wahlweise Vielfalt oder Diversität, Schlüsselbegriffe sind, deren Verwendung ihnen hilft, ihre Agenda in staatliche Institutionen, allen voran in die Schulen, zu tragen. Hält man sich vor Augen, wie wichtig Islamisten gerade der Zugang zu Bildungsinstitutionen ist, muss man bezweifeln, ob das Bundesverfassungsgericht erkannt hat, wem (Personen) und was (Inhalten) es mit dem Verweis auf das religiöse Pluralitätsgebot ebenjenen Zugang eröffnet hat. Dem Gericht ist zuzustimmen, dass es zwischen Bildung und Justiz einen Unterschied hinsichtlich der ausgeübten Hoheitsrechte gibt, aber die Beeinträchtigungswirkung im schulischen Kontext hat es deutlich unterschätzt.

Das staatliche Neutralitätsgebot wird demzufolge in Deutschland priorisiert, wenn der Staat dem Bürger in seiner hoheitlichen Funktion gegenübertritt. Wenn der Staat hingegen als Verantwortlicher für das Schulwesen auftritt, treten Neutralitätserfordernisse hinter das Recht auf individuelle Religionsfreiheit und das Bildungsziel „religiöse Pluralität erleben" zurück. Diese unterschiedliche Priorisierung ist auch darauf zurückzuführen, dass Artikel 7 des Grundgesetzes das Neutralitätsprinzip ohnehin durchbricht. So räumt Artikel 7 dem bekenntnisorientierten Religionsunterricht nicht nur als einzigem Schulfach Verfassungsrang ein. Dieser legt zudem fest, dass der Religionsunterricht zwar dem staatlichen Aufsichtsrecht unterliegt, aber für die inhaltliche Ausgestaltung die Religionsgemeinschaften zuständig sind.

Als der Parlamentarische Rat die Entscheidung traf, den bekenntnisorientierten Religionsunterricht als Grundrecht zu verankern, dachten seine Mitglieder selbstredend nicht daran, dass Islamisten einst versuchen könnten, über diesen Unterricht Einfluss auf muslimische Kinder und Jugendliche zu gewinnen. Das gilt gleichermaßen für die in Artikel 4 garantierte Religionsfreiheit, die Regelungen des Religionsverfassungsrechts und das wohlwollende Neutralitätsprinzip. Die insgesamt überaus religionsfreundliche Auslegung des Grundgesetzes durch die Verfassungsgerichtsbarkeit wäre kaum denkbar gewesen, hätten die Kirchen als mit weitem Abstand größte Religionsgemeinschaften die grundsätzliche Trennung von Staat und Religion nicht akzeptiert und keinerlei innere Loyalität zum Staat entwickelt.

Legalistische Islamisten versuchen, von der Religionsfreundlichkeit des deutschen Staates zu profitieren, beispielsweise von der Möglichkeit bekenntnisorientierten Religionsunterricht in der Schule anzubieten. Viele Bundesländer haben in den letzten Jahren verschiedene Modelle entwickelt, um islamischen Religionsunterricht als Schulfach einzuführen. Mit diesem Unterricht wurden unter anderem die Hoffnungen verbunden, dass er „die Deutungshoheit der Koranschulen" brechen und ein Instrument der Radikalisierungsprävention sein könne.[9] Beide Hoffnungen haben sich – zumindest bislang – nicht wirklich erfüllt.

Nichterfüllten Hoffnungen stehen veritable Probleme mit den muslimischen Verbänden gegenüber, die der Staat als Kooperationspartner braucht. Das größte Problem ist, dass viele Einzel- beziehungsweise Dachverbände eine legalistisch-islamistische Orientierung aufweisen. Mittlerweile sind viele Entscheidungsträger für dieses Problem sensibilisiert, was sie aber nicht notwendigerweise davon abhält, mit problematischen Verbänden zusammenzuarbeiten. Obwohl der Staat über die Verfassungs- und Wertekonformität der Lehrbücher und des Lehrpersonals wacht und damit die Möglichkeit einer islamistischen Einflussnahme klar begrenzt, führt die Zusammenarbeit mit den entsprechenden Verbänden regelmäßig dazu, dass liberale Lehrinhalte und Lehrkräfte aus den Schulen herausgehalten werden. Nicht zu vergessen ist auch der Status- und Legitimationsgewinn, den Verbände erfahren, wenn der Staat sie zu Kooperationspartnern macht.

Analog zum Körperschaftsstatus stellt sich auch beim bekenntnisgebundenen Religionsunterricht die Frage nach der inneren Loyalität der Kooperationspartner zum freiheitlich-demokratischen Verfassungsstaat. Dieser sollte von jeder Kooperation mit Organisationen absehen, bei denen fraglich ist, ob sie die zentralen Verfassungsgrundätze, insbesondere den Wesensgehalt der Grundrechte sowie das Prinzip der Volkssouveränität, teilen. Mit anderen Worten: Wenn es um Bildungsinstitutionen geht, darf im Falle einer zweifelhaften inneren Loyalität keine Zusammenarbeit erfolgen. Vor dem Hintergrund der von legalistischen Islamisten praktizierten Mimikry-Strategie (Entscheidungsträgern

Verfassungstreue signalisieren, um verfassungsinkompatible Ziele zu erreichen) ist genau zu prüfen, ob Anhaltspunkte für die Verwendung dieser Strategie vorliegen. Ist das der Fall, ist von jeglicher Zusammenarbeit Abstand zu nehmen.

Bei in staatlichen Schulen erteiltem Unterricht reicht es unseres Erachtens nicht, wenn, wie das Bundesverwaltungsgericht ausführt, der Religionsunterricht von den Kooperationspartnern des Staates nicht dazu genutzt wird, die Schülerinnen und Schüler von den „elementaren Verfassungsprinzipien zu entfremden".[10] Den prägenden Charakter der Schule bedenkend, ist hier deutlich über die Minimalanforderung der „Nichtentfremdung" hinauszugehen, was im Sinne der Gemeinwohlförderung bedeutet, dass bekenntnisgebundener Religionsunterricht dazu beitragen soll, die Akzeptanz zentraler Verfassungsgrundsätze in der Schülerschaft *zu stärken*.[11]

Generell sollten staatliche Stellen die Stärkung der Akzeptanz der grundlegenden Verfassungsprinzipien zum Bewertungsmaßstab für die Zusammenarbeit (beispielsweise in Gremien, Kommissionen, Rundfunkräten) und die Vergabe von Fördermitteln machen. Selbstredend sind religiöse Verbände nicht verpflichtet, ihre Glaubensinhalte so zu interpretieren, dass sie die Akzeptanz von Freiheit, Demokratie und Rechtsstaat bei ihren Mitgliedern fördern. Der Staat kann ihnen nicht vorschreiben, wie sie ihren Glauben auszulegen und zu vermitteln haben. Er kann aber sehr wohl die Berufung von Personen in Kommissionen und die Vergabe von Projektmitteln davon abhängig machen, dass die dergestalt geförderten Personen und Organisationen zur Vitalität und Dauerhaftigkeit der freiheitlich-demokratischen Verfassungsordnung beitragen.

Dass auch zwanzig Jahre nach 9/11 immer noch Personen und Gruppen aus dem legalistischen Islamismusspektrum staatliche Projektgelder erhalten, legt nahe, dass die Gefahr, die von dieser Islamismusvariante ausgeht, weiterhin unterschätzt beziehungsweise ausgeblendet wird. Es scheint teilweise noch immer die irrige Annahme vorzuherrschen, dass der Dschihadismus mithilfe des legalistischen Islamismus bekämpft werden kann. Hinzu kommt die Sorge aufseiten staatlicher Entscheidungsträger, dass die

Nichtberücksichtigung der entsprechenden Gruppen in der breiteren muslimischen Community den Eindruck erwecken könnte, Muslime würden benachteiligt. Islamisten verstärken diese Sorge, indem sie Nichtberücksichtigungen als Zeichen islamophober Einstellungen beziehungsweise als Ausdruck von antimuslimischem Rassismus anprangern. Diese Vorwürfe verfehlen ihre Wirkung nicht in Gesellschaften, in denen dem Kampf gegen Rassismus große Bedeutung zukommt. So positiv dieser Kampf grundsätzlich zu sehen ist, so problematisch wird es, wenn es Personen oder Gruppen gelingt, ihn für ihre Zwecke zu instrumentalisieren. Das bedeutet im vorliegenden Fall, dass Entscheidungsträger die Folgen eines solch strategisch motivierten Vorwurfs mehr fürchten, weil sie unmittelbar eintreten und sie direkt treffen, als die langfristigen gesellschaftlichen Folgen, die aus der Förderung von Islamisten resultieren.

Es gibt aber auch Positives zu vermelden: nämlich, dass jüngst das Bewusstsein für die vom legalistischen Islamismus ausgehenden Probleme nicht nur zugenommen hat, sondern in einigen Ländern, allen voran sind hier Frankreich und Österreich zu nennen, auch zur Implementierung konkreter Maßnahmen geführt hat. So richtete Österreich beispielsweise 2020 die Dokumentationsstelle Politischer Islam ein. Frankreich beschloss im Juli 2021 ein Gesetz zur „Stärkung der Prinzipien der Republik", das neben der härteren Ahndung von Hassaufrufen im Internet vor allem auch dazu dienen soll, „den Einfluss der Türkei und anderer Länder auf französische Moscheen [zu] begrenzen". Die mit diesem Gesetz verbundene Hoffnung brachte der französische Innenminister Gérald Darmanin folgendermaßen zum Ausdruck: „Wir geben uns die Mittel, um gegen die zu kämpfen, die Religion zweckentfremden, um die Werte der Republik in Frage zu stellen."[12] Selbst die gegenüber legalistischen Islamisten zurückhaltend agierende deutsche Bundesregierung setzte kurz vor dem Ende der laufenden Legislaturperiode zunächst für ein Jahr einen Expertenkreis ein, der sich mit dem politischen Islamismus befassen soll. Der vom Bundesinnenministerium eingerichtete Expertenkreis trat erstmals im Juni

2021 zusammen. Bundesinnenminister Horst Seehofer (CSU) begründete die Einrichtung des Expertenkreises mit den Worten:

> Wir müssen entschlossen gegen jede Ideologie vorgehen, die sich gegen die Werte und Normen unserer freiheitlich-demokratischen Grundordnung richtet. Es ist wichtig, dass nicht nur gewalttätige Formen von Extremismus, sondern auch solche, die sich ideologischer Mittel bedienen, als Gefahr für die Werte unseres Landes erkannt und identifiziert werden. Dies ist eine gesamtgesellschaftliche Aufgabe, die neben den Sicherheitsbehörden viele staatliche und zivilgesellschaftliche Stellen fordert. Der Expertenkreis ist damit ein weiterer Teil des Gesamtansatzes zur Bekämpfung von Extremismus und Terrorismus, in dem polizeiliche Maßnahmen durch Prävention komplettiert werden.[13]

Ob die Bundesregierung diesen Worten auch Taten – sprich konkrete Maßnahmen – folgen lässt, ist noch offen. Es ist aber zumindest schon einmal ein Schritt in die richtige Richtung getan worden, weil das Problempotenzial des legalistischen Islamismus – auch als geistiger Verwandter beziehungsweise ideologisch Verbündeter des Dschihadismus – erkannt und benannt wurde.

Fazit und Empfehlungen

Die in diesem Einleitungskapitel vorgenommene Skizzierung der mit Islamismus verbundenen erkannten, unterschätzten und ausgeblendeten Gefahren verdeutlicht, dass westliche Regierungen auch zwanzig Jahren nach 9/11 das Problempotenzial des legalistischen Islamismus nicht hinreichend erkannt beziehungsweise zu wenige Maßnahmen eingeleitet haben, um der Verbreitung islamistischer Ideologien nachhaltig entgegenzuwirken. Dafür gibt es eine Reihe an Gründen, die, wie das Kapitel aufgezeigt hat, nicht zuletzt damit zusammenhängen, dass die Verfassungen westlicher Staaten legalistischen Islamisten Handlungsspielräume eröffnen, die nicht ohne Weiteres verfassungskonform geschlossen werden können. Das hat damit zu tun, dass der legalistische Islamismus sich viel leichter in das Gewand der Religion hüllen kann als die dschihadistische Variante, deren mangelnde Rechtstreue offenkundig ist.

Die Forderungen, die legalistische Islamisten mit Verweis auf die Religionsfreiheit, den Minderheitenschutz oder den religionsverfassungsrechtlichen Gleichbehandlungsgrundsatz einbringen, sind nicht leicht, und teilweise gar nicht, unterscheidbar von Forderungen, die vor allem konservative, traditionsorientierte Gläubige vortragen. Dieser Umstand stellt die Politik vor erhebliche Herausforderungen, weil jeder Einhegungsversuch des Islamismus Gefahr läuft, von den Gerichten als verfassungswidrig eingestuft zu werden, weil diese zu dem Schluss kommen, dass eine konkrete Maßnahme eine unverhältnismäßige Einschränkung des Rechts auf Religionsfreiheit für Muslime insgesamt darstelle.

Im Zentrum dieses Bandes steht der legalistische Islamismus: aufgrund seiner Bedeutung für die Verbreitung islamistischen Gedankenguts und der Tatsache, dass man im Westen einerseits sein Gefahrenpotenzial weiterhin unterschätzt und dass man sich andererseits in besonderer Weise schwertut, Einhegungsstrategien zu entwickeln, die gleichermaßen wirkungsvoll und verfassungskonform sind. Komplementiert wird der Band durch Beiträge, die sich mit der Motivation der 9/11-Terroristen, dem „Krieg gegen den Terror" sowie dem Verhältnis von Islam und Islamismus auseinandersetzen.

Beschließen möchten wir dieses einleitende Kapitel mit einigen Handlungsempfehlungen dazu, wie Entscheidungsträger in der Politik und in den Institutionen die strategischen Schwächen ihres bisherigen Umgangs mit Islamismus überwinden könnten.

Empfehlungen

- Keine Kooperationen mit legalistischen Islamisten eingehen, um Dschihadisten zu bekämpfen, Diese Strategie kann nicht funktionieren, da beide Gruppen maßgebliche ideologische Dogmen teilen. Machen staatliche Institutionen legalistische Islamisten zu Partnern im Kampf gegen den Dschihadismus, kommt dies einem Zuwachs an symbolischem Kapital für erstere Islamismusvariante gleich.
- Jegliche Aufwertung legalistischer Islamisten vermeiden, d.h. keine Kooperationen, keine Berufung von Personen aus diesem Umfeld in Expertenkreise, Gremien, Kommissionen und Beiräte. Keinerlei finanzielle Förderung von

Gruppen, bei denen nicht eindeutig geklärt ist, dass sie die Prinzipien des freiheitlichen Verfassungsstaates aus einer inneren Disposition heraus mittragen.

- Die Finanzierung islamistischer Strukturen aus dem Ausland so weit als möglich unterbinden. Das österreichische Islamgesetz aus dem Jahr 2015, das die Auslandsfinanzierung von Imamen verbietet, kann hierfür als Vorbild dienen.
- Es dürfen keine Verbände zu Kooperationspartnern für den bekenntnisorientierten islamischen Religionsunterricht in staatlichen Schulen gemacht werden, bei denen nicht zweifelsfrei feststeht, dass sie keine Verbindungen ins islamistische Spektrum haben. Es ist besser, keinen bekenntnisorientierten Religionsunterricht anzubieten, als dies mit problematischen Partnern zu tun.
- Legalistische Islamisten versuchen ihre Ziele in westlichen Ländern zu erreichen, indem sie sich auf Verfassung und Gesetz berufen. Anders gesagt: Ihr Bestreben ist es, den Westen mithilfe seiner eigenen Werte zu unterwandern. Aus diesem Grund strengen sie zahlreiche Gerichtsverfahren an. Sie machen es sich dabei zunutze, dass ihre Forderungen an islamische Glaubensinhalte und -praktiken gekoppelt sind, und die Verfassungsgerichte sich äußerst schwertun, zwischen Religion und politisch instrumentalisierter Religion zu unterscheiden. Um dieser Zweckentfremdung der Religionsfreiheit für politische Belange entgegenzuwirken, sollte die Verfassungsgerichtsbarkeit Maßstäbe entwickeln, die dazu geeignet sind, Religion und politisierte Religion unterschiedlich zu behandeln. Dazu gehört im Fall kollidierender Grundrechte, dass Religionsfreiheit gegenüber anderen Freiheitsrechten sowie Rechtsgütern mit Verfassungsrang nicht länger in dem Maß priorisiert wird wie bislang. Dies erfordert aufseiten der Verfassungsgerichtsbarkeit deutlich mehr Wissen über den legalistischen Islamismus, denn nur so kann sie erkennen, wo es zum Schutz der Gesellschaft vor dem Erstarken des Islamismus geboten ist, das Recht auf Glaubensausübung einzuschränken.

- Insbesondere die Neutralität staatlicher Institutionen, die legalistische Islamisten in ihrem Sinne durchbrechen möchten, gilt es zu wahren – und nicht nur in der Justiz, sondern vor allem auch in Bildungseinrichtungen. Islamismus zählt definitiv nicht zur gemeinwohlförderlichen Pluralität einer Gesellschaft. Gerade das zweite Kopftuchurteil des Bundesverfassungsgerichts aus dem Jahr 2015 zeigt ein mangelndes Verständnis der Richter dafür, wem sie im Namen der Religionsfreiheit und des Bildungsziels der religiösen Pluralität die Option eröffnet haben, den staatlichen Raum religiös aufzuladen. Um dieses islamistische „Einfallstor" zu schließen, sollte künftig die Neutralität des Staates höher wiegen als das Recht von Staatsbediensteten auf das Tragen religiöser Symbole bei der Ausübung ihrer Tätigkeit, auch wenn damit die Einschränkung der Religionsfreiheit für alle einhergeht, die religiös konnotierte Kleidungsstücke und Symbole tragen möchten.
- Islamisten präsentieren sich gerne als Opfer. Sie verwenden dazu bevorzugt Diskursbausteine, für die es in der Mehrheitsgesellschaft einen gut bestellten Resonanzboden gibt. So argumentieren sie, dass das Verbot des Tragens religiöser Kleidungsstücke für Staatsbedienstete vor allem muslimische Frauen betreffe. Damit würde in erster Linie die Gruppe unter dem Verbot leiden, die ohnehin schon doppelt benachteiligt sei, nämlich als Frau und als Muslimin. Es ist richtig, dass in den meisten westlichen Ländern zahlenmäßig Musliminnen von solchen Verboten am stärksten betroffen sind. Das bedeutet im Umkehrschluss jedoch, dass dort, wo Staatsbedienstete religiöse Symbole tragen dürfen, das Kopftuch dominiert. Je mehr kopftuchtragende Staatsbedienstete es gibt, desto häufiger tritt der Staat seinen Bürgerinnen und Bürgern mit einem Symbol gegenüber, das eindeutig einer Religion zuzuordnen ist. Gerade in Bildungseinrichtungen ist zu bezweifeln, inwiefern Kinder dann noch in der Lage sind, den Staat als religiös neutral und plural wahrzunehmen. Daher: Das Argument des Verstoßes gegen das Gleichberechtigungsprinzip der Geschlechter muss als das erkannt werden, was es ist: ein

Mittel, um Islamisten Sichtbarkeit im staatlichen Raum zu verschaffen.
- Entscheidungsträger müssen sich der islamistischen Herausforderung stellen, auch dann, wenn es sein kann, dass, aufgrund der religiösen Fundierung der islamistischen Ideologie, Muslime Kritik am Islamismus als Generalkritik an ihrer Religion auffassen. Die Einhegung des Islamismus kann letztlich nur gelingen, wenn auch eine kritische Auseinandersetzung mit den Glaubensinhalten erfolgt, auf die sich Islamisten stützen. Worauf es ankommt, ist, dass die Kritik auf die entsprechenden Glaubensinhalte abzielt und nicht zu einer generellen Kritik am Islam oder gar „den" Muslimen wird. Daran schließt sich die Empfehlung an, Muslime als facettenreiche Individuen und nicht als Träger eines Kollektivmerkmals zu betrachten und zu behandeln.
- Eine vielfältige Gesellschaft ist erstrebenswert. Dabei darf aber nicht aus dem Blick geraten, dass Vielfalt nicht gleich Vielfalt ist. Islamisten dürfen auf keinen Fall von den mittlerweile zahlreichen Programmen zur Vielfaltsförderung profitieren. Das erfordert vor allem auf der politischen Seite mehr Klarheit darüber, welche Vielfalt gefördert werden soll und welche nicht nur von der Förderung ausgenommen, sondern wo immer rechtlich möglich, in die Schranken verwiesen werden muss.

Anmerkungen

[1] „EU's response to the terrorist threat", *European Council*, 19. Juli 2021: https://www.consilium.europa.eu/en/policies/fight-against-terrorism/.

[2] https://www.brown.edu/news/2019-11-13/costsofwar; https://www.usnews.com/news/politics/articles/2021-07-12/the-cost-of-the-afghanistan-war-in-lives-and-dollars

[3] Heinz Gärtner, „Der Irakkrieg und die Folgen", in Ines-Jacqueline Werkner und Ulrike Kronfeld-Goharani (Hrsg.), *Der ambivalente Frieden. Die Friedensforschung vor neuen Herausforderungen* (Wiesbaden: Springer VS, 2011), S. 153–169; Deutscher Bundestag, *Drucksache 19/284*, 15. Dezember 2017; https://www.lpb-bw.de/islamischer-staat#c22714.

[4] Mehdi Mozaffari, „What Is Islamism? History and Definition of a Concept", *Totalitarian Movements and Political Religions* 8 (1), 2007, S. 21–24.

5 Ivo Mijnssen, „Österreichs Kopftuchverbot an Schulen verstösst gegen die Verfassung", *NZZ*, 11. Dezember 2020: https://www.nzz.ch/international/kopftuchverbot-in-oesterreich-ist-verfassungswidrig-ld.1591695.
6 Bundesverfassungsgericht, *Leitsätze um Urteil des Zweiten Senats vom 19. Dezember 2000 – 2 BvR 1500/97*: https://www.bundesverfassungsgericht.de/SharedDocs/Entscheidungen/DE/2000/12/rs20001219_2bvr150097.html
7 Elham Manea, *Der alltägliche Islamismus. Terror beginnt da, wo wir ihn zulassen* (München: Kösel, 2018), S. 118; Yusuf al-Qaradawi, *Islamic Education and the School of Hasan Al Banna* (Kairo: Wahba Library, 1982), S. 4, 23, 26f, 35.
8 Bundesverfassungsgericht, *Leitsätze zum Beschluss des Zweiten Senats vom 14. Januar 2020 – 2 BvR 1333/17*: https://www.bundesverfassungsgericht.de/SharedDocs/Entscheidungen/DE/2020/01/rs20200114_2bvr133317.html.
9 Susanne Schröter, *Politischer Islam. Stresstest für Deutschland* (Gütersloh: Gütersloher Verlagshaus, 2019), S. 339.
10 Bundesverwaltungsgericht, *Urteil vom 23.02.2005 – BVerwG 6 C 2.04*: https://www.bverwg.de/230205U6C2.04.0.
11 Siehe dazu auch: Christian Hillgruber, *Staat und Religion* (Paderborn: Schöningh, 2007), S. 79ff.
12 „Gesetz verabschiedet. Frankreich geht schärfer gegen Islamisten vor", *tagesschau.de*, 23. Juli 2021: https://www.tagesschau.de/ausland/islamisierung-frankreich-101.html.
13 https://www.bmi.bund.de/SharedDocs/pressemitteilungen/DE/2021/06/expertenkreis-politischer-extremismus.html

Teil I:

Motivation und Strategie der 9/11-Terroristen

Paradiesjungfrauen, Weltentsagung und das Sterben für Gott – die Hamburger Zelle des Dschihadismus

Susanne Schröter

Das Thema des muslimischen Extremismus wurde in der Öffentlichkeit erst um die Mitte der zweiten Dekade des 21. Jahrhunderts als ernsthaftes Problem wahrgenommen. Im Juli 2014 verkündete der Dschihadist Abu Bakr al-Baghdadi die Gründung eines islamischen Staates auf dem Territorium von Teilen Syriens und des Iraks, und junge Menschen aus aller Welt machten sich auf den Weg, um dazuzugehören. Sie kamen auch aus Deutschland. Sowohl die Politik als auch die Bevölkerung erwarteten schlüssige Analysen, um Präventionsmaßnahmen zu entwickeln. Schnell setzte sich die Überzeugung durch, die Radikalisierung sei maßgeblich eine Folge erlebter Diskriminierung und Marginalisierung. Ausgeblendet wurde dabei allerdings, dass das Problem des islamisch begründeten Terrorismus in Deutschland zum damaligen Zeitpunkt bereits mehr als zehn Jahre alt war. Es geht nämlich auf die Anschläge vom 11. September 2001 zurück, die auch von einer Gruppe arabischer Studenten geplant und durchgeführt wurden, die in Hamburg gelebt hatten. Anhand dieser Gruppe, die gewissermaßen Weltgeschichte geschrieben hat, lässt sich gut überprüfen, ob die Prämissen derjenigen Extremismusforscher und Präventionsfachleute, die bis zum heutigen Tag das Feld dominieren, stichhaltig sind.

Blinde Flecken der Theoriebildung zu islamischem Extremismus

Einer von ihnen ist der französische Politikwissenschaftler Olivier Roy. Er sieht die Ursache des islamischen Extremismus in der westlichen Moderne und ihrer Entkoppelung von Religion und Kultur im Prozess der Säkularisierung. In seinem 2008 erschienen Buch *La sainte ignorance*, das 2010 unter dem Titel *Heilige Einfalt* in deutscher Übersetzung publiziert wurde, vertritt er die These, dass die durch den Säkularismus kulturell entleerte Religion individuell als etwas rein Religiöses angeeignet werden kann und dadurch Fundamentalismen jedweder Art Vorschub leiste.[1] Roy bezieht sich dabei nicht nur auf den Islam. In dem 2016 herausgegebenen Werk *Le djihad et la mort*, das man als Fortsetzung und Zuspitzung des oben genannten Werkes verstehen könnte, ist dies anders. Es wurde 2017 unter dem bezeichnenden Titel *Ihr liebt das Leben, wir lieben den Tod* in deutscher Sprache veröffentlicht und spielt auf eine viel zitierte Aussage junger Dschihadisten an, die Roy als Nihilismus interpretiert.[2] Das Buch wurde unter dem Eindruck einer Situation geschrieben, in der Tausende junger Europäer Abu Bakr al-Baghdadi den Treueeid leisteten und bereit waren, für ihn zu foltern, zu morden und zu sterben. Darin wiederholt Roy seine ursprüngliche These, dass eine „[...] fundamentalistische Verhärtung der Religionen [...]" stattfinde, die „[...] dem Triumph eines das Religiöse ausschließenden Säkularismus geschuldet ist."[3]

In einer zweiten These behauptet Roy, es handele sich beim modernen Dschihadismus um die Islamisierung einer ohnehin vorhandenen Radikalität unter Jugendlichen, denen es an Perspektiven mangele. Die Religion sei dabei vollkommen nebensächlich. Er schreibt: „Sie werden nicht radikal, weil sie bestimmte Texte falsch verstanden haben oder weil sie manipuliert wurden: Sie sind radikal, weil sie radikal sein wollen, weil sie die schiere Radikalität verlockend finden."[4] Unmittelbar fühlt man sich an die Revolutionsromantik der 1960er-Jahre erinnert, und dies ist von Roy durchaus beabsichtigt. Er schreibt:

> Die Revolte wird im Namen einer globalen und virtuellen Gemeinschaft von Unterdrückten geführt: ‚des internationalen Proletariats' oder ‚der muslimischen Ummah', obwohl die Beziehung zwischen den Militanten und der jeweiligen Gemeinschaft mehr als angespannt ist.[5]

Roys prominentester Gegenspieler in Frankreich ist der Sozialwissenschaftler Gilles Kepel, dessen zahlreiche Publikationen aktuelle Entwicklungen sowohl in der arabischen Welt als auch in den französischen Banlieues thematisieren.[6] Kepel sieht durchaus, dass soziale Marginalität für Extremismen anfällig macht, möchte der ideologischen Komponente des Dschihadismus aber ebenso Geltung verschaffen. Er wirft Roy vor, die gegenwärtige Radikalisierung des Islam auszublenden, und in der Tat kann Roy nicht erklären, welche sozialrevolutionäre Strategie sich hinter einem Selbstmordanschlag verbergen könnte. Roys abschließendes Fazit, dschihadistische Attentäter seien Psychopaten und Todessüchtige, die Gewalt nicht mehr als Mittel zur Erreichung eines Zieles, sondern als ultimatives Ziel an sich verstünden, wirkt wie ein hilfloser Versuch, etwas Unbegreifliches durch Pathologisierung fassbar zu machen. Seine Zukunftsvision ist dennoch oder gerade deshalb erstaunlich optimistisch. Wie sich die 68er-Bewegung aufgelöst habe, weil sie keinen Zugang zur Arbeiterschaft gefunden haben, so werde sich der Dschihadismus wieder verflüchtigen, weil deren Akteure nicht für die Ummah sprächen, meint Roy. Das ist allerdings wenig wahrscheinlich, wenn man sich empirische Daten aus Europa und außereuropäischen Staaten vor Augen führt.

Anders als Kepels Argumentation hat Roys Theorie die deutsche Debatte explizit und implizit stark beeinflusst. Da ist zunächst die Vorstellung, dass Dschihadismus nichts mit Religion im eigentlichen Sinne zu tun habe. Roy glaubt, dass eine mangelhafte religiöse Bildung bei Dschihadisten immer offensichtlich sei[7], und diese These wird seit vielen Jahren von deutschen Islamwissenschaftlern und Deradikalisierungsexperten wiederholt. Ein Beispiel, das öffentlichkeitswirksam zur Untermauerung herangezogen wurde, war eine jugendliche WhatsApp-Gruppe, deren Mitglieder 2016 einen Anschlag auf ein Sikh-Heiligtum in Essen verübten. Eine Gruppe von Wissenschaftlern befasste sich dezidiert mit den versendeten Nachrichten der jungen Attentäter und fand heraus, dass das religiöse Wissen der Jugendlichen rudimentär war.[8] Das ist zweifellos richtig, aber kann man diesen Fall generalisieren? Allein sprachlich wird bei den dokumentierten Auszügen aus der internen Kommunikation deutlich, dass die jungen Leute in ihrer Alterskohorte ohnehin eher durch ein unterdurchschnittliches Bildungsniveau aufgefallen sein müssen. Unbestreitbar fanden sich in den Reihen deutscher Dschihadisten immer Personen, die die Tragweite dessen, was sie taten, nicht überblicken konnten; doch für den modernen Dschihadismus an sich ist dies nicht symptomatisch. Roys Revoluzzerthese wurde in Deutschland auf eine gefällige Benachteiligungstheorie verengt und fügt sich mittlerweile geschmeidig in ein Rassismustheorem ein, das zum Standardnarrativ der Einwanderungsgesellschaft geworden ist.[9] Andererseits wurde es als Jugendphänomen verharmlost, was vielleicht darauf hinweist, dass es häufig Pädagogen oder Soziologen waren, die mit der Analyse extremistischer Milieus betraut wurden.[10]

In weiten Teilen der internationalen, aber auch der deutschen Debatte wurde möglichen Hintergründen des islamischen Terrorismus ohnehin kein besonderer Wert beigemessen, da man sich primär darauf konzentrierte, den „Kampf gegen den Terror" zu kritisieren und Muslime vor einem vermeintlichen Generalverdacht zu schützen.[11] In Deutschland, wo die Kreuzzugsmetaphorik George W. Bushs ohnehin auf Befremden stieß, etablierte sich die Auffassung, dass Gewalt im Namen des Islam vor allem etwas mit der Ausgrenzung von Muslimen durch die Mehrheitsgesellschaft zu tun habe. Mittlerweile werden dafür selbst in Kreisen der CDU die zweifelhaften Termini des „antimuslimischen Rassismus" und der „Islamophobie" verwendet. Der Ball liegt seitdem im Spielfeld der Nichtmuslime, und eine Vielzahl von mit Steuergeldern finanzierte Nichtregierungsorganisationen müht sich damit ab, Lehrkräfte und andere Beschäftigte in staatlichen Einrichtungen mit kultursensibilisierenden und antirassistischen Trainings zu einer größeren Akzeptanz von Muslimen zu erziehen. Die Anzahl derjenigen, die von Sicherheitsdiensten als „Gefährder" klassifiziert werden, ist trotz all dieser Maßnahmen sowie der militärischen Niederlage des IS nur unwesentlich gesunken, sodass Nachfragen nach den Grundprämissen derjenigen erlaubt sein sollten, die sich als Experten für Prävention und Deradikalisierung verstehen.

Im Folgenden sollen die beiden wichtigsten Thesen, die Roy und andere zur Erklärung des islamischen Terrorismus vorlegten, überprüft werden. Die erste behauptet, Dschihadisten seien religiöse Analphabeten, und die zweite betont ihren prekären Status, ihre Vulnerabilität und sozio-ökonomische Marginalität. Dazu empfiehlt es sich, zu den Ursprüngen der gegenwärtigen Ausprägung des Dschihadismus zurückzukehren, nämlich zum Anschlag auf das Welthandelszentrum am 11. September 2001 und ihren in Hamburg lebenden wichtigsten Akteuren. Dieser Anschlag wurde in entscheidendem Maß von einer Gruppe arabischer Studenten konzipiert, die mehrere Jahre in Hamburg lebten und sich zusammen auf die Tat vorbereiteten. Drei von ihnen absolvierten zuvor eine Pilotenausbildung in den USA und übernahmen die Steuerung der entführten Flugzeuge.

Die Piloten vom 11. September und ihre Unterstützer

Einer von ihnen war Mohammed Atta, der Sohn eines ägyptischen Rechtsanwaltes. Er gehörte zur fünfköpfigen Gruppe der Entführer der American-Airlines-Maschine, die während des Fluges 11 in den Nordturm des Welthandelszentrums gelenkt wurde, und soll der Kopf des Kommandos gewesen sein. Atta wurde im Nildelta geboren. Seine Familie lebte in Giseh bei Kairo und gehörte dem konservativ-islamistischen Milieu an, das die säkulare Politik des damaligen Präsidenten Hosni Mubarak ablehnte. Attas Vater gab nach dem Anschlag gegenüber der Presse an, sein Sohn sei vom israelischen Geheimdienst entführt worden. Das Attentat sei nicht von Muslimen, sondern vom israelischen Geheimdienst Mossad durchgeführt worden, um Muslime zu diskreditieren. Attas akademische Laufbahn verlief unspektakulär und erfolgreich. Er studierte Architektur in Kairo und erwarb dort 1990 einen Diplomabschluss. Dann bewarb er sich für ein Studium in Deutschland und wurde angenommen. Von 1992 bis 1999 war er an der Technischen Universität Hamburg-Harburg eingeschrieben und schloss mit einem Diplom im Fach Stadtplanung ab. Bereits 1992 fand er eine gut bezahlte Halbtagsanstellung als Bauzeichner in einem Stadtplanungsbüro in Hamburg-Altona, in dem er vier Jahre lang tätig war. Sein Studium soll er, nach Angaben seiner Dozenten, mit Eifer und Fleiß verfolgt haben. Für seine Diplomarbeit über die Sanierung arabischer Altstädte am Beispiel eines Stadtteils von Aleppo in Syrien erhielt er ein Stipendium der „Carl Duisburg Gesellschaft". Noch Jahre später wurde ihm von seinem Betreuer eine sehr gute Leistung und eine soziale Herangehensweise an das Problem menschenwürdigen Lebens in arabischen Städten bescheinigt. In einem Filmbeitrag des ARD-Magazins „Panorama" aus dem Jahr 2014 bezeichnete der Dozent den Atta, den er kannte, sogar als Humanisten.[12] Atta war weder diskriminiert noch gehörte er einer prekären gesellschaftlichen Gruppe an. Vielmehr war er ein Mitglied der ägyptischen Oberschicht, das zur weiteren Karriereförderung einen Auslandsaufenthalt einplante, um mit einem dort erworbenen akademischen Titel in der Heimat besser aufgestellt zu sein. Seine Anstrengungen wurden in Deutschland mit Anerkennung und akademischem Erfolg belohnt, sodass klassische Radikalisierungstheorien, wie diejenige von Roy, hier nicht greifen. Für Personen, die ihn kannten, war allerdings auffällig, dass er sich zunehmend als frommer Muslim gerierte.

Beim zweiten Attentäter handelte es sich um Ziad Dscharrah aus dem Libanon, dessen wohlhabende Eltern das Studium des Sohnes im fernen Deutschland mit monatlich 2.000 Dollar unterstützten.[13] Er steuerte vermutlich das Flugzeug, das bei Pittsburgh abstürzte. Dscharrah lernte zunächst im Studienkolleg in Greifswald die deutsche Sprache und begann 1997 an der Hochschule für Angewandte Wissenschaften in Hamburg-Harburg ein Studium im Fachbereich Flugzeugbau und Flugzeugtechnik. Der Dekan der Hochschule bezeichnete ihn als „sehr religiös".[14] Seine ehemalige Vermieterin berichtete nach den Anschlägen von einer Veränderung Dscharrahs, die 1998 begonnen habe. Er habe sich einen Bart wachsen lassen und begonnen, viel zu beten. Die damalige Freundin, mit der er seit 1999 zusammenlebte, beklagte sich offenbar über seine zunehmende religiöse Rigidität. Er habe nicht nur verlangt, dass sie ihren Kopf bedecke, sondern auch ihre Hände mit Handschuhen bekleide. Bereits zum damaligen Zeitpunkt muss Dscharrah in radikalen Kreisen verkehrt haben. Viele Zeichen deuten darauf hin, dass der Anschlag sich bereits im Zustand der konkreten Planung befand. Er wolle sich in den USA zum Piloten ausbilden lassen, erfuhr die Vermieterin, und die Freundin meldete ihn einmal als vermisst, weil er für einige Zeit verschwand.[15]

Auch das Flugzeug, das in den zweiten Turm des Welthandelszentrums stürzte, wurde möglicherweise von einem Hamburger Studenten gesteuert. Im Verdacht stand Marwan Mohammed al-Schahi, der mit einem gut dotierten Regierungsstipendium der Streitkräfte der Vereinigten Arabischen Emirate nach Hamburg gekommen war. Wie Atta und Dscharrah stammte al-Schahi aus einer begüterten Familie. Monatlich sollen 3.000 DM auf seinem Konto eingegangen sein. Anders als Atta und Dscharrah habe sich al-Schahi zwar an der Technischen Hochschule in Hamburg-Harburg eingeschrieben, aber offenbar hat er nicht wirklich studiert.

Ein viertes Mitglied der Hamburger Gruppe war Said Bahadschi, Sohn eines Marokkaners und einer Deutschen, der an der Technischen Hochschule Hamburg-Harburg Elektrotechnik studierte. Er war für einen Teil der Logistik zuständig, beteiligte sich aber nicht an den Flügen, sondern verschwand kurz vor dem Attentat vermutlich zu al-Qaida in die Grenzregion zwischen Pakistan und Afghanistan. Ermittler fanden in seiner Wohnung radikalislamistische Schriften, u.a. von Osama bin Laden. Er hatte einen Newsletter abonniert, in dem Anweisungen für die Vorbereitung gewalttätiger Aktivitäten verbreitet wurden. Über diesen Newsletter existierten Verbindungen in radikal-islamistische Kreise Londons. Bahadschi war verheiratet und Vater eines kleinen Sohnes. Er und seine Frau sollen ein streng nach islamistischen Normen ausgerichtetes Leben geführt haben. Die Hochzeit habe man in der Hamburger al-Quds-Moschee geschlechtergetrennt und ausschließlich unter Familienangehörigen gefeiert. Die Ehefrau war voll verschleiert und verhüllte sogar ihr Gesicht bis auf die Augen.

Als weiterer Komplize Attas wurde der Marokkaner Mounir al-Motassadeq, Sohn eines Arztes aus Marrakesch, zu einer 15-jährigen Gefängnisstrafe verurteilt. Al-Motassadeq, von dem der Journalist Hans Leyendecker in der *Süddeutschen Zeitung* schrieb, er sei gottesfürchtig und antisemitisch gewesen, hatte Elektrotechnik an der Technischen Universität Hamburg-Harburg studiert.[16] Im Jahr

2000 soll er in ein dschihadistisches Trainingscamp nach Afghanistan gegangen sein. Die Mitglieder der Hamburger Zelle widerlegen die gern geäußerte Annahme, dass es die Benachteiligten und Abgehängten der deutschen Gesellschaft seien, die in ihrer Verzweiflung zu Terroristen werden. Bis auf Said Bahadschi, der wegen seiner Mutter die deutsche Staatsbürgerschaft besaß, handelte es sich bei den oben Genannten und auch bei anderen Mitgliedern der Hamburger Zelle um Ausländer.[17] Das Landesamt für Verfassungsschutz stellte damals fest, dass sich die islamistische Szene zum überwiegenden Teil aus Nordafrika, dem Irak oder Syrien zusammensetzte. Teilweise gerieten die Personen in diesen Zusammenschlüssen bereits in ihren Herkunftsländern wegen radikaler Umtriebe in das Visier von Sicherheitsorganen und beantragten deshalb Asyl in Deutschland. Teilweise wurden sie erst später von radikalen Akteuren angeworben. Ein Beispiel ist Osama A., der Vorsitzende des Islamischen Zentrums in Münster, der für die Radikalisierung der Hamburger Studenten eine besondere Rolle gespielt haben soll. Er hatte 1996 auf dem Frankfurter Flughafen Asyl beantragt und soll Kontakte zu extremistischen Gruppen in Ägypten unterhalten haben, die wiederum mit Osama bin Laden verbunden waren. Islamischer Extremismus war in seinen Anfängen ein importiertes Phänomen. Deutschland war für diese Islamisten eine komfortable Ruhezone, um internationale Strukturen aufzubauen und Gewalttaten vorzubereiten.

Die Männer, die die Anschläge des 11. September 2001 organisierten und umsetzten, gehörten in ihren Heimatländern mehrheitlich der reichen Oberschicht an. In Deutschland waren sie ebenfalls keine marginalisierten Underdogs. Die mehr als üppigen finanziellen Zuwendungen, die sie von ihren Familien erhielten, machten sie zu einer ökonomischen Elite innerhalb der Studentenschaft. Auch die Mutmaßung, Dschihadisten seien religiös ungebildet, widerlegen die Hamburger. Sie waren allesamt fromm, kamen teilweise aus streng religiösen Familien und hielten Kontakt zu religiös-extremistischen Kreisen wie der Hamburger al-Quds-Moschee, die als islamistisches Zentrum bekannt war.

Das Vermächtnis des Mohammed Atta

Einer nach dem Anschlag aufgefundenen Reisetasche von Mohammed Atta verdanken wir die wohl wertvollsten Hinweise auf seine Gedankenwelt. Zwei von ihm verfasste Texte zeigen unmissverständlich, dass Atta ein zutiefst religiöser und religiös gebildeter Mensch war. Bei einem Text handelt es sich um seinen letzten Willen. Er stellt eine Anweisung dar, wie nach seinem Tod mit dem Körper zu verfahren sei.[18] Der Text beginnt nach einer kurzen Erklärung mit seinem Glaubensbekenntnis:

> Ich glaube, dass Mohammed Gottes Gesandter ist, und habe nicht den geringsten Zweifel, dass die Zeit kommen wird, da Gott alle Menschen aus ihren Gräbern wiederauferstehen lässt. Ich wünsche, dass meine Familie und jeder, der dies hier liest, den allmächtigen Gott fürchtet und sich nicht durch das Leben ablenken lässt; dass sie Gott fürchten und ihm und seinem Propheten nacheifern, wenn sie denn wahre Gläubige sind. Zu meinem Angedenken sollten sie sich verhalten nach dem Vorbild (des Propheten) Abraham, der seinem Sohn auftrug, als guter Muslim zu sterben.

Danach folgen achtzehn Punkte, in denen diejenigen, die mit den islamischen Totenritualen befasst sind, detailliert erfahren, was Atta wünscht und verbietet. Der Text ist in einem autoritären Befehlston gehalten, was zu den Beschreibungen passt, die Personen, die ihn gekannt hatten, bei Interviews angaben. Sein ehemaliger Fluglehrer gab an, er habe sich Anleitungen widersetzt, sich so zu verhalten, als sei er der Fluglehrer, und erst nachgegeben, als sein Rauswurf drohte.[19] Einige Passagen des Vermächtnisses betreffen Personen, die sich um seinen Leichnam und um die Beerdigung kümmern sollen. Diejenigen, die den Körper aufbahren, sollen gute Muslime sein, da dies eine Empfehlung seiner eigenen Person bei Gott im Hinblick auf die Vergebung seiner Sünden sei. Sie sollen ihn neu kleiden, ihm die Augen schließen und dafür beten, dass er zum Himmel aufsteige. Allerdings solle niemand, der zu Lebzeiten nicht mit ihm auskam, von ihm Abschied nehmen. Das Gleiche gilt für „unreine Personen" und schwangere Frauen.

Frauen sind gleich in drei Abschnitten erwähnt, und dabei geht es immer um ihren Ausschluss. Sie sollen nicht für seinen Tod Abbitte leisten und nicht bei der Beerdigung anwesend sein. Nach dem Begräbnis ist es ihnen untersagt, an sein Grab zu gehen. Dies entspricht einer islamischen Tradition. Einer der Gründe ist die Angst, nichtislamischen Praktiken Vorschub zu leisten, wie sie zurzeit Mohammeds üblich waren. So ist es auch zu verstehen, dass auf das Verbot der Abbitte durch Frauen der Satz folgt:

> Ich bin nicht verantwortlich für Tieropfer vor meinem aufgebahrten Leichnam – das widerspricht den Lehren des Islam.

Auch eine andere Passage möchte unislamischen Handlungen vorbeugen. So heißt es:

> Bei der Beerdigung soll niemand Sprüche auf Papier niederschreiben, die man dann als Talisman in der Tasche herumträgt. Das ist ein Aberglaube. Besser soll die Zeit genutzt werden, um zu Gott zu beten.

Es folgen genaue Anweisungen, wie die Totenwaschung zu vollziehen ist, wie die Totenkleidung beschaffen sein soll, wie der Körper ausgerichtet und gebettet werden soll – Anweisungen, die allesamt dem üblichen islamischen Beerdigungsritus entsprechen. Ähnliches gilt auch für die Gebete für sein Seelenheil, die mehrfach angeordnet werden. Eine Besonderheit, die ihn als strenggläubigen islamischen Fundamentalisten ausweist, ist folgende Aufforderung:

> Niemand soll meinetwegen weinen, schreien oder gar seine Kleider zerreißen und sein Gesicht schlagen – das sind törichte Gesten.

Das Trauerverbot resultiert aus der theologischen Annahme, dass das irdische Leben nur eine Prüfung und der Tod das Tor zum wirklichen Leben im Paradies sei. In der kulturellen Realität halten sich die Hinterbliebenen jedoch oft nicht daran.

Den letzten Teil des Testaments nehmen Angaben über die Verteilungsregeln seines Besitzes ein. Den Schluss bildet eine Aufforderung zur Frömmigkeit:

> Diejenigen, die ich zurücklasse, sollen gottesfürchtig sein und sich nicht von den Dingen, die das Leben bietet, etwas vorgaukeln lassen – stattdessen sollen sie zu Gott beten und gute Gläubige sein. Wer den Anweisungen des Testaments nicht entspricht oder den Geboten der Religion zuwiderhandelt, wird dafür letztendlich zur Verantwortung gezogen.

Das Testament weist Atta als gottesfürchtigen Asketen aus und keinesfalls als einen Menschen, dem es an Wissen über seine Religion mangelt. Dass er und die anderen Piloten aus seiner Gruppe nach einer geistlichen Anleitung handelten, beweist ein weiteres Dokument, das in der Reisetasche gefunden wurde. Es wird vermutet, dass Atta ebenfalls der Autor war.[20] Dieser in arabischer Sprache verfasste Text diente als praktischer und spiritueller Fahrplan für die Attentate. Eine Kopie wurde im Auto von Nawaf al-Hazmi gefunden, der mit vier Kumpanen die American Airlines-Maschine (Flug 77) entführte, die ins Pentagon gelenkt wurde. Eine Übersetzung ins Deutsche wurde von Albrecht Fuess, Moez Khalfaoui und Tilman Seidensticker in einem vom Bremer Religionswissenschaftler Hans G. Kippenberg und dem Jenaer Islamwissenschaftler Tilman Seidensticker herausgegebenen Sammelband publiziert.[21]

Ein Attentat nach dem Vorbild frühislamischer Kriegsführung

Der Anschlagsplan, eine bis ins Einzelne ausbuchstabierte Choreographie, beinhaltet praktische, aber vor allem religiöse Anweisungen. Er ist in drei Etappen unterteilt und beginnt mit der Nacht vor dem Attentat. Die Attentäter werden angewiesen, den Körper und die Seele auf das Ereignis vorzubereiten. Dazu gehören die große Waschung, das Rasieren der Körperhaare und das Parfümieren. Sie werden ermahnt, auf ihre Koffer, Papiere und Ausrüstungen zu achten und die Waffen zu prüfen. Explizit wird vom Messer als Tatwaffe gesprochen und eine Prophetenüberlieferung über das Schlachten zitiert.[22] In der Nacht sollen die Attentäter wachen, beten und den Koran rezitieren. Explizit wird auf mögliche schwierige Situationen hingewiesen, die im Vorfeld positiv antizipiert werden:

> [...] richte dein Augenmerk darauf, wie du agierst, wenn du in eine schwierige Lage gerätst, wie du dort standhältst und immer wieder bestehst. Und wisse, daß das, was dir zugestoßen ist, dich nicht verfehlen konnte, und das, was dich verfehlt, dir nicht zustoßen konnte, und dass diese Prüfung von Gott – und er ist erhaben und groß – stammt, um deinen Rang zu erhöhen und dir für deine Sünden Sühnung zukommen zu lassen. Darüber hinaus

> wisse, dass dies nur einige Augenblicke dauern wird und damit mit Gottes Erlaubnis schnell vergehen wird. Glückwunsch dem, der der großen Belohnung Gottes teilhaftig wird. Er, der Erhabene spricht: ‚Oder meint ihr, ihr würdet ins Paradies eingehen, ohne daß Gott zuvor diejenigen von euch, die um seinetwillen Krieg geführt haben, in Erfahrung gebracht hat [...].[23]

Zur seelischen Ertüchtigung gehört der Appell an den „unbedingten Gehorsam" und das Beschwören der zukünftigen Glückseligkeit:

> Sei heiter, denn zwischen dir und deiner Hochzeit liegen nur wenige Augenblicke, mit denen das glückselige, gottgefällige Leben und die ewige Gnade des Propheten, den Rechtschaffenden, den Märtyrern und den Frommen beginnt.[24]

Die Geringschätzung des Irdischen gegenüber dem Jenseits wird betont:

> Reinige dein Herz und säubere es von Makeln und vergiß oder ignoriere etwas, dessen Name Welt ist. Die Zeit des Spielens ist vorbei, es ist die wahre Verabredung gekommen. Wie viel Zeit unseres Lebens haben wir vergeudet.[25]

Die zweite Etappe handelt vom Weg zum Flughafen und dem Verhalten der Attentäter im Terminal. Sie werden ermahnt, unablässig den Koran zu rezitieren, schweigend zu beten, Vertrauen in Gott zu haben und furchtlos zu sein. Nur Gott habe ein Recht darauf, gefürchtet zu werden. Mögliche Anspannungen und vielleicht sogar aufkommende Zweifel unmittelbar vor der Tat werden mit dem Verweis auf kommende Glückseligkeiten relativiert:

> Zeige keine Anzeichen der Verwirrung und nervlicher Anspannung, sondern sei froh, glücklich, heiter und zuversichtlich, weil du eine Tat ausführst, die Gott liebt und die er gutheißt. Danach wird der Tag kommen, den du mit Gottes Erlaubnis mit den schwarzäugigen Jungfrauen im Paradies verbringen wirst.[26]

Die dritte Etappe beginnt mit dem Besteigen des Flugzeugs und endet mit dem Tod. Wieder werden Gebete gegen die Unsicherheit empfohlen, wieder wird die Tat gerechtfertigt. Auch die Verheißung der Jungfrauen wird wiederholt:

> Und wißt, dass sich die Paradiese für euch bereits mit ihrem schönsten
> Schmuck geschmückt haben und die Paradiesjungfrauen nach euch rufen:
> ‚Oh komm herbei, du Freund Gottes!' Dabei tragen sie ihre schönste Kleidung.[27]

Im Sammelband von Kippenberg und Seidensticker wurde der Text von Religions- und Islamwissenschaftlern analysiert und Bezüge zu islamischen Traditionen, theologischen Texten und radikalen Gelehrten wie Hasan al-Banna und Sayyid Qutub hergestellt. Der Religionswissenschaftler Bruce Lincoln fasste die Erkenntnis, die von den anderen Autoren geteilt wurde, folgendermaßen zusammen: Auch wenn man die Attentäter gern als Verkörperung des unmoralischen Bösen sähe, so sei doch unzweifelhaft, dass ihre Motive „zutiefst religiös" seien.[28] Der Islamwissenschaftler Tilman Seidensticker definiert 10 % des Textes als nicht primär religiös, während 90 % einen religiösen Inhalt hätten. Zu den 10 % nicht primär religiösen Passagen zählt er „religionsneutrale" pragmatische Anweisungen, mentale Vorbereitungen sowie Anleitungen zu „religiös gefärbten" Handlungen, die auch kultischer Natur sein können.[29] Darunter fällt die oben erwähnte Check-Liste für die Ausrüstung ebenso wie Bekleidungsregelungen, die einerseits praktischer Art sind, andererseits aber mit der islamischen Tradition begründet werden. Ein typisches Beispiel ist folgendes:

> Straffe deine Kleidung sehr gut. Denn dies ist die Vorgehensweise der rechtschaffenen Muslime aus der Frühzeit – Gott möge sein Wohlgefallen an ihnen haben. Diese strafften ihre Kleidung vor dem Kampf. Danach schnüre deine Schuhe gut und trage Socken, damit du im Schuh Halt hast und nicht herausrutscht. All diese Dinge sind Vorkehrungen, die uns befohlen werden.[30]

Diese Textpassage endet mit einem Koranzitat. Die von Seidensticker bemerkte Religionsneutralität, das Straffen der Kleidung, das Schuhe-Binden und das Socken-Tragen wird also an die islamische Tradition zurückgebunden, die den Attentätern selbst bei diesen profanen Handlungen als Vorbild dienen soll. Atta und seine Glaubensbrüder bewegen sich damit vollständig, selbst hinsichtlich ihrer wertneutralsten Verrichtungen, dem Schuhe-Binden und Socken-Anziehen, in einer religiös aufgeladenen Sphäre. Dies trifft auch auf die Religionsneutralität der mentalen Vorbereitungen zu. Seidensticker ordnet ihnen etwa vier Prozent des Textes zu, gibt aber einschränkend an, dass es schwer ist, sie überhaupt aus dem „religiös imprägnierten Ko-Text" herauszulösen. Die letzte Kategorie der nicht primär religiösen Textinhalte bezieht sich allesamt auf rituelle islamische Handlungen wie Waschungen oder Gebete. Aus kulturwissenschaftlicher Perspektive müssen diese nicht primär religiösen Passagen daher auch als religiös bezeichnet werden.

Albrecht Fuess, der eine Professur für Islamwissenschaften an der Universität Marburg innehat, vergleicht die „Geistliche Anleitung" mit klassischen islamischen Schlachtreden. Hinsichtlich der Verwendung von Koranzitaten und Verweisen auf die Aussprüche und Handlungen des Propheten Mohammed bezeichnet er sie als „typische hutba", also als Predigt.[31] Sie enthalte aber auch weitere religiöse Elemente wie Gebete oder die Aufforderung, den Angriffsakt im Flugzeug mit dem einem lauten „Allahu Akbar" zu beginnen, da dies bei den Ungläubigen Angst hervorrufe. In der islamisch-politischen Rede, so Fuess, sei der Rückbezug auf die glorreiche Vergangenheit der islamischen Frühzeit ein gern verwendetes Stilmittel. Dabei verschwänden zeitliche Realitätsebenen, und die Ereignisse der Vergangenheit vermischten sich mit denen der Gegenwart der Attentäter. Einen Unterschied zu den beschworenen Kämpfen Mohammeds und seiner Gefährten sowie der frühen Muslime gäbe es jedoch, meint Fuess: eine Rückkehr der Kämpfer aus dem Kampf sei nicht mehr vorgesehen, sondern gänzlich ausgeschlossen.[32]

Auffällig ist die zweifache Bezugnahme der „Geistlichen Anleitung" auf die Paradiesjungfrauen, die den Märtyrer bei seiner Ankunft begrüßen. Moez Khalfaoui, Professor für Islamisches Recht an der Universität Tübingen, hat sich in einem 2006 erschienen Aufsatz dezidiert mit diesem Aspekt befasst und dabei auch den Gelehrten al-Ghazali aus dem 11. Jahrhundert referiert, der das Paradies als Lebensraum der Paradiesjungfrauen weiter ausschmückt. „Die Schönheit des Paradieses", so Khalfaoui, „besteht vor allen Dingen aus Jungfrauen."[33] Zu einer ähnlichen Einschätzung kommen auch die Islamwissenschaftler Rüdiger Lohlker und

Andrea Novak aus Wien.³⁴ Sie sind die Belohnung für denjenigen, der sein Leben für Gott geopfert hat. Khalfaoui erwähnt, dass der aktive Part betont wird, mit dem die Jungfrauen auf den Belohnten zugehen. Dies sei einem modernen Frauenbild geschuldet, das Atta und andere radikale Muslime gewöhnlich verurteilen.

Nimmt man die beiden auf Atta zurückgehenden Texte zusammen, so offenbart sich ein auffälliger Unterschied zwischen den Frauen der realen Welt, von der der Dschihadist Abstand nimmt („[...] ignoriere etwas, dessen Name Welt ist.") und die er noch nicht einmal an seinem Grab sehen möchte, und denjenigen, die ihn mit erotischem Zauber (schwarzäugig, mit ihrem schönsten Schmuck geschmückt) in der Ewigkeit begrüßen. Für den Dschihadismus, der sich durch eine strenge Interpretation islamischer Texte und eine asketische Praxis auszeichnet, könnte man daher die These aufstellen, dass es gerade der Verzicht auf irdische Vergnügen besonders in sexueller Hinsicht ist, der einen Mann berechtigt, diesen Vergnügungen auf einem höheren Niveau in der Ewigkeit nachzugehen. In der dschihadistischen Populärkultur, d.h. in Videos, Liedtexten und Ansprachen, nimmt die Vorstellung, nach dem Tod im Kampf unmittelbar zu den himmlischen Jungfrauen zu gelangen, einen großen Raum ein. Sie stellt eine wichtige Motivation für das Opfer des eigenen Lebens dar.

Theologische Rechtfertigungen des Dschihad

Die religiöse Rechtfertigung von Gewalt gegen vermeintlich Ungläubige hat in der islamischen Geschichte eine lange Tradition. Ja, sie ist mit dieser Geschichte sogar ursächlich verknüpft. Schon die Frühzeit wurde von militärischen Auseinandersetzungen gegen Nichtmuslime und von Gewalt in den eigenen Reihen geprägt, und Mohammed selbst nutzte nicht nur das Wort, sondern auch das Schwert, um seine religiösen und politischen Ziele durchzusetzen.³⁵

Im Jahr 622 musste er mit einigen Getreuen aus Mekka in die Stadt Yatrib fliehen, die heute unter dem Namen Medina bekannt ist. Dort wurde er, der zuvor weder eine nennenswerte politische noch eine spirituelle Bedeutung hatte, zum anerkannten Religionsstifter und zum politischen Führer. Das war einerseits seinem individuellen Geschick bei der Vereinigung disparater Stämme geschuldet, andererseits aber dem Umstand, dass er bereit war, Gewalt gegen diejenigen anzuwenden, die sich ihm nicht unterwerfen wollten.[36] Mohammed und seine Miliz überfielen Karawanen, führten mehrere Kriege gegen Mekka und eroberten die Stadt schließlich. Aus dieser Zeit resultieren die Texte, die Mohammed Atta für seine Anleitungen nutzte. Daher stellt sich die Frage nach dem theologischen Ursprung des Dschihad. Die Berliner Islamwissenschaftlerin Gudrun Krämer ist überzeugt, dass sich der islamische Glaube in gemeinschaftlichen und gemeinschaftsbildenden Riten und Praktiken niederschlug. Dazu zählte ihrer Ansicht nach auch der Dschihad „[...] als bedingungsloser Einsatz für die Sache Gottes, der auch den bewaffneten Kampf gegen seine Feinde mit einschloss. In diesem Sinne diente der Jihad von frühester Stunde an als positiver Glaubensbeweis."[37]

Das lässt sich auch an koranischen Versen ablesen, die die Legitimität des Tötens von Andersgläubigen legitimieren. In Vers 9:5 heißt es: „Sind die heiligen Monate abgelaufen, dann tötet die Beigeseller, wo immer ihr sie findet, ergreift sie, belagert sie, und lauert ihnen auf aus jedem Hinterhalt!"[38]; in Vers 9:29: „Kämpft gegen die, die nicht an Gott glauben, die das, was Gott und sein Gesandter verboten haben, nicht verbieten und die nicht der Religion der Wahrheit angehören".[39] Wenn heutige Dschihadisten Gewalt gegen Nichtmuslime rechtfertigen möchten, können sie sich daher durchaus auf eine gängige theologische Interpretation des Korans berufen. Auch die islamischen Überlieferungen sind reich an Beispielen, die den Märtyrer preisen, der für die Sache Gottes gefallen ist, und den Dschihad als Notwendigkeit darstellen. „Der Dschihad ist Grundpfeiler und höchste Verwirklichung des Islam", heißt es in einem Hadith aus dem frühen achten Jahrhundert.[40]

Muslimische Führer haben weltliche Eroberungskriege aus diesem Grund häufig als heilige Kriege bezeichnet, ganz unabhängig davon, ob sie selbst religiös waren oder nicht. Im 20. Jahrhundert zeichnete sich allerdings eine neue Form des Dschihad-

Diskurses ab. Dabei ging es um Kämpfe gegen politische Herrscher, denen man mangelnde Religiosität vorwarf. Dies sind die Anfänge des Salafismus, wie wir ihn heute kennen, aber auch der Muslimbruderschaft, die bereits kurz nach ihrer Gründung im Jahr 1928 einen gewalttätigen Apparat ausbildete, der Anschläge durchführte.[41] Aus einem Kampf gegen die eigene nationale Elite, den so genannten „nahen Feind", wurde in den 1970er-Jahren ein internationaler Kampf, der sich auch gegen einen „fernen Feind" wie die USA oder ganz allgemein gegen „den Westen" richtete.[42] Dabei wurde der Dschihad neu definiert. Er war jetzt nicht mehr allein eine gottgefällige Handlung, sondern eine Pflicht für den Gläubigen.[43] Daran orientierten sich die Dschihadisten von Al-Qaida ebenso wie diejenigen des Islamischen Staates, die in ihren Verlautbarungen akribisch versuchten, Folter, Mord und Sklaverei mit Koranversen oder Verweisen auf Mohammed zu legitimieren und als gottgefällig darzustellen.

Die Hamburger Zelle ist ein Beispiel für terroristische Akteure, die aus religiösen Motiven heraus handelten. In Deutschland waren sie in eine bereits existierende islamistische Infrastruktur eingebunden. Diese Infrastruktur, bestehend aus Moscheen, Personen und islamischen Vereinigungen, war den Sicherheitsorganen der Bundesrepublik bekannt. Noch immer existieren Milieus und Einrichtungen, in denen radikales Gedankengut verbreitet wird, noch immer ist die Anzahl von Muslimen hoch, die als „Gefährder" gelten.

Lehren aus dem 11. September 2001

Wenn es Lehren gibt, die aus den Anfängen des Dschihadismus in Deutschland gezogen werden können, dann sind es die folgenden:

1. Obwohl ökonomische und politische Momente keineswegs irrelevant sind, ist offenkundig, dass islamischer Extremismus primär ein religiöses Phänomen darstellt. Dschihadisten haben dies niemals verschleiert, sondern haben ihre Taten meist explizit in einen religiösen Kontext gestellt, wenngleich die theologische Begründung nicht immer so elaboriert gelungen ist wie bei Mohammed

Atta. Das dschihadistische Narrativ verspricht einen unmittelbaren Zugang des Attentäters zum Paradies und zu einer erotischen Vision, die jenseits jeglicher irdischer Realitäten ist. Wer wirklich daran glaubt, wird mit weltlichen Argumenten nicht zu überzeugen sein. Solange die islamische Theologie sich einer kritisch-historischen Analyse verweigert, bleibt das Problem bestehen.

2. Eine Lösung könnte in einem theologischen Gegennarrativ bestehen, wenn dieses in die muslimischen Communities hineingetragen und dort akzeptiert wird. Da das religiöse Personal in deutschen Moscheen allerdings fast immer aus dem Ausland bezogen wird, werden progressive Theologen, die an deutschen Universitäten ausgebildet wurden, keinen Einfluss entfalten können. Wer daran etwas ändern möchte, steht vor großen Hürden. Sinnvoll wären Beschäftigungsverbote für ausländische Imame oder ein Verbot ausländischer Finanzierungen von Moscheen, wie dies bereits in Österreich der Fall ist. Dies wird jedoch zum gegenwärtigen Zeitpunkt rechtlich nicht möglich sein. Machbar wären aber die Offenlegung problematischer Strukturen sowie eine Verpflichtung zur Transparenz bezüglich finanzieller Transferleistungen und theologischer Inhalte in islamischen Einrichtungen.

3. Religiöse Einrichtungen stehen in Deutschland unter einem besonderen Schutz. Aus diesem Grund vergehen oft viele Jahre, bevor radikale Vereine verboten oder extremistische Moscheen geschlossen werden. Auch die Hamburger al-Quds-Moschee, die für die Hamburger Zelle eine große Bedeutung besaß, wurde erst viele Jahre nach dem 11. September geschlossen. Der Schaden, der durch Zuwarten entsteht, ist immens. Daher wäre es dringend angeraten, zeitnahe Konsequenzen durchzusetzen, wenn es begründete Verdachtsfälle auf gewaltbegünstigende Orientierungen gibt.

Anmerkungen

[1] Olivier Roy, *Heilige Einfalt. Über die politischen Gefahren entwurzelter Religionen* (München: Siedler, 2010).

2   Olivier Roy, „*Ihr liebt das Leben, wir lieben den Tod*". *Der Dschihad und die Wurzeln des Terrors* (München: Siedler, 2017).
3   Roy, *Heilige Einfalt*, S. 20.
4   Ebd., S. 70.
5   Ebd., S. 107.
6   Vgl. u.a. Gilles Kepel, *Terror in Frankreich. Der neue Dschihad in Europa* (München: Kunstmann, 2016); Gilles Kepel, *Die Spirale des Terrors. Der Weg des Islamismus vom 11. September bis in unsere Vorstädte* (München: Piper, 2009).
7   Roy, *Heilige Einfalt*, S. 70.
8   Michael Kiefer et al, *„Lasset uns in sha'a Allah ein Plan machen." Fallgestützte Analyse der Radikalisierung einer WhatsApp-Gruppe* (Wiesbaden: Springer VS, 2018).
9   Vgl. beispielsweise einen Artikel des Präventionsanbieters ufuq: Sindyan Qasem, „Erfahrungen von Rassismus als Radikalisierungsfaktor. Ein (Gegen)Beispiel2, in: https://www.ufuq.de/erfahrungen-von-rassismus-als-radikalisierungsfaktor-ein-gegen-beispiel/ [abgerufen am 2.6.2021].
10 Aladin El-Mafaalani, „Salafismus als jugendkulturelle Provokation. Zwischen dem Bedürfnis nach Abgrenzung und der Suche nach habitueller Übereinstimmung", in Thorsten Gerald Schneiders (Hrsg.), *Salafismus in Deutschland. Ursprünge und Gefahren einer islamisch-fundamentalistischen Bewegung* (Bielefeld: Transcript, 2014), S. 355–362.
11 Vgl. u.a. Lila Abu-Lughod, „Do Muslim women really need saving. Anthropological reflections on cultural relativism and its others", *American Anthropologist* 104, 3 (2002), S. 783–790.
12 https://www.ardmediathek.de/video/panorama/todespilot-atta-die-andere-seite-der-bestie/das-erste/Y3JpZDovL25kci5kZS9lZTdkYjA4ZS05MzY4LTQyOWQtYmQyMy0yYzBjYjYjc5M2ZkNTI/ [abgerufen am 2.6.2021].
13 http://www.spiegel.de/spiegel/print/d-20184253.html [abgerufen am 2.8.2017].
14 https://magazin.spiegel.de/EpubDelivery/spiegel/pdf/20184253 [abgerufen am 1.6.2021].
15 a.a.O.
16 http://www.sueddeutsche.de/politik/mounir-el-motassadeq-gottesfuerchtig-und-sittenfest-1.799717 [abgerufen am 2.8.2017].
17 https://www.buergerschaft-hh.de/parldok/dokument/73529/islamisten_im_fokus_die_strukturelle_zusammensetzung_des_islamistischen_personenpotenzials_in_hamburg_zwischen_2000_und_2020.pdf [abgerufen am 3.6.2021].
18 Die Zitate sind einer Dokumentation der Zeitschrift *Der Spiegel* vom 30. September 2001 entnommen: https://www.spiegel.de/politik/im-namen-gottes-des-allmaechtigen-a-bcc2a090-0002-0001-0000-000020240157 [abgerufen am 2.6.2021].
19 https://magazin.spiegel.de/EpubDelivery/spiegel/pdf/20184253 [abgerufen am 1.6.2021].
20 Moez Khalfaoui, „Das Frauenbild der ‚Geistlichen Anleitung' der Attentäter des 11. September 2001", *Zeitschrift für Religionswissenschaft* 1 (2006): https://journals.openedition.org/zjr/885 [abgerufen am 1.6.2021].
21 Albrecht Fuess, Moez Khalfaoui, Tilman Seidensticker, „Die ‚Geistliche Anleitung' der Attentäter des 11. September", in Hans G. Kippenberg, Tilman Seidensticker (Hrsg.), *Terror im Namen Gottes. Die „Geistliche Anleitung" der Attentäter des 11. September 2001* (Frankfurt: Campus, 2004).

22	Fuess et al, „Die ‚Geistliche Anleitung'", S. 19.
23	Ebd., S. 18f.
24	Ebd., S. 18.
25	A.a.O.
26	Fuess et al, „Die ‚Geistliche Anleitung'", S. 22.
27	Ebd., S. 24.
28	Bruce Lincoln, „Die Meditationen des Herrn Atta, 10. September 2001: Eine genaue Textlektüre", in Kippenberg, Seidensticker, *Terror im Namen Gottes*, S. 39–54, hier S. 50.
29	Tilman Seidensticker, „Die in der ‚Geistlichen Anleitung' gegebenen Anweisungen", in Kippenberg, Seidensticker, *Terror im Namen Gottes*, S. 29–38, hier 29f.
30	Fuess et al., „Die ‚Geistliche Anleitung'", S. 19.
31	Vgl. Albrecht Fuess, „Die islamische Schlachtrede und die ‚Geistliche Anleitung'", in Kippenberg, Seidensticker, *Terror im Namen Gottes*, S. 39–54, hier S. 59.
32	Fuess, „Die islamische Schlachtrede", S. 64.
33	Khalfaoui, „Das Frauenbild der ‚Geistlichen Anleitung'".
34	Rüdiger Lohlker, Andrea Nowak, „Das islamische Paradies als Zeichen. Zwischen Märtyrerkult und Garten", *Wiener Zeitschrift für die Kunde des Morgenlandes* 99 (2009), S. 199–225, hier S. 202.
35	Gudrun Krämer, *Geschichte des Islam* (Bonn: Bundeszentrale für politische Bildung, 2005), S. 22ff.
36	Vgl. Stefan Reichmuth, „Jihad – Muslime und die Option der Gewalt in Religion und Staat", in Thorsten Gerald Schneiders (Hrsg.), *Islamverherrlichung* (Wiesbaden: Springer VS, 2010), S. 185–197, hier S. 189.
37	Krämer, *Geschichte des Islam*, S. 25.
38	Hartmut Bobzin, *Der Koran* (München: Beck, 2015), S. 160.
39	Ebd., S. 162.
40	Rüdiger Lohlker, *Salafismus. Der Aufstand der Frommen* (München: Beck, 2014), S. 16.
41	Vgl. Susanne Schröter, *Politischer Islam. Stresstest für Deutschland* (Gütersloh: Gütersloher Verlagshaus, 2019), S. 26ff.
42	Vgl. Guido Steinberg, *Der nahe und der ferne Feind. Die Netzwerke des islamistischen Terrors* (München: Beck, 2005).
43	Vgl. Mariella Ourghi, *Muslimische Positionen zur Berechtigung von Gewalt. Einzelstimmen, Revisionen, Kontroversen* (Würzburg: Ergon, 2010).

Eine nützliche Geschichte des 11. September. Der fehlgeleitete militärische Kampf gegen den politischen Islam

Ebrahim Afsah

> Indem sich die Mehrheit unserer politisch-medialen Klasse auf die politische Korrektheit beruft, verbittet sie sich die kritische Auseinandersetzung mit dem Islam. Ein solcher Versuch der Einschränkung der Wissenschafts- und Meinungsfreiheit ist nur damit zu erklären, daß man sehr wohl weiß, daß die Kritiker einen wunden Punkt ansprechen. Doch um des lieben Friedens willen und wider besseres Wissen soll mit Bezug auf den Islam die Erinnerung an die Grundwerte unserer geistigen, politischen und sozialen Kultur unterbleiben, vor allem aber jeder Hinweis darauf, daß unsere Kultur es wert ist, gegen ihre frommen Verächter muslimischen Glaubens verteidigt zu werden. Freiheit und Rechtssicherheit sind nichts Selbstverständliches. Zuzuschauen, ob sie gleichsam von selbst den Attacken illiberaler Kräfte standhalten, das ist ein unverantwortbares Experiment.[1]

Prolog

Ein iranischer Geheimdienstmann erzählte mir einmal einen Witz. Er fragte mich augenzwinkernd, ob ich nicht auch glaubte, dass 9/11 ein „inside job" des Mossad gewesen sein müsse. Auf mein Achselzucken hin erklärte er mir lachend, ob ich es denn jemals erlebt hätte, dass neunzehn Muslime es alle pünktlich zum Flughafen geschafft hätten [...]. Aus dem Witz sprach zum einen die allgegenwärtige Frustration über die eigene Unfähigkeit, im Wettlauf der Moderne konkurrenzfähig zu sein, aber auch ein Unbehagen ob der den Islam mittlerweile definierenden Aggressivität.[2]

Häufig versucht man, dieses Unbehagen durch Witze, Leugnung oder magische Intonationen des Mantras vom Islam als „Religion des Friedens" zu verringern, wonach die Urheber solcher Anschläge irgendwie nicht den „wahren" Islam repräsentierten. Moralische Schuld, politische Verantwortung sowie kritische Fragen nach den Ursachen allgegenwärtiger Gewalt werden regelmäßig externalisiert, was Sadeq al-Azm in anderem Kontext vor langer Zeit bereits treffend als „Logik der Entlastung" beschrieb:

> Niemandem, der den Zustand der Araber vor und nach dem letzten Krieg verfolgt hat, kann unsere heftige Neigung verborgen geblieben sein, größte Anstrengungen zu unternehmen, um unsere Verantwortung zu leugnen und sie stattdessen auf Faktoren jenseits unserer Kontrolle zu schieben. Dies hat es uns ermöglicht, uns für die peinliche Situation, in der wir uns befinden, zu vergeben, für unsere Unfähigkeit, unseren Verpflichtungen gegenüber der großen arabischen Aufgabe [der Befreiung Palästinas] sowie der modernen Zivilisation überhaupt nachzukommen. [...] In der Tat, schon unser Begriff „nakhbah", also *Unglück* oder *Katastrophe*, für den Sechstagekrieg [1967] und seine Folgen, trägt viel von dieser Logik der Entlastung und der Vermeidung von Verantwortung und Rechenschaft in sich.[3]

Besagter Geheimdienstmann erzählte seinen Witz während des Neujahrsempfangs der iranischen Botschaft in Kabul, anlässlich des Staatsbesuchs von Präsident Ahmadinejad. Mein ägyptischer UN-Kollege nutzte die gelöste Stimmung, um zu fragen, ob man denn in Teheran nun endlich die Straße vor der ägyptischen Botschaft umbenannt habe. Dies wurde lachend vermutet, aber wir waren uns alle nicht sicher – was zu einem kurzen gemeinsamen Nachdenken darüber führte, wo wohl zuerst Moscheen oder Straßen nach den Septemberattentätern benannt würden. Es erschien uns unzweifelhaft, dass die offiziellen Bekundungen der Anteilnahme nicht unbedingt das gesamte Spektrum der öffentlichen Meinung widerspiegelten, sondern dass diese symbolträchtige Erniedrigung des Stärkeren bereits vorher versucht worden war, dass sie weitergehen wird und dass es nicht unbeträchtliche Sympathien hierfür gab und weiterhin gibt.[4]

Gefeierte Mörder

Besagte Teheraner Straße, in der die ägyptische Botschaft liegt, ist benannt nach dem Terroristen, der 1981 bei einer Militärparade Präsident Anwar as-Sadat erschoss. Unmittelbar nach seinen Schüssen rief er die folgenden, in Ägypten und darüber hinaus immer wieder gefeierten Worte: „Mein Name ist Khalid al-Islambuli. Ich habe den Pharao getötet. Ich habe keine Angst zu sterben."[5] Der Präsident der Republik erscheint somit als Repräsentant vorislamischer Tyrannei und der zum Attentäter gewordene illoyale Soldat als Märtyrer einer größeren, ausschließlich islamischen Identität, die größer, aber auch jünger ist als die des repressiven Nationalstaates.[6] Dessen offizielle, sich auf europäische Vorbilder stützende Geschichtsschreibung hatte vergeblich versucht, sich gegen andere Staaten abzugrenzen und einigende nationale Narrative zu schaffen, wie der US-amerikanische Historiker Bernard Lewis hinsichtlich des Attentats herausstrich:

> Seit der Mitte des neunzehnten Jahrhunderts, als die Erfolge der europäischen Wissenschaft der Ägyptologie den muslimischen Ägyptern erstmals die Sprache, Literatur und Geschichte des vorislamischen Ägypten zugänglich machten, begann eine neue Form der Identität ihre Sicht von sich selbst, ihrem Land und ihrer Stellung in der Welt zu verändern. Ihr Selbstbild wurde patriotisch und national, eher als religiös und kommunal, und sie formten neue, andere Ansichten der Vergangenheit und Hoffnungen für die Zukunft.[7]

Nationalstaatliche Identitätsfragen spielten auch in vielen anderen mehrheitlich muslimischen Ländern eine wichtige Rolle, zum Beispiel im Iran, in der Türkei oder in Pakistan: „Pakistan kah matlab kya – was ist der Sinn Pakistans?" wurde nicht nur zu einer bedeutsamen Frage für diesen jungen und in vielerlei Hinsicht dysfunktionalen Staat, den der Historiker Faisal Devji als „muslimisches Zion" bezeichnete, sondern steht stellvertretend für die Suche nach Identität und Sinnstiftung, die alle muslimischen Gesellschaften zerreißt und die weiterhin auf eine tragfähige, integrative Antwort wartet.[8] In der Tat ist die Kernfrage schwierig zu beantworten. Diese lautet: Was soll die Grundlage des Zusammenhalts und des friedlichen Zusammenlebens gespaltener Gesellschaften sein, die ethnisch, sprachlich und religiös zerrissen sind, deren unfähiges, repressives Regierungshandeln aber den Wunsch nach Alternativen und Utopien am Leben erhält?[9]

Der ägyptische Attentäter as-Sadats sprach vermutlich die Wahrheit, als er ausrief, dass er keine Angst habe zu sterben. Wir wissen nicht, ob die Septemberattentäter Angst hatten, aber es ist offensichtlich, dass sie bereit waren zu sterben. In einem aufsehenerregenden, ihr nie vergebenen Beitrag[10] hat die New Yorker Intellektuelle Susan Sonntag kurz nach den Anschlägen nicht nur diesen Todesmut bewundert, sondern die Tat als nachvollziehbare Reaktion auf amerikanisches Handeln bezeichnet:

> Der Abgrund zwischen dem monströsen Realitätsschock am letzten Dienstag und dem selbstgefälligen Geschwafel und offensichtlichen Unwahrheiten, die öffentliche Figuren und Fernsehkommentatoren von sich geben, ist schockierend, deprimierend. Die Stimmen, die zur Darstellung der Ereignisse berufen worden sind, scheinen sich alle zur Verdummung der Öffentlichkeit verschworen zu haben. Wo ist die Erkenntnis, dass dies kein „feiger" Angriff auf die „Zivilisation" oder die „Freiheit" oder die „Menschheit" oder „die freie Welt" gewesen ist, sondern ein Angriff auf die selbsternannte Supermacht, durchgeführt als Konsequenz spezifischer amerikanischer Allianzen und Aktionen? Wie viele Bürger wissen um die anhaltende amerikanische Bombardierung des Irak? Und wenn der Begriff „feige" benutzt werden soll, wäre er wohl angebrachter, um die zu beschreiben, die aus sicherer Entfernung ohne Furcht vor Vergeltung töten, hoch aus der Luft, als jene, die selber sterben, um andere zu töten. Zur Frage von Mut (einer wertneutralen Tugend): Was immer man über die Täter des Massakers vom Dienstag auch sagen mag, sie waren keine Feiglinge.[11]

Man könnte lange über Mut und Feigheit, im Leben wie im Krieg, diskutieren. Ebenso wird weiterhin intensiv darüber gestritten, inwieweit westliche Kolonialpolitik und Hegemonie für die gegenwärtige Lage der muslimischen Welt ursächlich seien und damit Mitverantwortung für islamischen Terror trügen, nicht zuletzt durch ihre „feige, post-heroische Art der Kriegsführung". Wo immer man sich in diesen Debatten auch positionieren mag, es erscheint kaum zweifelhaft, dass die islamische Welt insgesamt die Herausforderungen der Moderne, die weitgehend mit der politischen, militärischen, wirtschaftlichen und ideellen Dominanz des Westens einhergingen, nicht zu meistern gewusst hat. Statt diese Herausforderungen konstruktiv anzunehmen, hat die islamische Welt überwiegend mit einer Rückbesinnung auf religiöse Werte und Ordnungsvorstellungen geantwortet.[12] Ein eigenartiger Aspekt dieser Rückbesinnung ist das relative Desinteresse an der Schaffung einer konkret realisierbaren Alternative, eines funktionierenden Eigenen – statt der allgegenwärtigen nihilistischen Lust an der Vernichtung des überlegenen Fremden und seiner Symbole. Die Anwendung von Gewalt und gerade die Inszenierung extremster Brutalität als Selbstzweck, häufig ohne jeglichen instrumentellen Nutzen, verwundern den westlichen Beobachter, der darin ein befremdliches Charakteristikum islamischen Denkens zu sehen glaubt, den eigenen intellektuellen Beitrag im Denken der Postmoderne aber nur selten wahrnimmt.

Narzisstische Selbstverstümmelung

Seit der Invasion Ägyptens durch Napoleon ist es unzweifelhaft, dass die westliche Dominanz, auch völlig ohne böse Absicht oder tieferen Plan des Stärkeren, weitreichende Konsequenzen für den Schwächeren gehabt hat. Selbstverständlich ist die koloniale wie postkoloniale Geschichte voll von Beispielen dunkler Machenschaften, die häufig farbenfrohe Verschwörungstheorien hervorbringen, mit deren Hilfe der Zukurzgekommene sich den Zustand der Welt erklären möchte. Doch braucht es gar keine Verschwörungstheorien, um den desolaten Zustand der politischen Systeme in der islamischen Welt zu belegen. Diese sind ausnahmslos hinter den Erwartungen ihrer Bewohner zurückgeblieben, unabhängig von ihrer jeweiligen ideologischen Ausrichtung oder internationalen Sponsoren. Für den gegenwärtigen Kontext ausschlaggebend ist aber die Frage, warum sich seit spätestens 1979 diese Unzufriedenheit ausschließlich in der Forderung nach immer mehr öffentlicher Religiosität äußert und nicht zum Beispiel nach Reformen der öffentlichen Verwaltung oder nach größerer politischer Teilhabe:

> Es ist interessant zu beobachten, dass die Muslimbrüder mit diesem größeren Projekt auf keinen Widerstand stoßen. Ein Gradmesser der Islamisierung der ägyptischen Gesellschaft war der fast einmütige Wunsch nach Befolgung der Scharia. [...] Was aber interessant ist, beide Seiten berufen sich auf religiöse Quellen und Autoritäten: Es scheint keine Säkularen zu geben.[13]

Die Frage nach den Ursachen dieses merkwürdigen Zustands ist zentral für ein besseres Verständnis der weiteren Entwicklung mehrheitlich muslimischer Gesellschaften, nicht zuletzt für ein besseres Verständnis der anhaltend hohen Akzeptanz von Gewalt als Mittel politischer und ideologischer Klärung. Warum weite Teile glauben, dass gerade religiöse Vorstellungen adäquate Lösungen für praktische gesellschaftliche Probleme wie etwa Wasser- und

Stromversorgung, Umweltverschmutzung oder Gesundheitsversorgung bereithalten sollten, ist an sich verwunderlich.¹⁴

Aus dem Unwillen und der Unfähigkeit, in anderen Weltteilen entwickelte Lösungsansätze in die eigene, muslimische Welt einzuführen, erwachsen Entfremdung, Scham und Wut. Sehr große Bevölkerungsteile schließen aus dieser Frustration, dass Gewalt nach innen wie außen ein adäquates Mittel zur Durchsetzung tradierter Normen sei, welche als einziger Anker in einer feindlichen, unverständlichen Welt angesehen werden. Mohammed Arkoun bezeichnete diese Bereitschaft bereits vor vierzig Jahren als eine „Selbstverstümmelung, die diese Gesellschaften unter dem Vorwand, ihr Sein zu schützen, sich selber zufügen."¹⁵

Der staatliche Kollaps in der islamischen Welt und der damit einhergehende enorme Migrationsdruck in den Westen hat die Frage nach den Ursachen dieses kollektiven Wunsches nach Selbstverstümmelung nun endgültig auch zu unserem Problem gemacht. Wie alle komplexen gesellschaftlichen Phänomene ist der moralische, gesellschaftliche und ökonomische Kollaps der arabisch-islamischen Welt nicht plötzlich passiert. Er muss vielmehr als Kulmination eines jahrhundertelangen Widerstrebens betrachtet werden, unangenehmen Realitäten der eigenen Schwäche und Rückständigkeit ins Auge zu schauen: „Daher wurden auf der Höhe des antikolonialen Kampfes Muslime zunehmend zu widerständigen Muslimen: Als andere Wege der Ausflucht und des Widerstands sich schlossen, bot die Religion den Willen zu widerstehen und die Sprache zu widersprechen."¹⁶

Unbehagen in der Moderne

Erklärungen für die Unfähigkeit aller muslimischen Gesellschaften, tragfähige Synthesen eigener Tradition und fremder Moderne hervorzubringen, sind unweigerlich komplex und kontrovers. Eine Erörterung würde den vorliegenden Rahmen sprengen. Wir können aber konstatieren, dass mit der Niederlage im Sechstagekrieg von 1967 auch der Niedergang der bis dahin dominierenden europäischen politischen Ideologien einherging, einschließlich der

Ablehnung einer universellen, aber dem Westen entstammenden wissenschaftlich-rationalen Ontologie. Paradoxerweise wurde der Sieg Israels nicht nur als Sieg westlicher technologischer und organisatorischer Überlegenheit gewertet, sondern auch als Sieg gottesfürchtiger Juden gegen die vom Glauben abgefallenen Araber gesehen:

> Die Eroberung Jerusalems, ihre Bedeutung für die Israelis, gab den muslimischen Gläubigen Munition in ihren Debatten mit arabischen Säkularen: Modernität und Religion können zusammengebracht werden, ein Mann kann genauso gut für seine Religion kämpfen, wenn nicht besser, als er für eine kosmopolitische Ideologie wie den Sozialismus kämpfen kann, deren Parolen ohne große innere Zustimmung nachgeäfft werden können. Die Hauptlehre, die religiöse Araber aus Israels Sieg zogen, war, dass Menschen sowohl ins Labor wie zum Beten gehen können. Israel verband, was eine ganze Generation Liberaler und Säkularer für unvereinbar gehalten hatte. Es war sowohl religiöser als auch wissenschaftlicher als die arabischen Staaten.[17]

Diese „seltsame Herausforderung" durch den Staat Israel hatte in der gesamten islamischen Welt eine bleibende Wirkung. Die Niederlage beendete alle ernsthaften Versuche, sich an die Herausforderungen einer universellen Moderne anzupassen, und leitete eine andauernde intellektuelle Stagnation ein. Sehr bald danach, spätestens seit 1979, „gab es dann keine Säkularen mehr", wie der Sozialwissenschaftler Sami Zubaida anmerkte. Kein einziger mehrheitlich muslimischer Staat hat sich dieser Dynamik entziehen können, überall befinden sich Säkulare und Liberale seither kontinuierlich im Rückzug – eine Entwicklung die durch die unpopuläre Außen- und Sicherheitspolitik westlicher Staaten noch bestärkt wurde, da eine angenommene oder unterstellte Nähe zum Westen für lokale Akteure den „Todeskuss" bedeutete, häufig buchstäblich.

Während sich lokale intellektuelle Diskurse also zunehmend auf religiöse Fragen verengten und gleichzeitig gewaltbereiter wurden, bestanden etablierte Allianzen zwischen westlichen und muslimischen Staaten fort. Insbesondere die Regierungen in Pakistan, Saudi-Arabien, Ägypten und der Türkei, ebenso wie, in etwas geringerem Maße, die in Katar, Marokko, Tunesien, Jordanien, Malaysia, Indonesien, dem Tschad und anderen Ländern, befinden sich seither in einem schwierigen Balanceakt. Sie müssen versuchen, die unzufriedene, immer religiöser, radikaler und gewaltbereiter werdende Bevölkerung hinsichtlich der eigenen Unfähigkeit zu beschwichtigen und gleichzeitig die Abhängigkeit vom verhassten Westen zu kaschieren.

Nützliche Geschichtsklitterung

Dies geschieht durch eine allgegenwärtige, in vielen Varianten auftretende, doch im Kern stets gleiche dreistufige Geschichtsklitterung: Zuerst wird die Verbundenheit und Gleichwertigkeit aller Kulturen behauptet und dabei insbesondere auf den angeblich zentralen Beitrag arabisch-islamischen Denkens zum europäischen Erbe verwiesen. Im nächsten Schritt wird behauptet, dass der Kern islamischer Kultur, also das islamische Recht, mit bösem Vorsatz vom Westen verzerrt und diffamiert, dass es zu Unrecht als rückständig und impraktikabel dargestellt werde und dass es vielmehr eine realistische, „authentischere" und normativ höherwertige Alternative zum dominanten, seelenlosen, westlichen Model der Moderne darstelle.[18] Abschließend wird angesichts dieser vorgeblichen Gleichwertigkeit jeglicher strukturierte Vergleich, ebenso wie die praktische Irrelevanz islamischer Rechts- und Politikmodelle, in den real existierenden staatlichen und internationalen Strukturen als Beweis „struktureller Gewalt" seitens des stärkeren, hegemonial agierenden Westens – einschließlich seiner Universitäten! – angesehen. Hieraus wird die Legitimität von durchaus auch physischer „Gegengewalt" begründet.[19]

In der islamischen Welt dient diese – mittlerweile fast unwidersprochen akzeptierte – Sicht auf die Welt und die eigene Geschichte dem vielleicht nachvollziehbaren, doch beklagenswerten und mittelfristig vergeblichen Versuch, ein positives Selbstbild und den Anschein gesellschaftlicher Kohäsion zu erhalten. Man könnte dies als Schaffung einer „brauchbaren Vergangenheit" in einer kruden Nachfolge Nietzsches beschreiben, d.h. als Schaffung einer historischen Erzählung, die die politisch-sozialen Interessen des Status quo stützt. Krude ist dieser Versuch, weil er die eigene Geschichte natürlich nicht zum besseren gesellschaftlichen Selbstverständnis und zur Generierung historischer Lehren nutzen will, sondern lediglich zur eigenen Erbauung – und gleichzeitig zur Abwertung des Fremden.

Besonders problematisch erscheint diese Sicht angesichts der unleugbaren Schwierigkeiten der gesamten arabisch-islamischen Welt, im zunehmend vergleichbar gewordenen Wettstreit der Staaten zu bestehen.[20] Die Anschläge des 11. September 2001 waren weder der Beginn noch das Ende einer zunehmend aggressiver und schizophrener werdenden Ablehnung nicht nur des Westens, sondern des Prinzips rational, d.h. nicht religiös organisierter Gemeinwesen an sich.[21] Die Golfmonarchien spielen hier eine herausragende Rolle. Sie haben sich seit dem Schock der fundamentalistischen Besetzung der Großen Moschee von Mekka 1979 intern von einem bereits sehr hohen Niveau aus immer weiter radikalisiert und den religiösen Eifer zur Verminderung interner Spannungen erfolgreich genutzt.[22]

Radikalisierung als Staatsraison

Besonders perfide war und ist hierbei die Aussendung unzufriedener junger Männer in eine Art offiziell sanktionierten „fundamentalistischen Außendienst". Privates und staatliches Geld der Golfstaaten hat weltweit zu einer grundlegenden und anhaltenden Umwertung tradierter islamischer Glaubens- und Lebensformen geführt. Die hierbei eingegangene Allianz mit westlichen Staaten ist normativ zwar absurd, war während des Kalten Krieges, besonders im Kontext der sowjetischen Präsenz in Afghanistan, aber nachvollziehbar. Weniger nachvollziehbar ist, wie anhaltend empfänglich Gesellschaften und Eliten in den Empfängerstaaten für diese Art des Ideologieexports sind. Der pakistanische Journalist Anwar Iqbal beschreibt diese selbstzerstörerische Empfangsbereitschaft für den islamistischen Virus in drastischen Worten:

> Die Terroristen, die am 11. September 2001 die Vereinigten Staaten angegriffen haben, waren alles Araber, meist Saudis oder Saudi-inspiriert, doch nur wenige lasten das Saudi-Arabien an. Stattdessen wird Pakistan beschuldigt, da viele Pakistanis in ihrem Eifer, sich islamische Meriten zu verdienen, ihre

Sympathien mit solchen dschihadistischen Gruppen offen zur Schau tragen. Während des Krieges in Afghanistan hat Pakistan dummerweise allen möglichen Terroristen erlaubt, sich im Land niederzulassen, Jihad zu führen und lokale Dschihadisten auszubilden. Schon in den 1990er-Jahren hatte das Land dann Zehntausende kampferprobter Dschihadisten, und bald waren sie so mächtig, dass sie ihren pakistanischen Ziehvätern ihre Bedingungen diktieren konnten.[23]

Was ursprünglich als Abkürzung zur Schaffung gesellschaftlichen Zusammenhalts und zur Legitimierung repressiver (Militär-)Diktaturen willkommen geheißen wurde, hat sich längst verselbständigt und droht alle muslimischen Gesellschaften auseinanderzureißen. Die staatlich sanktionierte, besonders durch die Golfstaaten vorangetriebene Radikalisierung der gesamten islamischen Welt hat in allen muslimischen Mehrheitsgesellschaften zu sehr hohen Gewaltraten und vielerorts zu bürgerkriegsähnlichen Zuständen geführt. Iqbal spricht in diesem Kontext schon 2014 von 50.000 zivilen Toten und 6.000 gefallenen Soldaten allein in Pakistan. Ähnlich hohe Opferzahlen sind für sehr viele mehrheitlich muslimische Staaten zu nennen, wobei Algerien und Indonesien besonders hohe Opferzahlen zu verzeichnen hatten.

Die mangelnde Bereitschaft, sich des problematischen islamischen Erbes kritisch anzunehmen, gekoppelt mit der Bereitschaft, die ideologischen Versprechungen des politischen Islams für bare Münze zu nehmen, hat zu einer tiefgreifenden Radikalisierung des Denkens in der islamischen Welt geführt. Das öffentliche intellektuelle Klima in allen mehrheitlich muslimischen Staaten ist geprägt von Intoleranz, Moralisierung und weitgehend akzeptierten Denkverboten.[24] Das Erschreckende ist aber, dass liberale westliche Staaten diesen Phänomenen im Grunde hilflos gegenüberstehen. Angesichts hohem und stark wachsendem Migrationsdruck und einer Vielzahl militärisch erfolgloser Interventionen in der islamischen Welt sind sich politische und kulturelle Eliten im Westen einig, dass eine pauschale Ablehnung des Islams als solchen um jeden Preis zu vermeiden sei.[25]

Dies hat dazu geführt, dass die innerislamische „nützliche Geschichte" einer an sich friedlichen, von wenigen Radikalen gekaperten Religion den Diskurs dominiert.[26] Dass man bestehende

Allianzen mit hochproblematischen Herkunftsstaaten wie der Türkei oder Saudi-Arabien für unaufkündbar hält sowie eigene normative Überzeugungen wie Religionsfreiheit, Diversität und Flüchtlingsschutz verabsolutiert, trägt ein Übriges dazu bei, dass man militärisch wie geheimdienstlich die immer gleichen, erfolglosen Kämpfe ausficht – ohne den Willen und die Bereitschaft dazu, den eigentlichen Gegner zu erkennen.

Anmerkungen

1. Tilman Nagel, *Angst vor Allah? Auseinandersetzungen mit dem Islam* (Berlin: Duncker & Humblot, 2014), S. 9f.
2. Anwar Iqbal, „Political Islam: Why militants now symbolise Muslims", *The Dawn*, Islamabad, 5. Juli 2014.
3. In seiner großen Philippika zur Niederlage im Sechstagekrieg 1967 gegen Israel: Sadiq Jalal al-Azm, *Self-Criticism after the Defeat* (London: Saqi Books, 2012 [1969]), S. 38–40.
4. Sadiq Jalal al-Azm, „Islam, Terrorism, and the West Today" und „Time Out of Joint. Western Dominance, Islamist Terror, and the Arab Imagination", in *Collected Essays on Islam and Politics. Vol. 3: Is Islam Secularizable? Challenging Political and Religious Taboos* (Berlin: Gerlach Press, 2014), S. 87–100 und S. 165–186.
5. Bernard Lewis, „The Egyptian Murder Case [Review of *Autumn of Fury: The Assassination of Sadat*'by Mohamed Heikal]", *The New York Review*, 31. Mai 1984.
6. Das Unvermögen, freiheitliche Gemeinschaften aufzubauen, hat weitreichende Gründe, siehe Albert Habib Hourani, *Arabic Thought in the Liberal Age 1798–1939* (Cambridge: Cambridge University Press, 1962).
7. Lewis, „The Egyptian Murder Case [Review of *Autumn of Fury: The Assassination of Sadat*]".
8. Faisal Devji, *Muslim Zion: Pakistan as a Political Idea* (Cambridge, Mass.: Harvard University Press, 2013). Siehe ebenfalls das traurige Editorial in der pakistanischen Tageszeitung *The Dawn*: „The effort to force a single religious identity out of half a dozen ethnic groups, each having a distinct language and culture, had the consequences that all such efforts do. Whether Jinnah wanted an Islamic state or not, however, is now irrelevant. Islam is the state religion and it is written in the Constitution. ... But has this constitutional Islam helped Pakistan? Apparently, not." Anwar Iqbal, „Pakistan ka matlab kya – II", *The Dawn*, Islamabad, 26. Juli 2014.
9. Statt vieler seien hier nur die jährlichen Analysen größerer einheimischer Forscherkollektive genannt, die von UNDP seit 2002 veröffentlicht werden: United Nations Development Programme and Arab Fund for Economic and Social Development, *The Arab Human Development Report 2002: Creating Opportunities for Future Generations* (New York: UNDP – Stanford University Press, 2002); Idem, *Arab Human Development Report 2016: Youth and the Prospects for Human Development in a Changing Reality* (New York: UNDP, 2017). Sehr eindrücklich ist auch die Analyse der sozioökonomischen Missstände in

10. Magdi Amin et al., *After the Spring. Economic Transformations in the Arab World* (New York: Oxford University Press, 2012).
10. Eine der wenigen positiven – und im Nachhinein richtigen – Einschätzungen ist: „It becomes increasingly hard, now, to explain to younger people what that day – and the days to follow – felt like in real time, as we attempted to absorb first the devastation, and shortly thereafter, its implications. But one could do a lot worse than to show them this New Yorker folio of writers reacting to 9/11. And lest anyone claim the whole nation was overcome with revanchist zeal, just read the words of Susan Sontag, clear and (though it's a word she'd hate) courageous. I read them every year, on this day"; Jonny Diamond, „Susan Sontag reacting to 9/11 in The New Yorker remains essential reading", *The Literary Hub,* New York, 11. September 2019: https://lithub.com/susan-sontag-reacting-to-9-11-in-the-new-yorker-remains-essential-reading/.
11. „Tuesday, and After – New Yorker writers respond to 9/11", *The New Yorker,* 16. September 2001.
12. Siehe zum Beispiel: Dan Diner, *Versiegelte Zeit. Über den Stillstand in der islamischen Welt* (Berlin: Propyläen, 2005).
13. Sami Zubaida, *Law and Power in the Islamic World* (London: I.B. Tauris, 2005), S. 167–173.
14. Dass es gerade diese praktischen Probleme und nicht Wertedivergenzen sind, die zur Unzufriedenheit und Instabilität führen, ist in Amin et al. mit vielen Nachweisen dargelegt (Amin, *After the Spring).* Siehe auch Ebrahim Afsah, „Contested Universalities of International Law. Islam's Struggle with Modernity", *Journal of the History of International Law,* Vol. 10 (2008), S. 259–307.
15. Mohammed Arkoun, *Pour une critique de la raison islamique* (Paris: Maisonneuve, 1984), S. 218.
16. Fouad Ajami, *The Arab Predicament. Arab Political Thought and Practice since 1967,* 17. Auflage (Cambridge: Cambridge University Press/Canto, 2007), S. 68.
17. Ebd., S. 81.
18. Hallaq ist hier sicher der etablierteste islamistische Apologet. In expliziter Anwendung post-moderner, von Saïd wie Foucault aufgestellter Glaubenssätze, sieht er eine jahrhundertlange Verschwörung westlicher Denkhegemonie am Werk: „To write the history of Shari'a is to represent the Other. [...] Our language fails us in our endeavor to produce a representation of that history. [...] Incriminated in this terminological and linguistic distortion is also a vast array of concepts that, charged with latent meanings, seem to be supremely ideological. [...] The term of choice is ‚reform', articulating various political and ideological positions that inherently assume the Shari'a to be deficient and in need of correction and modernizing revision." Wael B. Hallaq, *Shari'a: Theory, Practice, Transformations* (Cambridge: Cambridge University Press, 2009), S. 1ff.
19. „The violence ... is certainly a troubling symptom of a contemporary Muslim political culture that imports far too much of its energy from the insults, whether perceived or real, of western ‚Zionists' and ‚Crusaders.'" David Nirenberg, „Islam and the West: Two Dialectical Fantasies", *Journal of Religion in Europe,* Vol. 1 (1) 2008, S. 3–33, hier S. 8; Cass R. Sunstein, „Why they Hate Us: The Role of Social Dynamics", *Harvard Journal of Law and Public Policy,* Vol. 25 (2) 2001, S. 429–440.
20. Hierzu erschreckend drastisch, aber korrekt Hisham Melhem, „The Barbarians Within Our Gates. Arab Civilization Has Collapsed. It Won't Recover in My

Lifetime" *Politico*, 18. September 2014.

21. Rational wird hier im Sinne des rational organisierten Verfassungs- und Verwaltungsstaats der Moderne verwendet, so wie er sich erstmals in Westeuropa konstituiert und von hier seinen globalen Siegeszug angetreten hat. Zum eingeschränkten Rationalitätsbegriff im religiösen Recht siehe Baber Johansen, „The Muslim *Fiqh* as a Sacred Law", in Baber Johansen (Hrsg.), *Contingency in a Sacred Law: Legal and Ethical Norms in the Muslim Fiqh* (Leiden: Brill, 1999), S. 1–76, hier S. 45–56. Zu den Schwierigkeiten in der islamischen Welt, diesen Vernunftbegriff zu akzeptieren, siehe Pervez Hoodbhoy, *Islam and Science: Religious Orthodoxy and the Battle for Rationality* (London: 1991); Russel Hardin, „The Crippled Epistemology of Extremism", in Alber Breton et al (Hrsg.), *Political Extremism and Rationality* (Cambridge: Cambridge University Press, 2002), S. 3–22.

22. Kamel Daoud, „Saudi Arabia, an ISIS That Has Made It", *New York Times*, 20. November 2015.

23. Anwar Iqbal, „Pakistan ka matlab kya – II", *The Dawn*, 26. Juli 2014: https://www.dawn.com/news/1121773

24. Hisham Melhem, „The Arab World Has Never Recovered From the Loss of 1967", *Foreign Policy*, 5. Juni 2017; The Editors, „Review Article on the UNDP Arab Human Development Report: How the Arabs Compare", *Middle East Quarterly*, Vol. IX (4) 2002, S. 59–67.

25. Siehe hierzu das Vorwort in Nagel, *Angst vor Allah? Auseinandersetzungen mit dem Islam.*

26. Hierzu kritisch Tilman Nagel, „Islam oder Islamismus? Probleme einer Grenzziehung", in Hans Zehetmair (Hrsg.), *Der Islam. Im Spannungsfeld von Konflikt und Dialog* (Wiesbaden: VS Verlag für Sozialwissenschaften, 2005), S. 19–35.

Zur judenpolitischen Strategie der 9/11-Terroristen

Michael Wolffsohn

Gekonnt geplant oder nicht – die islamistischen 9/11-Mega-Terroristen waren teuflische, meisterliche Strategen. Sie fanden schnell zahlreiche und ebenfalls erfolgreiche islamistische Nachahmer. Sie haben diejenigen inspiriert, die sie danach kopiert oder variiert haben. Nicht zuletzt judenpolitisch gelang ihnen – vielleicht nicht subjektiv konzipiert, doch objektiv, im Sinne von empirisch, realisiert – eine erhebliche Erweiterung des ihre Gewalt legitimierenden Instrumentariums. Wie das, wo sie selbst doch weder Israel noch gar *die* Juden als Rechtfertigung ihrer Verbrechen erwähnten? Sie konnten sich auf alte und neue, rechte und linke Antisemiten, verstanden als Judenfeinde, verlassen.

„Die Juden sind schuld!" Auf diesen Unsinn der sozusagen klassischen Antisemiten ist stets Verlass. So auch nach 9/11. Prompt meldeten sich Scharen derjenigen zu Wort, die genau wussten, dass ausgerechnet an jenem Unglückstag im „verjudeten" New York keine oder kaum Juden ins World Trade Center kamen – weil sie (angeblich) vom israelischen Geheimdienst Mossad gewarnt worden waren. Manche Noch-Besserwisser behaupteten sogar, der Mega-Terror von 9/11 wäre (außer, versteht sich, von der CIA) vom Mossad inszeniert worden. Hirngespinste dieser Art wurden, wohlgemerkt, nicht nur von Lieschen Müller, Otto Normalverbraucher oder (wie ich selbst erlebt habe) bei Abendessen in feiner Gesellschaft verbreitet. Selbst ein ehemaliger Staatssekretär im Bundesverteidigungsministerium, Andreas von Bülow, zum Sozialdemokraten mutierter Spross eines deutschen Uradelsgeschlechtes, stieß, dieses Leitmotiv kaum variierend, in das Antisemiten-Horn. Überall also lauerten „böse Juden", die nicht einmal davor zurückschreckten, Muslime zu manipulieren, um sie für ihre niederträchtigen Zwecke zu missbrauchen. Einmal mehr und immer wieder lautete die Parole: wider die „jüdische Weltmacht". Auf diese

Weise war nicht mehr nur der jüdische Staat, Israel, der Schurke, sondern es waren *die* Juden. Somit nahm Antisemitismus die Gestalt von Antijudaismus an, statt „nur" im Gewand von Antiisraelismus und Antizionismus daherzukommen.

So konnten Islamisten, ihre Unterstützer und nützlichen Idioten, im Laufe der 9/11 folgenden globalen Debatte ihren Terror, sprich: ihren Angriff auf das zivile Alltagsleben des Feindes, als defensiven Akt darstellen, dem weitere folgen dürften. Sie folgten bekanntlich. Für diesen Terror gibt es überdies eine weit über den israelisch-palästinensisch-arabischen Konflikt hinausführende, aus dem traditionellen Islam abzuleitende innerislamisch-religiöse Rechtfertigung. Sie betrifft die *Theologie*, das Verhältnis von Muslimen und Juden ganz allgemein, denn der Koran sowie die mündlich überlieferten Aussprüche und Handlungen des Propheten Mohammed (Hadith) enthalten teils krass Judenfeindliches. Man denke beispielsweise an Sure 2, Verse 65-66, wo Juden von Gott (Allah) in Affen und Schweine (also in nicht koschere Tiere) verwandelt werden. In der Prophetenbiografie Ibn Ishaqs wird Mohammeds Vertreibung zweier jüdischer Stämme aus Medina ebenso preisend beschrieben wie das von ihm gebilligte und beobachtete Massaker an den Männern des dritten jüdischen Stammes der Stadt, der Banu Quraiza. Daraus folgt: Lange vor und unabhängig vom islamisch-arabisch-palästinensisch-israelischen Konflikt rechtfertigt bereits der frühe Islam Gewalt gegen Juden. Freilich nicht „nur" gegen Juden, aber wenn man sich gegen eine Gruppe besonders „wehren" müsse, dann gegen diese. Davon zeugen die Attentate in Djerba (2002) sowie vor allem in Frankreich. Man denke an das Attentat vom März 2012 vor einer jüdischen Schule in Toulouse, an Paris im Januar 2015, ebenfalls in Paris an die Ermordung der 87-jährigen, an den Rollstuhl gefesselten Holocaustüberlebenden Mireille Knoll im März 2018 und so weiter.

Die *Geografie, Demografie, Ideologie, Soziologie und Ökonomie* der 9/11-Terroristen ebenso wie die der sie variierend nachahmenden Islamisten ist analytisch und strategisch aufschlussreich – bezogen auf Islamisten und westeuropäische Gesellschaften. In aller Kürze: Die große Mehrheit der 9/11-Terroristen stammte aus Saudi-

Arabien, die meisten ihrer Nachfolger waren einheimische, „hausgemachte" (homegrown), in und durch Westeuropa geprägte Terroristen.

Fast alle Nahost-Terroristen entstammten dem nationalen Wirtschafts- oder Bildungsbürgertum, das jedoch von der politischen Teilhabe ausgeschlossen war und (mit der Ausnahme von Tunesien) überall noch ist. Das Quasi-Lehrbuch politischen Wandels zur Herrschaft des Bürgertums bietet zwei denkbare Reaktionen: Revolution oder Reform. Letzteres strebten die gescheiterten bürgerlichen Rebellen, deren Ziel die Schaffung einer parlamentarischen Demokratie war, im Rahmen des Arabischen Frühlings an. Die „revolutionären" 9/11-Islamisten hingegen entschieden sich für Terror als Ersatz-Revolution. Ihre Strategie war subtil: Sie hatten richtig erkannt, dass sie im Zentrum ihres Feindes, in Saudi-Arabien, erfolglos bleiben würden. Daher attackierte diese Speerspitze der terroristisch revolutionären saudischen Bourgeoisie den zivilen und vorhersehbar verwundbaren Lebensnerv der amerikanischen Schutzmacht ihres innenpolitischen Feindes: der saudischen Monarchie und Aristokratie. Die Botschaft war eindeutig: Wenn ihr eure Hilfe für unsere einheimischen Reaktionäre fortsetzt, machen auch wir weiter. Die US-Administrationen ließen sich nicht erpressen, wohl aber die spanische Regierung nach dem Al-Qaida zuzuschreibenden Mega-Terror in Madrid, im März 2004. Schnell zog sie ihre Soldaten aus dem Irak ab und ließ die Amerikaner im islamistischen „Bombenregen" stehen. (Deutschland hatte sich gleich ge- und verdrückt.). Das Signal, das auf diese Weise an die Islamisten gesandt wurde, lautete: Terror lohnt sich.

Die hausgemachten westeuropäischen Islamisten leben in jeder Hinsicht, wie die Mehrheit der westeuropäischen Muslime, am Rande der Mehrheitsgesellschaft. Sie tun dies fremd- und (!) selbstverschuldet. Die Fremdschuld: Unbestreitbar sind sie Opfer evidenter gesellschaftlicher und „rassistisch" ideologischer (Fehl-)Entwicklungen in Westeuropa. Sie sehen sich als Märtyrer oder zumindest in der totalen Defensive, aus der sie – sehr wohl verständlich – mit Hilfe einer Offensive hinauswollen. Ebenfalls unbestreitbar kapseln sie sich, wie viele ihrer Glaubensgenossen, von der

Mehrheitsgesellschaft willentlich ab („Parallelgesellschaften"). So wurde ihre Religion, der Islam, mentaler Rettungsanker dieser schuldlos-schuldigen Entwürdigten.

Es ist ein Islam, der sich spätestens seit 1979 mit der Islamischen Revolution im Iran im Februar und dem Sturm auf die Große Moschee von Mekka im November radikalisiert und brutalisiert hatte und den religiös begründeten Terror unter anderem nach Westeuropa exportierte. Er ergänzte den seit 1969 potentiell zum westeuropäischen Alltag gehörenden, situationell aktiven, vornehmlich auf jüdische und israelische Ziele gerichteten weltlich-nationalistisch-palästinensischen Terror. Die Folge: In der westeuropäischen Mehrheitsgesellschaft verfestigte sich – vor der Renaissance des Rechtsterrorismus in den 1980er Jahren – das Image, dass der Islam mit Terror gleichzusetzen ist. Wohlgemerkt: Die Gleichsetzung der Religion mit Terror bedeutete nicht, dass alle Muslime als Terroristen gesehen werden, aber sie verankerte dennoch das Bild in den Köpfen der Menschen, dass „(fast) alle Terroristen Muslime sind.

Dass die Mehrheit der Muslime Westeuropas keine Terroristen sind, belegen Täterstatistiken. Umfragen wiederum dokumentieren, dass ein erschreckend großer Anteil der westeuropäischen Muslime, zumindest gedanklich, Gewalt als Mittel der Politik, nicht zuletzt gegen Juden im Allgemeinen und Israelis im Besonderen rechtfertigt. Diese Rechtfertigung von Gewalt ist eine Folge der binneneuropäischen Märtyrerposition, in der sich viele Muslime sehen. Unbestreitbar stellte und stellt diese Wahrnehmung eine oft von Muslimen erfahrene, also empirische Wirklichkeit dar. Aufgrund des in der Mehrheitsgesellschaft durch islamistischen Terror entstandenen Images „Islam = Terror" und, daraus abgeleitet: „Muslim = potentieller (!) Terrorist", begegnet man „den" Muslimen mit Misstrauen und Distanz. Beides nehmen Muslime natürlich wahr, und das wiederum bestätigt erst recht bei ganz und gar unschuldigen Muslimen – und das sind die allermeisten – die Behauptung der Extremisten, dass „alle" Muslime in und vonseiten der westlichen Gesellschaft „Opfer" wären. Das bleibt nicht ohne Konsequenzen: Diejenigen, die zwischen Integration und

Konfrontation beziehungsweise Defensive und Offensive schwanken, schließen sich den Extremisten an. Die einen eher gedanklich, die anderen aktiv. Der beschriebene und durch den modernen, medialen Alltag erleichterte Überschwappeffekt von Nahost nach Westeuropa forciert den Weg von Passivität und Defensive zu Aktivität und Offensive.

Wie viele ihrer nahöstlichen Glaubensgenossen und (Hand aufs Herz) wie unendlich viele Nicht-Muslime in Westeuropa betrachten in Europa lebende Muslime „die" einheimischen Juden als Fünfte Kolonne Israels. Muslime sehen „die" Juden zudem auch als Konkurrenten im „Wettbewerb der Opfer". Für (wie?) viele Muslime sind die jüdischen Opfer schon lange tot, also weg. Sie aber sind da, hier und jetzt. Sie stellen daher Überlegungen an, wie: Wer ist gegenwärtig als Opfer zu sehen? Das sind jetzt sie, die Muslime in Deutschland, Europa und Nahost. Warum also die ständige deutsche und teils auch gesamteuropäische Selbstzerfleischung wegen des Holocaust. Holocaust? Ist das nicht überhaupt eine Erfindung der Juden, um Mitleid und Geld von Nichtjuden zu ergattern? „Die" Juden und Israel hätten doch, verdammt noch mal, Wiedergutmachung erhalten, säßen fest im Sattel, und mit westlicher Hilfe, allen voran amerikanischer und deutscher, habe Israel eines der stärksten Militärs der Welt. Gegen Juden und besonders Israel Gewalt anzuwenden, sei daher absolut legitim.

Israel und die Mehrheit der Diasporajuden sehen das alles natürlich ganz anders. Der jüdische Staat beantwortet Gewalt mit oft erheblich stärkerer Gegengewalt. Dominanz als Abschreckung. „Nie wieder Opfer!" Besser einmal mehr und auch präventiv zuschlagen als geschlagen oder gar besiegt und damit vernichtet zu werden. Gewalt – aktiv, reaktiv und erst recht präventiv – gilt bei der heute strukturell pazifistisch ausgerichteten Mehrheit insbesondere in Deutschland, aber auch in anderen westeuropäischen Gesellschaften als illegitim. Ganz besonders Schwächeren gegenüber. Und, so die im Raum stehende Frage: Sind „die" Muslime nicht die Schwächeren? Ist folglich von ihnen ausgehende Gewalt nicht eigentlich strukturell bedingt, wenngleich nicht situationell reaktiv zu bewerten – und damit legitim, sprich: gerechtfertigt?

Diese und ähnlich Gedanken kursieren in Westeuropa seit Jahrzehnten, schon lange vor 9/11. Sie wirken, Und sie ermutigen auch in Westeuropa zu muslimischer Gewalt, was nicht folgenlos blieb, was am Anschwellen verbaler und körperlicher Gewalt von Muslimen gegen Juden in Westeuropa ablesbar ist. Alle in den letzten zehn bis fünfzehn Jahren unter Westeuropas Juden durchgeführten Umfragen zeigen die von Juden wahrgenommene Rangfolge antijüdischer Gewalt, sei sie verbal oder körperlich. Sie stellt sich, grob verkürzt, so dar: Die größte Gefahr geht von Muslimen aus, die zweitgrößte von Linksextremisten und knapp dahinter an dritter Stelle von Rechtsextremisten. So viel zu den Quantitäten. Ihre dergestalt faktisch gesunkene Lebensqualität bringen Westeuropas Juden sowohl in persönlichen Gesprächen als auch in Befragungen zum Ausdruck. Europäisch und staatenübergreifend nachzulesen sind die Ergebnisse von Befragungen in den regelmäßig veröffentlichten demoskopischen Daten der Fundamental Rights Agency der Europäischen Union.

Indem „die" Juden diese Fakten benennen, diese Wahrnehmungen aussprechen und sie durch ihre Repräsentanten verstärken, brechen sie ein integrationspolitisch motiviertes Tabu westeuropäischer und besonders deutscher Politik. Den auf methodisch höchst fragwürdigen und daher zu Recht umstrittenen Zuordnungen basierenden Täterstatistiken widersprechen nämlich westeuropäische Politiker (und gerne auch Medien mit dem vermeintlich toleranten Bewusstsein). Auf eben jene Daten verweisend pochen sie darauf, dass die größte Gefahr für die Juden Westeuropas von rechts komme und weiter drohe. Die amtliche Statistik sowie die Amtsträger wissen besser als „die" Juden, welche Gefahr sie bereits getroffen hat und ihnen weiter droht. Die Fortsetzung des Konflikts ist programmiert. 9/11 ist Gegenwart.

Teil II:

Islam und Islamismus

Religiös motivierter Terror im 21. Jahrhundert: 140.000 zivile Todesopfer, die nichts mit dem Islam zu tun hatten?[1]

Ruud Koopmans

Der 11. September 2001 war der Anfang einer Terrorwelle, wie die Welt sie bisher noch nie gesehen hatte. In den zwanzig Jahren seit den Anschlägen auf die Twin Towers und das Pentagon kamen bei weltweit über 90.000 Terroranschlägen mehr als 180.000 Zivilisten ums Leben. Wie Abbildung 1 zeigt, ist sowohl die Zahl der Terroranschläge als auch die Zahl der Todesopfer in den fünfzig Jahren seit 1970 stark angestiegen, von mehreren Hundert terroristischen Gewaltakten pro Jahr weltweit in den frühen Siebzigerjahren auf über 10.000 im Jahr 2014. Die Zahl der Todesfälle durch terroristische Gewalt nahm noch stärker zu: von einigen Hundert pro Jahr in den frühen 1970er-Jahren bis über 24.000 im Jahr 2014. Seit 2014 ist das Ausmaß des globalen Terrors wieder rückläufig. Aber auch im Jahr 2019 starben noch fast 9.000 Zivilisten bei Terroranschlägen – fast doppelt so viele wie in den oft als Terrordekade wahrgenommenen 1970er-Jahren zusammengenommen.[2]

Abbildung 1: Zahl und tödliche Opfer von Terrorakten gegen zivile Ziele, 1970–2019

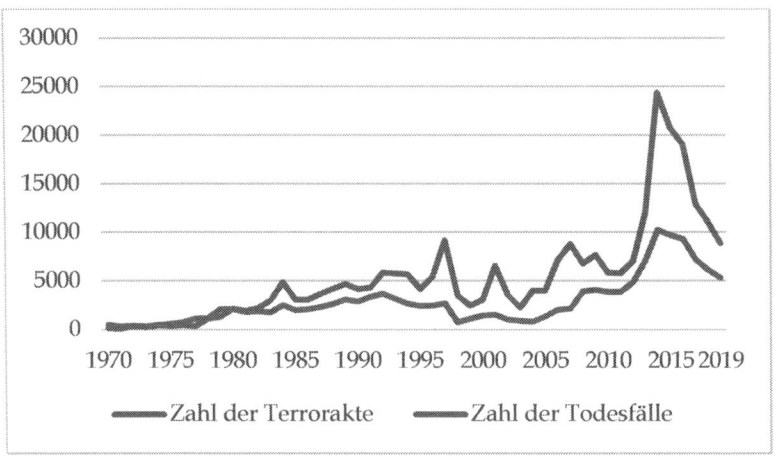

Quelle: Eigene Berechnungen auf der Basis der Global Terrorism Database

Nicht nur das Ausmaß, sondern auch die regionale Verteilung der terroristischen Gewalt hat sich im Laufe der Zeit erheblich verändert. Abbildung 2 zeigt dies für die Zahl der Todesfälle bei Terroranschlägen in islamischen und nicht-islamischen Ländern. Bis Mitte der 1990er-Jahre fanden mit Abstand die meisten Terroranschläge außerhalb der islamischen Welt statt – definiert als die Länder mit einer muslimischen Bevölkerungsmehrheit. Ab Mitte der 1990er-Jahre fängt die Zahl der Terroropfer in islamischen Ländern an zu steigen und lag 1997 erstmals und dann ab 2005 kontinuierlich über den Opferzahlen in nicht-islamischen Ländern. Im Zeitraum 2001–2019 waren 78 Prozent (139.000 von 178.000) aller Todesopfer durch Terroranschläge Personen aus mehrheitlich islamischen Ländern. Diese Opfer gingen fast ausschließlich auf das Konto von Gruppen, die sich in ihrem Namen und in ihren Zielen auf die islamische Religion beriefen – wie die afghanischen und pakistanischen Taliban, Boko Haram in Nigeria, Al Shabaab in Somalia sowie Al-Qaida und der sogenannte „Islamischen Staat" in verschiedenen islamischen Ländern.

Terrorgruppen mit nicht-religiösen Zielsetzungen, etwa die kurdische PKK in der Türkei oder die Rebellen in der Region

Balochistan in Pakistan, waren nur für einen sehr geringen Anteil der zivilen Terroropfer in islamischen Ländern verantwortlich. Umgekehrt ging aber von den 39.000 zivilen Terroropfern im Zeitraum 2001–2019 in nicht-mehrheitlich islamischen Ländern ein erheblicher Anteil auf das Konto islamistischer Gruppen, angefangen natürlich mit den 3.000 Menschen, die bei den Terroranschlägen vom 11. September 2001 in New York und Washington starben. Aber auch in Ländern wie Kamerun, Kenia, Thailand und den Philippinen fielen zahlreiche Zivilisten islamischen Terrorgruppen zum Opfer. Insgesamt liegt die weltweite Zahl der zivilen Todesopfer islamischer Terrorgruppen im Zeitraum seit 2001 also deutlich über 140.000.

Abbildung 2: Zahl der tödlichen Opfer von Terrorakten gegen zivile Ziele in mehrheitlich islamischen und nicht-islamischen Ländern, 1970–2019

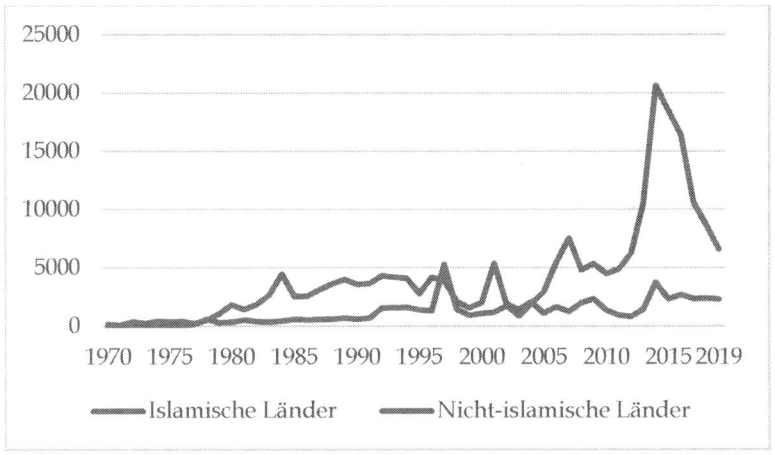

Quelle: Eigene Berechnungen auf der Basis der Global Terrorism Database

Von dieser Gewaltwelle hat nur ein Bruchteil westeuropäische Länder getroffen: insgesamt starben im Zeitraum 2001 bis 2019 in Westeuropa 860 Menschen bei Terroranschlägen. Dennoch wurde der Terror auch in Europa mit insgesamt 653 Toten (76%) sehr stark von islamistischen Anschlägen dominiert. Zum Vergleich: Rechtsextremistische Terroristen waren für 121 Tote verantwortlich;

separatistische Gruppen für 41 Tote; und Linksextremisten für lediglich 8 Tote (die übrigen Anschläge waren nicht politisch zuordenbar).³

Verwirrte, einsame Wölfe

Trotz der überwältigenden Belege dafür, dass islamische Extremisten für die allermeisten terroristischen Gewalttaten im 21. Jahrhundert verantwortlich sind, wird nach jedem Anschlag von vielen Politikern, Journalisten und Kommentatoren behauptet, dass Terrorismus „nichts mit dem Islam zu tun" habe. Das fing schon mit US-Präsident George W. Bush an, der am 17. September 2001, wenige Tage nach den Anschlägen auf das World Trade Center und das Pentagon, eine Moschee in Washington, D.C. besuchte und dort sagte:

> These acts of violence against innocents violate the fundamental tenets of the Islamic faith. [...] The face of terror is not the true faith of Islam. That's not what Islam is all about. Islam is peace. These terrorists don't represent peace. They represent evil and war.⁴

Dass die Täter selbst verkünden, vom Koran und vom Beispiel Mohammeds inspiriert zu sein, dass sie in ihren Manifesten und Videobotschaften reichlich Koranverse und Hadithen zitieren, dass sie betonen, ihren Glauben mit ihren Taten verteidigen oder verbreiten zu wollen, und dass sie in vielen Fällen laut „Allahu Akbar!" rufen, während sie ihre Opfer töten – all das wird als ursächlich irrelevant zur Seite geschoben. Stattdessen werden die Täter dargestellt als „einsame Wölfe" oder „verwirrte Personen", die nichts mit der Gemeinschaft der Muslime zu tun haben und vom Islam und dem Koran nichts verstanden haben.

Nehmen wir zum Beispiel den Angriff am 12. Juni 2016 auf einer Schwulendiskothek in Orlando, Florida, bei dem 49 Menschen getötet wurden. In seiner Reaktion auf das Massaker bezeichnete Präsident Barack Obama die Tat als ein Beispiel von „hausgemachtem Terrorismus" (homegrown terrrorism) und damit als ein amerikanisches Problem. Derartige Taten, so argumentierte er weiter, werden von „verwirrten und gestörten" Individuen begangen, die sich über das Internet „selbst radikalisieren".[5] Das Konzept der „Selbstradikalisierung" wird, wie die Metapher des „einsamen Wolfs", nach islamischen Angriffen häufig verwendet, um zu suggerieren, dass es sich um den Akt eines isolierten Individuums handelt, das sich ohne jegliche Verbindung zur weiteren muslimischen Gemeinschaft völlig von sich aus radikalisiert hat. Das Argument erinnert an die gebetsmühlenartig vorgetragenen Abwehrfloskeln der amerikanischen Waffenlobby, die nach jedem Schusswaffenmassaker argumentiert: Waffen töten nicht, sondern Menschen töten (guns don't kill, people do) – als ob diese Gewalt nichts mit dem freien Verkauf von Waffen in den USA zu tun hätte und nur auf die einzelnen Täter zurückgeführt werden könnte, die auch nach Ansicht der Rüstungslobby ausnahmslos „verwirrt" und „gestört" seien.

Hatte das Massaker von Orlando nichts mit dem Islam zu tun? Während er mordete, schwor der Täter Omar Mateen in mehreren Telefongesprächen dem Islamischen Staat die Treue. Er bekundete seine Solidarität mit den Tätern des Anschlags auf den Marathon in Boston und mit dem ersten amerikanischen Selbstmordattentäter in Syrien, einem Anhänger der Al-Nusra-Front, den Omar Mateen persönlich kannte, weil sie die gleiche Moschee in Fort Pierce in Florida besuchten. Auf seiner Facebookseite schrieb Mateen: „Die wahren Muslime werden den schmutzigen Weg des Westens nie akzeptieren. Du tötest unschuldige Frauen und Kinder bei Luftangriffen. Jetzt wirst du die Rache des Islamischen Staates spüren." Er beendete seinen Beitrag mit: „Möge Allah mich aufnehmen." Auch das Verhalten von Mateen vor dem Angriff zeigt, dass er ein religiöser Muslim war. Nach Angaben seines Imams ging er drei- bis viermal pro Woche in die Moschee, das letzte Mal zwei Tage vor dem Angriff. Zweimal, in den Jahren 2011 und 2012, war er auf einer Pilgerreise in Saudi-Arabien. Aber laut Mir Seddique Mateen, Omars Vater, hatte die Tat seines Sohnes natürlich „nichts mit Religion zu tun", und der Präsident und große Teile der amerikanischen Presse folgten dieser Auffassung. Als alternative Erklärung wies der Vater, der selbst mit den Taliban sympathisierte, auf ein Ereignis einige Zeit vor dem Angriff hin. Omar habe sich sehr aufgeregt, als er sah, wie sich zwei Männer in der Öffentlichkeit küssten, als ob das beweisen würde, dass Omars Motive nichts mit dem Islam zu tun hatten. Gewalttätige Homophobie ist leider der islamischen Welt keineswegs fremd. Alle zehn Länder auf der Welt, in denen auf Homosexualität die Todesstrafe steht, sind mehrheitlich islamisch, und in vielen anderen islamischen Ländern wird sie mit langen Gefängnisstrafen geahndet. Der weltweite *Spartacus Reiseführer für Homosexuelle* gibt für kein einziges mehrheitlich islamisches Land eine positive Reiseempfehlung.[6]

Ein weiteres Argument, mit dem ein Zusammenhang zwischen Terror und Islam abgestritten wird, ist der Hinweis darauf, dass die meisten Opfer Muslime sind. Barack Obama twitterte in diesem Sinne in Bezug auf den sogenannten „Islamischen Staat im Irak und dem Levant" (ISIL): „ISIL spricht für keine Religion. Seine Opfer sind überwiegend Muslime, und keine Religion lehrt ihre Anhänger, unschuldige Menschen zu töten."[7] Auch das deutsche Bundesinnenministerium benutzt dieses Argument, um die These zu untermauern, der Terror habe nichts mit dem Islam zu tun:

> Der Islam ist wie das Christentum eine friedliebende Religion. Muslime lehnen Terrorismus und seine Ziele ebenso ab, wie andere Teile unserer Bevölkerung. Dies belegen unabhängige Umfragen. Der Islam als Glaubenslehre wird lediglich von Extremisten und Terroristen, die in jeder Glaubensrichtung vertreten sind, missbraucht, um Menschen von ihren Zielen zu überzeugen und für terroristische Handlungen zu gewinnen. [...] Weltweit gesehen sind die meisten Opfer des angeblich im Namen des Islam verbreiteten Terrorismus Muslime.[8]

Da der größte Teil des islamistischen Terrors in islamischen Ländern stattfindet, sind die meisten Opfer tatsächlich Muslime. Dies können Muslime sein, die einer anderen religiösen Richtung angehören, die sich gegen die Scharia stellen und für Meinungsfreiheit und Frauenrechte eintreten, Muslime, die rivalisierenden Terrorgruppen angehören, oder solche, die einfach zur falschen Zeit am falschen Ort waren. Aber wenn das bedeuten würde, dass die Gewalt nichts mit dem Islam zu tun haben kann, dann müssten wir auch sagen, dass die Religionskriege zwischen Katholiken und Protestanten oder die Verfolgung von Ketzern durch die Inquisition nichts mit dem Christentum zu tun hatten. Und die Mafia hat dann auch nichts mit der sizilianischen Kultur zu tun, da ja die meisten ihrer Opfer Sizilianer sind.

Verschwörungstheorien

In der islamischen Welt ist die mit Abstand beliebteste Form der Leugnung die Verschwörungstheorie. In jedem Land gibt es wohl ein paar Verrückte, die glauben, dass die Landung auf dem Mond inszeniert wurde, dass der Holocaust nie stattgefunden hat, dass Elvis noch lebt und Paul McCartney schon lange tot ist. In der islamischen Welt ist diese Art von Torheit an der Tagesordnung, wenn es darum geht, die eigene Verantwortung für Terrorismus zu leugnen. Die Ansichten vieler Muslime zu den Anschlägen des 11. September 2001 in den Vereinigten Staaten sind das bekannteste Beispiel dafür. Das amerikanische Pew Research Center hat Muslimen in Ländern auf der ganzen Welt die Frage gestellt: „Glauben Sie, dass Araber für die Anschläge auf die Vereinigten Staaten (World Trade Center und Pentagon) vom 11. September 2001 verantwortlich waren, oder glauben Sie das nicht?" Abbildung 3 zeigt, dass große Teile der Muslime in den islamischen Ländern, die Teil der Studie waren – von 47 Prozent in Nigeria bis 75 Prozent in Ägypten –, nicht glaubten, dass Araber für die Angriffe verantwortlich waren. Noch bemerkenswerter ist vielleicht, dass selbst unter islamischen Einwanderern in westlichen Ländern viele nicht an die offizielle Version glauben. Unter den britischen Muslimen war dies sogar eine Mehrheit (56 Prozent), aber auch in anderen westlichen Ländern halten große Minderheiten zwischen 28 Prozent (USA) und 46 Prozent (Frankreich) die offiziellen Berichte über die Hintergründe des 11. September für falsch.

Abbildung 3: Prozentsatz der Muslime, die nicht glauben, dass Araber für die Anschläge des 11. September 2011 verantwortlich waren.

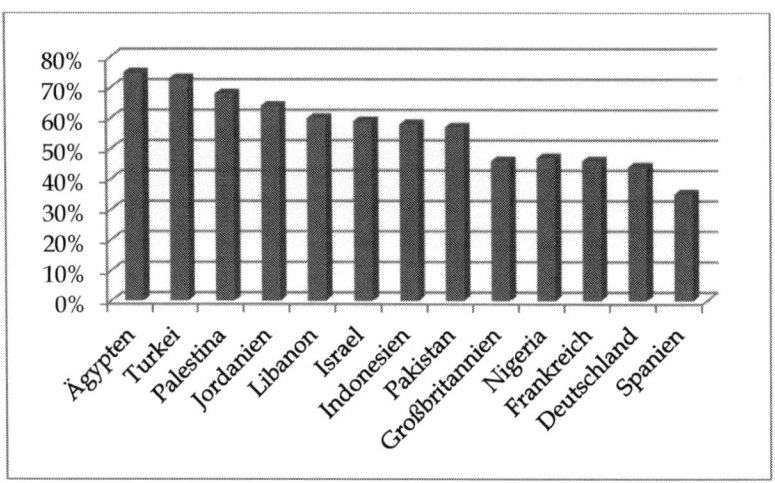

Quelle: Pew Research Center

Aus den Befunden von Pew Research wird jedoch nicht klar, wen Muslime für verantwortlich halten. Eine Studie des britischen Think Tank Policy Exchange stellte daher die Frage anders: „Wer ist Ihrer Meinung nach für den 11. September verantwortlich?"[9] Nur vier Prozent der britischen Muslime antworteten mit „Al-Qaida". Sieben Prozent, glaubten, dass Juden hinter den Angriffen steckten, 31 Prozent, dass es die Vereinigten Staaten selbst waren, sechs Prozent erwähnten jemand anderen und 52 Prozent gaben an, es nicht zu wissen. Unter den nicht-islamischen Briten befanden sich auch einige Anhänger von Verschwörungstheorien, aber die große Mehrheit (71 Prozent) war doch der Meinung, dass Al-Qaida verantwortlich sei (16 Prozent gaben an, es nicht zu wissen; zehn Prozent gaben den USA und ein Prozent gab den Juden die Schuld). Um einen Einblick in die Gedankenwelt solcher Verschwörungstheorien zu gewinnen, ist es lehrreich zu hören, was britische Muslime in Gruppendiskussionen, die Policy Exchange mit ihnen führte, darüber sagten:

RELIGIÖS MOTIVIERTER TERROR IM 21. JAHRHUNDERT 81

> Interviewer: Jemand hat den 11. September erwähnt, denkst du, dass das eine Erfindung ist?
> - Ja (allgemeine Zustimmung).
> - Ja, sie haben den Film gemacht, den sie jetzt zeigen; ich glaube, sie wollen den Muslimen die Schuld geben.
> - Es war alles im Voraus geplant.
> - Ihre Pässe wurden unbeschädigt gefunden, weißt du?
> - Ja, ich habe so etwas gehört.
> - Außerdem arbeiten in den Twin Towers überwiegend Juden, aber kein einziger Jude war an diesem Tag auf der Arbeit.
> - Keiner von ihnen war auf der Arbeit.
> - Ich glaube, sie hatten auch die Twin Towers im Voraus versichert.
> - Es war im Voraus geplant, ja.
> - Ein Jahr im Voraus oder so, sie haben es für eine riesige Summe versichert.[10]

Wer glaubt, dass diese Art von Unsinn vor allem unter schlecht informierten, wenig gebildeten Muslimen verbreitet ist, irrt. Die Tatsache, dass so viele Muslime an Verschwörungstheorien glauben, ist kaum verwunderlich, wenn man bedenkt, dass politische und religiöse Führer in der islamischen Welt bei der Verbreitung solcher Hirngespinste selbst vorangehen. Nach den Anschlägen Anfang 2015 in Paris spekulierte der türkische Präsident Recep Tayyip Erdoğan, dass die Franzosen wahrscheinlich selbst daran beteiligt waren, mit der Absicht, Muslimen die Schuld in die Schuhe zu schieben:

> Französische Staatsbürger begehen ein solches Massaker, und Muslime zahlen den Preis. Das ist sehr bemerkenswert. [...] Behalten ihre Sicherheitsdienste nicht im Auge, wer das Gefängnis verlässt? Wir müssen uns bewusst sein, dass Spielchen mit der islamischen Welt getrieben werden. Die Heuchelei des Westens ist offensichtlich. Als Muslime haben wir uns noch nie terroristischer Massaker schuldig gemacht. Dahinter stehen Rassismus, Fremdenfeindlichkeit und Islamophobie.[11]

Als wolle er beweisen, dass es innerhalb der AKP Erdoğans durchaus Raum für unterschiedliche Meinungen gibt, meinte der damalige Bürgermeister von Ankara, Melih Gökçek, dass nicht Frankreich, sondern Israel hinter den Anschlägen in Paris stecke: „Der Mossad steckt sicherlich hinter solchen Vorfällen. [...] Sie sind damit beschäftigt, die Feindseligkeit gegenüber dem Islam zu verstärken."

Nach Ansicht vieler Muslime ist die Terrororganisation Islamischer Staat auch eine Schöpfung des Westens und der Juden. Es sind einflussreiche Leute, die diese Botschaft in die Welt setzen. Ahmed Al-Tayeb, der Großmufti der Al-Azhar-Universität in Kairo, die als wichtigste religiöse Institution in der sunnitischen Welt gilt, verkündete 2015 in Saudi-Arabien auf einer Konferenz zur Bekämpfung des Terrorismus:

> Wir sind mit großen internationalen Verschwörungen gegen Araber und Muslime konfrontiert, mit dem Ziel, die Gesellschaft so zu spalten, wie es den Träumen des neuen Weltkolonialismus entspricht, der ein Bündnis mit dem Weltzionismus gebildet hat – Hand in Hand und Schulter an Schulter. [...] Das Ergebnis dieser ausgefeilten Manipulationen ist, dass der Irak verloren gegangen ist, Syrien verbrannt, Jemen auseinandergerissen und Libyen zerstört wurde. Sie haben noch viel auf Lager, von dem nur Gott weiß und vor dem wir Schutz bei Gott suchen.[12]

So etwas sagen nicht etwa irgendwelche Hassprediger in salafistischen Moscheen, sondern politische und religiöse Führer, die als „gemäßigt" gelten müssen. Es fasst den desolaten Zustand der islamischen Welt zusammen, dass so viel Macht in den Händen von Politikern und religiösen Führern liegt, die Ideen verbreiten, die an nationalsozialistische Parteitage erinnern würden, wenn man im obigen Zitat „Araber und Muslime" durch „Deutschland und das deutsche Volk" ersetzte.

Der irreführende Diskurs der Islamophobie

Der erste und wichtigste Schritt zur Lösung eines Problems ist die Auseinandersetzung mit seinen Ursachen. Falsche Diagnosen helfen nicht oder machen die Sache nur noch schlimmer. Die kontraproduktivste Diagnose, die über die Ursachen der Gewaltwelle im Namen des Islam kursiert, ist die der Islamophobie. Warum ist der Begriff der Islamophobie irreführend? Es besteht kein Zweifel, dass viele Menschen ein negatives Bild vom Islam und von Muslimen haben und dass manche den Islam sogar fürchten. Aber ist dies eine Phobie im Sinne einer übertriebenen, nicht auf Tatsachen gründenden, krankhaften Angst? Es gibt durchaus Grund zur Sorge um den zeitgenössischen Islam, besonders wenn man weiblich, homosexuell, jüdisch, ungläubig, kritisch muslimisch oder Mitglied einer religiösen Minderheit ist. Ist es erstaunlich, dass manche Menschen ein unbehagliches Gefühl bekommen, wenn sich ein Mann mit Bart und traditionellem islamischem Gewand im Zug neben sie setzt? Sollte ein als solcher erkennbare Jude, der es vorzieht, Stadtviertel mit vielen Muslimen zu meiden, einen Termin beim Psychiater vereinbaren, um seine Angstpsychose behandeln zu lassen? Sind schwule Paare, die bei ihrer Urlaubswahl auf muslimische Länder verzichten, vorurteilsbehaftete Muslimhasser? Sind Schriftsteller, Komiker, Journalisten und Blogger, die es vermeiden, sich satirisch oder kritisch über den Islam zu äußern, rassistische Angsthasen? Sind Frauen wie Ayaan Hirsi Ali und Seyran Ateş, die die Unterdrückung von Frauen, von der die islamische Welt durchdrungen ist, anprangern, hasserfüllte Verräterinnen ihrer eigenen Kultur? Der Begriff der Islamophobie unterstellt, berechtigte Sorgen und Ängste über den real existierenden Islam seien irrationale Formen des Hasses. Damit macht er Opfer zu Tätern.

Umgekehrt werden Täter zu Opfern gemacht. Das zunehmende Maß an Konservatismus und Fundamentalismus in islamischen Gemeinschaften wird von Anhängern der Islamo-phobie-These auf Diskriminierung und Ausgrenzung zurückgeführt. Es gibt aber kaum empirische Belege für einen solchen Zusammenhang. Erstens haben Fundamentalismus und dschihadistischer Terrorismus ihren Ursprung nicht im Westen, sondern im Herzen der islamischen Welt, in Ländern wie Iran, Pakistan und Saudi-Arabien, wo Muslime andere unterdrücken, und nicht umgekehrt. Unter den westeuropäischen Muslimen hängen fundamentalistische Überzeugungen und negative Einstellungen gegenüber Juden, Homosexuellen und dem Westen nur bedingt mit einem niedrigeren sozioökonomischen Status und überhaupt nicht mit Diskriminierungserfahrungen zusammen.[13] Auch entsprechen viele islamische Terroristen in keiner Weise dem Klischeebild des Ausgeschlossenen und Marginalisierten. Die Täter des 11. September waren überwiegend Ingenieure mit Hochschulausbildung und stammten aus wohlhabenden Familien. Mohammed Bouyeri, der Mörder von Theo van Gogh, studierte an einer Amsterdamer Fachhochschule.

Die erste Generation islamischer Terroristen, die von Al-Qaida inspiriert war, war generell durch ein hohes Bildungsniveau gekennzeichnet.[14] In der späteren Generation islamischer Terroristen finden wir zwar weniger Hochgebildete, aber auch hier sind sozioökonomisch marginalisierte Personen nicht überrepräsentiert.[15] In seiner Studie zu den Lebensläufen von Hunderten von islamistischen Gewalttätern in Deutschland, Frankreich und Großbritannien hat der Soziologe Eylem Kanol außerdem gezeigt, dass in einem erheblichen Teil der Fälle die sozioökonomische Marginalisierung nicht eine Ursache sondern eine Folge der Radikalisierung war. Nicht wenige dieser jungen Leute brachen ihre Schule oder Lehre ab oder gaben ihren Job auf, um sich vollständig ihrem Engagement in radikalen Gruppen zu widmen oder um sich den Dschihad in Ländern wie Syrien anzuschließen.[16]

Die oft gehörte Behauptung, die negative Debatte über den Islam sei die Ursache für den Aufstieg des Fundamentalismus und die Radikalisierung junger Muslime, stellt eine völlige Umkehrung der Wirklichkeit dar. Zusammen mit einer Reihe von Kollegen habe ich die öffentliche Debatte über Einwanderung und Integration im letzten Jahrzehnt des zwanzigsten Jahrhunderts in fünf europäischen Ländern – Deutschland, Frankreich, Großbritannien, den Niederlanden und der Schweiz – untersucht.[17] Von den mehr als 18.000 Aussagen von Politikern und anderen Meinungsführern zur Einwanderung und Integration, die in den Jahren 1990–1999 in Zeitungen dieser Länder abgedruckt waren, hatten nur 286 (1,6 Prozent) Muslime oder den Islam zum Thema. Die Debatte drehte sich überwiegend um Asylbewerber, Ausländer, Aussiedler oder Zuwanderer im Allgemeinen, ohne nach Religion oder ethnischer Zugehörigkeit zu unterscheiden. Einige der Aussagen bezogen sich zwar auf bestimmte Migrantengruppen einschließlich ethnischer Gruppen aus islamischen Ländern wie Türken, Marokkaner und Pakistani. Aber das betraf vor allem Themen wie politische Gewalt zwischen Kurden und Türken, die sozioökonomische Lage der Gruppen, Abschiebungen oder Diskriminierung und Rassismus. Religiöse Themen wurden fast nie thematisiert (in weniger als zwei Prozent aller Medienberichte über ethnische Gruppen aus islamischen Ländern). Mit anderen Worten, vor der Welle dschihadistischer Angriffe, die ab 2001 die Welt überrollte, gab es in Westeuropa kaum eine Debatte über Muslime oder den Islam. Türken, Marokkaner und andere Gruppen aus islamischen Ländern wurden hauptsächlich auf der Grundlage ihrer Nationalität oder ethnischen Zugehörigkeit und nicht auf der Grundlage ihrer Religion angesprochen.

In den wenigen Fällen, in denen der Islam thematisiert wurde, waren negative Meinungen deutlich in der Minderheit. Die meisten Aussagen richteten sich gegen Diskriminierung aufgrund der Religionszugehörigkeit oder sprachen sich für eine Ausweitung der Rechte von Muslimen aus. Doch obwohl es keinerlei Belege für die These gibt, der Welle islamisch motivierter Gewalt in diesem Jahrhundert sei ein hohes Maß an negativer Berichterstattung über den Islam vorangegangen und habe diese sogar verursacht, ist der Glaube daran tief verwurzelt.

Sicherlich hat nach den Anschlägen vom 11. September 2001 und den nachfolgenden Gewalttaten wie der Ermordung Theo van Goghs, den Anschlägen von Madrid und London und Hunderten anderen Terrorakten auf der ganzen Welt die Bedeutung des Islam in der öffentlichen Debatte erheblich zugenommen. Das ist jedoch kaum verwunderlich. Wenn Menschen Flugzeuge in Gebäude lenken, Busse, Züge und U-Bahnen in die Luft jagen, Lastwagen in Menschenmengen steuern, Massaker in Diskotheken, Synagogen und Konzertsälen verüben, dabei Gott anrufen und erklären, dass sie im Namen ihrer Religion handeln, liegt es nahe, dass Politiker und Medien auf diese Religion sowie auf die religiösen Überzeugungen und Quellen, von denen die Täter sagen, dass sie von ihnen inspiriert wurden, aufmerksam werden. Wenn „Ehebrecherinnen", Homosexuelle und „Gotteslästerer" von Scharia-Gerichten im Namen des Islam verurteilt werden und weltweit Bürgerkriege zwischen Gruppen wüten, die alle glauben, ein Monopol auf den wahren Islam zu haben, ist es nicht überraschend, dass dieser Glaube in schlechtes Licht gerät. Das ist ärgerlich für Menschen mit Wurzeln in Ländern wie der Türkei, Syrien oder Pakistan, die zu Recht das Gefühl bekommen, dass sie nur noch als Muslime wahrgenommen werden. Dafür sollten sie jedoch nicht die Überbringer der schlechten Nachrichten über den Islam verantwortlich machen, sondern die fundamentalistischen Regime und religiösen Fanatiker, die täglich die Reputation des Islam beschädigen.

Auch nach all diesen Verbrechen im Namen des Islam ist die Debatte darüber in den Medien übrigens keineswegs so negativ, wie viele Menschen denken. Zusammen mit der deutschen Soziologin Sarah Carol habe ich für den Zeitraum von 1999 bis 2008 die mediale Debatte über die Rechte der Muslime in den gleichen Ländern analysiert, die in der oben genannten Studie vertreten waren, ergänzt durch Belgien.[18] Dies betraf Diskussionen um Kopftücher in Schulen und anderen öffentlichen Einrichtungen, die Burka, den Bau von Moscheen und Minaretten, islamische Schulen und Religionsunterricht, Halal-Schächtung von Tieren oder das Händeschütteln mit Angehörigen des anderen Geschlechts. Nach der Islamophobie-These sollte die Debatte über solche Fragen sehr negativ sein, aber wir fanden heraus, dass die Befürworter eines Entgegenkommens gegenüber den Forderungen und Wünschen von Muslimen in allen untersuchten Ländern in der Mehrheit waren, am deutlichsten in Großbritannien. Von den sechs Ländern war die Debatte in Deutschland am wenigsten entgegenkommend, aber sogar dort überwogen die Positionen, die eine Ausdehnung der Rechte von Muslimen befürworteten. Für Großbritannien und die Niederlande ist dieses Ergebnis umso bemerkenswerter, als es im Gegensatz zu den anderen Ländern nicht um Wünsche des Mainstream-Islam wie Moscheen oder Kopftücher ging, sondern vor allem um Praktiken und Forderungen fundamentalistischer Muslime wie Burkas, Scharia-Recht und die Verweigerung des Handschlags. Aber sogar hinsichtlich dieser Forderungen war die Debatte in diesen beiden Ländern überwiegend entgegenkommend. Wenn es in der öffentlichen Debatte in Westeuropa etwas gab, das den Fundamentalismus und die Radikalisierung gefördert hat, dann ist es nicht der vermeintlich negative „Ton" der Debatte über Muslime und den Islam, sondern eher ein zu weitreichendes, naives Entgegenkommen an Forderungen, die von konservativen oder sogar fundamentalistischen Vertretern des Islam erhoben wurden.

Ein Beispiel dafür ist das Vorgehen in Bezug auf die El Tawheed Stiftung, die die gleichnamige Moschee in Amsterdam verwaltet, die von Mohammed Atta, dem Anführer der Attentäter des 11. September 2001, von Theo van Goghs Mörder Mohammed Bouyeri und von verschiedenen anderen Dschihadisten besucht wurde.[19] Ungeachtet der bekannten Verbindungen der Stiftung zu Saudi-Arabien konnte sie mit öffentlichen Geldern verschiedene islamische Grundschulen gründen und so Kinder mit der salafistischen Ideologie indoktrinieren. Lange Zeit subventionierte die Stadt Amsterdam sogar den Koranunterricht bei El Tawheed und anderen fundamentalistischen Moscheen in der Stadt im Rahmen ihrer „sozialen Inklusionspolitik".[20]

Die Umkehrung von Ursache und Wirkung sowie von Opfer- und Täterschaft, die durch den Islamophobie-Diskurs vollzogen wird, lenkt die Aufmerksamkeit von der Bekämpfung des religiösen Fundamentalismus und der Notwendigkeit islamischer Reformen ab und macht die Außenwelt für alles verantwortlich, was in der islamischen Welt schiefläuft. Damit leitet die Kritik an einer vermeintlichen Islamophobie Wasser auf die Mühlen der Islamisten, die ja von der Idee genährt werden, dass die Welt den Muslimen feindlich gesinnt ist und dass Nichtmuslime und Verräter aus den eigenen Reihen den Islam zerstören wollen. Die Vorstellung von einem gefährdeten Islam legitimiert wiederum den Hass auf Andersgläubige und den Einsatz von Gewalt zur „Verteidigung" des Glaubens.

Stattdessen müssen wir endlich ernst nehmen, woraus Islamisten seit Jahrzehnten kein Geheimnis machen: Gewalt und Unterdrückung im Namen des Islam haben tatsächlich religiöse Ursachen. Diese liegen nicht in irgendeiner intrinsischen, essentialistischen und unabänderlichen Natur des Islam, sondern im Aufstieg einer fundamentalistischen Auslegung dieser Religion in den letzten fünfzig Jahren. Statt die Schuld für die Misere der islamischen Welt bei äußeren Kräften zu suchen, müssen Muslime, die für einen anderen, modernen und liberalen Islam eintreten, sich massenhaft gegen die globale Intoleranz und Gewalt im Namen ihres Glaubens erheben. Dass sollten sie gerade auch dann tun, wenn religiöse

Minderheiten, Abweichler, Ex-Muslime und Islamkritiker die Opfer sind. Solange das nicht geschieht, bleibt die Behauptung „die Gewalt hat nichts mit dem Islam zu tun" eine rhetorische Leerformel, die einer Lösung des Problems nur im Wege steht.

Anmerkungen

1   Dieses Kapitel beruht zum größten Teil auf Auszügen aus meinem Buch *Das verfallene Haus des Islam. Die religiösen Ursachen von Unfreiheit, Stagnation und Gewalt*, das bei C.H. Beck erschienen ist (München, 2020) Niederländische und dänische Ausgaben sind erschienen bei Prometheus (Amsterdam, 2019) und Pressto (Kopenhagen, 2020).
2   Die Zahlen beruhen auf der Global Terrorism Database (GTD) der University of Maryland (https://www.start.umd.edu/gtd/). Diese enthält Daten zu mehr als 200.000 Terrorakten zwischen 1970 und 2019. Die Forscher definieren einen Terrorakt auf der Grundlage von drei Merkmalen, die erfüllt sein müssen: Es muss erstens um eine vorsätzliche Handlung gehen; sie muss zweitens die Anwendung oder Androhung von Gewalt gegen Personen oder Sachen beinhalten; und die Täter dürfen drittens nicht dem Staats-apparat angehören. Darüber hinaus müssen zwei der drei folgenden Kriterien erfüllt sein: Die Aktion dient einem politischen, religiösen oder sozialen Zweck; sie zielt darauf ab, eine breitere Öffentlichkeit und nicht nur die unmittelbaren Opfer einzuschüchtern, zu nötigen oder zu erschrecken; und sie verstößt gegen internationale Vorschriften legitimer Kriegshandlungen, insbesondere gegen das Verbot gezielter Gewalt gegen Zivilisten und unbewaffnete Gegner. Meiner Meinung nach ist diese Definition zu weit gefasst, da sie den Einsatz von Gewalt gegen bewaffnete Gegner beinhalten kann: 15 Prozent der Terroranschläge in der Global Terrorism Database haben militärische Ziele, 13 Prozent richten sich gegen die Polizei und knapp 2 Prozent gegen andere bewaffnete Milizen und terroristische Gruppen. In all diesen Fällen ist es eine politisch-ideologische Frage, ob diese Gewalt als Terrorismus oder als legitimer Akt des Widerstands angesehen werden sollte. Daher schließe ich bei meiner Definition Aktionen aus, die auf bewaffnete Gegner abzielen. Ich definiere einen Angriff palästinensischer Aktivisten auf israelische Soldaten oder die israelische Polizei nicht als Terrorismus, wohl aber das Erstechen von Zivilisten oder das Sprengen eines Stadtbusses. Viele Israelis werden Angriffe auf Armee und Polizei auch als Terrorismus betrachten, und viele Palästinenser werden Angriffe auf israelische Zivilisten als legitime Widerstandsaktionen ansehen, aber in einer sauberen Definition von Terrorismus muss die Unterscheidung zwischen bewaffneten und unbewaffneten Zielen eine zentrale Rolle spielen. Auf der Basis meiner restriktiveren Definition von Terrorismus bleiben im Global Terrorism Database gut 140.000 Terrorakte mit fast 270.000 Todesopfern zwischen 1970 und 2019 übrig.
3   In Nordamerika (den Vereinigten Staaten und Kanada) dominieren die Anschläge des 11. Septembers 2001 das Terrorgeschehen mit 3.004 der insgesamt 3.384 Terroropfer im Zeitraum 2001–2019. Nach 9/11 fielen noch 101 weitere

Menschen islamistischen Anschlägen zum Opfer, etwas weniger als die 126 Menschen, die bei rechtsextremistischen Terroranschlägen (white supremacist, anti-government usw.) starben.
4   https://georgewbush-whitehouse.archives.gov/news/releases/2001/09/200 10917-11.html [Zugriff: 05.05.2021].
5   Siehe z.B. https://www.nytimes.com/2016/06/14/us/politics/obama-orlando-shooter-isis.html oder https://eu.usatoday.com/story/news/politics/20 16/06/13/obama-orlando-terror-attack-homegrown/85824538/ [Zugriff: 05.05.2021].
6   Koopmans, *Das verfallene Haus des Islam*, S. 107.
7   Siehe https://twitter.com/obamawhitehouse/status/502136590601584641 [Zugriff: 05.05.2021].
8   Siehe https://www.bmi.bund.de/SharedDocs/faqs/DE/themen/sicherheit /islamismus/islamismus-liste.html [Zugriff: 05.05.2021].
9   Martyn Frampton, David Goodhart und Khalid Mahmood, *Unsettled Belonging. A Survey of Britain's Muslim Communities* (London: Policy Exchange, 2016), S. 75f.
10 Frampton et al., *Unsettled Belonging*, S. 78.
11 Siehe https://www.dailymail.co.uk/news/article-2908358/Turkish-president-accuses-West-Charlie-Hebdo-attacks-deliberately-blaming-Muslims-conspiracy-theories-sweep-Internet-accusing-Israel-orchestrating-it.html#ixzz5AQf o9mmZ [Zugriff: 05.05.2021].
12 Siehe https://www.telegraph.co.uk/news/worldnews/middleeast/saudiarabia/11430829/Moderate-Sunni-Islam-leader-blames-Zionism-and-new-colonialism-for-Middle-East-collapse.html [Zugriff: 05.05.2021].
13 Siehe Ruud Koopmans, „Religious fundamentalism and hostility against outgroups. A comparison of Christians and Muslims in Western Europe", *Journal of Ethnic and Migration Studies* 41, 1 (2015), S. 33–57.
14 Siehe Diego Gambetta und Steffen Hertog, *Engineers of Jihad. The Curious Connection between Violent Extremism and Education* (Princeton: Princeton University Press, 2016); Tomas Precht, *Home Grown Terrorism and Islamist Radicalisation in Europe. From Conversion to Terrorism. An Assessment of the Factors Influencing Violent Islamist Extremism and Suggestions for Counter-Radicalisation Measures* (Kopenhagen: Ministry of Justice, 2007).
15 Zum Beispiel Edwin Bakker und Roel de Bont, „Belgian and Dutch jihadist foreign fighters (2012-2015): Characteristics, motivations, and roles in the war in Syria and Iraq", *Small Wars & Insurgencies* 27, 5 (2016), S. 837–857; Jytte Klausen, Rosanne Libretti, Benjamin W. K. Hung und Anura P. Jayasumana, „Radicalization trajectories: An evidence-based computational approach to dynamic risk assessment of ‚homegrown' Jihadists", *Studies in Conflict & Terrorism* 43, 7 (2020), S. 588–615.
16 Siehe Eylem Kanol, *Understanding Islamist Radicalization. An Empirical Investigation into the Determinants of Islamist Attitudes and Violence* (Dissertation, Humboldt Universität Berlin, 2020).
17 Siehe Ruud Koopmans, Paul Statham, Marco G. Giugni und Florence Passy, *Contested Citizenship. Immigration and Cultural Diversity in Europe* (Minneapolis: University of Minnesota Press, 2005).
18. Sarah Carol und Ruud Koopmans, „Dynamics of contestation over Islamic religious rights in Western Europe", *Ethnicities* 13, 2 (2013), S. 165–190.

[19] Siehe z.B. https://www.theguardian.com/theobserver/2004/dec/05/features.magazine77 und https://www.telegraaf.nl/nieuws/2384855/gemeente-en-politie-lieten-beruchte-moskee-ongemoeid [Zugriff: 05.05.2021].

[20] Siehe https://www.telegraaf.nl/nieuws/241315/amsterdam-financierde-salafisme-lessen [Zugriff: 05.05.2021].

Und es hat doch mit dem Islam zu tun

Kristina Schröder

„Das hat nichts mit dem Islam zu tun" – nach einem islamistischen Anschlag hört man diesen Satz immer noch von politisch Verantwortlichen. Ich glaube, dass in dieser Situation kaum ein Satz die Menschen wütender macht (und im Zweifel in die Arme der AfD treibt) als dieser. Das ist vor allem dann der Fall, wenn Menschen – allzu oft unter dem Ruf „Allahu akbar" – ermordet werden, und die öffentliche Debatte die tatsächlichen oder vermeintlichen Erfahrungen sozialer oder gesellschaftlicher Marginalisierung von Muslimen als Haupterklärung für die Gewalttaten ins Zentrum rückt. Wird der Islam thematisiert, dann zumeist nicht als Inspiration für die Gewalttaten, sondern als Stigma, das Rechte und Islamhasser allen Muslime anheften, um sich darin legitimiert zu sehen, gegen diese zu hetzen.

Fünfzehn Jahre war ich Mitglied des Deutschen Bundestags, und fast genauso lange habe ich mich in meiner politischen Arbeit mit dem Thema Islam befasst. Genauer gesagt: mit der gesellschaftspolitischen Herausforderung, die sich daraus ergibt, dass mehrere Millionen Menschen in Deutschland Muslime sind. Die bequeme Deutung, dass, bei reiner Betrachtung der Glaubenssätze, Christentum und Islam sich in puncto Gewaltneigung nichts gäben und etwaige Häufungen im Namen des Islams immer auf äußere Faktoren zurückzuführen seien (Die Diskriminierungen! Das Patriarchat! Die Demütigungen durch den Westen! Und natürlich: Die Kreuzzüge!), hat mich dabei nie überzeugt. So salomonisch dieser dogmatische Gleichstand wäre, so eindeutig wird er meines Erachtens durch die Empirie widerlegt. Bei unvoreingenommener Betrachtung ist dies auch nicht verwunderlich: Zwei Religionen, die in derart unterschiedlichen historischen Kontexten entstanden sind, deren Glaubensstifter, Jesus und Mohammed, solch unterschiedliche Persönlichkeiten waren und deren zentrale Glaubenssätze sich derart unterscheiden, sollen dogmatisch in entscheidenden Punkten gleich ticken? Das wäre schon ein bemerkenswerter Zufall.

Meine folgenden zehn Thesen sind daher vor allem ein Plädoyer für Offenheit und Präzision in dieser entscheidenden gesellschaftspolitischen Debatte dazu, welche Herausforderung mit dem Islam für Deutschland einhergehen:

1. Islam ist das, was Muslime daraus machen: „Islam bedeutet Frieden", werden wir in so manchem Forum des interkulturellen Dialogs belehrt. „Islam bedeutet Krieg", ist man sich in rechtsradikalen Parteien und Netzwerken sicher. Natürlich sind beide Aussagen in dieser Pauschalität falsch. Wie bei jeder anderen Religion auch gibt es keinen objektiv feststehenden Wesensgehalt eines Glaubens, sondern er wird gelebt – und damit auch immer wieder neu interpretiert von Menschen, die sich selbst als Anhänger dieses Glaubens definieren. Rein empirisch betrachtet stellen wir fest: Einerseits leben viele Muslime ihren Glauben so, dass er mit unserer freiheitlich-demokratischen Grundordnung vereinbar ist, andererseits gibt es aber auch viele Muslime, die ihre Religion auf eine Art und Weise interpretieren, aus der echte Probleme resultieren. Und diese problematische Gruppe ist aktuell weltweit unter den Muslimen wesentlich größer als unter den Christen oder den Anhängern anderer Religionen.

2. Terror ist kein Missbrauch des Islams, sondern eine Interpretation: Insofern ist es auch unsinnig, nach einem Terroranschlag zu beteuern, dieser habe „nichts mit dem Islam zu tun" oder sei „ein Missbrauch des Islams". Wenn ein Imam das sagt, kann ich dafür noch Verständnis aufbringen. Es ist die Aufgabe eines Imams, seinen Glauben zu verkünden und damit notwendigerweise immer auch eine bestimme Interpretation dieses Glaubens. Als Staat aber müssen wir leidenschaftslos feststellen: Der säkulare Kemalist hält sich für einen wahren Muslim – der Terrorist auch. Wir werden von staatlicher Seite nicht ex cathedra feststellen können, was denn nun der wahre Islam ist.

3. Der Islam hat sich noch nicht aufgeklärt: Das ist der Kern des Problems. Auch die Geschichte des Christentums ist blutig. Aber seit der Reformation und der Aufklärung entwickelte sich Schritt für Schritt eine Interpretation des Glaubens, die mit den sich gleichzeitig herausbildenden demokratisch und rechtsstaatlich verfassten Staatswesen komplementär harmonierte und sich gegenseitig befruchtete. Jesus' Diktum „So gebet dem Kaiser, was des Kaisers ist, und Gott, was Gottes ist" hat dazu vermutlich beigetragen. Diese Entwicklung fehlt, abgesehen von einigen zarten Pflänzlein, insbesondere im Alevitentum, im Islam bis heute.

4. Ein universeller Geltungsanspruch der Scharia ist nicht mit unserer freiheitlich-demokratischen Grundordnung vereinbar: Wie der Glaube ist natürlich auch die Scharia, das religiöse Gesetz des Islams, Interpretationssache. Ich beteilige mich an keiner Deutung von Suren. Der Grund dafür ist, dass solche Deutungsfragen außerhalb meines Fachgebiets liegen, und dass sie dafür, worum es geht, keine Rolle spielen: um den Vorrang unserer Grundordnung. Unsere Gesetze, insbesondere unsere Grundwerte, brechen die Scharia: immer und ohne jeglichen kulturellen beziehungsweise religiösen Rabatt. Wie der einzelne Gläubige das umsetzt, ist seine Sache. Vielleicht hat er die Scharia schon immer so interpretiert, dass sie sich problemlos in unsere Werteordnung fügt, vielleicht beschließt er zähneknirschend, auf der Verhaltensebene die eindeutige Priorität unserer Gesetze zu akzeptieren (mehr können wir in einem liberalen Staat nicht verlangen!), vielleicht eignet er sich auch die historisch-kritische Methode der Koraninterpretation an. Egal wie, Hauptsache, die Geltung unserer Gesetze ist eine klare Sache.

5. Das muslimische Verständnis von männlicher Ehre ist auch mit Gewalt verknüpft: Es gibt in muslimisch geprägten Ländern eine starke Vorstellung von männlicher Ehre (und damit direkt verbunden auch von weiblicher Ehre!), die auch mit Gewalt verknüpft ist. „Gewaltlegitimierende Männlichkeitsnormen" nennt diese Vorstellung der Kriminologe Christian Pfeiffer, der ihre Geltung in empirischen Studien recht gut nachgewiesen hat. Auch Alice Schwarzer hat in diesem Punkt immer glasklar argumentiert. Die bestürzende Naivität der Initiative „#Ausnahmslos" aus der intersektional-feministischen Ecke, die, unterstützt von der damals amtierenden Bundesfrauenministerin Manuela Schwesig, nach der Kölner Silvesternacht partout jede Betrachtung einer Korrelation zwischen kulturellem Hintergrund und Gewaltneigung tabuisieren wollte, wurde dadurch noch deutlicher. Ich glaube, dass diese höhere Neigung zu Gewalt der Punkt ist, der den Menschen in der Flüchtlingskrise 2015 die meisten Sorgen bereitet hat und weiterhin bereitet. Mir geht es genauso. Situationen in S-Bahn-Stationen, wie ich sie in Berlin erlebt habe, als eine Gruppe offenkundig nicht deutschstämmiger junger Männer sich lautstark und aggressiv austauschte und dabei Unbeteiligte anpöbelte, als ich meine große Tochter hektisch ermahnte, leise zu sein, meine kleine Tochter auf den Arm nahm und verstohlen den Abstand zur Rolltreppe taxierte, solche Situationen kennt fast jeder. Dass sie mehr werden, in unseren S- und U-Bahnhöfen, in den Innenstädten und auf den Pausenhöfen, das ist auch meine große Sorge.

An dieser Stelle möchte ich anmerken, dass Aussagen über statistische Häufungen nicht mit Pauschalurteilen zu verwechseln sind. Da diese Verwechslung allzu oft erfolgt, muss eine statistische Banalität betont werden: Wenn ich zum Beispiel sage, dass junge Männer häufiger gewalttätig werden als ältere Damen, fälle ich damit kein Pauschalurteil über junge Männer. Und natürlich sage ich damit erst recht nicht, dass alle jungen Männer gewalttätig sind. Sondern ich treffe schlicht und einfach eine empirisch gestützte Aussage über Häufigkeiten in zufällig ausgewählten Stichproben von 100 jungen Männern und von 100 älteren Damen. So selbstverständlich, so einfach.

6. Kopftuch und Burka sind Banner des Islamismus: Natürlich habe auch ich schon akademisch gebildete und rhetorisch versierte Musliminnen erlebt, die mir erklärten, dass sie das Kopftuch aus völlig freien Stücken trügen, dass es gar Ausdruck ihrer feministischen Haltung sei. Ganz ehrlich: Vielen dieser Frauen habe ich das geglaubt. Es kam authentisch rüber, und warum sollen sie das nicht subjektiv so empfinden? Bloß: Diese innere Haltung ändert nichts daran, dass diese Frauen objektiv das Banner des radikalen Islams auf ihrem Kopf tragen. Denn genau diese Bedeutung haben das Kopftuch und erst recht die Burka – weltweit. Wenn irgendwo islamistische Despotien entstehen, ist es meist der erste Schritt der neuen Machthaber, die Frauen zu verhüllen. Und nach der Befreiung reißen sich die Frauen oft als erstes ihre Hidschabs, Nikabs oder Burkas vom Leib, wie wir es etwa nach der Befreiung der nordsyrischen Stadt Manbidsch vom IS in bewegenden Bildern verfolgen konnten. Wer in einem freien Land wie Deutschland diese Banner eines radikalen Islams trägt, macht damit eine politische Aussage, ob er will oder nicht. Daher ist das Verbot des Kopftuchs im Staatsdienst richtig und daher sollten wir die noch wesentlich menschenverachtendere Burka in Deutschland, soweit es unsere Verfassung nur irgendwie zulässt, verbieten.

7. Die Einschüchterung durch den Terror funktioniert: Das ist eine bittere Tatsache. Auch ich beteure nach Anschlägen gerne wacker, dass wir unsere Lebensweise nicht verändern werden. Ich fürchte allerdings, dass wir uns da etwas vormachen. Ich sehe praktisch keine Mohammed-Karikaturen mehr. Und ich verstehe jeden gut, der davor zurückschreckt. Nachdem ich 2004 von der islamistischen Zeitung *Vakit* auf der Titelseite bedroht wurde, weil ich sie wegen übelster antisemitischer Hetze angezeigt hatte, habe ich mein Verhalten definitiv geändert: Ich habe danach in Interviews meine Worte noch mehr abgewogen, immer mit dem Gedanken im Hinterkopf, ob ich meiner Familie, damals insbesondere meinen Eltern, eine weitere Bedrohungssituation zumuten kann. Wenn wir diesen üblen, aber menschlichen Mechanismus nicht akzeptieren wollen – und das wollen wir hoffentlich nicht! –, wenn wir unsere Lebensweise erhalten wollen, dann gibt es nur einen Weg: Den Terror mit allen Mitteln bekämpfen, und zwar deutlich mutiger und konsequenter als bisher, national und international.

8. Integration bedeutet auch Assimilation: „Integration bedeutet nicht Assimilation" – ein weiteres Mantra aus der Integrationsdebatte, das schlicht falsch ist. In allen Fragen, die unsere Grundwerte, also die fundamentalen Prinzipien unsers Gemeinwesens, betreffen, müssen wir Anpassung, sprich Assimilation verlangen. Hier wollen wir nichts Neues, um das Bestehende zu schützen. Integration im Sinne der Veränderung von etwas Bestehendem erfolgt in der Arbeitswelt und im täglichen Zusammenleben allein schon dadurch, dass sich auch die Gruppe verändert, wenn Hunderttausende von Zuwanderern sich in eine Gruppe integrieren. Auf der Ebene persönlicher Vorlieben wiederum, insbesondere der Religion, ist sogar – horribile dictu! – Raum für Multikulti. Es gilt also ein Dreiebenen-Modell: Bei den Grundwerten Assimilation, im täglichen Zusammenleben Integration, bei den persönlichen Vorlieben Multikulti. Wie wir das genau abgrenzen – diese Diskussion lohnt wirklich und führt uns zudem weiter!

9. *Besser kein Ansprechpartner für den Staat als der falsche:* Der deutsche Staat kann nur Ansprechpartner auf muslimischer Seite akzeptieren, die weder islamistisch sind noch von einem anderen Staat gesteuert werden. Davon gibt es allerdings nach wie vor nicht allzu viele: So dominiert im Islamrat die vom Verfassungsschutz beobachtete Millî Görüş, während sich im Zentralrat der Muslime der starke Einfluss der Muslimbruderschaft nicht leugnen lässt und die Ditib, als Weisungsempfänger der türkischen Religionsbehörde in Ankara, zusammen mit der türkischen Regierung immer islamistischer agieren. Leider sind es in Deutschland nicht die liberalen Muslime, die dazu neigen, sich zu organisieren. Entsprechend rar sind muslimische Verbände, die unproblematisch sind. Eine der wenigen Ausnahmen ist die Alevitische Gemeinde Deutschland, die glasklar auf dem Boden unseres Grundgesetzes steht und in der Islamkonferenz eine ausgesprochen hilfreiche Rolle gespielt hat. Das Muslimische Forum Deutschland versammelt das „who is who" des aufgeklärten deutschen Islams, trat in den letzten Jahren allerdings nicht mehr groß in Erscheinung. Aber es ist allemal besser, keine Ansprechpartner zu haben, als dass der Staat die falschen hofiert. Zumal wir verbandsliebenden Deutschen überschätzen,

welchen Einfluss diese Organisationen unter den Muslimen tatsächlich haben.

10. Wir brauchen einen aufgeklärten Islam: Der Politik- und Islamwissenschaftler Bassam Tibi forderte bereits Anfang der 1990er-Jahre einen säkularen und aufgeklärten Euro-Islam. Es ist leicht, Tibis Idee als utopisch abzuqualifizieren. Bloß: Wir haben keine andere Chance! Zumindest keine, die ohne einen, wie es Samuel Huntington nannte, „clash of civilizations" mitten in unseren europäischen Städten auskommt. Was mir Mut macht: Viele deutsche Muslime würden sich vielleicht nicht selbst als aufgeklärte Muslime bezeichnen, aber sie leben de facto genau das: einen säkularen Islam, der sich in unsere freiheitliche Gesellschaftsordnung einfügt. In den letzten Jahren sind einige Lehrstühle für islamische Theologie an deutschen Universitäten entstanden. Viele, auch ich, hatten die Sorge, dass sie islamistisch okkupiert werden. Aber nein, dort wird wirklich mit den historischen Texten gerungen, dort entstehen Deutungen, an die ein säkularer Islam anknüpfen kann, zum Beispiel am Lehrstuhl von Mouhanad Khorchide an der Universität Münster.

Die 2016 erfolgte Gründung der liberalen Ibn-Rushd-Goethe-Moschee durch die Berliner Rechtsanwältin Seyran Ateş mag ein Projekt einzelner muslimischer Intellektueller sein. Pionierarbeit ist das auf jeden Fall. Ob aus solchen Anfängen eine starke Bewegung wird? Zumindest scheint mir eines ganz klar zu sein: Nur mit einem aufgeklärteren Islam lässt es sich überhaupt erfolgreich in freiheitlichen Gesellschaften leben. Nicht nur wir Nicht-Muslime haben also keine andere Chance als den Euro-Islam. Das gilt für alle Muslime in Europa mindestens genauso. Solch ein aufgeklärter Islam wäre zudem das beste Gegenmittel gegen Islamismus.

Teil III:

Dschihadismus und legalistischer Islamismus

Das ignorierte Gefahrenpotenzial des legalistischen Islamismus. Eine Analyse anhand der Muslimbruderschaft im Westen

Armin Pfahl-Traughber

Die mörderischen Anschläge vom 11. September 2001 wirkten wie ein Schock – nicht nur in der westlichen Welt. Deutlich wurde das enorme Gefahrenpotenzial, das durch den islamistischen Terrorismus bestand. Dieses hatten nicht wenige Beobachter ignoriert und auch von neuen Feindbildkonstruktionen gesprochen.[1] Bekanntlich änderte sich der Blick auf derartige Entwicklungen, wobei er aber auf die Gewaltdimension und die Opferzahlen fixiert blieb. Eine derartige Aufmerksamkeit ist durchaus nachvollziehbar, gleichwohl handelt es sich um eine selektive Aufmerksamkeit. Denn so nahm man nur einen Bereich des islamistischen Gefahrenpotenzials zur Kenntnis, wodurch andere Dimensionen mit ihren Folgen für eine offene Gesellschaft ignoriert wurden. Gemeint ist der legalistische Islamismus, der sich an die geltenden Gesetze hält und keine Gewalttaten begeht. Gerade diese Eigenschaften erweckten den Eindruck, dass man es hier nicht mit extremistischen Gefahren zu tun hätte. Diese Auffassung geht indessen von einem einseitigen Verständnis aus.

Die diversen extremistischen Akteure wollen in ihrem jeweiligen ideologischen Sinne einen grundlegenden politischen Wandel vorantreiben. Dazu bestehen unterschiedliche Handlungsstile und Strategien. Idealtypisch kann man „Gesellschaft" und „Gewalt" als direkte Zieloptionen unterscheiden. Die Akteure im letztgenannten Fall wollen, dass Anschläge und Attentate zu einem gesellschaftlichen Klimawechsel mit der Option des politischen Umsturzes führen. Derartiges Agieren im terroristischen Sinne war aber nur selten erfolgreich, beschränkte sich doch die Bedrohung auf kleinere Gruppen. Dazu konnten Angehörige der Eliten ebenso wie von

Minderheiten zählen. Gleichwohl musste davon weder die allgemeine Gesellschaft noch der bestehende Staat bedroht sein, was letztendlich auch für die Anschläge vom 11. September 2001 als bisher opferreichster Tat gilt. Anders verhält es sich, wenn die politische Ausrichtung von Gesellschaft und Staat direkt ins Visier genommen wird. Damit ist eine längerfristige Änderung des sozialen Miteinanders möglich.

Gerade diese bewusste Absicht macht ein legalistisches Handeln nötig, sind doch erst dadurch kontinuierliche Einflussgewinne und schrittweise Veränderungen möglich. Man könnte die militärischen Begriffe des „Bewegungskriegs" und „Stellungskriegs" zur Unterscheidung nutzen. Um die letztgenannte Ausrichtung soll es in der vorliegenden Erörterung gehen, will sie doch das diesbezügliche Agieren des legalistischen Islamismus untersuchen. Dazu bietet sich eine Fallstudie zur Mutterorganisation des gemeinten Spektrums an: der Muslimbruderschaft. Sie hat nicht nur Ableger in Ländern mit islamischer Prägung, sondern auch in den Staaten der westlichen Welt. Dort finden die Akteure andere Rahmenbedingungen vor, insbesondere was die Muslime als ihre primäre Zielgruppe angeht. Denn in den islamisch geprägten Ländern stellen sie die Mehrheit, demgegenüber sind sie eine Minderheit in der westlichen Welt. Damit hat auch ihr Einflussgewinn reale Grenzen, gleichwohl bestehen dazu Organisationen und Strategien.

Einordnungen zu Ideologie, Organisation und Strategie

Um das Gefahrenpotenzial des legalistischen Islamismus anhand der Muslimbruderschaft zu analysieren, bedarf es zunächst einiger Einordnungen und Erläuterungen zu den Untersuchungskriterien.[2] Begonnen werden soll mit einer Definition zum Islamismus: Diese Bezeichnung steht für Einstellungen und Handlungen, die ihre Deutung des Islam als konstitutive und primäre Legitimationsgrundlage für eine staatliche Ordnung verstehen. Mit einer solchen Auffassung würden nicht nur Religion und Staat verschmelzen. Damit wären auch Demokratie, Individualität, Menschenrechte,

Pluralismus, Rechtstaatlichkeit und Volkssouveränität eingeschränkt, was auf die politische Etablierung einer diktatorischen Theokratie als letztendliches Ziel hinausliefe. Deren Ideologie weist dann folgende Positionen auf: Der Islam gilt als Lebens- und Staatsordnung, die Gottessouveränität steht vor der Volkssouveränität, eine islamische Durchdringung der Gesellschaft ist beabsichtigt, und eine von der Religion geprägte homogene Sozialordnung wird angestrebt.

Mit diesen Gemeinsamkeiten in der Ideologie können ganz unterschiedliche Organisationen wirken, was eine Differenzierung des jeweiligen Handlungsstils wie der Strukturen nötig macht. Denn eine derartige Ausrichtung hätte auch eine politische Partei, die eine Machterlangung nach Wahlkandidaturen anstrebt, aber ebenso eine terroristische Organisation, die mit Anschlägen politische Veränderungsprozesse vorantreiben will. Es kann aber auch ideologisch ähnlich ausgerichtete Kulturorganisationen oder Netzwerke geben, welche über einen gesellschaftlichen Einfluss längerfristig politische Macht anstreben. Diese Ausrichtung prägte durchgängig die Muslimbruderschaft, wenngleich es auch nahestehende terroristische Gruppen oder politische Parteien gab. Gleichwohl hat man es mit der Ausrichtung an einer „Bruderschaft" eben mit einer besonderen und primären Organisationsform zu tun. Damit bestehen sowohl gegenüber bürokratischen Parteistrukturen als auch gegenüber terroristischen Untergrundstrukturen wichtige Unterschiede.

Bezüglich der strategischen Ausrichtung lässt sich sagen, dass durch gesellschaftliches Engagement eine islamistische Ideologisierung erfolgen sollte. Damit will man in den islamisch geprägten Ländern die Muslime als politische Unterstützer gewinnen. So könnte die politische Macht entweder durch eine gewalttätige Revolution oder über eine erfolgreiche Wahlkandidatur erlangt werden. Auch ein gesellschaftlicher Islamisierungsprozess in einem längerfristigen Sinne wäre ein strategisches Ziel. In nicht-muslimischen Ländern dominieren indessen andere strategische Optionen. Hier geht es einerseits um die Ideologisierung der dort lebenden Muslime und andererseits um einen für die Gläubigen erhobenen allgemeinen Repräsentationsanspruch. Darüber hinaus gehenden Absichten käme erst unter anderen Rahmenbedingungen eine politische Realisierungschance zu. Abschließend soll daher noch ausdrücklich betont werden, dass in der allgemeinen Gesamtschau die Muslimbruderschaft keine terroristische Organisation ist.

Gründung, Handlungsstile und Weltanschauung

Betrachtet man die Gründungsphase der Muslimbruderschaft[3] hinsichtlich ihrer formalen Struktur, so hatte man es zunächst eher mit einer religiösen und sozialen Organisation zu tun. Gleichwohl ergab sich der politische Anspruch aus den erwähnten ideologischen Grundprinzipien. Diese wurden in der kurzen Aussage „Der Islam ist die Lösung" und in der folgenden längeren Aussage im Selbstverständnis zusammengefasst: „Gott ist unser Ziel. Der Prophet ist unser Führer. Der Koran ist unsere Verfassung. Der Dschihad ist unser Weg. Der Tod für Gott ist unser edelster Wunsch." Geprägt worden war diese Bekundung von Hasan al-Banna, der als Gründer der Muslimbruderschaft gelten kann. Aus diesen ideologischen Auffassungen ergaben sich auch organisatorische Konsequenzen. Auf den ersten Blick mag diese Deutung nicht nachvollziehbar sein, sollte es doch um den gesellschaftlichen Bedeutungsanstieg des traditionellen Islam gehen. Er musste aber der Bevölkerung erst wieder nähergebracht werden, galt diese doch als vom Säkularismus verdorben.

Demnach kam der Bildung und Missionierung für die 1928 gegründete Muslimbruderschaft zunächst große Relevanz zu, erhoffte man sich doch so, breiter in die bereits islamisch geprägte Gesellschaft hinein wirken zu können. Diese Absicht erklärt, warum auch außerhalb der Moscheen gepredigt wurde, etwa auf öffentlichen Plätzen. Der dabei entfaltete Diskurs bezog sich auf die Empörung über den britischen Kolonialismus wie die allgemeine soziale Lage, wobei er mit einer stärkeren Orientierung an der islamischen Religion verkoppelt wurde. Diese Ausrichtung fand breitere gesellschaftliche Zustimmung, und so entwickelte sich die Muslimbruderschaft zu einer sozial vielschichtigen

Sammlungsbewegung. Da mittlerweile auch Bildungs- und Wohlfahrtseinrichtungen von ihr gegründet worden waren, wuchs die organisatorische Relevanz angesichts der gesellschaftlichen Verankerung weiter an. Dies führte auch zu einer internen Auseinandersetzung darüber, ob sich die Muslimbruderschaft nicht mehr als politische und nicht nur als soziale Wirkungsmacht verstehen sollte.

Hasan al-Banna setzte sich mit der erstgenannten Option durch. Dabei wurde auch seine Bedeutung als charismatische Führungsfigur wirkmächtig, wenngleich er in eine elitäre kollektive Leitung eingebunden war. In den 1930er-Jahren forcierte man einerseits den Ausbau von Bildungseinrichtungen, Koranschulen oder Krankenhäusern, andererseits die politische Betätigung der Organisation im weiteren Sinne. Ob diese Entwicklung bereits früh geplant war oder sich aus der neuen Rahmensituation ergab, lässt sich mangels genauerer Einblicke in die konkreten Entwicklungsprozesse nicht sagen. Im Ergebnis entstand so aber ein organisatorischer Faktor, der die ägyptische Gesellschaft und Politik nachhaltig prägen sollte. Darüber hinaus entstanden Ableger in anderen Ländern, die den Charakter von Zweigstellen hatten. Diese Entwicklung ging durchaus mit der Ideologie konform, sah man doch im Islam eine universelle Lehre, die nicht an einen Nationalstaat oder eine Region gebunden war. So begann die Ausweitung des internationalen Einflusses der Muslimbruderschaft.

Internationale Ausweitung in der islamischen Welt

Ägypten[4], wo mittlerweile eine Massenbewegung der Muslimbruderschaft entstanden war, bildete den Ausgangspunkt für diese Entwicklung. Während sie 1936 rund 20.000 Anhänger hatte, sollen es 1948 circa 500.000 gewesen sein. Sie standen unter einer autoritären Führung in einer straffen Organisation. An deren Basis existierten Kleingruppen, die meist nur aus wenige Personen bestanden und damit eine engmaschige Zellstruktur bildeten. Die damit einhergehende persönliche Einbindung ermöglichte auch eine intensive Kontrolle, die gegenüber den Mitgliedern von einem übergeordneten Vorsteher ausgeübt wurde. Am von den „Freien Offizieren" 1952 durchgeführten Staatsstreich beteiligte man sich, geriet aber auch in heftige Konflikte mit dem neuen säkularen Präsidenten Nasser. Dieser ging gegen die Muslimbruderschaft mit brutaler Repression vor, was etwa die Hinrichtung ihres Ideologen Sayyid Qutb 1966 veranschaulicht. Gleichwohl bestanden informell die Basisstrukturen der Muslimbruderschaft mit gesellschaftlicher Verankerung fort.

Indessen sahen sich auch viele Anhänger zur Flucht genötigt, wodurch sie in arabischen wie europäischen Ländern weiter politische und soziale Wirkung entfalten konnten. Mitunter fanden die Exilierten auch existente Strukturen vor. Bereits 1944 hatte sich etwa eine derartige Organisation in Syrien[5] gegründet, wo unterschiedliche Gruppierungen fortan als dortige Muslimbruderschaft firmierten. Auch diese hatten Ideologie und Wohltätigkeit miteinander verkoppelt, was allgemein als Erfolgsrezept der Muslimbruderschaft gelten kann. Kam es aufgrund von sozialen Problemen zu öffentlichen Protesten, beteiligten sich bereits früh Aktivisten der islamistischen Organisationen daran. Indessen kam es auch zu internen Fraktionsbildungen, wodurch die syrische Muslimbruderschaft sich selbst blockierte. Außerdem wurden die erklärten Islamisten ebenfalls von der säkularen Regierung verfolgt. In den 1970er- und 1980er-Jahren eskalierten die Konflikte, weshalb die Führung das Land verlassen musste. Gleichwohl blieben die Zellen als informelle Organisation bestehen.

Ein anderer Ableger entstand 1946 in Jordanien[6], wobei die Genehmigung dafür mit Vorgaben verbunden wurde. Demnach sollte sich die dortige Muslimbruderschaft nicht als politische Organisation verstehen. Sie beschränkte sich formal auf ein missionarisches und soziales Engagement, gleichwohl gingen damit indirekt eine islamistische Ideologisierung und eine letztendliche Politisierung einher. Genau diese Ausrichtung entsprach den Handlungsoptionen der frühen Muslimbruderschaft. Gegenüber dem Königshaus bekundete man gar Loyalität, was nicht nur zu politischer Anerkennung, sondern auch zu gesellschaftlichem Einfluss führte. Aktivsten der Muslimbruderschaft konnten nun in staatlichen Strukturen Wirkung entfalten. Die gewisse Duldung durch die Regierung erklärt sich auch dadurch, dass sie eine größere Gefahr in der linken Oppositionsbewegung sah. So konnte die Muslimbruderschaft in der jordanischen Gesellschaft eigene Strukturen relativ ungehindert verankern.

Absichten und Handlungsweisen in der islamischen Welt

Ableger der Muslimbruderschaft entstanden nahezu überall im arabischen Raum, wobei sich hinsichtlich der Handlungsweisen eine ähnliche Praxis feststellen ließ. Zunächst erweckte man den Eindruck, primär eine religiöse Organisation zu sein, welche auch im Bereich der Sozialpolitik engagiert war. Formal ist eine solche Einschätzung durchaus zutreffend, gleichwohl waren derartige Bestrebungen eben mit einer Ideologisierung verbunden. Diese sollte auf die Akzeptanz einer Islamisierung hinauslaufen, also einer einschlägigen Durchdringung des gesellschaftlichen Miteinanders. Dabei ging es um die Entwicklung in fünf kleinen Schritten hin zu einem politischen Ziel: Am Beginn standen erstens Muslime mit sozialen Problemen. Man bot ihnen zweitens soziale Hilfe in wohlfahrtlichem Sinne an. Dabei betonten die Akteure drittens den Einklang mit dem Islam. Derartige Aussagen sollten viertens mit einer Bewusstseinsveränderung einhergehen. Und diese würde fünftens in die Bejahung islamistischer Politikvorstellungen münden.

Ein solches Agieren ließ sich auch bei der palästinensischen Hamas[7] feststellen, handelte es sich doch um eine Gründung der dortigen Muslimbruderschaft. Deren Aktivisten hatten sich zuvor ausschließlich in religiösen und sozialen Kontexten betätigt und wurden deshalb als politischer Faktor im Gazastreifen von den israelischen Sicherheitskräften zunächst nicht wahrgenommen. Durch den spontanen Ausbruch der aufständischen Intifada entstand eine neue Rahmensituation, die bei der palästinensischen Muslimbruderschaft zu einem strategischen Wandel führte. Durch stärkere politische Ausrichtung wollte man nun ein relevanterer Akteur werden, was 1987 zur Gründung der Hamas führte.

Bekanntlich steht die Bezeichnung für „Islamische Widerstandsbewegung", wodurch die Frontstellung gegen die israelische Politik bereits deutlich wurde. Dabei erweiterte sich das Handlungsspektrum, entstanden doch drei Bereiche in der Hamas: ein politischer, ein sozialer und ein militärischer Flügel. Seit 2006 stellt sie im Gazastreifen die Regierung.

Dieses Beispiel macht die Breite von Handlungsmöglichkeiten der Muslimbruderschaft deutlich, welche aber von den konkreten politischen Kontexten abhängig waren. Denn häufig genug sahen sich die Aktivisten der Bruderschaft auch Repressionen ausgesetzt. Derartige Einschränkungen von Freiheiten reduzierten die Möglichkeit von Praxisoptionen. Eine Ausweitung war demgegenüber in Umbrüchen möglich. Diese führte etwa im „arabischen Frühling" dazu, dass 2011 in Ägypten die Muslimbruderschaft eine Partei gründete.[8] Mit der „Freiheits- und Gerechtigkeitspartei" bestand für die Organisation erstmals eine legale Partei. Sie verbuchte auch herausragende Erfolge bei der folgenden Parlaments- und Präsidentschaftswahl, erhielt sie doch 47 Prozent der Stimmen und ihr Kandidat Mohammed Mursi gelangte ins höchste Staatsamt. Bekanntlich kam es kurz danach zu seiner Ablösung und einem Organisationsverbot. Bedeutsam sind aber hier einerseits die gesellschaftliche Akzeptanz und andererseits die strategische Flexibilität der Muslimbruderschaft.

Internationale Ausweitung in der westlichen Welt

Bereits in der Frühphase der Organisation gab es eine Sektion in Paris. Eine bedeutsame internationale Ausweitung erfolgte in der westlichen Welt jedoch erst ab den 1950er-Jahren. Dafür gab es zwei unterschiedliche Gründe: Einige Anhänger der Muslimbruderschaft begannen dort ein Studium, andere suchten Schutz vor Verfolgung. Befördert wurde die folgende Entwicklung noch durch Saudi-Arabien, wo bekanntlich eine autoritäre Monarchie mit islamistischem Selbstverständnis bestand und besteht. Auch in dieses Land waren Muslimbrüder geflohen. Dort engagierten sie sich für eine Fortsetzung und Intensivierung ihres politischen Wirkens, wobei in internationalen Dimensionen gedacht wurde, wie die 1962 gegründete „Islamische Weltliga" veranschaulicht. Diese ist ideologisch von islamistischen Grundpositionen geprägt, gibt sich als Interessensvertretung der Muslime aus und wirkt formal als Nicht-Regierungsorganisation. Gleichwohl stand man immer in finanzieller wie politischer Abhängigkeit vom saudischen Königshaus.

Indessen liegt der Fokus hier weiterhin auf der Muslimbruderschaft und ihrem Wirken. Dabei kam dem Aktivisten Said Ramadan größere Relevanz zu, hatte er doch zu deren Gründer Hasan al-Banna als dessen Mitarbeiter und Schwiegersohn enge Verbindungen. In der zweiten Hälfte der 1950er-Jahre studierte er in Köln und wirkte in München. Dort sollte der Bau einer größeren Moschee erfolgen, für die Muslimbruderschaft entstand so längerfristig ein wichtiger Wirkungsort. Eine 1960 gegründete Moscheebau-Kommission sollte das Projekt vorantreiben, wobei erst 1973 ein entsprechendes Gebäude fertiggestellt werden konnte. Dabei kam es zu einem Einklang ganz unterschiedlicher politischer Interessen, wobei amerikanische CIA-Agenten, islamistische Muslimbrüder und ehemalige Nationalsozialisten eine Rolle spielten. Was wie eine Fiktion aus einem Kriminalroman klingt, ist hinsichtlich dieser Hintergründe durch historische Quellen gut belegt.[9] Es kam in der Ära des Kalten Krieges zu heute absonderlich wirkenden Interessensüberschneidungen.

Ein mangelndes Bewusstsein für die Gefahren des Islamismus erklärt, warum nicht nur in diesem Fall eine direkte oder indirekte Förderung extremistischer Muslime durch die westliche Politik erfolgte. Die Anhänger der Muslimbruderschaft konnten so ungehindert weitere Strukturen aufbauen. Dazu gehörten etwa ein 1961 in Genf entstandenes und ein 1972 in München gegründetes „Islamisches Zentrum". Darüber hinaus entstand eine Fülle von unterschiedlichsten Organisationen, die sich als religiöse und soziale Begegnungsstätten für Muslime der europäischen Öffentlichkeit präsentierten. Bei deren Gründung kam Ramadan häufig eine wichtige Rolle zu. Er konnte dafür auch meist Finanzmittel liefern, wobei deren Quellen nicht bekannt wurden. Indessen blieben die Kontakte von Ramadan nach Saudi-Arabien bestehen. Er hatte auch zu den Gründern der „Islamischen Weltliga" gehört, sodass Geldmittel aus diesen Kontexten vermutet werden können. Indessen war seine Loyalität gegenüber der Muslimbruderschaft wohl höher als gegenüber den Saudis.

Bewegungscharakter und Organisationstypologie im Westen

So entstanden auch in Europa[10] in den folgenden Jahrzehnten ganze Netzwerke von einzelnen Organisationen, die hinsichtlich ihrer Ausrichtung, Namensgebung, Reichweite oder Struktur durchaus Unterschiede aufwiesen. Sie bekannten sich in öffentlichen Erklärungen aber nicht zur Muslimbruderschaft, was bis in die Gegenwart hinein einschlägige Zuordnungen erschwert. Gleichwohl lässt sich die gemeinte Entwicklung mit der Sozialwissenschaftlerin Alison Pargeter in folgenden Worten zusammenfassen: „Die Bruderschaft baute ein Netzwerk von Moscheen und Islamischen Zentren auf, häufig mit Unterstützung aus den Golfstaaten, und konnte so ihre Dawa in den islamischen Gemeinden verbreiten. Am Ende der 1990er-Jahre hatten die Ikhwan [die arabische Bezeichnung für Muslimbruderschaft, A.P-T.] sich in vielen Ländern als die islamische Hauptorganisation etabliert, die still die religiösen Einrichtungen auf dem Kontinent dominierte."[11] Dabei müssen aber die jeweiligen Organisationsformen unterschieden werden, was eine Typologie nötig macht.

Hier knüpft die vorliegende Abhandlung an die Differenzierung von Lorenzo Vidino an. Der studierte Jurist hat die Muslimbruderschaft im Westen intensiv untersucht, wobei die Entwicklung in einzelnen Ländern seine Unterscheidung motivierte. Dabei betonte er, dass es sich um ein informelles Netzwerk und nicht um eine feste Organisation handle. Eher müsse von einer internationalen Bewegung gesprochen werden, wie sie die Gründer ursprünglich etablieren wollten. Dabei würden Ideologie und Methode den Zusammenhalt gewährleisten. Außerdem gelte es hinsichtlich der Strategie zu berücksichtigen, dass dazu Tarnung und Verschwiegenheit zählten. Da es in den jeweiligen Herkunftsländern mitunter offizielle Verbote gibt, muss sich die Bruderschaft auch in Europa öffentlich eher zurückhalten. Insofern kommt diesem Gesichtspunkt durchaus große Relevanz zu. Häufig distanzieren sich Anhänger der Muslimbruderschaft offiziell von der Organisation, was gar die Anwendung juristischer Mittel gegen öffentliche Zuordnungen einschließt.

Für einen Erfolg bestehen durchaus Möglichkeiten, muss es doch nicht um formale Mitgliedschaften in der Muslimbruderschaft gehen. Für deren Anhänger entwickelte Vidino folgende Typologie, die für die Akteursgruppen eine Kategorisierung ermöglicht. Dazu gehört erstens die Kern-Muslimbruderschaft. Gemeint sind damit Gruppen, die direkt von Aktivisten der nahöstlichen Muslimbrüder gegründet wurden, aber nur im Geheimen agierende Netzwerke sind. Zweitens gehören dazu Ableger der Muslimbruderschaft, die öffentlich in Erscheinung treten, sich dabei aber nicht zu der Organisation bekennen. Und dann geht es drittens noch um beeinflusste Gruppen oder Vereine, die zwar im ideologischen Einklang mit der Muslimbruderschaft stehen, aber nicht notwendigerweise über strukturelle Verbindungen mit ihr verfügen.[12] Diese dreifache Differenzierung – dies muss hervorgehoben werden – ist als idealtypische Unterscheidung zu verstehen. Sie schließt Grauzonen- und Übergangsphänomene nicht aus.

Absichten und Handlungsweisen in der westlichen Welt

Worin bestehen nun die Absichten und Handlungsweisen der Muslimbruderschaft in der westlichen Welt? Die Einschätzung des Gefahrenpotenzials ist letztlich davon abhängig, wie es um Strategie und Wirkung jeweils steht. Die konkreten Aktivitäten erfolgen indessen nicht nach einem entwickelten Plan, wenngleich es entsprechende Konzepte gibt, worauf hinsichtlich des „Projekt"-Papiers noch gesondert verwiesen wird. Eher orientieren sich die Aktivitäten an den gesellschaftlichen Gegebenheiten, um jeweils den eigenen Einfluss im Kontext von tagespolitischen Veränderungen zu erhöhen. Am Beginn der Darstellung und Erörterung sei darauf hingewiesen, dass es sich für die Muslimbruderschaft hier um eine besondere Rahmensituation handelt. Einerseits hat sie größere Freiheiten bei ihren Handlungen als meist in ihren Heimatländern, andererseits bilden die Gläubigen in der Gesellschaft eben nur eine Minderheit. Demnach wäre auch die Annahme, die politische Macht binnen kurzer Zeit übernehmen zu können, mehr als nur unrealistisch.

Dennoch entspricht die Auffassung, auch in Europa einen islamischen Staat etablieren zu können, durchaus dem universellen Selbstverständnis. Es wird aus den Ansprüchen der Religion abgeleitet. Eher selten aber artikulieren Aktivisten derartige politische Zielsetzungen. Gleichwohl gibt es Ausnahmen, wie folgende Bekundung veranschaulicht: „Der Islam wird Europa erobern, ohne Schwert und ohne Kampf."[13] Die Aussage stammt von Yusuf al-Qaradawi, der als einflussreichster Denker im Muslimbruderschaft-Umfeld gilt. Hier wird angedeutet, dass eine legalistische und schrittweise Veränderung zum Ziel führen solle. Dazu müssten zunächst die in Europa lebenden Muslime für ein solches Projekt gewonnen werden, denn es kann nicht von einem allgemeinen Einklang mit der Ideologie der Muslimbruderschaft ausgegangen werden. Demgemäß bedürfte es einer einschlägigen Politisierung, die ähnlich wie in den Heimatländern der Muslimbruderschaft funktionieren sollte. Den Ausgangspunkt würde das Engagement bei sozialen Problemen bilden.

Damit könnte eine indirekte Ideologisierung erfolgen, jeweils verbunden mit einer persönlichen Identitätsbildung. Demnach wäre das bloße Muslimsein mit Stolz und Zugehörigkeit verbunden. Auch der Diskurs mit einem Opferstatus wirkt so, was die Nutzung des Begriffs „Islamophobie" veranschaulicht. Eine diskursive Annäherung soll dann in eine ideologische Annäherung übergehen. Indessen bildet auch die breite Gesellschaft und nicht nur die muslimische Minderheit für die Muslimbruderschaft ein politisches Ziel. Dort will man als der eigentliche Ansprechpartner für die Interessen der Muslime wahrgenommen werden, was wiederum die Bedeutung von einschlägigen Dachverbänden als Wirkungsfeld erklärt. Und schließlich geht es um einen Einflussgewinn in Politik, Wirtschaft und Zivilgesellschaft. So betätigen sich Anhänger der Bruderschaft auch in demokratischen Parteien und Vereinen, gründen Firmen mit dubiosen Kontakten und Praktiken oder engagieren sich in Gruppen gegen Minderheitenfeindlichkeit in einem instrumentellen Sinne.

Das Dokument „Projekt" als Strategiekonzept

Auskunft über die strategischen Handlungsweisen der Muslimbruderschaft erhält man aus einem Papier, das als „Projekt" betitelt und in einzelne Teile gegliedert wurde. Eher zufällig wurde das Dokument bei einer Hausdurchsuchung durch die Schweizer Polizei entdeckt, wovon ein führender Aktivist der Muslimbruderschaft betroffen war. Er leitete eine Bank mit dubiosen Geschäftsbeziehungen, die bis auf die Bahamas reichten und für die Organisation relevant waren. Es handelte sich bei dem hier gemeinten Youssef Nada demnach um eine wichtige Person. Das erwähnte Dokument war auf den 1. Dezember 1982 datiert und am 7. November 2001 entdeckt worden. An seiner Echtheit wurden keine Zweifel erhoben. Allenfalls gab es unterschiedliche Aussagen darüber, ob es sich um eine geheime Erklärung, um individuelle Gedankenspiele, um ein strategisches Konzept oder um persönliche Reflexionen handelte. Darauf fand sich auch kein Kopf, der eine klare Zuordnung ermöglichte. Die Aussagen beschrieben aber die bekannten Handlungen der Muslimbruderschaft.

Denn es sollte ein Bericht für eine globale Strategie und weltweite Vision vorgestellt werden. Darin fanden sich jeweils Forderungen, in zwölf Kapitel untergliedert, welche Aussagen zu den Bestandteilen, Handlungsweisen und Missionen zu bestimmten Themen enthielten. Es war immer wieder von „islamischer Politik" die Rede, beanspruchten die unbekannten Autoren doch, in deren Namen zu sprechen. Bekundet wurde die Absicht, einen islamischen Staat zu etablieren. Jede Gruppe sollte dazu ihren lokalen Handlungsbereich kennen, um über institutionelle Einflüsse eine Kontrolle der regionalen Machtzentren zu erlangen. Gegenüber islamischen Gruppen und Institutionen gelte es, die Gemeinsamkeiten vor die Unterschiede zu stellen. Ähnliches sei bei der Kooperation mit nationalistischen Kräften nötig, zumindest zeitweise – wie beim Kampf gegen den jüdischen Staat. Allgemein bedürfe es einer Bündelung von Gedanken und Handlungen, um eine islamische Macht weltweit zu etablieren. Daher müsse der Einfluss des Islam überall erhöht werden. Außerdem hieß es, die Aktivisten sollten die bestehenden Freiheiten in jedem Land nutzen. Man könne sich in Gewerkschaften oder Parlamenten engagieren, um als deren Mitglieder die Interessen des Islam zu fördern. Es gelte, eine starke islamische Macht zu konstruieren und gleichgesinnte Muslime weltweit zu fördern. Dies schloss erklärtermaßen Bewegungen ein, die im Jihad kämpfend engagiert wären. Gleichzeitig müsse der Kontakt zu muslimischen Minderheiten gesucht werden. Denn aus beiden Bereichen gelte es, ein Grundgerüst für eine Kooperation mittels Unterstützung zu errichten. Man solle auch die palästinensische Angelegenheit für einen weltweiten islamischen Plan nutzen, bilde sie doch gegenwärtig ein Kernelement für die Renaissance der arabischen Welt. Juden gelten den Muslimen gegenüber grundsätzlich als feindlich. Angeregt wurde auch, Jihad-Zellen in Palästina zu gründen und zu unterstützen.[14] In der Gesamtschau hat man es demnach mit dem gar nicht so geheimen Handlungskonzept der Muslimbruderschaft im Westen zu tun.

Einfluss der Muslimbruderschaft in Deutschland

Am Beispiel von Deutschland soll der Einfluss der Muslimbruderschaft veranschaulicht werden. Dabei sei noch einmal daran erinnert, dass die Akteure nicht mit einem Bekenntnis zur Bruderschaft auftreten. Auch die nahestehenden Gruppen und Vereine lassen sich ihr unmittelbar nicht zuordnen. Es geht primär um Netzwerke von Personen. Gleichwohl entstanden auch eigene Organisationen, die als Ableger der Muslimbruderschaft gelten können.[15] Der Ausgangspunkt war das erwähnte, 1958 begonnene Moscheebau-Projekt in München. Aus ihm ging die 1982 entstandene „Islamischen Gemeinschaft in Deutschland" (IGD) als eine der ersten islamistischen Organisationen hervor, wobei der Name allein eine harmlose Religionsgemeinschaft vermuten lässt. Gleichwohl kamen die entscheidenden Akteure aus dem Muslimbruderschaft-Umfeld. Diese gründeten in den folgenden Jahren an unterschiedlichen Orten „Islamische Zentren", jeweils benannt nach den Städtenamen. Am bedeutendsten war das 1973 eröffnete „Islamische Zentrum München".

Ähnliche Einrichtungen entstanden an vielen Orten: Berlin, Frankfurt am Main, Köln, Münster oder Stuttgart. Darüber hinaus kam es zu Kooperationen mit anderen Organisationen und Zentren. Besondere Bedeutung hatte dabei der in Deutschland geborene Ibrahim El-Zayat, der als Multifunktionär in diversen islamistischen Zusammenhängen wirkte. Er hatte zwischen 2002 und 2010 den IGD-Vorsitz inne. Darüber hinaus war El-Zayat auch Mitbegründer der unterschiedlichsten islamischen Organisationen und gehörte teilweise deren Vorständen an. Seine Firma war außerdem an vielen Moscheebauprojekten beteiligt. Er wurde auch von hochrangigen Funktionären der Muslimbruderschaft als deren deutscher Vertreter bezeichnet. El-Zayat dementierte indessen eine solche Zugehörigkeit und ging mit Gegendarstellungen gegen solche Meldungen vor. Auch die IGD betonte immer wieder ihre Unabhängigkeit gegenüber der Muslimbruderschaft. Ab 2018 nannte man sich „Deutsche Muslimische Gemeinschaft" (DMG). Sie hat um die 400 Mitglieder.

Insgesamt soll es rund 1.300 Anhänger der Muslimbruderschaft geben, zumindest laut den Schätzungen der Verfassungsschutzbehörden. Dies scheint eine eher geringe Anzahl zu sein, gleichwohl sind die Gemeinten überaus engagiert. Bedeutsam ist es für die jeweiligen Aktivisten, als Interessenvertreter der Muslime wahrgenommen zu werden. Das erklärt auch das Interesse am „Zentralrat der Muslime in Deutschland" (ZMD), der 1994 von Anhängern der IGD mitgegründet wurde. Entgegen seiner Bezeichnung repräsentiert er aber nur eine kleine Minderheit der Muslime. Gleichwohl gelang es ihm, in der Öffentlichkeit eben als „Zentralrat" wahrgenommen zu werden. Dabei lässt sich ein nach außen und innen unterschiedliches Erscheinungsbild konstatieren:

Bekundete Dialogbereitschaft und Offenheit stehen Dogmatismus und Konservativismus gegenüber. Ähnliches gilt auch für die DMG, die aufgrund ihres Islamismus die Mitgliedschaft im Zentralrat ruhen lassen musste. Eine offene Debatte über die politischen Grundlagen fand jedoch nicht statt.

Einfluss der Muslimbruderschaft in Schweden

Als weiteres Beispiel für den Einfluss der Muslimbruderschaft in einem europäischen Land soll hier Schweden[16] betrachtet werden. Auch dort betätigten sich Anhänger des Netzwerkes, wobei sie den bestehenden muslimischen Organisationen beitraten oder eigene Strukturen für besondere Zielgruppen gründeten. Dabei war eine Beziehung zur Muslimbruderschaft nie direkt erkennbar, gaben sich die Akteure doch nur als engagierte Gläubige. Die ersten Aktivitäten können nicht genauer datiert werden, indessen setzten sie in den späten 1970er-Jahren ein. Seinerzeit kamen viele muslimische Immigranten nach Schweden, wozu eben auch Anhänger der Muslimbruderschaft zählten. Sie begannen in den folgenden Jahren damit, gesellschaftlichen Einfluss sowohl unter den Gläubigen wie in der Mehrheitsgesellschaft zu erlangen. Auch hier kam dem Anspruch einer Interessenvertretung große Relevanz zu, wollte man doch für die Muslime als Repräsentant und Stimme wahrgenommen werden. In Broschüren gab man ihnen auch Hinweise auf islamisch korrekte Verhaltensweisen.

Bedeutsam dafür war zunächst die „Islamiska förbundet i Sverige" (IFiS), eine 1987 entstandene Organisation, welche die im Land lebenden Muslime organisieren wollte. Man gehört auch der „Federation of Islamic Organisations in Europe" an, worin sich weitere Gruppierungen aus anderen Ländern mit Muslimbruderschaft-Nähe finden, was noch gesondert thematisiert werden soll. Mal engere, mal weniger enge Kooperationen gab es mit weiteren Organisationen. Dazu gehörte etwa die 1996 entstandene Gruppierung „Sveriges unga muslimer" (SUM), eine für junge Menschen gegründete Organisation, der 2005 entstandene „Sveriges imanrad", worin sich Imame in Schweden zusammengeschlossen hatten, die 2008 entstandene Gruppierung „Svenksa muslimer för fred och rättvisa" (SMFR), die sich als islamische Menschenrechtsorganisation versteht, oder das 2010 gegründete Komitee „Muslimska mänskliga rättighetskommitén" (MMRK), das sich für die vom „Krieg gegen den Terror" durch die westliche Welt negativ Betroffenen einsetzen will.

Diese Beispiele veranschaulichen bereits die inhaltliche und organisatorische Breite, die bei der Gewinnung von Muslimen für ein solches Netzwerk in Schweden besteht. Es gelang den Anhängern der Muslimbruderschaft damit, ihre politischen Anliegen in diesen besonderen religiösen und sozialen Milieus bekannt zu machen. Hinsichtlich der genauen Akzeptanz lassen sich keine Daten präsentieren, fehlt es dazu doch an der nötigen empirischen Forschung. Indessen förderte ein solches Agieren auch die Bildung von mentalen Enklaven und Parallelgesellschaften, was eine soziale Integration in die Mehrheitsgesellschaft erschwerte oder gar verhinderte. Dies alles erfolgte über eine Berufung auf Minderheitenrechte und Multikulturalismus, jeweils verbunden mit der Einforderung eines Rechts auf Unterschiede. Kritische Einwände gegen problematische Gegebenheiten wurden mit dem „Islamophobie"-Schlagwort belegt. Derartige Diskurse und Gruppierungen forcierten dann eine Islamisierung in den randständigen Lebenswelten der dortigen Muslime.[17]

Dachverbände auf europäischer oder internationaler Ebene

Darüber hinaus entstanden mehrere Dachverbände auf europäischer oder internationaler Ebene, die sich mit dem Islamverständnis der Muslimbruderschaft an bestimmten Themen oder Zielgruppen orientierten.[18] Die bekannteste derartige Einrichtung ist die 1989 gegründete „Federation of Islamic Organisations in Europe" (FIOE). Ihre Ausrichtung ist an den Mitgliedsorganisationen erkennbar, stehen sie doch der Muslimbruderschaft organisatorisch und politisch nahe. Als Beispiele können für Deutschland die „Islamische Gemeinschaft in Deutschland" bzw. „Deutsche

Muslimische Gemeinschaft" oder für Schweden „Sveriges Muslimska Rad" genannt werden. Der politische Kontext muss nicht notwendigerweise jedem Mitglied bewusst sein, gibt man sich doch in der Öffentlichkeit als primär religiöser Zusammenschluss. Es entstanden mit und über die FIOE auch weitere Organisation, die etwa auf Jugendliche oder Studenten als Zielgruppe ausgerichtet waren. Dafür steht etwa das „Forum of European Muslim Youth and Student Organizations" (FEMYSO).

Besondere Bedeutung kommt dem „European Council for Fatwa and Research" (ECFR) zu. Dabei handelt es sich um eine Einrichtung, die den Muslimen mit religiösen Erklärungen persönliche Verhaltensrichtlinien geben will. Sie beziehen sich meist auf alltägliche Fragen und soziale Probleme. Gleichwohl bestärkt diese Einrichtung über die religiöse Identität dann auch einen separaten Status. Denn nicht nur eine Assimilation der Gläubigen wird abgelehnt, eine Gefahr sieht man auch in der Integration, besonders wenn damit eine Relativierung von islamischen Werten einhergehen würde. Die inhaltliche Ausrichtung des ECFR ist auch daran erkennbar, dass ihr langjährige Leiter Yusuf al-Qaradawi war. Er gilt für die Gegenwart als bedeutsamster islamistischer Ideologe. Seine Auffassungen prägen auch die Ausbildung an einer privaten islamischen Hochschule, die 1992 in Frankreich als „Institut European des Sciences Humanines" (IESH) gegründet wurde. In ihr werden für ganz Europa spätere Imame und Religionslehrer ausgebildet. Ihrem Beirat gehörte auch al-Qaradawi an.

Schließlich sei noch auf „Islamic Relief Worldwide" (IRW) verweisen. Dabei handelt es um eine international tätige Organisation, die mittlerweile Ableger in über 40 Ländern hat und insbesondere durch soziale Hilfsangebote für Muslime auf sich aufmerksam macht. Dabei geht es etwa um Ernährungsprojekte, Flüchtlingshilfe oder Waisenkinder. Der 1996 gegründete Ableger „Islamic Relief Deutschland" (IRD) kooperierte dabei gelegentlich auch mit christlichen Sozialorganisationen, wolle man doch interkulturelle und interreligiöse Kooperationen in derartigen Zusammenhängen fördern. All diesen Aktivitäten dienen Gelder, die durch Spendenkampagnen zusammenkamen. Sie werden dann meist an die in

Großbritannien ansässige IRW-Zentrale weitergeleitet. Doch handelt es sich hier in der Gesamtschau nicht nur um ein humanitäres Projekt, bestehen doch auch in Deutschland personelle Kontakte zu IGD bzw. DMG, was für eine Kooperation mit dem Muslimbruderschaft-Netzwerk über direkte und indirekte Verbindungen spricht.

„Islamisierung" als analytische Kategorie und ideologisches Schlagwort

Bevor das Gefahrenpotenzial der Muslimbruderschaft erörtert werden soll, bedarf es zunächst noch einiger Erläuterungen zu „Islamisierung" als genutztem Terminus. Denn dabei handelt es sich sowohl um eine analytische Kategorie als auch um ein ideologisches Schlagwort. Bezüglich des erstgenannten Aspektes gibt es sogar zwei Bedeutungsvarianten. Die erste Definition meint einen historischen Entwicklungsprozess, nämlich die arabischen Eroberungen zwischen den 630er- und 960er-Jahren. Gelegentlich werden sie auch als islamische Expansion bezeichnet, legitimierte man sie doch mit der Religion. Bekanntlich waren davon die Gebiete des damaligen römischen Orients betroffen; die Eroberungen reichten aber auch bis ins heutige Frankreich hinein. Von einer historischen Islamisierung wird gesprochen, da auch einschlägige Veränderungen damit einhergingen. Man kann darüber streiten, ob die Bezeichnung „arabische Eroberungen" nicht angemessener als die Bezeichnung „islamische Expansion" ist. Es geht dabei aber um diese historische Entwicklungsphase.

Demgegenüber gibt es eine politische Anwendung von „Islamisierung" als ideologisches Schlagwort, wobei dies insbesondere von rechtsextremistischen oder rechtspopulistischen Kräften in ihrer politischen Propaganda genutzt wird. Dabei bildet die Fremdenfeindlichkeit den inhaltlichen Kern, geht es doch nicht primär um den Islam, sondern um die Muslime. Erfolgen Anspielungen auf diese besondere Religion, dann meist nur als Gegensatz von „Heimat" und „Islam". Es geht eben um die betonte Fremdheit, nicht um den Islam an sich. Dabei nutzten die gemeinten Akteure Bedrohungsszenarien, um eine „Islamisierung" als

„Überfremdung" und „Umvolkung" zu beschwören. So wird ein angeblicher Bevölkerungsaustausch suggeriert, wonach die Einheimischen durch die Fremden bzw. die Christen durch die Muslime ersetzt werden sollten. Außerdem verweist derartige Agitation auf unterschiedliche Geburtenraten oder Interessensansprüche von Muslimen, um Ressentiments und Vorurteile zu schüren.

Zudem soll bezogen auf die hiesige Anwendung von „Islamisierung" als analytische Kategorie ein weiterer Sinnzusammenhang thematisiert werden. Dabei geht es um die Absicht von Islamisten, ihren Einfluss und ihre Macht zu erhöhen. Dies kann auf die ganze Gesellschaft wie eben nur auf die Muslime bezogen sein. Was damit in der sozialen Konsequenz gemeint ist, machen islamistische Systeme deutlich. Wenn einschlägige Akteure an die politische Macht gelangen, so fordern sie etwa „islamische Kleidung" oder religiöse Praktiken als verbindlich ein. Eine solche Entwicklung kann indessen auch aus einer alltagskulturellen Hegemonie heraus erfolgen. Als anschauliches Beispiel dafür stehen die Kopftuchträgerinnen, nahm doch deren Anzahl seit den 1970er-Jahren in vielen islamisch geprägten Ländern zu. Derartige Entwicklungen gelten fortan als Islamisierung, und zwar sowohl auf die Gesellschaft wie den Staat bezogen. Es geht also um eine analytische Kategorie, die mit dem genannten politischen Schlagwort nichts zu tun hat.

Einschätzung zu Gewaltpotenzial und Terrorismusneigung

Doch wie steht es um das Gefahrenpotenzial der Muslimbruderschaft, das mit Gewaltbereitschaft und Terrorismusneigung verbunden ist? Immerhin stuften unterschiedliche Länder die Organisation als terroristisch ein. Derartige Bewertungen gingen häufig (wenn auch nicht nur) von arabischen Ländern aus, die von nationalistisch-säkularen Akteuren regiert wurden und in der Muslimbruderschaft eine politische Konkurrenz für sich sahen. Der in Ägypten auszumachende große Erfolg für eine ihr nahestehende Partei macht deutlich, dass derartige Befürchtungen durchaus eine reale Grundlage haben, kann doch für die Muslimbruderschaft von einer breiteren ideologischen und sozialen Verankerung gesprochen werden. Gleichwohl muss diese politisch motivierte Einordnung nicht für eine sachlich berechtigte Wertung sprechen. Denn das primäre Handlungsfeld der Muslimbruderschaft ist nun mal nicht der islamistische Terrorismus. Sie will durch die erwähnten legalistischen Handlungen letztendlich politische Macht erlangen.

Gleichwohl kam der Gewalt als Option durchaus Relevanz zu. Denn ein mit Anschlägen und Attentaten vorgehender Geheimapparat entstand bereits in der zweiten Hälfte der 1940er-Jahre, indessen wohl eher als Abspaltung von ihr und weniger durch die Führung der Muslimbruderschaft. Gleichwohl deutete sich damit eine gewisse Nähe zu einer gewalttätigen Option an. Auch der frühere Ideologe Sayyid Qutb gilt gelegentlich als Stichwortgeber für den Terrorismus. Seine Ausführungen blieben aber so allgemein, dass sich zwar ein Gewaltbefürworter interpretierend auf sie stützen kann, doch handelt es sich dabei keineswegs um eine prinzipiell zwingende Deutung. Indessen beriefen sich die terroristischen Akteure, die in den 1970er- und 1980er-Jahren aktiv waren und etwa Sadat ermordeten, durchaus auf Qutb.[19] Dies erklärt sich durch die ideologischen Gemeinsamkeiten mit den Handelnden und die mentale Radikalität seiner Schriften. Gerade hinsichtlich der ideologischen Ausrichtungen bestand häufig ein inhaltlicher Konsens mit den Terroristen.

Diese Einschätzung gilt bis in die Gegenwart, denn es handelt sich um zwei Formen des Islamismus. Sie weisen die gleichen ideologischen Grundlagen auf, der jeweils praktizierte Handlungsstil unterscheidet sie. Insofern besteht durchaus ein Gefahrenpotenzial in der Ideologie der Muslimbruderschaft. Denn deren Akzeptanz kann auch in Gewalttätigkeit umschlagen, wofür der belegbare Einfluss von Qutb auf viele islamistische Terroristen spricht. Gleichwohl gab es eine Distanzierung von der Gewaltanwendung durch die Muslimbruderschaft, wobei diese nicht für alle Kontexte und Regionen gilt. So sah die Führung in den eskalierenden Gewalttakten, die von der Hamas gegen Israel durchgeführt wurden, legitime Widerstandshandlungen. Dies macht eine affirmative Einstellung zu Gewalthandlungen deutlich, gleichwohl setzt die Muslimbruderschaft auf andere legalistische Vorgehensweisen. Sie sieht darin den für eine längerfristige Änderung der politischen Gegebenheiten erfolgreicheren Weg, um ihre politischen Ziele umzusetzen.

Einschätzung zu gesellschaftlichen Folgen des legalistischen Islamismus

Diese Distanz gegenüber der Gewalt bedeutet demnach nicht, dass es kein Gefahrenpotenzial des legalistischen Islamismus gibt. Es besteht jedoch auf einer anderen Ebene von Handlungsstilen und der erhofften Wirkung auf Muslime. Ähnlich wie in ihren Herkunftsländern kann die Muslimbruderschaft an bestehende Prägungen anknüpfen, nämlich hier den Glauben an den Islam und seine Werte. Damit hat man es mit einem besseren Ausgangspunkt als andere politische Bewegungen zu tun, müssen diese doch erst einmal ihre ideologischen Grundpositionen gegenüber ihrem Zielpublikum propagieren und dieses überzeugen. Demgegenüber können Islamisten an bereits bestehende Einstellungen, Normen und Regeln anknüpfen. Sie müssen indessen um einer allgemeinen und ansteigenden Akzeptanz willen dabei deutlich machen, dass nur ihre besondere politische Deutung dieser Religion die einzig richtige Vorstellung ist. Aus dem Muslimsein sollte dann ein Muslimbrudersein folgen, was zumindest die beabsichtigte Konsequenz wäre.

Die damit einhergehende exklusive Auffassung, eben dem richtigen Glauben mit der wahren Orientierung anzugehören, hat dann verschiedene Funktionen für die angesprochenen Muslime. Diese erfahren eine persönliche Aufwertung in ihrem sozialen Selbstverständnis, gehören sie doch einer allen anderen gesellschaftlichen Gruppen überlegenen Religions- und Sozialgemeinschaft an. Indessen geht mit dieser Annahme auch eine Distanz gegenüber der Mehrheitsgesellschaft wie anderen Minderheiten einher, womit ein zumindest latentes oder auch manifestes Spannungsverhältnis zur Gesamtgesellschaft entsteht. Es wird durch Diskriminierungserfahrungen von Muslimen noch erhöht, und darauf beziehen sich die Islamisten in ihren Opferdiskursen. Mittels Dramatisierung von realen Herabwürdigungen gelingt es ihnen, sich hier als Stärkung und Stütze anzubieten. Gleichzeitig dienen diffuse Begriffe wie „Islamophobie" oder „antimuslimischer Rassismus" dazu, berechtigte Einwände gegenüber Haltungen unter Muslimen zu diskreditieren.[20]

Damit wird der Einfluss der Islamisten über die Muslime hinaus erweitert, wollen sie doch so ihre Bedeutung als inoffizieller wie offizieller Interessenvertreter hervorheben. Mit diesem Anspruch gegenüber den staatlichen Behörden oder gesellschaftlichen Einrichtungen erwächst eine soziale Macht. So können islamistische Akteure beanspruchen, allgemein für die Muslime zu sprechen. Es kommt dadurch zu einem bedeutenden Ansehensgewinn, der aber eine formale Mäßigung in der Öffentlichkeit voraussetzt. Der Blick auf einschlägige islamistische Gruppierungen macht deutlich, dass sie durchaus den politischen Diskurs in den westlichen Ländern kennen. Sie beziehen sich bei ihrem Auftreten auf Dialogbereitschaft und Toleranz, um für sich selbst eine Hegemoniestellung nicht nur bei der Interessenvertretung für Muslime zu erlangen. Dabei erfolgen auch Bekenntnisse zu Demokratie oder Menschenrechten, wobei es sich hier um eine instrumentalisierende Deutung zugunsten der eigenen Ideologie und Interessenpolitik handelt.

Fazit

Auch der Blick auf die ägyptische Muslimbruderschaft veranschaulicht, dass derartige Bekundungen häufig mit eigenen Deutungen verbunden sind oder unter islamischen Vorbehalten stehen. Denn die inhaltliche Grundlage der eigenen Ideologie bleibt nach wie vor, dass eine angebliche Gottessouveränität über die reale Volkssouveränität gestellt wird. Auch sollen die beschworenen Grundprinzipien aus dem Koran über den Menschenrechten und deren Universalität stehen. Darüber hinaus wird weiterhin ein autoritäres Denken vertreten, etwa bezogen auf die Gehorsamspflicht gegenüber dem Herrscher. Sie findet allenfalls dann ihre Grenzen, wenn er islamischen Geboten zuwiderhandelt. Eine inhaltliche und institutionelle Differenzierung des Gültigkeitsanspruchs der Religion und der Institutionen des Staates ist nicht vorgesehen.[21] Dies ist aus einer islamistischen Grundauffassung heraus auch nachvollziehbar, denn damit wäre das konstitutive Selbstverständnis tangiert. Islamisten könnten keine Islamisten mehr sein.

Dies bedeutet in einer erweiterten Denkperspektive, dass derartige Einstellungen auch praktische Umsetzung in der westlichen Welt erfahren sollen. Es geht also bei all dem gemeinten Engagement nicht nur darum, den Muslimen ihre Religionsfreiheit zu ermöglichen. Es ist eben auch die Absicht des legalistischen Islamismus, die politischen Systeme der demokratischen Verfassungsstaaten zu überwinden. Gleichwohl ist den Akteuren mit Blick auf die Gesellschaften bewusst, dass eine solche Entwicklung nicht in der unmittelbaren Gegenwart, sondern erst in einer späteren Zukunft möglich sein werde. Ein politisches Denken in langfristigen Perspektiven prägt daher das strategische Selbstverständnis. Dies bedeutet für die Handlungsoptionen, dass man auf Einflussgewinn setzt, zunächst unter den Gläubigen, dann aber auch in der Mehrheitsgesellschaft und gegenüber dem Staat. Dafür entwickelten die Islamisten aus dem Muslimbruderschaft-Kontext ein breites Netzwerk, das über Bündnispolitik, Diskurse und Interessenvertretung seine Wirkung erzielen will.

Angesichts der öffentlichen Fixierung auf das Gefahrenpotenzial eines terroristischen Islamismus mangelt es an einem entwickelten Problembewusstsein für solche Tendenzen. Die Akteure der Muslimbruderschaft-Netzwerke gehen strategisch geschickt vor, kennen sie doch die kursierenden Normen und institutionellen Regeln der westlichen Welt. Auch über die Aufmerksamkeit für die dort bestehende Doppelmoral gelingt es ihnen, ihren gesellschaftlichen Einfluss in kursierenden Meinungsbildern wie in der sozialen Wirklichkeit zu erweitern. Ganz allgemein steht dafür auch ein Engagement gegen Rassismus, wobei es sich um ein reales Phänomen handelt. Islamisten verweisen hier auf einen gegen über Muslimen angeblich bestehenden „antimuslimischen Rassismus". Antisemitismus, Frauendiskriminierung oder Homosexuellenfeindlichkeit in den eigenen Reihen sind jeweils kein Thema. Ein erster Ansatz für ein Engagement gegen diesen Islamismus könnte darin bestehen, in aufklärerischer Absicht auf derartige Doppelstandards zu verweisen.

Anmerkungen

1. Davon war auch der Autor betroffen, vgl. Christoph Butterwegge, *Rechtsextremismus, Rassismus und Gewalt. Erklärungsmodelle in der Diskussion* (Darmstadt: Primus, 1996, S. 77. Demnach würde er den westlichen Demokratien ein neues Feindbild eben in Gestalt des Islamismus liefern. Der Autor hatte den Extremismus als politische Form des Fundamentalismus gedeutet.
2. Ausführlichere Darlegungen zu diesen Aspekten bezüglich Definitionen und Untersuchungskriterien aus der Sicht des Verfassers: Armin Pfahl-Traughber, *Extremismus und Terrorismus in Deutschland. Die Feinde der pluralistischen Gesellschaft* (Stuttgart: Kohlhammer, 2020).
3. Brynjar Lia, *The Society of the Muslim Brothers in Egypt. The Rise of an Islamic Mass Movement. 1928–1942* (Reading: Ithaca Press, 1998); Richard P. Mitchell, *The Society of Muslim Brothers* (New York: Oxford University Press,1969).
4. Gilles Kepel, *Der Prophet und der Pharao. Das Beispiel Ägyptens: Die Entwicklung des muslimischen Extremismus* (München: Piper, 1995); Christian Wolff, *Die ägyptische Muslimbruderschaft. Von der Utopie zur Realpolitik* (Hamburg: Diplomica, 2008).
5. Dara Conduit, *The Muslim Brotherhood in Syria* (Cambridge: Cambridge University Press, 2019); Raphaël Lefevre, *Ashes of Hama. The Muslim Brotherhood in Syria* (Oxford/New York: Oxford University Press, 2013).
6. Daniel Atzon, *Islamism and Globalisation in Jordan. The Muslim Brotherhood's Quest for Hegemony* (Abingdon/New York: Routledge, 2015); Joas Wagemakers, *The Muslim Brotherhood in Jordan* (Cambridge: Cambridge University Press, 2020).
7. Joseph Croitoru, *Hamas. Der islamische Kampf um Palästina* (München: C.H. Beck, 2007); Jennifer Jefferis, *Hamas. Terrorism, Governance, and Its Future in Middle East Politics* (Santa Barbara: Praeger, 2016).
8. Carrie Rosefsky Wickham, *The Muslim Brotherhood. Evolution of an Islamist Movement* (Princeton: Princeton University Press, 2013); Mariz Tadras, *The Muslim Brotherhood and Islamist Politics in the Middle East. Democracy Redefined or Confined?* (London/New York: Routledge, 2012).
9. Ian Johnson, *Die vierte Moschee. Nazis, CIA und der islamische Fundamentalismus* (Stuttgart: Klett-Cotta, 2011); Stefan Meining, *Eine Moschee in Deutschland. Nazis, Geheimdienste und der Aufstieg des politischen Islam im Westen* (München: C.H. Beck, 2011).
10. Roel Meijer und Edwin Bakker (Hrsg.), *The Muslim Brotherhood in Europe* (New York: Oxford University Press, 2012); Brigitte Maréchal, *The Muslim Brothers in Europe. Roots and Discourse* (Leiden: Brill, 2008); Lorenzo Vidino, *The New Muslim Brotherhood in the West* (New York: Columbia University Press, 2010).
11. Alison Pargeter, *The Muslim Brotherhood. The Burden of Tradition* (London/Minnesota: Saqi, 2010), S. 133.

12	Lorenzo Vidino, „Die Muslimbruderschaft im Westen. Überlegungen zu Begrifflichkeit und Analyse", *Analysen & Argumente*, Nr. 383/März 2020. Seine ausführliche Darstellung zum Thema: Vidino, *The New Muslimbrotherhood*.
13	"Islam Muslims Will and Rule Europe! Shaykh Yusuf Al Qaradawi" (25. Juli 2015), eingestellt auf YouTube. Es handelt sich um einen Ausschnitt aus einer Erklärung auf Quatar TV vom 28. Juli 2007.
14	The Muslim Brotherhood „Project": Towards a Worldwide Strategy for Islamic Policy (Points of Departure, Elements, Procedures and Missions). Erstmals wurde das Dokument in französischer Sprache veröffentlicht, vgl. .Sylvain Besson, *La Conquete de l'Occident. Le Project Secret des Islamistes* (Paris: SEUIL, 2005), S. 193–205.
15	Guido Steinberg, *The Muslim Brotherhood in Germany*, in Barry Rubin (Hrsg.), *The Muslim Brotherhood. The Organization and Policies of a Global Islamist Movement* (New York: Palgrave Macmillan, 2010), S. 149–160; Vidino, *The New Muslimbrotherhood*, S. 147–165.
16	Sameth Egyptson, *Holy White Lies. Muslim Brotherhood in the West. Case Sweden* (Kairo: Maaref, 2018); Magnus Norell mit Aje Carlbom und Pierre Durrani, *The Muslim Brotherhood in Sweden*, Bericht im Auftrag der MSB (schwedischer Zivilschutzbehörde) (Stockholm, Dezember 2016).
17	Die Ausführungen stützen sich meist auf den vorgenannten Bericht von Magnus Norell, um den es aber auch heftige Kontroversen mit anderen Wissenschaftlern gab. Vgl. dazu: Hard kritik mot rapport om islamism i Sverige (3. März 2017): www.svt.se; Norell slar tillbaka: Muslimska brödraskapet väl etablerat i Sverige (3. März 2017): www.svt.se.
18	Martyn Frampton, *The Muslim Brotherhood and the West. A History of Enmity and Engagement* (Cambridge, M.A.: Harvard University Press, 2018), S. 403–411; Johannes Grundmann, *Islamische Internationalisten. Struktur und Aktivitäten der Muslimbruderschaft und der Islamischen Weltliga* (Wiesbaden: Reichert, 2005), S. 29–74.
19	John Calvert und Wayward Son, "The Muslim Brothers' Reception of Sayyid Qutb", in Meijer und Bakken (Hrsg.), *The Muslim Brotherhood in Europe*, S. 249–272; Sabine Damir-Geilsdorf, *Herrschaft und Gesellschaft. Der islamistische Wegbereiter Sayyid Qutb und seine Rezeption* (Würzburg: Ergon, 2003), S. 249–271.
20	Armin Pfahl-Traughber, „Islamophobie" und „Antimuslimischer Rassismus – Dekonstruktion zweier Hegemoniekonzepte aus menschenrechtlicher Perspektive", *Zeitschrift für Politik*, 67, 2 (2020), S. 133–152.
21	Siehe für neuere Forschungsergebnisse: Niklas Hünseler, *Demokratie und Scharia. Vorstellungen politischer Herrschaft der Da'wa Salafiyya, Ägyptischen Muslimbruderschaft und Wasat-Partei* (Baden-Baden: Ergon, 2020), worin auch die Muslimbruderschaft hinsichtlich bestimmter Untersuchungskriterien ausführlich thematisiert wird.

Nicht-bin-Laden-Sein.
Oder: Wie legalistische Islamisten vom Dschihadismus profitierten

Heiko Heinisch

Der 11. September 2001 markiert einen entscheidenden Wendepunkt in der Etablierung politisch-islamischer Strukturen in Europa. Zunächst warf er ein helles Schlaglicht auf ein Phänomen, das bis dahin nur kleine Expertenzirkel beschäftigt hatte: eine radikale, fundamentalistische Strömung innerhalb des Islam, deren Proponenten angetreten sind, ihre Vorstellung als normative Ordnung weltweit durchzusetzen; eine Strömung, die in einer islamischen Ordnung ein Gegenmodell zu jeder anderen Ordnung sieht und Säkularismus und Demokratie ablehnt.

Nach dem 11. September sorgte der Dschihadismus mit Anschlägen in Madrid (2004) und London (2005) neuerlich für weltweite Aufmerksamkeit, um zwischen 2015 und 2017 in Europa mit 311 Toten bei acht schweren Anschlägen[1] und einer Reihe kleinerer Anschläge einen traurigen Höhepunkt zu erreichen. 2014/15 erreichte zudem der Islamische Staat seine größte Ausdehnung in Irak und Syrien. Während die Welt gebannt auf diese für Europa und die USA neue Form terroristischer Gewalt blickte, leiteten legalistische Islamisten erfolgreich die dritte Phase ihrer Etablierung in Europa ein. Organisationen wie die Muslimbruderschaft und ihre türkische Schwester, die Milli Görüş-Bewegung oder die pakistanisch-indisch-bengalische Jamaat-e-Islami konnten von den Anschlagswellen in Europa und Nordamerika nach 2001 und der Entstehung des Islamischen Staates (IS) und der damit einhergehenden dschihadistischen Mobilisierung in Westeuropa profitieren.

Der Dschihadismus animierte politische Entscheidungsträger in ganz Europa, nach muslimischen Ansprechpartnern Ausschau zu halten. Aufgrund ihres relativ hohen Organisationsgrades kamen dafür vor allem Organisationen des politischen Islam in Frage, die ihrerseits die Zeichen der Zeit erkannt hatten und sich als Vertreter aller Muslime präsentierten. Ahmed Akkari, ein in Dänemark lebender, aus dem Libanon stammender ehemaliger Muslimbruder erläuterte in einem Interview mit dem Extremismus-Forscher Lorenzo Vidino in wenigen Worten die Strategie seiner Organisation: „Wir erkannten, dass der Westen kurzsichtig ist, und im Grunde drei Dinge von uns will: Geld, Stimmen und dass wir nicht bin-Laden sind.[2]

Um zu verstehen, wie Vertreter politisch-islamischer Organisationen in Europa in die Führungspositionen des organisierten Islam gelangen konnten und damit zum Scharnier zwischen muslimischen Communities und politischen Entscheidungsträgern wurden, wird im Folgenden zunächst ein kurzer Blick auf die drei Phasen der Etablierung des politischen Islam in Europa geworfen.

Die erste Phase: Ankunft der Muslimbrüder

In den 1950er-Jahren kamen Anhänger der Muslimbruderschaft auf unterschiedlichen Wegen und aus verschiedenen Gründen nach Europa. Nach dem Militärputsch der sogenannten „Freien Offiziere" unter Gamal Abdel Nasser im Jahr 1952, der zunächst von der Muslimbruderschaft unterstützt worden war, wurde die Bruderschaft 1954 in Ägypten verboten. Nach einem Attentat auf Nasser kam es zu massiven Verfolgungen ihrer Mitglieder. Viele flohen nach Europa, wo sie politisches Asyl erhielten. Zudem zog es seit Anfang der 1950er-Jahre Studenten aus Ägypten und anderen arabischen Staaten nach Europa. Auf Said Ramadan, den Schwiegersohn des Gründers der Muslimbruderschaft, Hasan al-Banna, traf beides zu. Er floh 1954 nach kurzer Haft aus Ägypten und studierte, nachdem er zunächst in Genf Zuflucht fand, an der Universität Köln, wo er 1958 mit einer Arbeit über islamisches Recht promovierte.[3]

Parallel dazu begann Ramadan erste Strukturen der Bruderschaft in Europa und weltweit aufzubauen. So war er unter anderem 1962 an der in Kooperation zwischen Saudi-Arabien und der

Muslimbruderschaft gegründeten Muslim World League (MWL) beteiligt.[4] Von besonderer Bedeutung für die weitere Entwicklung waren jedoch das 1961 gegründete Islamische Zentrum Genf, das bis heute von seinem Sohn Hani Ramadan geleitet wird, und das Islamische Zentrum München, das 1973 eröffnet wurde.[5] Die Gründungsgeschichte des letzteren reicht bis in die 1950er-Jahre zurück. Es entstand aus der Münchner Moscheebaukommission, die Ende der 1950er-Jahre von Ramadan und einer Gruppe von Studenten aus dem Umfeld der Muslimbruderschaft gekapert und von 1960 bis 1968 von Ramadan geleitet worden war.[6]

In dieser ersten Phase ihrer Etablierung ging es den Akteuren der Muslimbruderschaft vor allem um das Überleben der Organisation. Es galt, Strukturen aufzubauen, um der in der ägyptischen Heimat weitgehend zerschlagenen Organisation eine neue Basis zu verschaffen, von der aus die „islamische Revolution" in der arabischen Welt weitergeführt werden konnte.

Die zweite Phase: Der Blick nach Europa

Während die Muslimbruderschaft ihre ersten Basen in Europa errichtete, schlossen Deutschland und in der Folge auch Österreich sogenannte Anwerbeabkommen mit diversen Staaten ab, darunter mit der Türkei (1961) und mit Jugoslawien (1968), um den Mangel an Arbeitskräften in der nach dem Krieg wieder aufgebauten Industrie auszugleichen. Auf diesem Weg kamen bis zum Anwerbestopp im Jahr 1973 allein aus der Türkei rund 900.000 Arbeiter nach Deutschland.[7] In den ersten beiden Jahrzehnten schufen die Gläubigen unter diesen Migranten und Migrantinnen in Eigeninitiative und ohne Unterstützung aus den Herkunftsländern erste Ansätze einer religiösen Infrastruktur.[8] Diese bestand anfangs vor allem aus Wohnzimmermoscheen und den provisorisch eingerichteten sogenannten Hinterhof- und Kellermoscheen.[9]

Bereits Anfang der 1970er-Jahre wurde die türkische Milli Görüş-Bewegung in Deutschland aktiv, deren Anhänger im Zuge der Arbeitsmigration ebenfalls nach Deutschland gekommen waren. Sie warben nun verstärkt unter türkischen Arbeitsmigranten für ihre Sache. Wie den ersten Muslimbrüdern ging es auch ihnen zunächst darum, in Westdeutschland, einem stabilen demokratischen Land, eine sichere Basis zu schaffen, von der aus man Einfluss auf die türkische Politik nehmen wollte. Der Milli Görüş-Gründer Necmettin Erbakan war ideologisch stark von der Muslimbruderschaft, insbesondere von deren Ideologen der 1950er- und 1960er-Jahre, Sayyid Qutb, beeinflusst. Die Organisation ist die türkische Bruderorganisation der Muslimbruderschaft.

Bei den Gründern der ersten politisch-islamischen Strukturen in Westeuropa, sowohl jenen der Muslimbruderschaft als auch denen von Milli Görüş, handelte es sich ausnahmslos um Männer, die in der Türkei, in Ägypten oder Syrien geboren, aufgewachsen und sozialisiert worden waren und deren Blick vor allem auf die alte Heimat gerichtet war. Das änderte sich in den 1980er- und 1990er-Jahren. Mittlerweile war eine in Europa geborene Generation herangewachsen. Damit verschob sich der Fokus der Autoritäten in den betreffenden Organisationen allmählich auf die jeweiligen europäischen Länder. Europa selbst wurde zum islamistischen Missionsgebiet. Davon zeugt nicht zuletzt ein Strategiepapier der Muslimbruderschaft aus dem Jahr 1982 mit dem aufschlussreichen Titel „Der Weg zu einer weltweiten Strategie für islamische Politik". In zwölf Punkten wird darin ein Plan zur Unterwanderung von Gesellschaften skizziert und das langfristige Ziel der Etablierung eines weltweiten islamischen Staates formuliert.[10]

Im Sinne dieses Strategiepapiers setzte Ende der 1980er-Jahre ein wahres Gründungsfieber ein. 1989 schlossen sich mehrere Landesorganisationen der Muslimbruderschaft in Europa zur Federation of Islamic Organisations in Europe (FIOE) zusammen, darunter die noch von Said Ramadan gegründete Islamische Gemeinschaft in Deutschland (IGD), heute Deutsche Muslimische Gemeinschaft (DMG)). Die FIOE wurde zu einem Dachverband muslimbrudernaher Organisationen, der weitere Gründungen initiierte, etwa 1992 jene des Institut Européen des Sciences Humaines (IESH) im französischen Château Chinon, eine private islamische Hochschule, an der Imame, Religionslehrerinnen und Religionslehrer aus ganz Europa ausgebildet werden. 1996 folgte das Forum of

European Muslim Youth and Student Organizations (FEMYSO) als Dachverband muslimbrudernaher Jugendorganisationen, und 1997 das European Council for Fatwa and Research (ECFR), ein eigener europäischer Fatwa-Rat mit Sitz in Dublin, den man als ideologische Basis der Bruderschaft in Europa bezeichnen kann.[11] Dependancen sowohl des Fatwa-Rats als auch des IESH finden sich heute bei bzw. in Frankfurt am Main.

Parallel dazu wurden nach Vorgabe des erwähnten Strategiepapiers auch in den einzelnen europäischen Staaten diverse Vereine und Organisationen gegründet, von der lokalen Ebene bis hin zu transnationalen Organisationen. Ziel all dieser Aktivitäten war und ist es, politische Entscheidungsträger auf allen Ebenen, von den Kommunen über die Regionen, Bundesländer und Staaten bis hin zu den Institutionen der EU, im Sinne der eigenen Ideologie zu beeinflussen. Im Strategiepapier heißt es unter Punkt 5, um der Errichtung eines islamischen Staates näher zu kommen, müssten Machtzentren lokal und weltweit im Sinne des Dienstes am Islam beeinflusst werden.

Allein dem Netzwerk der Muslimbruderschaft lassen sich heute rund 200 Organisationen in Europa zurechnen, von unmittelbaren Muslimbruderorganisationen über Vorfeldorganisationen bis hin zu Organisationen, die von der Bruderschaft beeinflusst werden.[12] Im gleichen Zeitraum wurde, von der deutschen Zentrale der Islamischen Gemeinschaft Milli Görüş (IGMG) ausgehend, ebenfalls ein europaweites Netzwerk aus Vereinen und Moscheen aufgebaut, das eng mit dem Netzwerk der Muslimbruderschaft verwoben ist. Damit standen Strukturen zur Verfügung, die für die dritte Phase entscheidend sein sollten: die Etablierung des politischen Islam als gesellschaftliche Kraft.

Exkurs: Die Ideologie des politischen Islam

Die meisten islamistischen Bewegungen und Organisationen beziehen sich auf den Gründer der Muslimbruderschaft, Hasan al-Banna, der auf dem Islam aufbauend eine politische Ideologie und eine Strategie zu deren Durchsetzung entwickelt hat. Letztere kann als eine Art Graswurzelbewegung betrachtet werden. Beim Islamismus oder politischen Islam handelt es sich letztlich um eine antiwestliche Ideologie, die ein Gegenmodell zur aktuellen Weltordnung, zu Säkularismus und Demokratie verspricht. Grundlage ist ein dichotomes Weltbild, das die Welt in Gläubige und Ungläubige, in Muslime und Feinde derselben einteilt und eine idealisierte Gemeinschaft der Muslime imaginiert. Der Islam wird als allen anderen Religionen und Weltanschauungen grundsätzlich überlegen propagiert. Männer und Frauen seien zwar vor Gott gleichwertig, ihre Gleichberechtigung im Diesseits wird jedoch als Verstoß gegen die von Gott gegebenen unterschiedlichen Rechte und Pflichten abgelehnt. Zu den ideologischen Bausteinen des politischen Islam zählt zudem, entgegen der historischen Realität des islamischen Imperialismus, der Opfermythos: Die gesamte Geschichte der vergangenen 1400 Jahre wird aus der Perspektive einer islamischen Gemeinschaft in steter Bedrängnis erzählt, einer Gemeinschaft, die sich bis heute gegen ihre Feinde erwehren muss.[13]

Die Ideologie des politischen Islam wertet Nicht-Muslime, andere Religionen, Weltanschauungen und Lebensentwürfe ab und ist seit ihrer Formulierung durch Hasan al-Banna in den 1920er-Jahren in ihrem Kern antisemitisch.[14] Die aufgezählten Elemente dieser Ideologie werden mit unterschiedlichen Gewichtungen von allen Strömungen des politischen Islam geteilt. Gleiches gilt für das proklamierte Endziel: eine geeinte islamische Weltgemeinschaft unter einem Kalifat.

Auf den Punkt gebracht, haben wir es beim politischen Islam neben der kommunistischen, der faschistischen und der nationalsozialistischen mit einer weiteren totalitären Ideologie zu tun, deren Proponenten versuchen, die eigene normative Ordnung weltweit durchzusetzen. Der Unterschied zwischen gewalttätigen, also dschihadistischen Strömungen und gewaltfrei agierenden, legalistischen Strömungen ist weniger ein grundsätzlich ideologischer als vielmehr ein strategischer und lässt sich am ehesten am Beispiel der außerparlamentarischen Opposition in mehreren europäischen Staaten der 1960er-Jahre erklären: Die einen traten damals den berühmten Marsch durch die Institutionen an, um „das System" von innen heraus zu transformieren. Die anderen brachten dafür nicht die Geduld auf und wollten die Revolution möglichst sofort mit Bomben und Waffen herbeizwingen.

Anders als die linken Ideologen der 1960er- und 1970er-Jahre verschleiern die meisten Akteure des politischen Islam ihren ideologischen Hintergrund und ihre Ziele. Was vor allem ihrer Geschichte in Ägypten und Syrien geschuldet ist, wo der Aufbau klandestiner Strukturen überlebensnotwendig war, erwies sich auch in Europa als sinnvolle Maßnahme. Salafisten sind in der Regel bereits auf den ersten Blick an ihrem äußeren Erscheinungsbild und der offen demokratiefeindlichen Propaganda erkennbar. Akteure des legalistischen politischen Islam bemühen sich hingegen, als demokratische und engagierte Bürger und Bürgerinnen in Erscheinung zu treten. Bemerkenswert sind dabei die nach innen und außen geführten unterschiedlichen Diskurse. Kaum eine Organisation der Muslimbruderschaft in Europa gibt offen zu, eine Organisation der Muslimbruderschaft zu sein, und kaum ein Muslimbruder gibt zu, Muslimbruder zu sein. In der Regel werden die entsprechenden Vorwürfe schroff zurückgewiesen oder sogar gerichtlich bekämpft. Das macht es für NGOs und Medien, aber auch für politische Entscheidungsträger und die Öffentlichkeit schwer zu erkennen, mit wem sie es zu tun haben.

Dschihadisten und Legalisten unterscheiden sich zwar in der Wahl ihrer Mittel, aber es wäre falsch, zweitere als generell gewaltfrei zu bezeichnen. Die Muslimbruderschaft und Milli Görüş sind keine pazifistischen Organisationen. Sie pflegen vielmehr ein taktisches Verhältnis zur Gewalt. Diese ist nicht das erste Mittel der Wahl und darf nicht angewendet werden, wenn der Schaden größer wäre als der Nutzen. Das erwähnte Strategiepapier weist Anhänger der Bruderschaft daher an, keine direkten Konfrontationen mit dem Gegner zu suchen, um keine unnötigen Gegenreaktionen zu provozieren, die zur Gefahr für die Bewegung und ihre Mission werden könnten.[15] Die Kader der Bruderschaft haben aus ihren Erfahrungen der 1950er-Jahre gelernt, als die Anwendung von Gewalt eine Gegenreaktion des Staates auslöste, die fast die vollständige Zerschlagung der Organisation in Ägypten zur Folge gehabt hätte. Anfang der 1980er-Jahre wiederholte sich diese Erfahrung auch in Syrien, wo mehrere Attentate und von der Muslimbruderschaft ausgelöste Aufstände im Februar 1982 im Massaker von Hama, in Massenverhaftungen und Exekutionen endeten.[16]

Auf der anderen Seite propagiert die Bruderschaft die Anwendung von Gewalt für den Verteidigungsfall. Wenn Muslime und der Islam auf anderem Weg nicht geschützt werden könnten, sei Gewalt legitim.[17] Daher unterstützen nahezu alle Organisationen des politischen Islam den bewaffneten Kampf der Hamas gegen Israel, propagandistisch, finanziell und/oder logistisch.

Das taktische Verhältnis zur Gewalt zeigt sich bereits im Emblem der Muslimbruderschaft: zwei unter dem Koran gekreuzte Schwerter mit der darunter stehenden Aufforderung „Seid vorbereitet!". Hasan al-Banna, der Gründer der Muslimbruderschaft, schrieb ein eigenes Traktat mit dem Titel „On Jihad". Es beginnt mit folgenden Sätzen: „Der Dschihad ist eine Verpflichtung Allahs gegenüber jedem einzelnen Muslim und kann weder ignoriert noch umgangen werden. Allah hat dem Dschihad große Bedeutung beigemessen und die Belohnung der Märtyrer und Kämpfer auf seine Weise zu einer großartigen gemacht. Nur diejenigen, die ähnlich gehandelt haben und sich bei der Ausführung des Dschihad den Märtyrern nachempfunden haben, können diese Belohnung empfangen."[18]

Zusammenspiel der Mittel

Daher verwundert es nicht, dass Islamisten aus dem gewaltfreien Lager und Dschihadisten dieselben Ziele ins Visier nehmen. Die meisten europäischen Islamverbände und -vereine teilen, so sehr sie auch den Terror verurteilen, eines ihrer Ziele mit den Gewalttätern: die Verhinderung einer öffentlichen und kritischen Debatte über den Islam. Geht es nach ihnen, darf über den Islam und seine Symbole ausschließlich in lobendem, positivem Kontext gesprochen werden. So erklären sich auch Versuche, Filme, Theaterstücke, Talkshows, Satiremagazine, Ausstellungen und Ergebnisse wissenschaftlicher Forschung zu zensieren. Solche Versuche sind immer öfter erfolgreich, was unter anderem daran liegt, dass Kritik am Islam oder einzelnen Strömungen mit dem Schlagwort „Islamophobie" unter Rassismusverdacht gestellt wird. Aber es ist vor allem der Terror, der das Recht auf Meinungsfreiheit in Europa in Bezug auf das Thema Islam bereits erheblich eingeschränkt hat, weil er tatsächlich und begründet unmittelbare Angst erzeugt.

Als Startschuss des globalen islamischen Kampfes gegen die Meinungsfreiheit kann neben der Bedrohung Salman Rushdies und den mit ihr einhergehenden Attentaten auf Verleger und Übersetzer der *Satanischen Verse* der Karikaturenstreit des Jahres 2006 betrachtet werden.[19] Dabei kam es erstmals zu einer Dynamik zwischen legalistischer und dschihadistischer Aktion, die seither immer wieder zu beobachten ist.

Im September 2005 druckte die dänische Zeitung *Jyllands Posten* zwölf Mohammed-Karikaturen ab. Daraufhin starteten einige dänische Imame eine Kampagne gegen die Zeitung, in die auch die Botschaften mehrerer islamischer Staaten eingebunden wurden. Schnell nahm diese Kampagne internationale Dimensionen an. Dabei ging es zum einen um ein behauptetes Bilderverbot im Islam, das die Abbildung Mohammeds verbiete, eine Behauptung, die im Gegensatz steht zu den reichhaltigen Mohammed-Darstellungen, die in der islamischen Kunst über Jahrhunderte hinweg geschaffen worden waren.[20] Noch schwerer wog das Argument, die Karikaturen machten sich über Mohammed und den Islam lustig und seien „islamophob" oder rassistisch.

Einen entscheidenden Wendepunkt nahm die Geschichte, als der spiritus rector der Muslimbruderschaft, der bekannte, in Katar lebende Fernsehprediger Yusuf al-Qaradawi, die Bühne betrat. In seiner populären wöchentlichen Sendung auf *al-Dschasira* rief er den 3. Februar 2006 zu einem „Tag des Zorns" aus. Darauf kam es zu gewalttätigen Demonstrationen von Jakarta bis Tripolis, bei denen in mehreren islamischen Ländern die Botschaften Dänemarks und anderer europäischer Staaten gestürmt wurden und etwa 150 Menschen ums Leben kamen.

Die massive Gewalt begünstigte jene Diskursverschiebung, die sich bereits zu Beginn des Karikaturenstreits abzeichnete: Es wurde diskutiert, ob es trotz eines islamischen Bilderverbots erlaubt sei, Mohammed abzubilden. Kaum jemand stellte die eigentlich näher liegende Frage, warum ein religiöses Verbot für Menschen, die nicht dem Islam anhängen, irgendeine Bedeutung haben sollte. Damit ging der Punkt an die Islamisten. Als Folge der Diskursverschiebung wurden immer häufiger jene für die Gewalt verantwortlich gemacht, die Karikaturen gezeichnet oder veröffentlicht hatten, und nicht jene, von denen die Gewalt ausging.

Damals geriet auch die Redaktion von *Charlie Hebdo* erstmals ins Visier der Islamverbände, weil sie aus Solidarität mit den dänischen Kollegen die Karikaturen nachdruckte. Der französische muslimische Dachverband Conseil français du culte musulman (CFCM) klagte die Zeitung daraufhin an. Das Gericht entschied zwar, dass der Abdruck der Karikaturen nicht gegen französische Gesetze verstoße, aber *Charlie Hebdo* war in den Fokus fundamentalistischer Kreise geraten.

Der Abdruck von Mohammed-Karikaturen und fortan auch von Kunstwerken aus der islamischen Tradition, etwa alten persischen oder osmanischen Buchmalereien, löste seither immer wieder Proteste „gemäßigter", also legalistischer Islamisten aus.[21] Nachdem *Charlie Hebdo* im Oktober 2011 verkündete, für die kommende Ausgabe mit dem Titel „Charia Hebdo" solle Mohammed als Chefredakteur fungieren, kam zu einem Brandanschlag auf die Redaktion,[22] was diese sowohl in legalistischen als auch in dschihadistischen Kreisen noch bekannter machte. Am 7. Januar 2015 kam es schließlich zu jenem schweren Anschlag, dem nahezu die gesamte Redaktion zum Opfer fiel. Zwei schwerbewaffnete Dschihadisten erschossen insgesamt zehn Mitglieder der Redaktion und einen Polizisten, gleichzeitig starben bei einem Anschlag auf einen jüdischen Supermarkt in Paris weitere vier Menschen.

Ein ideologisches Zusammenspiel zwischen legalistischem Islamismus und Dschihadismus ist häufig zu beobachten und kam nicht zuletzt beim Mord an dem französischen Lehrer Samuel Paty am 16. Oktober 2020 zum Tragen. Paty hatte in einer Schulstunde zum Thema „Recht auf Meinungsfreiheit" mit seinen Schülerinnen und Schülern die Mohammed-Karikaturen aus *Charlie Hebdo* besprochen. Daraufhin startete der Vater einer Schülerin im Internet eine Hetzkampagne gegen den Lehrer, bei der er von dem der Muslimbruderschaft nahestehenden, aus Marokko stammenden Imam Abdelhakim Sefrioui unterstützt wurde.[23]

Wie im Falle *Charlie Hebdo* hatten auch hier Akteure des legalistisch operierenden Islamismus das Ziel markiert, bevor andere zur Waffe griffen. Mittlerweile gibt es zahlreiche Beispiele, die dieses Muster zeigen. In einigen Fällen wiesen die Täter direkte Kontakte zur Muslimbruderschaft auf. So hatte etwa einer der Mörder des britischen Soldaten Lee Rigby, der 2013 in London zuerst mit einem Auto angefahren und anschließend mit Messern und einem Beil grausam getötet wurde, im Jahr zuvor am walisischen Ableger der französischen Muslimbruder-Hochschule Institut Européen des Sciences Humaines (IESH) studiert.[24]

Der Dschihadist wiederum, der im Oktober 2019 im Pariser Polizeipräsidium, in dem er arbeitete, fünf seiner Kollegen mit einem Messer tötete, besuchte regelmäßig eine Moschee, deren Hauptimam einer Vereinigung der Muslimbruderschaft, dem Conseil Théologique des Musulmans de France, angehört.[25]

Die dschihadistische Gewalt verändert schleichend die Gesellschaft. Zahlreiche Satiriker, Kabarettisten und Karikaturisten geben unumwunden zu, über alles Witze zu machen außer über den Islam. So haben Hape Kerkeling und Harald Schmidt freimütig eingeräumt, Witze über den Islam seien ihnen zu heikel, und Kaya Yanar bemerkte, er vermeide Späße über den Islam, weil er noch etwas länger leben wolle. Angesichts des Bedrohungspotenzials und den bisherigen Erfahrungen ist diese Angst nur allzu begründet.[26] Viele Zeitungen wagen es nicht mehr, Karikaturen mit Islambezug abzudrucken, und Lehrer werden sich vermutlich in Zukunft hüten, Mohammed-Karikaturen im Unterricht zu besprechen. Dadurch wird eine pluralistische und demokratische Gesellschaft schleichend unterminiert.

Die dritte Phase: Gesellschaftliche Anerkennung

Nachdem die erste Generation der Muslimbrüder in den 1950er-Jahren in Europa erste Zentren gründen konnte (1. Phase) und die zweite Generation in den 1980er-Jahren ihre politische Arbeit auf Europa auszurichten begann und ein weitverzweigtes Netzwerk aufbauen konnte (2. Phase), begann nach der Jahrtausendwende die dritte Phase der Etablierung des politischen Islam in Europa. Als Startschuss können die schweren Anschläge (New York, Madrid, London) und der Karikaturenstreit im ersten Jahrzehnt des 21. Jahrhunderts betrachtet werden. Am 11. September 2001 wurde einer breiten Öffentlichkeit, aber auch vielen politischen Entscheidungsträgern im Westen erstmals bewusst, was bis dahin nur in Expertenkreisen diskutiert worden war: Innerhalb des Islam hatte sich eine extremistische Ideologie entwickelt, die, getragen von einer wachsenden Bewegung, den Kulturkampf in den Westen tragen wollte, der innerhalb der mehrheitlich islamischen Welt zu dieser Zeit bereits seit drei Jahrzehnten tobte.

Besonders schockierend war die Tatsachen, dass ein Teil der Attentäter der drei Anschläge zuvor mehrere Jahre in Europa gelebt hatte, und dass drei der vier Attentäter der Anschläge von London im Jahr 2005 sogar in Großbritannien geboren worden waren. Dies hatte zwei unmittelbare Folgen: Der Islamwissenschaft, bis dahin ein universitäres Nischenfach, wurde eine unerwartete Aufmerksamkeit zuteil, und Politik und zivilgesellschaftliche Organisationen machten sich auf die Suche nach muslimischen Ansprechpartnern mit dem Ziel, das Phänomen des islamischen Terrorismus zu verstehen und Strategien dagegen zu entwickeln. Schon zu Beginn kamen dabei zwei grundlegende Fehleinschätzungen zum Tragen, die einem effektiven Kampf gegen den politischen Islam bis heute im Weg stehen und die sich in den folgenden beiden Jahrzehnten vor allem in Teilen der Linken und der Kirchen sogar verfestigen sollten.

Nicht-bin-Laden-Sein

Zunächst wurde eine scharfe Grenze zwischen gewalttätig und gewaltfrei gezogen. Dabei wurde übersehen, dass fundamentalistische Islamvorstellungen weit in den gewaltfreien Bereich hineinreichen. Die harte Grenzziehung zwischen gewalttätig und gewaltfrei, die in dieser Form etwa im Bereich des Rechtsextremismus berechtigter Weise nicht gezogen wird, ermöglichte Akteuren des legalistischen politischen Islam, sich als die gemäßigte, demokratiekompatible Alternative zu präsentieren, als Vertreter des „Islam der Mitte". Dieser Begriff wurde vom bereits erwähnten Vordenker der Muslimbruderschaft, Yusuf al-Qaradawi, geprägt, der die Islamvorstellung der Muslimbruderschaft als „Wasatiyya" (Mittelweg) propagierte.[27]

Die vorhandenen Organisationen des politischen Islam mussten angesichts einer schockierten und bis heute verzweifelt nach Antworten und Lösungen suchenden Politik und Öffentlichkeit nur zeigen, dass sie „nicht bin-Laden" sind. Dabei kommen ihnen, anders als politischen Extremisten anderer Couleur, etwa Rechts- oder Linksextremisten, zwei Faktoren entgegen: Sie oder ihre Vorfahren sind, von wenigen Konvertiten abgesehen, zumeist im Zuge von Migration oder Flucht nach Europa gekommen, und einige europäische Gesellschaften tragen schwer an ihrer Geschichte, an Faschismus, Nationalsozialismus und Kolonialismus. Letzteres verleiht dem Vorwurf des Rassismus in den diversen Debatten ein großes Gewicht. Beides zusammen führt oft dazu, dass mit zweierlei Maß gemessen und extremistische, demokratiefeindliche Gesellschaftsvorstellungen in migrantischen Communities nicht ebenso analysiert und kritisiert werden wie in anderen Teilen der Bevölkerung. Proponenten des politischen Islam spielen zunehmend mit dieser Karte und versuchen, an linke, alternative Kreise anzudocken und sich deren undifferenziertes Freund-Feind-Denken zunutze zu machen, um von der eigenen demokratie- und pluralitätsfeindlichen Agenda abzulenken.

Der multikulturalistische Blick

Muslime wurden zunehmend als eigenständige und besondere Gruppe wahrgenommen, eine Sicht, die von Islamisten gestützt wird. Sie bestehen darauf, grundsätzlich anders zu sein als Nicht-Muslime, und versuchen, das Anderssein entlang einer sichtbaren Grenze zwischen Muslimen und Nicht-Muslimen in der Öffentlichkeit zu etablieren. Politik, Medien, Kirchen und zivilgesellschaftliche Organisationen wiederum suchten nach muslimischen Vertretern und Vertreterinnen, die sie für befugt hielten, für das Kollektiv aller Muslime zu sprechen.

Der dem Multikulturalismus geschuldete kulturalistische Blick auf Muslime führte schließlich dazu, dass Kritik am Islam an sich, an bestimmten Praktiken in konservativen muslimischen Communities (Zwangsverheiratungen, Kopftuch bereits bei Mädchen im Kindergartenalter etc.), aber auch an islamischen Organisationen unter Rassismusverdacht geriet.[28]

Mit dem Konstrukt „Islamophobie" oder „antimuslimischer Rassismus" wurde ein Instrumentarium geschaffen, mit dem versucht wird, jegliche Kritik am Islam, jeden Witz über ihn, jede Kritik an Haltungen und Menschenrechtsverletzungen innerhalb muslimischer Communities, ja sogar Kritik an islamischen Ländern in die Nähe des Rassismus zu rücken.[29] Dass es dabei nicht um Wissenschaft oder Fakten geht, sondern um einen politischen Kampf um Deutungshoheit, zeigt etwa der vom „Islamophobieforscher" Farid Hafez gemeinsam mit Enes Bayrakli in Zusammenarbeit mit der Erdoğan-nahen SETA-Stiftung herausgegebene, jährlich erscheinende *European Islamophobia Report* (EIR). Dabei handelt es sich um eine Sammlung von Länderberichten, in denen vorgeblich „islamophobe" Ereignisse, Handlungen und Aussagen aneinandergereiht werden. Bewusst werden dabei rechtsextreme Aktionen wie etwa Schmierereien an Moscheen oder rassistische Äußerungen neben Aussagen seriöser Journalistinnen und Journalisten oder Wissenschaftlerinnen und Wissenschaftler gestellt, wenn diese sich kritisch zum Islam oder islamischen Organisationen geäußert haben. Die herausgebenden Politikwissenschaftler legen keine brauchbare

Definition des Begriffs vor, was wenig verwundert angesichts der Tatsache, dass der Begriff zwei unterschiedliche Phänomene gleichzeitig erfassen soll: Feindschaft gegenüber und Diskriminierung von Muslimen auf der einen Seite und Religionskritik auf der anderen. Der Terminus differenziert nicht zwischen ressentimentgeladener Hetze und der Aufklärung verpflichteter Kritik an der Religion

Dem Begriff „Islamophobie" ist damit die Verwechslung von Kritik am Islam mit der Stigmatisierung und Diskriminierung der Gläubigen inhärent. Im EIR finden sich teils sogar Aussagen als „islamophob" wieder, die keinerlei Bezug zum Islam aufweisen. Der ehemalige grüne Nationalratsabgeordnete Peter Pilz etwa sah sich wegen seiner Kritik an Erdoğan-Anhängern in Wien und deren Angriffen auf Kurden dem Vorwurf der „Islamophobie" ausgesetzt. Das lässt sich vermutlich mit dem Auftraggeber und Finanzier des EIR erklären: der der türkischen AKP und Erdoğan nahestehenden Stiftung SETA, für die Enes Bayrakli als Direktor für Europäische Studien arbeitet.[30] Auch die in Albanien anlässlich der Aufstellung eines von der türkischen Regierung finanzierten Denkmals für die Opfer des Putsches von 2016 geäußerte Kritik und eine Aktion gegen das Denkmal werden im EIR als „islamophob" gewertet.[31] Erdoğan Politikverständnis ist in solchen Passagen deutlich zu erkennen, warf dieser doch auch Frankreich vor, „islamophob" zu sein, als dort die Leugnung des Völkermords an den Armeniern unter Strafe gestellt wurde.[32]

Die Stunde des politischen Islam

Auch wenn sich in jüngster Zeit ein Problembewusstsein für die Gefahren des politischen, legalistisch operierenden Islam entwickelt und das Thema mehr in den Fokus rückt, verstehen viele unter Islamismus nach wie vor in erster Linie gewaltbereite, dschihadistische Strömungen. Das und der multikulturalistische Blick auf Muslime als zu schützende Andere bot den Vertretern des politischen Islam in Europa erst die Möglichkeit, sich an die Spitze des organisierten Islam zu stellen und als Vertreter aller Muslime aufzutreten. Zum anderen geriet Kritik an ihnen schnell unter Rassismusverdacht.

Ihre Organisationen dominieren heute die großen Islamverbände. Ihre Vertreter und Vertreterinnen sitzen auf den verschiedensten Ebenen mit politischen Entscheidungsträgern, Kirchen und NGOs an einem Tisch. Dieser Erfolg ist natürlich auch dem Startkapital geschuldet, das sie nach Europa mitbrachten und das einerseits in bereits seit Jahrzehnten bestehenden gut organisierten Strukturen und andererseits in finanzieller Unterstützung durch Saudi-Arabien, die Golfstaaten und später auch die Türkei bestand.

Nicht zuletzt verschaffte ihnen der Aufstieg des politischen Islam, der in nahezu allen mehrheitlich islamischen Ländern in den vergangenen dreißig Jahren stattgefunden hatte, zusätzlichen Auftrieb. Die Ideologie des politischen Islam war in den meisten mehrheitlich islamischen Ländern, vielleicht mit Ausnahme der Türkei und Indonesiens, die diese Entwicklung leicht zeitversetzt nachvollzogen, zum Mainstream des Islam geworden. Der syrische Islamwissenschaftler Aziz Al-Azmeh hat diese Entwicklung als „Islamisierung des Islam" bezeichnet.[33]

Als Politik, Kirchen und zivilgesellschaftliche Organisationen nach muslimischen Partnern suchten, standen die Netzwerke des politischen Islam bereit und boten ihre Vereine und Organisationen auf verschiedenen Ebenen an. Auch auf dem Feld der Medien kam ihnen ihr Organisationsgrad zugute. Sie haben schnell begriffen, dass innerhalb der Medien eine gewisse institutionelle Faulheit vorherrscht und dass es darum geht, diese durch Verfügbarkeit zu bedienen. Journalistinnen oder Journalisten, die über ein Islam- oder Integrationsthema schreiben, brauchen, vor allem im Tagesjournalismus, schnell einen sogenannten O-Ton, eine Aussage von einem Muslim oder einer Muslimin, und wollen nicht lange suchen müssen. Das hatte und hat den Effekt, dass in fast allen Medien immer die gleichen Personen der Islamverbände deutlich überrepräsentiert sind. Sie prägen dadurch das Bild des Islam.

In der Mitte der Gesellschaft angekommen

Organisationen des politischen Islam sind heute fest etablierte Größen in Europa. Sie sind in den verschiedensten Bereichen Projektpartner von Gewerkschaften, Kirchen und NGOs. Ihre Vertreter sitzen in Islam- und Integrationskonferenzen, in interreligiösen Dialogforen und Antirassismusinitiativen. Akteure des politischen Islam finden wir in diversen politischen Parteien und in NGOs. Selbst bei der Prävention gegen Extremismus und der Deradikalisierung von Dschihadisten stößt man auf Personen und Organisationen aus dem politisch islamischen Feld. Besonders in diesem Bereich hat sich die Lehrmeinung durchgesetzt, dass ein gemäßigter Islam der beste Schutz gegen einen extremistischen sei. Religiöse Extremisten ließen sich demnach am besten durch gemäßigte Muslime deradikalisieren. Dass eine solche Lehrmeinung ausschließlich in Bezug auf islamischen Extremismus existiert, sollte zu denken geben. Niemand käme auf die Idee, dass sich rechtsradikale Vorstellungen mit einer gemäßigt rechten Ideologie bekämpfen ließen und dass etwa Organisationen oder Parteien wie die NPD, die Identitären oder die AfD dazu geeignet wären, gewaltbereite Neonazis zu deradikalisieren.

Wahltag

Der Blick politischer Parteien auf den nächsten Wahltag hat Akteuren des politischen Islam den Weg in die Mitte der Gesellschaft zusätzlich geebnet. Der Versuch, sie als Türöffner in muslimische Communities zu nutzen, um mit ihrer Hilfe Wählerpotenzial zu rekrutieren, ist mittlerweile bei nahezu allen Parteien außer jenen am rechten Rand zu bemerken. Wie erfolgreich dieser Versuch ist, lässt sich schwer abschätzen, da hier mehrere Faktoren eine Rolle spielen. So stellte die SPÖ für die Nationalratswahl 2013 ein Mitglied der Milli Görüş-Bewegung, Resul Ekrem Gönültaş, auf, was über 12.000 Vorzugsstimmen einbrachte. Das hat selbstverständlich Gewicht. Es lässt sich aber nicht feststellen, wie viele dieser 12.000 Menschen die SPÖ ohnehin gewählt hätten, und auch nicht, wie viele Menschen die SPÖ wegen ihrer unkritischen Haltung gegenüber problematischen islamischen Organisationen nicht mehr wählen. Zu den potenziellen Wählerverlusten für die Partei kommen langfristige Kosten für die gesamte Gesellschaft hinzu, denn gerade in der Politik ist nichts umsonst. Die Akteure des organisierten politischen Islam haben Erwartungen an eine Partei, der sie Wählerstimmen bringen, und verfolgen damit eigene Ziele. Das kann die Genehmigung der Förderung für islamische Kindergärten oder Schulen sein oder die Bewilligung von Einrichtungen, die die langfristige Etablierung ihrer Organisation oder Bewegung fördern und ihnen helfen, Hegemonie über die Entwicklung des Islam im jeweiligen Land zu erringen. Die Ziele einer islamistischen neo-osmanischen Organisation wie der Milli Görüş und einer sozialdemokratischen Partei könnten jedenfalls kaum weiter auseinander liegen. Doch trotz der Einschätzung des Verfassungsschutzes von NRW, dass die Ziele von Milli Görüş nicht mit den Grundprinzipien der freiheitlichen demokratischen Grundordnung zu vereinbaren seien,[34] konnte der aktuelle Kanzlerkandidat der CDU einer Einladung nicht widerstehen. Im April 2015 besuchte Armin Laschet eine Moschee der Milli Görüş, die sogenannte Eroberer-Moschee (Fatih Camii) in Bremen.

Schlussbemerkungen

Während die Welt gebannt auf den islamistischen Terror blickte, der Europa seit zwanzig Jahren beschäftigt und in Gestalt des IS seinen vorläufigen Höhepunkt erreichte, haben sich legalistische Islamisten aus dem Kreis der Muslimbruderschaft und ihrer diversen Partnerorganisationen auf den Weg gemacht, demokratische Gesellschaften in ihrem Sinne zu transformieren. Ihre transnationalen Organisationen wie etwa die Federation of Islamic Organisations in Europe (FIOE) oder das Forum of European Muslim Youth and Student Organisations (FEMYSO) haben ihre Sitze in Brüssel und agieren als Lobbyorganisationen auf EU-Ebene. Ihre Länderorganisationen wie etwa die Deutsche Muslimische Gemeinschaft (DMG) oder die Islamische Gemeinschaft Milli Görüş (IGMG) mit ihren unzähligen Ablegern und Unterorganisationen suchen aktiv die Zusammenarbeit mit Politik und Verwaltung auf Bundes- Länder- und Kommunalebene und profitieren dabei von staatlichen und kommunalen Fördermitteln.

Der berühmte Marsch durch die Institutionen hat sich als zielführender erwiesen als der Weg der Dschihadisten, aber letzterer hat seine Erfolge massiv begünstigt. Während die Welt auf den Dschihadismus und den Terror blickte, konnten legalistische Islamisten auf Unwissenheit und Desinteresse von politischen Entscheidungsträgern, Medien und Öffentlichkeit zählen, die der für Europa historisch neuen Ideologie eines Extremismus islamischer Provenienz nicht gewachsen waren und es noch immer nicht sind.

Die Politikwissenschaftlerin Nina Scholz schrieb nach dem Anschlag in Wien im November 2020 in einem Kommentar für den *Standard*: „Nach fast 20 Jahren islamistischen Terrors in Europa ist es an der Zeit, den Blick nicht mehr nur auf den Jihadismus zu richten, sondern die dahinterstehende Ideologie eines politischen Islamverständnisses zu diskutieren und sie genauso ernst zu nehmen wie andere totalitäre Ideologien auch. Nicht nur Jihadisten, sondern auch legalistisch operierende Islamisten, die den organisierten Verbandsislam wesentlich dominieren, teilen die Welt in Muslime und Nichtmuslime, imaginieren eine ideale islamische Weltgemeinschaft, propagieren islamische Überlegenheit, lehnen liberale Demokratie, allgemeine Menschenrechte und die Trennung von Religion und Staat ab. [...] Zudem teilt man das Narrativ einer muslimischen Gemeinschaft, die seit 1400 Jahren in steter Bedrängnis ist und bekämpft wird." Darauf könnten Dschihadisten ihre Propaganda aufbauen.[35] Dem ist nichts hinzuzufügen.

Anmerkungen

1 Auf die Redaktion von *Charlie Hebdo* in Paris, in Kopenhagen, Paris, Brüssel, Nizza, Berlin, Manchester und Barcelona.
2 Lorenzo Vidino, *The Closed Circle. Joining and Leaving the Muslim Brotherhood in the West* (New York: Columbia University Press, 2020), S. 79; im Original: „We understood that the West is short-sighted, and that it basically wants three things from us: money, votes, and not being Bin Laden."

[3] Stefan Meining, *Eine Moschee in Deutschland. Nazis, Geheimdienste und der Aufstieg des politischen Islam im Westen* (München: Beck, 2011), S. 116f.
[4] Ian Johnson, *Die Vierte Moschee. Nazis, CIA und der islamische Fundamentalismus* (Stuttgart: Klett-Cotta, 2011), S. 219f.
[5] Siehe Meining, *Eine Moschee*, S. 169.
[6] Meining, *Eine Moschee.*, S. 120; siehe auch: Lorenzo Vidino, *Die Eroberung Europas durch die Muslimbruderschaft*, MEW 2015: https://www.meforum.org/758/die-eroberung-europas-durch-die-muslim [zuletzt abgerufen: 7.6.2021].
[7] Stefan Luft, „Die Anwerbung türkischer Arbeitnehmer und ihre Folgen", Bundeszentrale für politische Bildung 2014: https://www.bpb.de/internationales/europa/tuerkei/184981/gastarbeit [zuletzt abgerufen: 7.6.2021].
[8] Ednan Aslan, Evrim Erşan Akkılıç und Jonas Kolb, *Imame und Integration* (Wiesbaden: Springer VS, 2015), S. 11.
[9] Heiko Heinisch und Imet Mehmedi, *Die Rolle der Moschee im Integrationsprozess*, ÖIF Forschungsbericht, Wien 2017, S. 27.
[10] Elham Manea, *Der alltägliche Islamismus. Terror beginnt, wo wir ihn zulassen* (München: Kösel, 2018), S. 191ff; siehe auch Nina Scholz und Heiko Heinisch, *Alles für Allah. Wie der politische Islam unsere Gesellschaft verändert* (Wien: Molden, 2019), S. 43–46. Eine Kopie des Dokuments inklusive englischer Übersetzung findet sich hier: https://www.investigativeproject.org/documents/misc/687.pdf [zuletzt aufgerufen: 7.6.2021].
[11] Scholz und Heinisch, *Alles für Allah*, S. 48–52.
[12] Die Einteilung der einzelnen Organisationen und Vereine der Muslimbruderschaft in drei Kategorien erfolgt nach Lorenzo Vidino, *The Muslim Brotherhood in Austria* (Washington/Wien 2017), S. 8ff.
[13] Scholz und Heinisch, *Alles für Allah*, S. 24f, 69–73.
[14] Antisemitismus zieht sich wie ein roter Faden von al-Banna bis in das erwähnte Strategiepapier von 1981 und findet sich auch heute immer wieder bei den diversen Akteuren des politischen Islam.
[15] Scholz und Heinisch, *Alles für Allah*, S. 44.
[16] https://www.bpb.de/politik/hintergrund-aktuell/241689/massaker-von-hama [zuletzt abgerufen: 11.6.2021]
[17] So etwa Amar Lasfar, Präsident einer französischen Organisation des Netzwerks der Bruderschaft, der Union des Organisations Islamiques de France (vor einigen Jahren umbenannt in Musulmans de France), in einer Rede: https://twitter.com/IslamismMap/status/1090581822872915969 [zuletzt abgerufen: 19.6.2021].
[18] https://thequranblog.wordpress.com/2008/06/07/the-complete-works-of-imam-hasan-al-banna-10/ [zuletzt abgerufen: 14.7.2020].
[19] Eine detaillierte Beschreibung des Karikaturenstreits findet sich in: Heinisch und Scholz, *Europa, Menschenrechte und Islam – ein Kulturkampf?* (Wien: Passagen Verlag, 2012), S. 99–116.
[20] Zum Bilderverbot siehe: Heinisch und Scholz, *Europa*, S. 89–97.
[21] Siehe Nina Scholz und Heiko Heinisch, *Charlie versus Mohammed. Plädoyer für die Meinungsfreiheit* (Wien: Passagen Verlag, 2016), S. 23ff.
[22] https://www.bbc.com/news/world-europe-15550350 [zuletzt abgerufen: 7.6.2021]
[23] https://www.faz.net/aktuell/politik/ausland/enthauptung-eines-lehrers-eine-hinrichtung-mit-ansage-17007774.html [zuletzt abgerufen: 7.6.2021].

24 https://www.walesonline.co.uk/news/wales-news/welsh-muslim-college-taught-rigbys-8197120 [zuletzt abgerufen: 19.6.2021]
25 https://www.faz.net/aktuell/feuilleton/debatten/islamistische-attentate-der-neue-dschihad-und-seine-mentoren-16436466.html. Siehe auch: https://www.lepoint.fr/societe/le-conseil-theologique-musulman-de-france-voit-le-jour-29-05-2015-1932201_23.php [beides zuletzt abgerufen: 19.6.2021]
26 Scholz und Heinisch, *Charlie*, S. 37ff.
27 Akademie für Verfassungsschutz, *Yusuf al-Qaradawi und das Konzept der Wasatiya* (Heimerzheim 2015).
28 Zum Multikulturalismus siehe: Heinisch und Scholz, *Europa*, S. 29–45.
29 Siehe zur Dekonstruktion des Begriffs: Heinisch und Scholz, *Europa*, S. 17–27.
30 Scholz und Heinisch, *Alles für Allah*, S. 98ff. Zum EIR siehe auch Nina Scholz und Heiko Heinisch, „Kampfbegriff ‚Islamophobie' – ‚Wissenschaft' im Dienste des politischen Islam?", *Mena Watch*, 19. April 2017: https://www.mena-watch.com/kampfbegriff-islamophobie-wissenschaft-im-dienste-des-politischen-islam/ [zuletzt abgerufen: 7.6.2021].
31 Nada Dosti, „Islamophobia in Albania. National Report 2019", in Enes Bayrakli und Farid Hafez (Hg.), *European Islamophobia Report 2019* (Ankara 2020), S. 64.
32 https://www.diepresse.com/719251/erdogan-wirft-franzosen-voelkermord-in-algerien-vor [zuletzt abgerufen: 7.6.2021]
33 Aziz al-Azmeh, *Die Islamisierung des Islam. Imaginäre Welten einer politischen Theologie* (Frankfurt: Campus,1996).
34 *Verfassungsschutzbericht des Landes Nordrhein-Westfalen für das Jahr 2017*, S. 116.
35 https://www.derstandard.at/story/2000121508981/die-unterschaetzte-islamistische-ideologie

Islamismus in der Schule.
Eine pädagogische Herausforderung

Joachim Wagner

Nach dem Massenmord am 11. September 2001 gab es an einer Kreuzberger Schule lauten Beifall von Schülern. In der Hamburger Otto-Hahn-Gesamtschule störten dagegen keine Claqeure. „Alle Schüler waren entsetzt, auch die muslimischen Schüler", erinnert sich Renate Wiegandt, damals stellvertretende Schulleiterin: „Die muslimischen Schüler hatten Angst, dass sich nun Angriffe gegen sie richten würden." Am nächsten Tag gab es eine Schweigeminute, und in den Klassen wurde über die Todesflüge diskutiert. Dem Deutsch- und Politiklehrer Kurt Edler ist noch heute präsent, wie eine Schülerin beim Betreten des Klassenraums halblaut sagte, dass „sie es den Amis nun mal richtig gegeben hätten". Er ist nicht auf ihre Äußerung eingegangen, hat die einzelgängerische und psychisch labile Schülerin aber am nächsten Tag zur Seite genommen und mit ihr gesprochen. Für eine vertiefte Erörterung seien „Schock und Verunsicherung seinerzeit zu groß" gewesen. GEW-Vorstandsmitglied Ilka Hoffmann, damals Grundschullehrerin im Saarland, erlebte das Massaker wie ihre Schüler als „unwirkliches Ereignis wie in einem James Bond-Film". Nach dem Schock und einer Gedenkminute für die Opfer ist die Schule dann wieder zur Tagesordnung übergangen. Dieses Reaktionsmuster war in der Wahrnehmung des Bildungs- und Islamexperten Klaus Spenlen in jenen Tagen typisch: „Die Terrorakte wurden wie eine Naturkatastrophe empfunden und nicht auf die Ebene der Lehrer und Schüler runtergebrochen. Nach einer kurzen Phase des Innehaltens ging man zur Tagesordnung über". Schulpolitiker und -praktiker haben damals in seiner Erinnerung „jede Diskussion im Keim erstickt", um Muslime vor Ausgrenzung zu schützen und weil fachliche Expertise fehlte.

Für die Schulen hat 9/11 vor allem zwei Langzeitwirkungen gehabt: Für muslimische Schüler waren die Todesflüge in der

Wahrnehmung von Lehrkräften in Baden-Württemberg und Nordrhein-Westfalen „ein Schlüsselerlebnis, im Zuge dessen die Begriffe Islam und Islamismus vermengt und muslimische Schüler*innen verantwortlich gemacht und darüber ausgeschlossen wurden".[1] Es war der Auftakt einer negativen Meinungsspirale, die das Bild des Islam verdunkelt und die Gefahr religiöser Diskriminierung und Ausgrenzung muslimischer Schüler nach jedem folgenden Anschlag erhöht hat. Außerdem ist die Religion des Islam als Folge des 11. September ins Zentrum des Integrationsdiskurses gerückt, für Muslime und Nicht-Muslime. „Die Religion", so der Islamrechtler Mathias Rohe, „spielt heute eine tragende Rolle in der Kultur, in den Traditionen und dem Bewusstsein zahlreicher Muslime".[2]

Fatale Re-Islamisierung: die Generation Allah

Islamismus in der Schule ist nicht ohne das Jahr 1979 zu verstehen. Es war ein Schlüsseljahr für die Re-Islamisierung des Nahen und Mittleren Ostens und die Polarisierung der Beziehungen zwischen der muslimischen und der westlichen Welt. Es war das Jahr der islamischen Revolution im Iran, der Geiselnahme von 52 Diplomaten der US-Botschaft in Teheran, des Einmarsches der Sowjetarmee in Afghanistan und der Besetzung des heiligsten Orts des Islams, der Großen Moschee in Mekka, durch bewaffnete Extremisten. Dieses „islamische Erwachen" war eine Bewegung gegen Modernisierung und Verwestlichung der islamischen Welt, gegen Kolonialisierung und US-Imperialismus und für eine Hinwendung zu größerer Religiosität. Sie trat für eine Wiedergeburt des Kalifats, eine Betonung der Scharia und eine Rückbesinnung auf die islamische Kultur und Tradition ein.

Diese Re-Islamisierung des Nahen und Mittleren Ostens hat auch den Alltag der Muslime in Deutschland re-islamisiert – durch Zuwanderung, Missionierung, Reisen, Telefon, Fernsehen, Internet sowie personelle, finanzielle, religiöse und politische Abhängigkeiten der meisten muslimischen Verbände von ihren Herkunftsländern. Für muslimische Jugendliche bedeutet diese stärkere Religiosität nicht nur, im Ramadan streng zu fasten oder regelmäßig zu beten. Sie war und ist auch ein Bekenntnis zur religiösen und kulturellen Heimat und ein Teil jugendlicher Identitätsfindung, befeuert von Diskriminierungs- und Ausgrenzungserfahrungen in Deutschland. Für diese Jugendlichen hat der Psychologe Ahmed Mansour den Begriff „Generation Allah" geprägt, deren Wertvorstellungen sich zunehmend von einer toleranten, pluralistischen und demokratischen Gesellschaftsordnung abwandten.

Der Bedeutungszuwachs der Religion wirkte sich auch im Schulalltag aus: Mehr weibliche Jugendliche und jüngere Mädchen tragen Kopftücher. Eine steigende Zahl von Schülern fastet im Ramadan und beginnt damit in jüngeren Jahren. Jungen bedrängen Mädchen, sich bedeckt zu kleiden. Dass man Haribo-Gummibärchen wegen des Schweinefleischs in der Gelatine nicht essen darf, war bis vor einigen Jahren kein Thema. Definierte sich die muslimische Schülerschaft früher über ihre ethnische Zugehörigkeit, steht für sie heute die Identifikation mit der Religion im Vordergrund.

Die Re-Islamisierung brachte nicht nur eine stärkere Hinwendung zur Religion, sondern auch eine vertiefte Rückbesinnung auf Kultur und Tradition ihrer Heimatländer. Einige Phänomene wie Zwangsheiraten oder Ehrenmorde, mit denen Schulen bis heute konfrontiert werden, lassen sich nicht aus dem Koran ableiten. In der Diaspora wie in der Heimat überlappen sich die Einflüsse von Religion, Kultur und Tradition häufig. Für den Schulalltag ist irrelevant, ob ein Wertekonflikt oder eine Bedrohung in dem einen oder anderen Bereich wurzelt. Für ihn ist allein entscheidend, welche Auswirkungen der Islamismus und der religiös-konservative Islam im Klassenzimmer und auf dem Schulhof haben. Um ihn auszumessen, habe ich 21 Schulen in Berlin, Hamburg, Dortmund, Hanau und Nürnberg besucht sowie 71 Lehrer und Schulräte und 29 vorwiegend muslimische Schüler interviewt.[3] Auf die dabei gewonnenen Erkenntnisse und Eindrücke wird im Folgenden zurückgegriffen.

Gewaltbereiter und gewaltfreier Islamismus: Verbreitung und Konfliktpotenzial

Eine empirisch seriöse Aussage darüber zu treffen, wie verbreitet der Islamismus in der muslimischen Schülerschaft, wie gefährlich er für den Schulfrieden und wie hinderlich er für die kulturelle Integration in unsere Staats- und Gesellschaftsordnung ist, fällt schwer. Konsens in der Lehrerschaft ist, dass der Islamismus in Schulen in sozialen Brennpunkten und gemischten Wohngebieten mit hohen Migrantenanteilen kein „Randphänomen", sondern ein „Problem" ist. Dass empirische Erkenntnisse fehlen, liegt an der unklaren Begrifflichkeit und einem Mangel an Studien über politische und religiöse Einstellungen muslimischer Schüler.

Entsprechend des sich wandelnden Zeitgeists, des oszillierenden Gefahrenpotenzials islamistischen Terrors und der Abgrenzungsschwierigkeiten zwischen Islam und Islamismus wurde das Phänomen des Islamismus abwechselnd als konservativer Islam, politischer Islam, islamischer Extremismus oder islamischer Fundamentalismus bezeichnet. In der Bildungs- wie Sicherheitspolitik und in der Religionssoziologie wird heute analytisch zwischen dem gewaltbereiten und dem gewaltfreien oder legalistischen Islamismus unterschieden. Nur eine Minderheit der Islamisten verfolgt ihre Ziele mit Gewalt.

Der Islamismus will eine Herrschaftsordnung im Namen der Religion errichten, die Staat, Politik, Gesellschaft und Kultur mitprägt. Als totalitäre Ideologie ist sein Anspruch genuin politisch, auch wenn er sich aus einer göttlichen Offenbarung ableitet.

Da es kaum empirische Forschung zum Islamismus gibt, aber einige Studien zum islamischen Fundamentalismus, und da beide Begriffe häufig inhaltsgleich verwandt werden, müssen wir uns im Folgenden mit Untersuchungen zum islamischen Fundamentalismus behelfen, um uns dem Phänomen Islamismus empirisch zu nähern. Dabei erscheint es legitim, auch auf Erkenntnisse über islamistische Einstellungen von Muslimen aller Altersstufen zurückzugreifen. Sie bilden den Wertekanon und die Einflüsse von Familien, Moscheevereinen und Peergroups ab, in denen die muslimischen Schülerinnen und Schüler aufwachsen. Bei der Suche nach dem islamistischen Potenzial in der muslimischen Schülerschaft müssen wir uns mangels Alternativen mit Indikatoren für fundamentalistische Einstellungen begnügen.

Die Bandbreite der empirischen Befunde zu fundamentalistischen Einstellungen unter Muslimen ist weit. Eine Münsteraner Untersuchung kommt auf einen Anteil von 13 Prozent, eine Studie des Wissenschaftszentrums Berlin auf einen von 44 Prozent.[4] Sind religiöse Fundamentalisten nur eine kleine Minderheit oder sind ihre Haltungen in den muslimischen Communities „verbreitet"?

Eine weitere Annäherung an diese Frage ist nur mithilfe von Fundamentalismus-Indikatoren möglich. Nach der Münsteraner Studie will rund ein Drittel der befragten Muslime zu einer „Gesellschaftsordnung wie zu Mohammeds Zeiten zurückkehren", also zu einem Gottesstaat.[5] Für fast die Hälfte (47 Prozent) der Muslime ist die „Befolgung der Gebote meiner Religion wichtiger als die Gesetze des Staates, in dem ich lebe". Diese Gruppe fühlt sich also an einen Grundpfeiler unseres Rechtsstaates nicht gebunden, der Bindung an Gesetz und Recht. Für die Hälfte der befragten Muslime gibt es nur eine „wahre Religion". Der hier zum Ausdruck kommende Wahrheits- und Überlegenheitsanspruch des Islam kollidiert mit dem grundgesetzlich geschützten religiösen Pluralismus.

Dieser fundamentalistische Wertekanon ist an die muslimische Schülerschaft in gemilderter Form vererbt worden. Nach einer Trendstudie des Kriminologischen Forschungsinstituts Niedersachsen und des Instituts für Delinquenz und Kriminalprävention der Züricher Hochschule für angewandte Wissenschaften (ZHAW) vertreten 37 Prozent der befragten Schüler die Auffassung, dass der „Islam die einzige wahre Religion" ist und alle anderen Religionen „weniger wert sind".[6] 27 Prozent finden, dass die „Islamischen Gesetze der Scharia, nach denen zum Beispiel Ehebruch und Homosexualität bestraft werden, viel besser sind als deutsche Gesetze". Eine starke Minderheit zwischen gut zwanzig und knapp vierzig Prozent der muslimischen Schüler stimmt also islamistischen Grundpositionen zu. Sie wird in der Lehrerschaft als „lautstarke" und „tonangebende" Minderheit wahrgenommen.[7] Nach einer niedersächsischen Erhebung sind dies bei den aus der Türkei stammenden Schülern vor allem sehr religiöse Jugendliche.[8] Sie hat einen empirisch nachweisbaren Zusammenhang zwischen Religiosität und extremistischen Einstellungen festgestellt. Auf eine einfache Formel gebracht: „je religiöser, desto extremistischer."

Die Feststellung eines Islamismus als totalitärer Ideologie reicht indes nicht aus, um das Konfliktpotenzial konfrontativer Religionsausübung in der Schule zu vermessen. Es gibt daneben ein streng religiös-konservatives Milieu ohne islamistischen Überbau, das die Religionsfreiheit in der Schule so weit wie möglich ausdehnen will. Nach den Erfahrungen einer Berliner Lehrkraft ist die Religion für 30 bis 40 Prozent eines Jahrgangs „Nummer eins", was, regional unterschiedlich, mit den empirischen Befunden übereinstimmt.[9] Trotz der dünnen empirischen Basis können wir davon ausgehen, dass die moderaten, liberalen, säkularen und religiös indifferenten muslimischen Schüler knapp die Mehrheit bilden.

Erheblich geringere Akzeptanz unter muslimischen Schülern genießt die terroristische Gewalt von Al-Qaida und dem Islamischen Staat (IS). Für nur für vier Prozent der Befragten ist es „Muslimen erlaubt, ihre Ziele notfalls auch mit terroristischen Anschlägen zu erreichen". Immerhin doppelt so viele halten es für „richtig, dass die Muslime im Nahen Osten versuchen, durch Krieg einen Islamischen Staat (IS) zu gründen". Das Bild trübt sich ein, wenn nach defensiver Gewaltbereitschaft gefragt wird. Ein Fünftel ist der Auffassung, dass „Muslime auf der ganzen Welt unterdrückt werden", wogegen sie „sich zur Wehr setzen müssen".[10] Für diese defensive Gewaltbereitschaft finden sich etliche Belege im Schulalltag. In Berlin gab es Schüler, für die Osama bin Laden ein „Held" war, „der sich für die Muslime einsetzt und gegen die übermächtigen Amerikaner kämpft".[11] Ein bekanntes Muster ist die Relativierung von Terrorismus und Gewalt: „Das, was der IS macht, ist schrecklich, aber das, was mit uns Moslems gemacht wird, ist auch schrecklich".[12] Etliche Schüler begreifen sich als Opfer des Westens, sodass in ihren Augen terroristische Gewalt Notwehr ist.

Von der Gründung des Kalifats im Jahr 2014 bis zu seiner militärischen Niederlage im März 2019 kreisten Sorgen und Ängste der Lehrerschaft in erster Linie um den islamistischen Terrorismus, der einen kleinen Teil der muslimischen Schülerschaft faszinierte und radikalisierte. Heute sieht ein großer Teil der Lehrkräfte die Hauptgefahr nicht mehr in der gewaltbereiten Radikalisierung von Jugendlichen, sondern in der gewaltfreien Ablehnung unserer Werte- und Rechtsordnung. Bei einer Befragung von Lehrkräften in Baden-Württemberg und Nordrhein-Westfalen sahen diese in dem „Bedürfnis nach Abgrenzung und Übernahme abwertender Haltungen unter Schülerinnen und Schülern" [...] „ernsthafte Probleme". „Im Unterricht würden diverse Inhalte nicht mehr angenommen bzw. auf Basis unseriöser Quellen angezweifelt. Letztere weisen in vielen Fällen antidemokratische, antisemitische und andere Ungleichwertigkeitsvorstellungen auf".[13] Auch der Hamburger Präventionsexperte Kurt Edler sieht im „professionell agierenden legalistischen Islamismus künftig ein großes Problem der Schulen".

Diese Einschätzung teilt auch der „Verein für Demokratie und Vielfalt in der Schule". In einem Offenen Brief an die Berliner Senatorin für Bildung, Sandra Scheeres, klagt er über die „große Herausforderung", die „konfrontative Religionsausübung, religiös begründetes Mobbing und Islamismus seit mehreren Jahren" in die Schulen bringen: „Im Schulalltag gestaltet es sich besonders schwierig, bestimmte Themen zu besprechen – seien es Politik, Glaube oder Sexualität". „Belastend empfinden" Lehrkräfte in Schleswig-Holstein, „mitunter, wenn sie sich entgegen der eigenen demokratischen Grundhaltung mit zum Teil demokratiefeindlichen Äußerungen und Taten von Schülerinnen und Schülern befassen und professionell agieren müssen".[14]

Für viele Lehrkräfte ist Religion ein unbekanntes Feld. Sie sind häufig religionsfern oder verstehen Religion als Privatsache. Nach den Erfahrungen von Oliver Eissing, Leiter des Ernst-Wolf-Gymnasiums im hessischen Büdingen und Religionslehrer, unterscheiden Lehrkräfte nicht „zwischen Islam und Islamismus", laut dem Bildungs- und Islamexperten Klaus Spenlen auch nicht „zwischen gewaltbereitem und legalistischem Islamismus". Schulleiter Eissing erschreckt hin und wieder das „Halbwissen" über den Islam bei der „akademisch gebildeten Lehrerschaft". Deshalb ist es auch kein Wunder, wenn es den Lehrkräften schwerfällt, islamistische Positionen zu hinterfragen und bei religiösen Konflikten kompetent und angemessen zu reagieren.

Ohne Strategie:
der Umgang der Bildungsministerien und Schulen mit dem Islamismus

Die Kultusministerkonferenz hat sich mit dem Thema Islamismus in der Schule nicht befasst – weder durch Beschlüsse oder Empfehlungen noch durch Vergabe von Forschungsaufträgen. Klaus Spenlen vermutet, dass die zwischenzeitliche Anziehungskraft von Salafismus und Islamismus in der Schülerschaft von der Ministerialdemokratie in erster Linie als „Erziehungsdefizit" begriffen wurde und daher nicht in ihren, durch Lehrpläne und Richtlinien bestimmten „Aufgabenbereich" fällt. Schul- und Bildungsministerien ging es in der Vergangenheit vor allem darum, die Chancengerechtigkeit für Schüler mit Migrationshintergrund zu verbessern. Hier schneidet Deutschland im Vergleich zu anderen europäischen Ländern relativ schlecht ab. Das gilt in besonderem Maße für muslimische, vor allem für türkischstämmige Schüler, die in den Schulleistungsvergleichen seit Jahren die beiden letzten Plätze belegen.[15]

Nach dem Attentat auf die Madrider Vorortzüge (2004), dem Blutbad in der Londoner U-Bahn (2005) und den verhinderten Bombenanschlägen auf zwei Züge in Köln im Juli 2006 – den ersten Anschlagsversuchen auf deutschem Boden – wurde im September 2006 die Deutsche Islamkonferenz gegründet. Sie sollte auf Integrationsschwierigkeiten bei „einem Teil" der Muslime und auf „islamistische Bestrebungen" reagieren, „die zu Problemen beim Zusammenleben führen". Beim Thema „Innere Sicherheit" haben die muslimischen Verbände eine Kooperation beharrlich abgelehnt. Im Gesprächskreis „Sicherheit und Islamismus" konnte man sich nicht einmal über den Inhalt des Begriffs „Islamismus" einigen. Das Hauptargument für die Verweigerungshaltung der Verbände: die Gewalt Al-Qaidas sei „unislamisch" und habe „nichts mit dem

Islam zu tun". Dieses de-islamisierende Argumentationsmuster hat danach über Jahre auch die Schulpolitik bestimmt. Noch 2016 behauptete Christoph Behrens, Leiter des Bereichs „Demokratiepädagogik" im Hamburger Landesinstitut für Lehrerbildung und Schulentwicklung, dass der „radikale Islamismus nichts mit dem Islam als Religion zu tun" habe.[16] Die niedersächsische Handreichung „Neo-Salafismus, Islamismus und Islamfeindlichkeit in der Schule" fordert dazu auf, die „Religion des Islam" „unbedingt" von dem „sogenannten Islamismus zu unterscheiden", obwohl der Islamismus eine verbreitete Ausformung des Islam ist.

Für das GEW-Vorstandsmitglied Ilka Hoffman hatten die Schulen mit einem „Zwiespalt" zu kämpfen: Sie „mussten vor islamistischen Tendenzen schützen, anderseits aber auch tolerant sein und nicht islamophob erscheinen: Akzeptanz des Islam war und bleibt Voraussetzung für Integration".

Die Auseinandersetzung mit dem Islamismus fand in der Schulbürokratie vor allem unter den Dächern des interkulturellen oder interreligiösen Dialogs und der Initiative „Schule ohne Rassismus – Schule mit Courage" statt, wurde also de-islamisiert. Typisch für diese Tendenz ist die „Handreichung zum Umgang mit Diversität und Interkulturalität an Bremer Schulen" (2019). Sie bringt das Kunststück fertig, im Zusammenhang mit religiöser Kleidung, Befreiung vom Schwimmunterricht und Klassenreisen kein einziges Mal das Wort Islam zu benutzen oder beim Thema Radikalisierung nicht auf den Islamismus Bezug zunehmen. Nur einmal werden Schülerinnen und Schüler als muslimisch bezeichnet, weil es wohl nicht anders ging: beim Fasten während des Ramadans.

Weit vor allen anderen Bundesländern hat Berlin bereits 2002, also unmittelbar nach 9/11, mit Informationsveranstaltungen des Verfassungsschutzes für Schulen zum Themenkomplex „Islamismus, Salafismus und Jihadismus" begonnen. Berlin hat 2010 auch als erstes Bundesland eine „Handreichung für Lehrerinnen und Lehrer" zum Thema „Islam und Schule" veröffentlicht. Sie blieb über Jahre ein Solitär. Laut Hamburger Landesamt für Verfassungsschutz fanden 2011 und 2012 in der Hansestadt, aber auch bundesweit „zahlreiche öffentlichkeitswirksame salafistische

Missionierungskampagnen statt (LIES-Info-Stände und offensives Auftreten von prominenten Predigern wie Pierre Vogel und Sven Lau), die für Aufmerksamkeit und Resonanz bei einem jungen Publikum gesorgt und zum Zulauf in der Szene geführt hatten".[17] Mit der Gründung des IS im Jahr 2013 wurde der Islamismus nach Beobachtungen des NRW-Verfassungsschutzes „sehr massiv in die Schulen getragen". Auch wenn die Rekrutierung und Radikalisierung jugendlicher Gotteskrieger überwiegend in Moscheen, bei Seminarveranstaltungen und im Internet erfolgte, sahen sich die Schulen seinerzeit unversehens und unvorbereitet in eine Schlüsselrolle bei der Extremismusprävention gedrängt. Nicht von ungefähr beklagen daher Lehrer in Berlin, Baden-Württemberg und Nordrhein-Westfalen, dass sie beim Umgang mit radikalisierten Schülern von Schulleitungen und Bildungsministerien nicht unterstützt worden seien und Wissen über den Islam gefehlt habe.[18] Der Bildungs- und Islamexperte Klaus Spenlen geht einen Schritt weiter. Er moniert, dass weder Schulen noch Bildungsministerien eine „Strategie" im Umgang mit dem Islamismus entwickelt haben – und das bis heute nicht.

Diese Kritik der Pädagogen, Gewerkschaftler und Präventionsexperten scheint im krassen Widerspruch zu den Leistungskatalogen von Bildungs- und Schulministerien über den Umgang der Schulen mit dem Islamismus zu stehen, die der Verfasser erbeten hat. Während die Ministerien in den neuen Bundesländern im Islamismus kein „allgegenwärtiges Phänomen" (Sachsen) in ihren Schulen sehen, haben die meisten Ministerien der alten Bundesländer eine eindrucksvolle Vielfalt von Handreichungen, Broschüren und Fortbildungsveranstaltungen als Tätigkeitsnachweise zusammengestellt sowie mit der Einstellung von Sozialarbeitern, Psychologen und Kulturmittlern personell aufgerüstet. Dabei setzten die meisten Ministerien auf drei Schienen: Demokratieerziehung, Informationen über Islamismus und Salafismus sowie Krisen- und Konfliktmanagement. Das Kalkül: Die Vorzüge der liberalen Demokratie sollen so überzeugend dargestellt werden, dass die Anziehungskraft eines Gottesstaates verblasst.[19] Und die Empfehlungen zum Islamismus und Salafismus sollten Pädagogen in die Lage versetzen, den religiösen und ideologischen Hintergrund von extremistischen Schülern zu verstehen und angemessen reagieren zu können.[20] Schleswig-Holstein und Rheinland-Pfalz haben zusätzlich auf Krisenteams gesetzt, die auch bei Amokläufen mobilisiert werden. Einen Sonderweg hat das niedersächsische Kultusministerium eingeschlagen: Es verknüpfte den Kampf gegen Islamismus/Salafismus mit dem gegen Islamfeindlichkeit. Handreichungen und Fortbildungsveranstaltungen sind mit kleinen Abweichungen überschrieben wie: „Neo-Salafismus, Islamismus und Islamfeindlichkeit in der Schule – Wie kann Schule präventiv handeln?" Außerdem fällt auf, dass sich diese Ratgeber ausschließlich mit gewaltbefürwortenden und -anwendenden Strömungen des Islamismus befassten, nicht aber auf Wert- und Kulturkonflikte in der Schule eingehen, die im legalistischen Islamismus wurzeln.

„Wer sich in Nordrhein-Westfalen fortbilden lassen wollte, konnte ein Angebot bekommen", weiß Klaus Spenlen. An Rhein und Ruhr und an der Weser berichten die Schulbehörden von einer starken Nachfrage von Schulen nach Informationen über den Islam, den Umgang mit Machos und das Fasten im Ramadan. Islamismus war allerdings, so Spenlen, häufig nur ein Thema unter vielen. Trotzdem bleibt eine Diskrepanz zwischen dem reichhaltigen Fortbildungsangebot der Bildungs- und Schulministerien und der Perzeption durch die Lehrerschaft. Wie ist die zu erklären?

Oliver Eissing und Klaus Spenlen finden einige Handreichungen zu „abgehoben" und im Schulalltag „wenig hilfreich". Eissing kritisiert überdies, dass die Empfehlungen der Länder die „dunklen Seiten des Islam" nicht deutlich thematisiert haben, „dunkle Seiten, die jede Religion hat, auch das Christentum". Offenbar sind sie auch nur von einem Teil der Lehrkräfte gelesen worden, jenen, die ohnehin am Thema interessiert oder aufgrund ihres Schulalltags selbst betroffen waren. Bedeutsamer für den bei der Lehrerschaft vorherrschenden Eindruck, auf die Herausforderungen durch Salafismus und Islamismus nicht hinreichend vorbereitet zu sein, dürfte aber ein anderer Umstand sein. Mit Ausnahme der Berliner Handreichung sind alle Ratgeber erst 2016 und später erschienen. Das Referat Interkulturelle Angelegenheiten bei der Bremer

Schulbehörde registrierte einen Anstieg von religiös motiviertem Mobbing und religiös motivierter Gewalt an Schulen aber bereits ab 2013.[21] Im selben Jahr begann nach Auskunft des Bundesamts für Verfassungsschutz und einiger Landesämter für Verfassungsschutz die Rekrutierung des IS in den Schulen, die 2014 und 2015 ihren Höhepunkt fand und bis 2017 dauerte. Konflikte und Bedrohungspotenziale beunruhigten und stressten die Lehrerschaft also schon lange, bevor die ersten Handreichungen erschienen sind. Sie waren erst auf dem Markt, als der Höhepunkt der Gefahren- und Konfliktkurve überschritten war. Dieser zeitliche Verzug hatte zwei Ursachen. Nach dem Präventionsexperten Kurt Edler hatte man Angst, Muslimen zu nahe zu treten und sie unter einen integrationsfeindlichen Generalverdacht zu stellen. Gewichtiger aber war, dass es zunächst keine Expertise für die pädagogischen Herausforderungen durch den islamistischen Terrorismus gab. Die musste erst erarbeitet werden, in einer bisher beispiellosen wie beispielhaften Zusammenarbeit zwischen Bildungsbürokratie, Schulen, NGOs wie Legato, Ufuq und Hero, Imamen, muslimischen Verbänden, dem polizeilichen Staatsschutz und dem Verfassungsschutz. Solche Netzwerke haben alle Bundesländer geknüpft. „Unsere ersten Gesprächsrunden mit Imamen und Vereinsfunktionären", erzählt der Hamburger Kurt Edler, „fanden sogar in der Staatsschutzabteilung des Landeskriminalamtes statt [...] Von den Erkenntnissen, die hier über den Tisch gingen, haben wir für die Aufklärung von Schulleitungen, Lehrerkollegien und Schülerschaften ungeheuer profitiert". Was über Jahrzehnte wegen unüberbrückbarer Berührungsängste und tief sitzender Anti-Geheimdienst-Ressentiments in der Lehrerschaft undenkbar schien, war plötzlich in Hamburg, Bremen, Hessen, Niedersachsen, Bayern und Rheinland-Pfalz möglich: Vertreter des Verfassungsschutzes und polizeilichen Staatsschutzes sind in Schulen gegangen und haben Lehrer wie Schüler über die Gefahren des Islamismus aufgeklärt und für sie sensibilisiert. „Der Verfassungsschutz wurde zum wertvollen Bildungsträger", bilanziert Kurt Edler.

In Bildungs-, Schul- und Kultusministerien war es politisch erwünscht, dass sich die Schulen mit Salafismus, Islamismus und

Terrorismus beschäftigen. Laut dem ehemaligen Hanauer Schulrat Erich Schlessmann wird bis heute erwartet, dass die Schulen dabei behutsam vorgehen, den „Islam schützen und keine Nebenkriegsschauplätze eröffnen". Nach den Ministerien von Hessen, Baden-Württemberg und dem Saarland sollten die Schulen in Fächern wie Politik, Geschichte und Ethik nach dem „Aktualitätsprinzip" verfahren. Vorwiegend aus aktuellen Anlässen wie dem Anschlag auf den Berliner Weihnachtsmarkt oder der Enthauptung des Lehrers Samuel Paty sollen sie auf die Herausforderungen durch den Islamismus eingehen. In anderen Bundesländern waren der internationale Terrorismus sowie Werte- und Kulturkonflikte Themen der Lehrpläne.

Fazit: In den Anfangsjahren der islamistischen Bedrohung waren Bildungsministerien und Schulen wegen fehlender Präventionsexpertisen überfordert. Seit ungefähr 2016 sind sie professioneller aufgestellt, ohne dass es zu einer strukturierten Auseinandersetzung mit dem gewaltbereiten wie legalistischen Islamismus gekommen wäre.

Gedenken, Behandeln, Bekämpfen: Reaktionen der Schulen auf den islamistischen Terrorismus

Als ein elfjähriger Schüler an der Christian Morgenstern-Grundschule in Berlin-Spandau hörte, dass seine Eltern mit Sanktionen rechnen müssten, wenn sie zum üblichen Jahresgespräch nicht erscheinen, drohte er seiner Lehrerin Anfang November 2020 mit Enthauptung: „Wenn das passiert, [...] mache ich mit Dir das Gleiche wie der Junge mit dem Lehrer in Paris." Fünf Lehrern erging es ähnlich, berichtete die Berliner Schulbehörde später. Auch während der Schweigeminute zum Gedenken an den ermordeten Pariser Lehrer Samuel Paty, zu der die Kultusministerkonferenz aufgerufen hatte, hat eine kleine Zahl muslimischer Schüler an der Spree gestört. Ihr Tenor: Der Lehrer habe bekommen, was er verdient. „Der gehörte hingerichtet. Er hat den Propheten beleidigt", erklärten sie. Die Hamburger Schulbehörde meldete vier Fälle, in denen

Schüler die Ermordung Patys verteidigt oder verharmlost hatten. Laut dem Bildungsministerium von Schleswig-Holstein sind nach den Schweigeminuten eine „Handvoll Lehrkräfte" an die „Grenzen ihrer Handlungsoptionen" gekommen. Ähnliche Fälle werden aus Niedersachsen, Baden-Württemberg und dem Saarland berichtet. „Der Mord an Samuel Paty hat" nach einer Analyse des niedersächsischen Verfassungsschutzes „gezeigt, dass Lehrkräfte und in weiterem Sinne der schulische Raum in der Gefahr stehen, Ziel von Attentätern zu werden [...] in vielen Fällen haben sich Lehrkräfte bedroht gefühlt".

Die große Mehrheit der muslimischen Schüler distanziert sich von den Gotteskriegern, die in ihren Augen irregeleitet und unislamisch sind. Sie beklagen, dass sie manchmal als „Terrorist", „Bombenleger" oder „Taliban" diffamiert werden und die Gewalt der Islamisten das Bild den Islam verdunkelt. Eine kleine Minderheit sympathisiert jedoch mit den Gotteskriegern.

Lange Zeit haben Schulen die Strategie verfolgt, islamistische Umtriebe unter der Decke zu halten, um ihren Ruf nicht zu gefährden. Je näher die terroristische Gefahr an Deutschland heranrückte, desto mehr ist in den Schulen die Bereitschaft gewachsen, ihr offensiv zu begegnen. Bei der Prävention haben sie mit NGO-Kooperationspartnern, dem polizeilichen Staatsschutz und dem Verfassungsschutz zeitweise sogar eine *Schlüsselrolle* übernommen: bei der Reaktion auf Terroranschläge, Früherkennung von Radikalisierungsprozessen und Umgang mit extremistischen Schülern.

Gedenk- und Schweigeminuten nach terroristischen Anschlägen haben nach dem 11. September 2001 eine gewisse Tradition entwickelt, gelten aber seit einigen Jahren als pädagogisch zweischneidig. Bei Grundschülern fehlte häufig die Disziplin, salafistische Sympathisanten haben sie hin und wieder gestört. An der Hamburger Stadtteilschule Öjendorf haben sich fünf muslimische Schüler einmal geweigert, an einer Schweigeminute teilzunehmen. Sie waren empört, dass Schulleiter und Lehrer zwar auf Anschläge in Paris oder Berlin eingehen, nicht aber, wenn sie in Beirut oder Istanbul verübt werden. Aufgrund dieser negativen Erfahrungen wird in etlichen Schulen kaum noch auf diese Weise Terroropfern gedacht.

In Berlin berichten Lehrkräfte vom „schwierigen Umgang" mit dem Thema islamistische Anschläge, insbesondere nach dem Massaker bei der Satirezeitung Charlie Hebdo. Mehrere Pädagogen erzählen von „einzelnen Jugendlichen bis zu Mehrheiten in ihren Klassen", die die Gewalttaten „befürworten". Auf WhatsApp gab es Beiträge, in denen das Gemetzel als „gute Tat" verteidigt wurde. Ein Schüler habe gesagt, er würde „auch jemanden umbringen, der den Propheten beleidigt". Mit solchen Äußerungen hatten die Pädagogen nicht gerechnet. Mit der Meinung, dass es richtig war, was die Terroristen gemacht hatten, „mussten wir erst mal umgehen". Als die Lehrkräfte versuchten, das Thema Presse- und Meinungsfreiheit im Zusammenhang mit der vermeintlichen Religionsbeleidigung im Unterricht zu behandeln, mussten sie feststellen, dass diese „Debatte überhaupt nicht zu führen war [...] Es war klar, dass das nicht sein darf, und zwar nicht wegen der Presse- und Meinungsfreiheit, sondern wegen des Korans".

Zeitaufwendig und belastend sind die Früherkennung von Radikalisierungsprozessen und der Umgang mit extremistischen Schülern. Im Gegensatz zu Al-Qaida, die junge Männer im Alter von 20 bis 30 Jahren rekrutiert hat, hat die Terrormiliz „Islamischer Staat" Kinder und Jugendliche seit 2014 gezielt angesprochen. Nach Auskunft des Hamburger Verfassungsschutzes hat zum Beispiel die seit 2003 verbotene Hizb ut-Tahir versucht, Mitglieder zu gewinnen, in der Regel mit Hilfe von Schülern, die dort schon Mitglied waren. In Solingen hat der NRW-Verfassungsschutz bei der Vereinigung Millatu Ibrahim ähnliche Bestrebungen erkannt. In den Blick des Verfassungsschutzes gerieten Schulen als Rekrutierungsfelder 2014/2015, als bekannt wurde, dass eine größere Zahl von Schülern und jungen Erwachsenen in Richtung Syrien und Irak gereist war. Von den mehr als 1070 Gotteskriegern, die seit 2012 in den Heiligen Krieg gezogen sind, war laut Bundesamt für Verfassungsschutz nur ein „sehr geringer Anteil" Schüler. Trotzdem muss die absolute Zahl erheblich gewesen sein. Bei einem Viertel der besuchten Schulen hatten Lehrer Missionsversuche von Salafisten bemerkt, auf Straßen im Kiez, in der Nähe von Schulen und in Schulen. Drei Jahre musste sich Sigrid Harnischfeger, Leiterin der

Heinrich-Heine-Schule in Dreieich, mit einer Hardlinerin herumplagen, die immer wieder provozierte. Renate Wiegandt, seinerzeit Leiterin der Otto-Hahn-Gesamtschule in Hamburg, hatte mit drei radikalisierten Schülern zu kämpfen, in einem Fall erfolgreich, in zwei Fällen nicht.

Bundesweit sind zwei Schüler bei Vorbereitungen von Anschlägen festgenommen worden, vier Schülerinnen bzw. Schüler sind für ihre Gewalttaten zu langjährigen Freiheitsstrafen verurteilt worden. Das Motiv bei allen: Hass auf Ungläubige. Diese Zahlen machen deutlich, welch schwere Verantwortung auf den Schulen bei der Prävention islamistischer Gewalt gelegen hat. Neben diesen negativen Meldungen gibt es auch eine positive: Soweit erkennbar, hat sich an keiner deutschen Schule eine salafistische Zelle gebildet. Nach Erkenntnissen des Bundesamts für Verfassungsschutz erfolgte die „Radikalisierung von Jugendlichen außerhalb des Schulbetriebs".

Laut Verfassungsschutzbericht 2019 des Bundesamts für Verfassungsschutz ist die „Bedrohung durch den islamistischen Terrorismus weiterhin hoch".[22] Die Verfassungsschützer beobachten beim „gewaltbereiten salafistischen Spektrum" trotz rückläufiger Anschlagsvorbereitungen eine „unterschwellig-diffuse Bedrohungslage". Für den NRW-Verfassungsschutz ist das Thema „nach wie vor präsent, auch in Schulen", selbst wenn die „Wirkung seit 2019 abgenommen hat": „Die Bedrohungslage an Schulen ist heute verschieden und stark von regionalen/lokalen Szenen abhängig". Eine „besondere Herausforderung" sehen die NRW-Verfassungsschützer in den Salafisten der zweiten Generation (Kinder salafistischer Eltern) und, als besondere Gruppe, in den Kindern von Syrien-Rückkehrern und -Rückkehrerinnen. Nach Umfrage bei den Landesämtern für Verfassungsschutz sind Kinder und Jugendliche weiter das Ziel islamistischer Propaganda und Missionsversuchen von Moscheevereinen, weil sie leicht zu beeinflussen sind.[23]

Der Präventionsexperte Kurt Edler und die Hamburger Schulleiterin Banu Graf nehmen eine „gewisse Beruhigung" an der islamistischen Front wahr. Auch das hessische Bildungsministerium registriert eine „geringere Belastung als in der Hochzeit des IS". Für die Bremer Schulbehörde hat sich das „Thema beruhigt, weil bewährte Handlungsoptionen bekannt sind". Vier Gründe dürften bei der Abnahme der Spannungen eine Rolle spielen: die Niederlage des IS und die Verlagerung seiner Aktivitäten in die Sahel-Zone; der Verlust an Faszination des Salafismus bei Jugendlichen, auch weil charismatische Führungsfiguren wie Sven Lau und Pierre Vogel fehlen; der Verfolgungsdruck durch Verfassungsschutz und Strafverfolgungsorgane sowie Aufklärung. Der Hamburger Verfassungsschutz beobachtet eine „Fragmentierung der islamistischen Szene und eine Verlagerung ihrer Aktivitäten ins Internet". Seine Berliner Kollegen registrieren, dass „viele salafistische Prediger in Moscheen explizit auf Kinder und Jugendliche zugeschnittene Angebote verstärkt digital angeboten haben". Um der „Gefahr der Indoktrinierung und Radikalisierung" entgegenzuwirken, hat die Landeskommission für Gewalt zwei pädagogische Projekte entwickelt: Islam-Ist und streetwork@online. „Islam-Ist" soll im Netz auf aktuelle Themen reagieren und „alternative Narrative" entwickeln, „um die Deutungshoheit extremistischer Gruppen über bestimmte Themenkomplexe aufzubrechen und Jugendlichen die Möglichkeit zu geben, sich zu komplexen weltanschaulichen, gesellschaftlichen und politischen Fragen eine eigenständige Meinung zu bilden". streetwork@online soll „die Erfahrungen aus Straßensozialarbeit im realen Leben in die digitale Welt übertragen".

Das Bundesamt für Verfassungsschutz sieht die Bedrohungslage in zwei Feldern etwas skeptischer. Der öffentliche Diskurs und die Medienberichte im Nachgang zur Ermordung des Lehrers Paty zeigen für ihn einmal, dass von „salafistisch ideologisierten und jihadistisch motivierten Tätern weiter Gefahren für Lehrkräfte, aber auch für MitschülerInnen ausgehen". Zum anderen bewerten die Verfassungsschützer den „Einfluss von Islamisten, die nicht dem salafistischen/jihadistischen Spektrum angehören", als „problematisch". Gemeint ist damit der legalistische Islamismus: Er stellt die „Grundlagen der gesellschaftlichen Ordnung und des gesellschaftlichen Zusammenlebens systematisch in Frage und leistet dadurch deren Ablehnung bei Schülern oder/und Eltern Vorschub". Die

Sorge der Kölner Verfassungsschützer: Der legalistische Islamismus fördert „Fragmentierung und Segregation".

Hier zeichnet sich eine bemerkenswerte Verschiebung in den Bedrohungsanalysen der Verfassungsschützer in Bund und Ländern ab. Die Gefahren, die vom legalistischen Islamismus ausgehen, werden inzwischen höher eingeschätzt als die vom gewaltbereiten. In Niedersachsen registriert das Landesamt eine „systematische Infragestellung der gesellschaftlichen Ordnung", die „geeignet ist, Schülerinnen und Schüler von der Gesellschaft zu isolieren und deren Ablehnung Vorschub zu leisten". Für die Hamburger Kollegen „treiben die Islamisten die Missionierungsarbeit voran, um für das Fortbestehen des islamistischen Gedankenguts zu sorgen". Weil „islamistische Agitatoren" die „Identitätsbildung muslimischer Kinder und Jugendlicher durch westliche popkulturelle Einflüsse gefährdet" sehen, verfolgen sie nach Beobachtungen des baden-württembergischen Verfassungsschutzes „in legalistischen Formen" das Ziel, die „wahre islamische Identität zu beschützen und zu bewahren".

Fazit: In der Lehrerschaft haben die Herausforderungen durch den islamistischen Terrorismus nicht selten Ratlosigkeit, Verunsicherung und in Einzelfällen hohen pädagogischen Aufwand ausgelöst. Er hat die Integration der muslimischen Schülerschaft erschwert, weil er die Schülerschaft spaltet und das Verhältnis zu nichtmuslimischen Mitschülern belastet. Die Schulen wirkten in diesem erzieherischen Neuland häufig ohne Kompass und waren zum Teil überfordert.

Erdoğan, Ehrenmann: religiöse, ethnische und kulturelle Konflikte

Am Ende der Sommerferien rief eine Mutter beim Leiter des Albert-Einstein-Gymnasiums in Maintal an und forderte ihn vehement dazu auf, ihren Sohn aus der Klasse zu nehmen und in eine andere Klasse umzusetzen. Begründung: In der bisherigen Klasse säßen sechs kurdische Schüler, die ihren Sohn belästigen und mobben würden. Kurden seien bekanntermaßen Terroristen und Feinde der

ISLAMISMUS IN DER SCHULE 167

wahren Demokratie in der Türkei. Der Schulleiter blieb standhaft, was sich auszahlte, denn die Mutter verfolgte ihr Ansinnen nach dem klaren Nein nicht weiter. Dieser Mini-Streit um die Sitzordnung von Kurden und Türken war in Hessen kein Einzelfall. Er ist zugleich ein Beispiel für religiöse, ethnische und kulturelle Konflikte in Schulen mit hohen Anteilen an muslimischen Schülern. Dort ist das Verhältnis zwischen Sunniten und Schiiten, Muslimen und Aleviten sowie den Erdoğan-Anhängern und den Anhängern der Gülen-Bewegung angespannt. Insbesondere nach dem Putschversuch im Juli 2016 kochten die Emotionen der Türken hoch. AKP-Anhänger gaben in den Schulen den Ton an, Kurden gerieten in die Defensive und Gülen-Anhänger gaben sich nicht zu erkennen. Für die einen ist Präsident Recep Tayyip Erdoğan ein Ehrenmann, für die anderen ist er ein Autokrat, der rechtsstaatliche und demokratische Prinzipien verrät.

In keinem gesellschaftlichen Bereich prallen muslimische und westliche Werte so unmittelbar aufeinander wie in der Schule. Trotzdem verlaufen 90 Prozent des Unterrichts nach Ansicht von Lehrkräften religionsfrei. Religiöse und ethnische Konflikte werden meist auf dem Schulhof ausgetragen. Um ihre Sprengkraft zu entschärfen, verfolgen Lehrkräfte in der Regel zwei Ziele: Religionsfreiheit und Religionsneutralität. In Klassenzimmern sollen Religion, Nationalität und Migrationshintergrund möglichst keine Rolle spielen, was natürlich nicht für die Fächer Religion, Politik, Geschichte, Wirtschaft oder Biologie gilt. Allerdings beobachten Lehrer, dass religiöse Themen und Auseinandersetzungen durch den Bedeutungszuwachs der Religion und die Zuwanderung muslimischer Flüchtlinge inzwischen zum Alltag in der Schule gehören. „Das Gefühl der Lehrer ist, dass da etwas ins Rutschen gekommen ist. Es wird immer schlimmer", bilanziert der frühere Lehrer und Lehrerfortbilder Kurt Edler. Die wichtigsten Konfliktzonen sind Ungleichbehandlung der Geschlechter, Machogehabe der Söhne, religiöse Erziehung, patriarchalisches Familienbild, Respektlosigkeit gegenüber Mädchen und Lehrerinnen, sexuelle Freiheit, religiös-moralischer Wahrheits- und Überlegenheitsanspruch des

Islam, Kultur der Ehre sowie punktuelle Intoleranz gegenüber Ungläubigen, insbesondere gegenüber Christen und Juden.

Islamismus und religiös-konservativer Islam haben sich in einem Teil unserer Schullandschaft zu einem pädagogischen Problem entwickelt. Ein Netzwerk aus Eltern, Koranschulen, Moscheegemeinden, Imamen und islamistischen Verbänden versucht, so viel wie möglich an islamischer Religion und Kultur in den Schulen durchzusetzen und zu bewahren. Ihr Machtzuwachs geht meist mit der Tatsache einher, dass vor allem in Brennpunktschulen die Mehrheit der Schüler mittlerweile muslimisch ist. Wenn Muslime in Schul- und Elternversammlungen eine große Minderheit oder die Mehrheit bilden, bestimmen sie die Schulpolitik bei religiösen Themen wie Fasten oder Klassenreisen mit. Im Albrecht-Dürer-Gymnasium in Berlin-Neukölln hat eine solche Mehrheit bereits einmal durchgesetzt, dass eine Klassenreise wegen des Ramadans verschoben wurde. Wenig Verständnis haben die Lehrkräfte dafür, dass ungefähr zehn Prozent der Mädchen nicht an Klassenreisen teilnehmen, dass die Halal- und Haram-Regeln auch im Schulalltag durchgeboxt werden, dass einige Mädchen schon in der ersten und zweiten Klasse ein Kopftuch tragen und bereits Grundschulkinder im Ramadan fasten, obwohl der Koran religiöse Kleidung und Fasten erst ab der Pubertät empfiehlt. Etliche Schulleiter wünschen sich, dass die muslimischen Verbände klar Stellung beziehen – gegen die Kopftuch tragenden und fastenden Kinder. Der Verzicht auf Essen und Trinken während des Tages belastet den Schulalltag, verschlechtert die Leistungen und schadet der Gesundheit der Kinder, wie Ärzte und Pädagogen wahrnehmen. Dennoch bleiben kritische Stellungnahmen von offizieller muslimischer Seite aus. „Weder die Eltern noch die Schulen sollten Druck ausüben, dass ein Kind fastet oder Fasten bricht. Wir sollen den Willen des Kindes respektieren und ihnen die Entscheidung des Kindes überlassen", sagte der frühere Ditib-Generalsekretär Bekir Alboğa. Ähnlich ambivalent äußern sich der Zentralrat der Muslime und der Islamrat.

Gleichzeitig sind muslimische Eltern bemüht, angeblich negative Einflüsse von Christen- und Judentum in der Schule zu beschränken. Immer wieder fallen sie als Religionswächter durch hartnäckige Beschwerden und anmaßende Forderungen auf. Hinter Begegnungen mit dem Christentum fürchten einige Eltern manchmal die Verführungsküste des Teufels. Nach einem Besuch des Frankfurter Architekturmuseums, das in einem früheren Karmeliterkloster untergebracht ist, beschwerten sich einige Mütter bei Ingrid König, ehemals Leiterin einer Grundschule in Frankfurt-Griesheim, über einen „vermeintlichen christlichen Missionierungsversuch". Auf der Hanauer Erich-Kästner-Schule fluchte ein Kind: „Scheiß Christen, ihr seid unserer Feinde". Entsetzt war Beatrice Germer, Lehrerein an einer Grundschule in Hamburg-Harburg, als einige Zweitklässler weinend zu ihr kamen, weil andere Schüler sie beim Lego-Spiel nicht mitmachen ließen. Deren Begründung: „Hier spielen nur Moslems." Solche Sätze fallen nicht vom Himmel. Sie sind das Produkt einer religiösen und integrationsfeindlichen Erziehung im Elternhaus und in Koranschulen. Nach Beobachtungen des Landesamtes für Verfassungsschutz in Baden-Württemberg haben „Eltern aus der islamistischen Szene" und „islamistische Organisationen" versucht, Einfluss auf Lehrinhalte und Schulbetrieb auszuüben, und zwar bei Themen wie Schwimmunterricht, Sexualkunde, Klassenausflüge, Fasten, Zwangsheiraten und Kopftuch.

In einigen Brennpunktschulen vergiften religiöses und kulturelles Mobbing das Klima in Klassenzimmern und Schulhöfen. Vor allem an Grundschulen, Sekundarschulen I und integrierten Gesamtschulen weht ein rauer Wind. Schimpfworte wie „Du Kurde", „Du Schiit", „Du Schweinefleischfresser" oder „Du Kartoffel" gehören in Brennpunktschulen zum Alltag. „Zu uns kommen Kinder, die den Straßendarwinismus durchlaufen haben", sagt die Essener Grundschulleiterin Julia Gajewski: „Häufig ist das Recht des Stärkeren das Einzige, was sie kennen." Ein besonders vermintes Gelände ist die Familienehre. Für Väter und ältere Brüder gilt: Sittsames und korankonformes Verhalten der Frauen begründen die männliche Ehre. Schülerinnen werden von ihren männlichen Mitschülern mitunter unter Druck gesetzt, wenn sie keine Kopftücher tragen oder die Röcke angeblich zu kurz sind. Konflikte um die Familienehre können tödlich enden, in Ehrenmorden. Der bekannteste ist der Fall der Berlinerin Hatun Sürüyi, die von einem ihrer Brüder wegen ihres westlichen Lebensstils erschossen wurde. Diese Selbstjustiz provozierte in der achten Klasse einer Neuköllner Oberschule bei einem Teil der Schüler eine Reaktion, die bundesweit Aufsehen erregte. In der Klasse hatten nämlich drei Schüler den Mord gebilligt: „Die hat doch selbst schuld. Die Hure lief rum wie eine Deutsche." Daraufhin schrieb der Schuldirektor einen offenen Brief, der in den meisten Berliner Klassen vorgelesen wurde: „Diese Schüler zerstören den Frieden des Schullebens, wenn sie einen Mord gutheißen. Wir dulden keine Hetze gegen die Freiheit". Die Unterstützung für die Mörder gab den Ausschlag dafür, dass Berlin das Fach Ethik für die Jahrgänge sieben bis zehn verpflichtend eingeführt hat.

Eine besondere Herausforderung sind antisemitische Ressentiments vor allem von arabischen Jugendlichen, ein zentrales Element des Islamismus. Schimpfworte wie „Du Jude" oder „Du Opfer" gehören zu ihrem Jugendjargon. Als Karin Saremba von der Kreuzberger Reinhardswald-Grundschule in den Film „Schindler Liste" gehen wollte, weigerten sich die arabischen Schüler mitzugehen. Ein anderer Schüler vertrat im Gemeinschaftskundeunterricht die Auffassung, dass „Juden das Dritte Reich verdient" hätten, „weil die Juden mit den Palästinensern im Gazastreifen das auch gemacht haben". In der Dortmunder Libellen-Grundschule verkündete ein Grundschüler. „Ich weiß, woher der Krieg kommt, von den Juden". Interviews mit Lehrkräften in Schulen in Berlin, Baden-Württemberg und Nordrhein-Westfalen im Auftrag des American Jewish Committee kommen zu dem Ergebnis, dass sich die „negative Haltung gegenüber Juden ... in den letzten Jahren quantitativ und qualitativ verschärft habe".[24] Julia Bernsteins Monographie *Antisemitismus an Schulen in Deutschland* kommt zu dem Ergebnis, dass insbesondere der „israelbezogene Antisemitismus weitverbreitet" ist.[25] Während ein Großteil der Lehrkräfte berichtet, dass das Thema Holocaust „auf Interesse und Aufgeschlossenheit gerade auch bei muslimischen Lernenden" stößt, sagen andere, dass „Holocaustleugnung und Empathielosigkeit gegenüber den Opfern in Einzelfällen noch durch eine den Holocaust gutheißende

Haltung übertroffen wird".²⁶ „Sobald der Nahostkonflikt angesprochen wird", erzählen Lehrer, „würden antisemitische Stereotype in teils aktualisierter Form auf Israel übertragen und Vergleiche zu NS-Deutschland angestellt". Zentrales Element im Antisemitismus sind Verschwörungstheorien, zu denen auch „Mythen über 9/11" gehören.²⁷ Sowohl für die Anschläge in Paris als auch für den Putschversuch in der Türkei 2016 würden externe, nicht muslimische Kräfte verantwortlich gemacht. Für manche Lehrkräfte sei es in Berlin „inzwischen nahezu unmöglich, Unterricht zum Thema Nahostkonflikt oder zu jüdischen Themen insgesamt zu machen".²⁸ Wenn die Pädagogen es trotzdem versuchen, erleben sie, dass die „Auseinandersetzung aufgrund des häufigen Auftretens und des Beharrens der Schüler*innen sehr zeitintensiv ist und stark zulasten der Stoffvermittlung geht". Besonders explosiv ist der Nahost-Konflikt. „Aufgrund der emotionalen Aufladung, der eigenen Wissenslücken und dem Fehlen von adäquatem Material scheuen viele Lehrkräfte dieses Thema", lautet der pädagogische Offenbarungseid.²⁹

Fazit: Die nicht alltäglichen, aber in Abständen wiederkehrenden Wert- und Religionskonflikte in einem Teil unserer Schullandschaft, die vom Islamismus und vom religiös-konservativen Islam provoziert werden, gefährden den Schulfrieden und behindern die Integration. Verhängnisvoll ist, dass der Umgang mit ihnen im Schulalltag umstritten ist. Auf der einen Seite steht die Gruppe der rücksichtsvollen Versteher, die zum Beispiel bereit ist, eine Klassenarbeit während des Ramadans zu verschieben. Auf der anderen Seite steht die Gruppe der wehrhaften Werteverteidiger, die solche Verschiebungen ablehnt.

Zum Frömmigkeitstest: das wachsende Unbehagen am islamischen Religionsunterricht

Der bekenntnisgebundene islamische Religionsunterricht (IRU) wird zurzeit in fünf Ländern praktiziert, teils noch als Modellversuch, teils als normales Unterrichtsfach: in Nordrhein-Westfalen,

Baden-Württemberg, Niedersachsen, Rheinland-Pfalz und im Saarland. Er verfolgt vier Ziele: Integration fördern, Segregation verhindern, Koranschulen das Wasser abgraben und Islamismus bekämpfen.

Weil der bekenntnisgebundene Religionsunterricht nach Art. 7 Abs. 3 GG „in Übereinstimmung mit den Religionsgemeinschaften" zu erteilen ist, und die muslimischen Verbände bisher nicht als solche anerkannt werden, wurden Beiräte oder Kommissionen erfunden, in denen die muslimischen Verbände die Funktion der Kirchen als Kooperationspartner des Staates bei der Durchführung des Religionsunterrichts vorübergehend übernommen haben. Diese Beiräte sind mächtig. Sie bestimmten den Inhalt der Curricula, lassen Lernmittel zu und erteilen die Lehrerlaubnis für angehende Religionslehrer, die sogenannte Idschaza. Die positive Grundstimmung gegenüber diesem Fach ist durch ein Ereignis verflogen: durch die rechtsstaatlich inakzeptable Reaktion des Erdoğan-Regimes auf den Putschversuch im Juli 2016 in der Türkei wie in Deutschland, insbesondere durch den Einsatz von Ditib-Imamen als Spione zum Auskundschaften von Gülen-Anhängern. Niedersachen, Rheinland-Pfalz und Nordrhein-Westfalen haben danach die Zusammenarbeit mit der Ditib ausgesetzt. Die nordrhein-westfälische Landesregierung hat sich im Juni 2021 dafür entschieden, die Zusammenarbeit mit der Ditib beim IRU fortzuführen. Wegen der Abhängigkeit der Ditib von Ankara hat Hessen den IRU bis auf Weiteres durch eine Islamkunde in staatlicher Verantwortung ersetzt. Allerdings hat die Ditib dagegen geklagt. Anfang Juli 2021 entschied das Verwaltungsgericht Wiesbaden, dass die Aussetzung der Kooperation nicht rechtskonform sei – eine Entscheidung, gegen die das Land Hessen Rechtsmittel beim hessischen Verwaltungsgerichtshof einlegen kann. In Baden-Württemberg ist an die Stelle des Beirats eine Stiftung namens Sunnitischer Rat getreten. In ihr wurden die staatlichen Mitspracherechte verstärkt. Die großen muslimischen Verbände boykottieren das Stiftungsmodell, weil sie es für verfassungswidrig halten.

Die Beiräte wurden bisher von muslimischen Verbänden dominiert, von denen einige wie die Ditib unter Erdoğan eine islamistische Agenda verfolgen. Besonders problematisch sind Moscheevereine und Verbände, die direkt oder indirekt als Mitglieder von Dachverbänden vom Verfassungsschutz beobachtet werden: Mitglieder der Islamischen Föderation Berlin, Schuren (Räte der islamischen Gemeinschaften) in Rheinland-Pfalz und Hamburg sowie einige Beiräte. Vorgeworfen wird ihnen Nähe zur Muslimbruderschaft, zum Salafismus, zur Islamischen Gemeinschaft Millî Görüş und zur Islamischen Republik Iran.

Nurhan Soykan, Generalsekretärin des Zentralrats der Muslime, machte in einem WDR-Interview keinen Hehl aus ihren Vorstellungen vom IRU: „Ich bin dafür, dass Organisationen, die eine andere theologische Auslegung und ein anderes Bekenntnis vertreten, einen eigenen Religionsunterricht bekommen. Die konservativen Verbände einen eigenen Religionsunterricht, die liberalen sollen draußen bleiben". Aufgrund dieses Selbstverständnisses haben die Beiräte in Nordrhein-Westfalen und Baden-Württemberg in etlichen Fällen liberalen Religionslehrern die Lehrerlaubnis verweigert und liberale Schulbücher nicht zugelassen. Der Verband der Islamlehrerinnen und Islamlehrer in NRW moniert: Die Idschaza-Vergabe gleicht „mehr einem Gesinnungstest als einem religionspädagogischen Gespräch". Der liberal-islamische Bund rügt, dass immer wieder Lehrerlaubnisse verweigert worden seien, weil Bewerber nicht-muslimische Partner geheiratet hätten, angeblich über „unzureichenden Koran-Kenntnisse" verfügten oder zu „liberale Ansichten" vertraten – zum Beispiel zur Homosexualität, zum Kopftuch oder zu Bikinis. In NRW wurden drei Bände des Schulbuches *Saphir* nicht zugelassen, verfasst von den liberalen Muslimen Harry Harun Behr, Rabeya Müller und Lamya Kaddor. In Niedersachsen traf der Bann des Beirates den zweiten Band des Buches *Miteinander auf den Weg* des liberalen Islamwissenschaftlers Mouhanad Khorchide.

In einigen zentralen Bereichen hat der IRU die in ihn gesetzten Erwartungen nicht erfüllt. Die Attraktivität der Koranschulen scheint ungebrochen. Nach Begleituntersuchungen zum Religionsunterricht besuchten 2014/2015 in NRW zwischen 47 und 57 Prozent der Grundschüler Koranschulen, bei den Jugendlichen auf weiterführenden Schulen waren es zwischen 58 und 62 Prozent.[30] In Baden-Württemberg gingen zwischen 2006 und 2010 sogar zwei Drittel der Schüler neben dem IRU in Koranschulen – mit steigender Tendenz.[31]

Beim Erziehungsziel Integration kommen die Evaluationen der Religionsunterrichte zu höchst unterschiedlichen Ergebnissen: „integrationsfördernd" in NRW[32]; „integrative Effekte bei der Ausformung der ‚kulturellen Integrität', aber Warnungen vor „unverkennbaren Separationstendenzen" einer „eng verstandenen Religiosität" in Niedersachen[33]; „mehr religiöses Interesse und ein besseres Benehmen" in Baden-Württemberg.[34]

Erschreckend ist nach den Begleituntersuchungen die Verbreitung von Separationstendenzen unter muslimischen Schülern trotz islamischen Religionsunterrichts. In Nordrhein-Westfalen wollen 68 Prozent der muslimischen Schüler leben wie in der Heimat, in Niedersachsen 62 Prozent wie in der Türkei.[35] Völlig folgenlos scheint der islamische Religionsunterricht an Rhein und Ruhr gegenüber dem Absolutheitsanspruch des Islam zu sein: 90 Prozent der Schüler glauben, dass der Islam die „wahre Religion" sei, und 98 Prozent meinen, dass Allah der „einzige Gott" ist.[36] Eine Schlüsselrolle bei der Vererbung eines traditionellen Religionsverständnisses könnten die muslimischen Religionslehrer in Nordrhein-Westfalen gespielt haben. Dort haben 29 Prozent von ihnen angegeben, dass sie Mitglieder konservativer, teils islamistischer muslimischer Verbände sind.[37] Über sie konnte das Religionsverständnis der Ditib oder des Zentralrats der Muslime ungefiltert in den islamischen Religionsunterricht einsickern. Zum Beispiel das des IRU-Lehrers Duran Terzi, der meint, dass der „Religionsunterricht kein geeigneter Ort für ideologische Diskussionen ist". Darunter versteht er unter anderem die Themen „Evolution" oder die „politischen Entwicklungen in der Türkei", die zu vermeiden seien.[38]

Nach Auffassung des Sachverständigenrats deutscher Stiftungen für Integration und Migration liegen bisher keine belastbaren Befunde für eine integrative oder desintegrative Wirkung des bekenntnisgebunden islamischen Religionsunterrichts vor.[39] Bei realistischer Betrachtung kann diese Erkenntnis nicht verwundern.

Denn eine solche Wirkung einem einzigen Schulfach zuzuschreiben heißt, die Bedeutung des IRU zu überschätzen und die Wirkung anderer Schulfächer, der peer groups, der Familien und der muslimischen Communities zu unterschätzen.

Ein wesentlich integrationsfreundlicheres Meinungsbild von türkischstämmigen Schülern zeichnet der *Niedersachsensurvey* 2017, freilich mit einigen sehr dunklen Schatten. Er findet leichte, aber nicht signifikante Fortschritte bei der Integration, bei Einstellungen zur Bindung an Gesetz und Recht, zur Homosexualität und zu Juden.[40] Trotzdem bleiben die Anteile antisemitischer Einstellungen unter türkischstämmigen Jugendlichen doppelt so hoch wie unter ihren deutschstämmigen Altersgenossen, bei homophoben Meinungen sind es 20 Prozent mehr als bei ihren deutschen Klassenkameraden. Irritierend ist, dass mehr als ein Viertel (bei drei Befragungswellen zwischen 26 und 29 Prozent) der türkischen Jugendlichen Segregation befürwortet. Dabei haben die Forscher bei türkischstämmigen Jugendlichen einen relevanten Zusammenhang zwischen Integration beziehungsweise Segregation und Religion festgestellt: je höher die Religiosität, desto niedriger die Integrationswerte und desto höher die Segregationswerte. Dieser Zusammenhang erklärt vielleicht, warum die Segregationstendenzen unter den muslimischen Schülern, die den IRU besuchen, so viel stärker ausgeprägt sind als beim Durchschnitt der muslimischen Schüler: Sie sind eine Sondergruppe religiöser Schüler.

Das Fazit des *Niedersachsensurvey* 2017: „Die Befürwortung der Segregation ist ein deutliches Hemmnis für die Integration".[41] Oder anders formuliert: Islamismus ist ein Desintegratonsfaktor.

Fazit und Ausblick

Für die Schulen standen das Jahr 2020 und das erste Halbjahr 2021 im Zeichen der Corona-Pandemie – eine Jahrhundertherausforderung, die andere Unterrichtsthemen wie Rechtsextremismus und Islamismus in den Stunden- und Lehrplänen in die zweite oder dritte Reihe gedrängt hat. Das ist nachvollziehbar. Darüber darf aber nicht in Vergessenheit geraten, dass das Gefahren- und

Konfliktpotenzial des Islamismus weiter aktuell und virulent ist. Es trifft auf eine verunsicherte Lehrerschaft, in der die Angst, etwas Falsches zu sagen, ebenso verbreitet ist wie in der Gesamtgesellschaft. Hans-Peter Meidinger, Präsident des Deutschen Lehrerverbandes, treibt die Sorge um, dass auch an Deutschlands Schulen ein „Klima der Einschüchterung entsteht".[42] Deshalb ist es für die Lehrkräfte heute noch fordernder, am Ende aber unvermeidbar, mehr Mut und Selbstbewusstsein im Umgang mit den Schattenseiten des Islam zu zeigen als bisher. Für den hessischen Religionslehrer Oliver Eissing war es bisher ein Irrweg, aus Rücksicht auf den gesetzestreuen Islam das Gefahrenpotenzial und die desintegrative Wirkung des Islamismus „nicht klar und offen anzusprechen": „Sie nicht zu thematisieren war der falsche Weg."

Aufgrund der Klagen der Lehrer über mangelndes Wissen über den Islam und fehlende Unterstützung bei Radikalisierungsprozessen besteht der Eindruck, dass die Fortbildungsangebote der Ministerien nicht in ausreichendem Maße genutzt und die zahllosen informativen Handreichungen und Broschüren häufig nicht oder erst nach dem Abflachen der Gefahrenkurve gelesen wurden. Neben den ministeriellen Aufklärungsschriften gibt es Ratgeber des Präventionsexperten Kurt Edler und des Bildungs- und Islamexperten Klaus Spenlen, die hervorragend dazu geeignet sind, Wissenslücken beim Islam und Islamismus zu schließen und an Fallbeispielen zu lernen, wie Religions- und Kulturkonflikte im Schulalltag unfallfrei zu befrieden sind.[43] Es lohnt sich, dafür Zeit zu investieren.

Weil der Umgang der Schulen mit dem islamistischen Terrorismus und dem legalistischen Islamismus bisher nicht wissenschaftlich erforscht wurde, ist mit dem Präsidenten des Deutschen Lehrerverbandes, Hans-Peter Meidinger, eine wissenschaftliche Untersuchung des Phänomens anzuregen. Auch eine wissenschaftliche Evaluation der bisherigen Projekte fehlt bisher. Die Fortbildungseffekte beim Thema Islamismus könnten nach den Erfahrungen des Bildungs- und Islamexperten Klaus Spenlen verbessert werden, wenn Fortbildungen nicht von einzelnen Lehrkräften, sondern von kompletten Lehrerkollegien und praxisnah wahrgenommen würden. Islamismus ist mehr als ein Thema von Einzelfächern – bei ihm geht es im Kern um das Schulklima und das Selbstverständnis des Systems Schule.

Schließlich sollte die grundgesetzlich garantierte Vorrangstellung des bekenntnisgebundenen Religionsunterrichtes in der Schulpraxis relativiert werden. Der nach Religionsgemeinschaften getrennte Unterricht fördert nicht die Integration und das gesellschaftliche Zusammenleben, sondern schadet beiden. In einer multireligiösen und multikulturellen Zuwanderungsgesellschaft lässt sich kein Religionsunterricht rechtfertigen, bei dem Kinder und Jugendliche für zwei Stunden separiert werden, um religiöse und kulturelle Besonderheiten zu lernen. Da der bekenntnisorientierte Religionsunterricht in Art. 7 Abs.3 GG geschützt wird und keine Zweidrittelmehrheit für eine Änderung des Artikels in Sicht ist, bieten sich zwei Ausweichstrategien an. Wo die Mehrheit der Bevölkerung und der Schülerschaft in Deutschland keiner der beiden christlichen Kirchen angehört, sollte der Ethik-Unterricht Vorrang vor dem bekenntnisgebunden Religionsunterricht haben – wie in Berlin und Brandenburg bereits praktiziert. Besser, weil zukunftsfähiger ist der sogenannte „Hamburger Weg". In der Hansestadt gibt es „Religionsunterricht für alle" (Glaubensgemeinschaften), der konzeptionell bekenntnisorientiert, aber dialogisch und interreligiös ist. Die Verantwortung für diesen Unterricht ist multireligiös und wird gleichberechtigt von der Evangelischen Kirche, drei muslimischen Verbänden, der Alevitischen Gemeinde Hamburg und der Jüdischen Gemeinde geteilt. Der Hamburger Weg ist auch ein Modell für Deutschland.

Anmerkungen

1 So wenigstens die Wahrnehmung der Lehrer in Baden-Württemberg und Nordrhein-Westfalen, siehe Matthias Becker, *Beobachtungen zu Religion, Demokratie und Antisemitismus in Baden-Württemberg und Nordrhein-Westfalen* im Auftrag des American Jewish Committee 2020, S. 60.
2 Zitiert nach Joachim Wagner, *Die Macht der Moschee, Scheitert die Integration am Islam?*, aktualisierte Neuausgabe (Freiburg i.B.: Herder, 2019), S. 74.
3 Ebd., S. 14.

4	Detlef Pollack, Olaf Müller, Gergely Rosta und Anna Dieler, *Integration und Religion aus der Sicht von Türkeistämmigen in Deutschland*, Exzellenzcluster der Universität Münster 2016, S. 14; Ruud Koopmans, *Religious fundamentalism and out-group hostility among Muslims and Christians in Western Europe*, WZB-Discussion Paper SP VI-2014-101, März 2014, S. 11 und 19.
5	Pollack et al., *Integration und Religion*, S. 14.
6	Dirk Baier, „Muslimische Jugendliche in Deutschland und der Schweiz: Zusammenhänge zwischen Religiosität, Gewalt und Extremismus", *Praxis der Rechtspsychologie* 29 (2019), S. 55.
7	Deidre Berger und Juliane Hübner, *Salafismus und Antisemitismus an Berliner Schulen*. Ein Erfahrungsbericht aus dem Schulalltag im Auftrag des American Jewish Committee, S. 9.
8	Baier, „Muslimische Jugendliche", S. 55 und 71.
9	Berger und Hübner, *Salafismus und Antisemitismus an Berliner Schulen*, S. 9.
10	Baier, „Muslimische Jugendliche", S. 55 und 78f.
11	Berger und Hübner, *Salafismus und Antisemitismus an Berliner Schulen*, S. 21.
12	Ebd.
13	Becker, *Beobachtungen zu Religion, Demokratie und Antisemitismus*, S. 58.
14	Der Verfasser hat an alle 16 Bildungs-, Schul- und Kultusministerien einen Fragebogen zum Thema „Islamismus in der Schule" geschickt. Beantwortet haben ihn die Länder Baden-Württemberg, Nordrhein-Westfalen, Schleswig-Holstein, Hamburg, Hessen, Bremen, Niedersachsen, Sachsen, Rheinland-Pfalz, Thüringen und Saarland. Aus dieser Umfrage stammen die Zitate im Text.
15	Wagner, *Macht der Moschee*, S. 182ff.
16	Zitiert nach Michaela Luding, „Endlich ein Ziel vor Augen", *Erziehung und Wissenschaft* 2/2016, S. 9.
17	Der Verfasser hat an das Bundesamt für Verfassungsschutz und an die Landesämter für Verfassungsschutz in den alten Bundesländern einen Fragebogen zum Thema „Islamismus, Schule und Verfassungsschutz" geschickt. Geantwortet haben das Bundesamt für Verfassungsschutz und die Landesämter von Nordrhein-Westfalen, Bayern, Rheinland-Pfalz, Berlin, Niedersachsen, Schleswig-Holstein, Hamburg, Hessen und des Saarlands. Alle Zitate im Text stammen aus dieser Umfrage.
18	Berger und Hübner, *Salafismus und Antisemitismus an Berliner Schulen*, S. 24f.; Becker, *Beobachtungen zu Religion, Demokratie und Antisemitismus*, S. 59f.
19	Einige Beispiele: *Handreichung für Lehrkräfte: Grundrechtsklarheit, Wertevermittlung, Demokratieerziehung* (Hessen 2019); Leitfaden *Demokratiebildung*, Broschüre *Grundrechtskollisionen in Schule und Unterricht* (Baden-Württemberg 2019/2020); *Thüringer Landesprogramm für Demokratie, Toleranz und Weltoffenheit*.
20	*Zerrbilder von Islam und Demokratie* (Berlin 2016); Handlungsleitfaden *Religiös motivierter Extremismus als Herausforderung von Schulen* (Hessen 2017): *Jugendliche im Fokus salafistischer Propaganda* (Baden-Württemberg 2016); *Kompaktinformation Salafismus* und *Tipps für den pädagogischen Umgang mit islamistisch geprägten Anschlägen* (Hamburg 2020).
21	Eckart Stengel, „Einschreiten, ohne auszugrenzen", *Erziehung und Wissenschaft* 2/2016, S. 16.
22	*Verfassungsschutzbericht 2019*, S. 173.
23	So unter anderem die Landesämter von Niedersachsen, Schleswig-Holstein, Baden-Württemberg, Bayern, Rheinland-Pfalz und Berlin.
24	Becker, *Beobachtungen zu Religion, Demokratie und Antisemitismus*, S. 61.

25 Julia Bernstein, *Antisemitismus an Schulen in Deutschland, Befunde-Analysen-Handlungsoptionen* (Weinheim/Basel: Beltz, 2020), S.167ff.; Julia Bernstein, *Israelbezogener Antisemitismus an Schulen*, in: https://m.bpb.de/politik/extremismus/antisemitimus/321604/israelbezogener-antisemitismus-an-schulen (abgerufen am 14. März 2021).

26 Berger und Hübner, *Salafismus und Antisemitismus an Berliner Schulen*, S. 16; Becker, *Beobachtungen zu Religion, Demokratie und Antisemitismus*, S. 61.

27 Becker, *Beobachtungen zu Religion, Demokratie und Antisemitismus*, S. 61.

28 Ebd.

29 Ebd.

30 Haci-Halil Uslucan und Cem Serkan Yalcin, *Abschlussbericht zur wissenschaftlichen Begleitung der Einführung des islamischen Religionsunterrichts (IRU) in Nordrhein-Westfalen*, S. 28, 32 und 84. Hier wird der Durchschnitt von drei Befragungswellen wiedergegeben.

31 Jörg Imran Schröter, *Die Einführung eines Islamischen Religionsunterrichts an öffentlichen Schulen in Baden-Württemberg* (Freiburg i.B.: Verlag für islamische Bildung & Erziehung, 2014), S. 87, 117, 123 und 199f. Wiedergegeben ist der Durchschnitt von drei Befragungswellen.

32 Uslucan und Yalcin, *Abschlussbericht*, S. 3.

33 Haci-Halil Uslucan, „Islamischer Religionsunterricht – Erwartungen und Vorbehalte", in: *Islamischer Reli-gionsunterricht in Deutschland*, Dokumentation der Tagung der Deutschen Islamkonferenz, 13. bis 14. Februar 2011, S. 27 und 42.

34 Schröter, *Islamischer Religionsunterrichts in Baden-Württemberg*, S. 117.

35 Uslucan und Yalcin, *Abschlussbericht*, S. 47; Uslucan, *Abschlussbericht*, S. 36, 36 und 40.

36 Uslucan und Yalcin, *Abschlussbericht*, S. 40. Auch hier ist der Durchschnitt von drei Befragungswellen errechnet.

37 Ebd., S. 60.

38 https://www.islamique.de/2020/12/12/04/wissenschaftler-wollen-karikaturen-im-unterricht-thematisieren/ (abgerufen am 11. März 2021).

39 Sachverständigenrat deutscher Stiftungen für Integration und Migration, *Jahresgutachten 2016*, S. 111.

40 Marie Christine Bergmann, Sören Kliem, Yvonne Krieg und Laura Beckmann, *Niedersachsensurvey 2017*, S. 114.

41 Dirk Baier, Marie Christine Bergmann und Sören Kliem, „Die Entwicklung der Integration von Jugendlichen mit türkischem Migrationshintergrund", Ergebnisse einer Trendstudie 2013 bis 2017, in: *unsere jugend*, 2019, S. 177ff., hier vor allem S. 181.

42 https://www.news4teachers.de/2020/10/nach-mord-in-paris-lehrerverband-warnt-vor-klima-der-einschuechterung/ (abgerufen am 11.März 2021).

43 Kurt Edler, *Islamismus als pädagogische Herausforderung* (Stuttgart: Kohlhammer, 2018) und Klaus Spenlen, *Schule und Islam – wie sich 90 Alltagskonflikte lösen lassen* im Auftrag des Verbandes Bildung und Wissenschaft (VBE), Dortmund 2019.

Linksliberalismus und Islamismus. Aus der Perspektive der vergleichenden Extremismusforschung

Eckhard Jesse

Die Anschläge vom 11. September 2001 auf die beiden Türme des World Trade Center in New York, die fast 3.000 Menschen das Leben gekostet haben, rückten eine lange Zeit vernachlässigte Ideologie in den Vordergrund: den Islamismus.[1] Mit der Iranischen Revolution 1979 unter Ruhallah Chomeini hatte eine spezifische Art des politisch-religiösen Fundamentalismus die Oberhand gewonnen.[2] Fundamentalismus leugnet die Trennung von geistlicher und weltlicher Herrschaft. Auch andere Weltreligionen weisen fundamentalistische Strömungen auf, so der Buddhismus, das Christentum und der Hinduismus.[3] Sie spielen allerdings im Vergleich zum Islamismus keine relevante Rolle. Der Islamismus strebt in welcher Ausprägung auch immer eine Form der Gottesherrschaft an.

Fundamentalismus ist somit, als nicht-säkulare Form, neben Rechts- und Linksextremismus eine weitere antidemokratische Variante. Alle drei repräsentieren antidemokratische Großideologien. Der Rechtsextremismus stellt ethnische Homogenität in den Vordergrund, der Linksextremismus soziale Homogenität, der Fundamentalismus strebt die Einheit von Staat und Religion an. Alle drei stehen in einem zentralen Gegensatz zu den Prinzipien des demokratischen Verfassungsstaates. Dieser fußt auf einer demokratischen und auf einer konstitutionellen Komponente[4] – die demokratische erkennt die Volkssouveränität und das Ethos fundamentaler Menschengleichheit an; die konstitutionelle stellt auf Freiheitssicherung und Minderheitenschutz ab. Wie die Begriffe „Volkssouveränität" und „Minderheitenschutz" belegen, tritt beim demokratischen Verfassungsstaat eine spannungsreiche Synthese zutage. Deren Kennzeichen sind Pluralismus, Akzeptanz der Menschenrechte sowie Gewaltenteilung. Wer den Maßstab für Demokratie unrealistisch hoch anlegt, beackert nicht nur Missstände, sondern pflügt auch den demokratischen Verfassungsstaat um. Das Messen an Idealbildern kann zur Delegitimierung der Demokratie führen.

Die vergleichende Extremismusforschung vollzieht entgegen manchen Aussagen keineswegs eine Gleichsetzung zwischen den unterschiedlichen extremistischen Ideologien; sie hebt jedoch Analogien hervor. Obwohl die extremistischen Ideologien eigene Wurzeln haben und damit höchst unterschiedlich ausgerichtet sind, machen sie sich ähnliche Feindbilder zu eigen: die Globalisierung, den Westen oder den Zionismus, um einige wichtige zu nennen.[5] Zuweilen weicht die Art der Begründung voneinander ab. Extremismen weisen somit Gemeinsamkeiten und Unterschiede auf. Wer eine „Gleichsetzung" insinuiert, will die vergleichende Extremismusforschung delegitimieren. Eine Wendung wie „roter Faschismus" verwirrt ebenso wie „brauner Kommunismus". Gleichwohl liegen die strukturellen Analogien unterschiedlicher Extremismen, zum Beispiel Freund-Feind-Stereotype, manichäistische Denkmuster, geschlossene Weltsichten, absolute Wahrheitsansprüche oder Verschwörungsmythen, auf der Hand. Insofern lassen islamistische Varianten eine Nähe zu rechts- und linksextremistischen erkennen.

Für Linksextremisten ist das Privateigentum an Produktionsmitteln ein Grundübel. Wird bei ihnen in der Theorie Egalitarismus um jeden Preis propagiert und verabsolutiert, so steht bei Rechtsextremisten Antiegalitarismus im Vordergrund, sei es in Form des Nationalismus, sei es in Form des Rassismus. Was oft übersehen wird: Linksextremismus ist ebenso keine homogene Einheit wie Rechtsextremismus. Es gibt harte und weiche Formen des Rechtsextremismus. Die Unterformen sind höchst verschiedenartig. Wohl ist jeder Stalinist ein Linksextremist, nicht jeder Linkextremist muss jedoch ein Stalinist sein. Und umgekehrt: Jeder Nationalsozialist ist ein Rechtsextremist, aber nicht jeder Rechtextremist ist ein Nationalsozialist. Gleiches gilt für den islamistischen Fundamentalismus, um nur auf diese Variante abzustellen.

Die bekannteste Unterscheidung im Islam ist die zwischen den Schiiten, die vor allem im Iran stark vertreten sind, und den weitaus einflussreicheren Sunniten. Beide berufen sich auf die göttliche Offenbarung durch den Koran. Im Koran wimmelt es, ungeachtet vieler Widersprüchlichkeiten, von Aussagen, die der Gewaltbereitschaft das Wort reden. Kritiker müssen allerdings, wollen sie fair sein, Wortgläubigkeit relativieren und die Zeitgebundenheit dieser „Heiligen Schrift" in Rechnung stellen. Es gilt zudem zu beachten, dass die meisten Muslime sich durch diese gewaltlegitimierenden Koranpassagen nicht zum Extremismus verleiten lassen

Im intellektuellen Milieu Deutschlands nimmt der Linksliberalismus unter den demokratischen Positionen eine dominierende Rolle ein. Eines seiner Hauptkennzeichen ist das Plädoyer für Diversität in den unterschiedlichsten Formen. Demokratisch-konservative Topoi geraten immer mehr ins Hintertreffen. Es gibt zwischen Linksliberalismus und Linksextremismus ebenso fließende Grenzen wie zwischen Konservatismus und Rechtsextremismus. Ein Teil der Literatur ist auf letzteren Gesichtspunkt fixiert, vernachlässigt aber die Grauzonen zwischen linken Demokraten und Linksextremisten.[6]

Nachfolgend soll das Verhältnis „des" Linksliberalismus gegenüber „dem" Islam/Islamismus erfasst werden, wiewohl dies nur in kursorischer Weise geschehen kann. Die Anführungszeichen sollen den Verzicht auf jede Verallgemeinerung anzeigen. Zudem beziehen sich die Überlegungen weithin auf Deutschland, wo es, anders als etwa in Frankreich, keine „Islam-Linke" gibt.[7] Zunächst werden jeweils einige charakteristische Elemente benannt: Wie die kurze Gegenüberstellung von Islam/Islamismus (politischer Islam) und Linksliberalismus belegt, fallen mannigfache Unterschiede, ja Gegensätzlichkeiten im Gedankengebäude auf. Wie ein Vergleich erhellt, ist bei vielen linksliberalen Positionen einerseits ein gewisses Wohlwollen gegenüber dem Islam/Islamismus erkennbar; andererseits gibt es aus dieser Richtung eine Reihe gegenläufiger Sichtweisen, die den politischen Islam unter Beschuss nehmen. Die Leitfrage lautet: Wie ist dieser verwirrend anmutende Befund erklärbar?

Was ist Islam/Islamismus?

Islamisch geprägte Staaten sind durch wenig freiheitliche Verhältnisse gekennzeichnet. Im Folgenden bezieht sich der Verfasser auf einen führenden Islam- und Islamismusforscher, der die islamische Welt sehr gut analysiert. Der einschlägig ausgewiesene[8] niederländische Sozialwissenschaftler Ruud Koopmans, der an der Humboldt-Universität zu Berlin lehrt und am Wissenschaftszentrum Berlin forscht, geht in seinem neuesten Werk den Ursachen dafür nach.[9] Laut Koopmans ist der religiöse Fundamentalismus im letzten halben Jahrhundert verantwortlich für die Stagnation des Islam, der einst dem Westen in vielen Bereichen der Wissenschaft überlegen war.

Koopmans, der sich zwar als islamkritisch, aber nicht als islamfeindlich versteht, lehnt den islamischen Fundamentalismus strikt ab. Als fundamentalistisch gilt eine Position, die zu den Wurzeln zurückkehren möchte, nur eine Auslegung der „Heiligen Schrift" als zulässig ansieht und deren Regeln über die Gesetze eines Landes stellt. Seine Kernthese lautet, die Krise der islamischen Welt sei wesentlich auf die dort grassierende Auslegung der Religion zurückzuführen. Er untermauert dies vergleichend anhand fünf zentraler Komplexe: der Demokratisierung, der Freiheit, den Religionskriegen, der wirtschaftlichen Stagnation sowie der Integration muslimischer Migranten. Jeder Komplex wird zunächst an Fallbeispielen untersucht. Diese Länder ähneln sich in vielen Bereichen, jedoch nicht in der Religion. Danach kommt jeweils ein übergreifender Vergleich zwischen islamischen und nicht-islamischen Ländern zur Sprache. Sein Urteil fällt in allen Bereichen eindeutig aus, und zwar klar zuungunsten der islamischen Welt.

Um dies am letzten Komplex zu untermauern: Was die muslimischen Migranten betrifft, vergleicht Koopmans zunächst die Integration von christlichen und muslimischen Libanesen, die nach Australien ausgewandert sind. Sein Ergebnis: Muslime integrierten sich deutlich schlechter als Christen, erkennbar etwa an der weitaus höheren Arbeitslosigkeit. Das gilt ebenso für andere Länder, sowohl hinsichtlich der ökonomischen als auch der sozialen

Integration. Muslime seien „Schlusslichter der Integration", was anhand zahlreicher empirischer Studien nachgewiesen wurde.[10] Die verbreitete These, dies beruhe weithin auf der (nicht pauschal zu leugnenden) Diskriminierung islamischer Minderheiten, teilt Koopmans nicht. Als wichtiger für die Segregation einzustufen seien unzureichende Sprachkenntnisse, einseitige Nutzung von Medien aus dem Herkunftsland, schwache soziale Kontakte und traditionelle Meinungen zu Geschlechterrollen. Statistiken über Gewalt gegen Juden, Homosexuelle und Frauen belegten ein höheres Ausmaß bei Muslimen als bei Nichtmuslimen, wobei Koopmans immer wieder vor Pauschalurteilen warnt. Sein Fazit: „In den Problemen der islamischen Integration spiegelt sich die Krise der islamischen Welt im Kleinformat".[11] Auch andere Islamforscher sehen dies so.[12]

Koopmans sucht die Frage zu beantworten, ob sich der Islam vom Fundamentalismus lösen könne. Der Autor wahrt Abstand zu zwei Extrempositionen: (1) Der Islam stehe schlechthin in einem Gegensatz zum Westen. Dies gelte für islamische Fundamentalisten wie für radikale Islamkritiker. (2) Der islamische Fundamentalismus habe nichts mit dem Islam zu tun. So argumentierten Sprecher islamischer Organisationen und Meinungsmacher, darunter amerikanische Präsidenten wie George W. Bush und Barack Obama. Für Koopmans erklären drei Faktoren die islamische Krise: die fehlende Trennung von Religion und Staat, die Benachteiligung von Frauen und die Geringschätzung säkularen Wissens. Das erste Defizit wirke auf die beiden anderen Kernprobleme ein. Um den islamischen Fundamentalismus zu schwächen, müsse anerkannt werden, dass die Ursachen für die Probleme innerhalb des Islams liegen, nicht außerhalb.

Doch davon wollen die wichtigsten deutschen Islamverbände – DITIB, Millî Görüş der Verband Islamischer Kulturzentren und der Zentralrat der Muslime – nichts wissen. Milde formuliert: Sie verschließen die Augen vor der Wirklichkeit. In Deutschland sind organisierte und aktionsorientierte Formen des politischen Islam stärker als intellektuelle.[13] Zuweilen kooperiert der deutsche Staat mit Islamverbänden, etwa beim islamischen Religionsunterricht.

Die Publizistin Ulrike Ackermann weist auf folgende aufschlussreiche, etwas zugespitzte Parallele hin: Wie einst Dissidenten im Ostblock als Störenfriede der Entspannungspolitik galten, so firmieren islamische Dissidenten, etwa Ayaan Hirsi Ali, Seyran Ateş und Necla Kelek, als Störenfriede des Dialogs zwischen den Islamverbänden und den staatlichen Institutionen. Hingegen warnt der Publizist Patrick Bahners, etwa mit Blick auf Thilo Sarrazin, vor Panikmache.[14]

Was ist Linksliberalismus?

Dem schillernden Begriff des Linksliberalismus haftet etwas Chamäleonartiges an. Für die einen ist er das Nonplusultra eines urbanen Lebensstils, geprägt durch Toleranz, Selbstverwirklichung und gesellschaftliche Offenheit, für die anderen eine verantwortungslose Elitehaltung im intellektuellen Milieu, die in einer Blase lebt und die Lebenswirklichkeit in ihrer Vielgestaltigkeit nicht nur unangemessen wahrnimmt, sondern auch ihre Gegner illiberal bekämpft. Dieser widersprüchliche Befund soll nur konstatiert, nicht bewertet werden.[15]

Den Liberalismus zeichnete lange Zeit, bis ins 20. Jahrhundert hinein, ein notorisches Spannungsverhältnis zur Demokratie aus. Heute ist dies Vergangenheit. Linksliberale, zumeist gesinnungsethisch orientiert, verstehen sich als Radikaldemokraten. Offenkundig gemeint ist damit wohl eine radikale Kritik an der Praxis der Demokratie. Das Plädoyer für das informationelle Selbstbestimmungsrecht etwa zählt zum Kern des Linksliberalismus; dazu gehört ganz wesentlich der Kosmopolitismus. Um mit dem britischen Publizisten David Goodhart zu sprechen: Linksliberale verstehen sich als „Anywheres", als „Überall"-Menschen, die, gut gebildet, Globalisierung und damit auch Zuwanderung befürworten, im Gegensatz zu den „Somewheres", den „Irgendwo"-Menschen, die Veränderungen fürchten.[16]

Anders als etwa „neoliberal", längst zum Schimpfwort degeneriert, wirkt die Verbindung von links mit liberal anziehend. Dem Etikett „linksliberal" wohnt daher auch eine instrumentelle

Funktion inne; es dient mithin als Camouflage, und zwar in zweierlei Hinsicht. Zum einen vereinnahmen Linke den Begriff, um für ihre in Wahrheit nicht-liberalen Ansichten größeren Einfluss zu erlangen, und zum anderen wird der Terminus dezidiert von Liberalen benutzt, die für ihre nicht-linken Standpunkte mehr Renommee zu gewinnen hoffen.

Die Wahl- und Parteienforschung hat ein zweidimensionales Schema entwickelt: Die eine Achse ist durch eine sozio-ökonomische Konfliktlinie gekennzeichnet (Marktfreiheit versus staatliche Eingriffe), die andere durch eine sozio-kulturelle (materialistisch versus postmaterialistisch). Damit stehen „links-libertäre" vielfach „rechts-autoritären" Positionen gegenüber. Unabhängig von der Einseitigkeit der sprachlichen Konnotation: Es gibt auch links-autoritäre und rechts-libertäre Denkmuster. Nur ist von ihnen viel zu wenig die Rede – einfach deshalb, weil die Rechts-Links-Kategorien alles überlagern.

Was auffällt: Die linksliberale Sichtweise dominiert im kulturellen und auch im politischen Milieu weitaus stärker als im wirtschaftlichen. Woran liegt das? Die Welt des Ökonomismus ist für die Luftschlösser der Yuppisierten weniger empfänglich. In der urbanen Welt, frei von materiellen Sorgen, gedeiht Kosmopolitismus gut, gepaart mit Diversität. Für die oft hochmütigen „Bunten" gehören Andere zu den „deplorables" (Hillary Clinton), also den „Erbärmlichen". Ist die Welt der LSBTTIQ*-Gemeinde wirklich so weltoffen – und so sozial – wie behauptet? Sahra Wagenknecht, einst eine in der Wolle gefärbte Kommunistin, bezeichnet in ihrem neuen Buch *Die Selbstgerechten* den Linksliberalismus mehrfach als „Linksilliberalismus".[17] Er sei für das vergiftete Meinungsklima maßgeblich verantwortlich, etwa bei der Debatte über Klima, Gender oder Flüchtlinge.

Der Linksliberalismus war dann stark und auch überzeugend, wenn er offenkundige Missstände anprangern konnte, etwa bei den Kirchen oder bei autoritären Initiativen, zum Beispiel der „Aktion Saubere Leinwand" des CDU-Bundestagsabgeordneten Adolf Süsterhenn Mitte der 1960er-Jahre, und wenn ihm zugleich hilflose Kritik der Obrigkeit entgegenschlug. Heute dominiert seine Sicht, wie erwähnt, bei der kulturell und politisch meinungsbildenden Elite.[18] Nonkonformismus ist weithin zu Konformismus mutiert. Durch das Fehlen eines Feindbilds wirkt das linksliberale Paradigma merkwürdig entkräftet. Was sich, überspitzt formuliert, zu Tode gesiegt hat, kann keine neuen und frischen Ideen hervorbringen.

Verwarf der Linksliberalismus früher jede Verbotsmentalität und verfocht allenthalben Meinungsfreiheit, so hat sich sein Narrativ partiell ins Gegenteil verkehrt. Der linksliberale Politikwissenschaftler Egbert Jahn schreibt aus eigener negativer Erfahrung: „Ich fürchte, es gibt so etwas wie einen linksliberalen McCarthyismus, wenn er auch bisher in den westlichen Demokratien nicht das politische und institutionelle Gewicht wie der originäre rechte von 1946–1956 erhalten hat."[19]

Als etablierte Kraft, etwa im Zusammenhang mit der Corona-Politik, ist der Linksliberalismus nicht mehr der Hecht im Karpfenteich – ein Publizist vom Schlage Heribert Prantls bricht aus der Phalanx aus.[20] Sehen ihn die Gegner des Linksliberalismus in einer hegemonialen Position, nimmt er sich oft selber eher in der Defensive wahr. Das stimmt im Grundsatz, denn neue und frische Gedanken entspringen seinem Ideengebäude kaum noch. Wer Kritik an linksliberalen Denkfiguren übt, will deswegen nicht rechtspopulistischen Mustern Vorschub leisten, wiewohl eine in manichäistischen Kategorien gefangene Sinnesart dies behauptet.

Das Verhältnis „des" Linksliberalismus zum politischen Islam

Viele Linksliberale, die Multikulti propagieren, aber nicht unbedingt praktizieren, zeigen ein erhebliches Maß an Verständnis für den Islam und den Islamismus – zum einen wohl deshalb, weil sie Identitätspolitik stark bejahen, zum andern deshalb, weil sie um jeden Preis eine Kontamination mit rechten oder als rechts geltenden, scharfen Antiislam-Denkmustern vermeiden wollen. Sie bedienen sich des Schlagwortes „Islamophobie" und wittern ubiquitären Rassismus. Das ist wenig nachvollziehbar, hält der Islam doch die Werte, für die der Linksliberalismus mit seinem aufklärerischen

Gestus steht, nicht eben hoch – nicht die Trennung von Staat und Religion, nicht die Gleichberechtigung der Frau, schon gar nicht den Feminismus. Ganz abgesehen davon, dass der Gebrauch des Wortes „Rassismus" in diesem Zusammenhang ohnehin deplatziert ist. Es geht um eine politische Religion. Der Islam hat nichts mit einer Ethnie zu tun.

Deutet sich nach den islamistisch motivierten Morden in Paris, Wien und Dresden im Herbst 2020 ein gewisser Wandel an? Nur ein Beispiel: Kevin Kühnert etwa richtete am Ende seiner Amtszeit als Bundesvorsitzender der Jungsozialisten in einem Gastbeitrag für den *Spiegel* einen Appell an die politische Linke: „Sie muss das Wort erheben, weil es auch und insbesondere ihre proklamierten Werte sind, die bei ausnahmslos jedem Terroranschlag mit Füßen getreten, mit Messern erdolcht und mit Sprengsätzen in die Luft gejagt werden."[21] Er erklärt das vielfache Schweigen linker Positionen gegenüber islamistischer Gewalt wesentlich damit, dass sie rechten Ideologen keine Argumente liefern wollen. Seiner Schlussfolgerung ist ohne Wenn und Aber zuzustimmen: Es „sollte ein breiter Konsens darüber sein, dass alle Terroropfer gleich an Würde sind und die Täter keiner Hierarchisierung bedürfen. [...] Ein solcher mit Leben gefüllter Konsens könnte stark genug sein, um keine Angst mehr vor einer missbräuchlichen Vereinnahmung haben zu müssen."[22] Was bei Kühnert und anderen Zeitgenossen ins Auge springt: Die harte Kritik ohne Wenn und Aber betrifft in erster Linie die Ablehnung von Gewalt, weniger die dahinter steckende Ideologie. Um sie wird ein Bogen gemacht.

Es gibt jedoch auch eine Reihe Linksliberale, die schon seit Jahrzehnten den politischen Islam nicht nur missbilligen, sondern auch heftig attackieren, etwa Ralph Giordano[23] oder Alice Schwarzer. Die bekannte Feministin hat den Kampf gegen den politischen Islam schon seit Langem auf ihre Fahnen geschrieben.[24] Wer etwa den zweiten Band ihrer Lebenserinnerungen studiert, findet im Inhaltsverzeichnis eine Reihe von Texten, die ihr Herzensanliegen offenbaren: „Welchen Islam wollen wir?", „Von Köln bis Algier: der Silvester-Schock", „Iran: Die Betrogenen", „Die Gotteskrieger und die falsche Toleranz", „Der Aufstand der jungen Muslime", „Die

Burka verstößt gegen das Grundgesetz".[25] Für Schwarzer ist Kritik am politischen Islam zumal in linksliberalen Kreisen vielfach nicht gewünscht. Sie erwähnt die Vorstellung des Verfassungsschutzberichtes von 1995 für den Bund mit der Aussage des Verfassungsschutzpräsidenten, das Sicherheitsproblem Nr. 1 sei der islamische Fundamentalismus. „Am nächsten Tag berichten die Medien. Doch nicht eine Zeitung geht, soweit mein Blick reicht, auf die Gefahr Nr. 1 ein. Die Medien schreiben ausschließlich über die rechte Gefahr."[26]

Diesen Reaktionsmodus sieht Schwarzer auch als weitverbreitet in der Politik. Mag sie auch den einen oder anderen Aspekt überzeichnet darstellen, so trifft sie einen wunden Punkt: Kritik am politischen Islam ist vielfach unerwünscht, zumal im linken beziehungsweise linksliberalen politischen Spektrum. Sie beklagt den grassierenden Kulturrelativismus, für den jede Kritik am Islam und am Islamismus als Rassismus gilt. Nach den Kölner Ereignissen in der Silvesternacht 2015, über die zunächst kaum berichtet wurde, brachte sie postwendend ein Buch heraus, nahm kein Blatt vor den Mund und brandmarkte die Übergriffe männlicher Muslime auf deutsche Frauen.[27] Zivilcourage ist Schwarzer fürwahr nicht abzusprechen. Seit einem Vierteljahrhundert „herrscht in Deutschland die Haltung der Political Correctness – allen voran befeuert von Linksliberalen und Protestanten. Die wollen nicht wahrhaben, dass es mit spezifischen Menschengruppen spezifische Probleme geben kann. Im Namen einer falschen Toleranz vertuschen oder verharmlosen sie die Probleme lieber, statt sie zu benennen und zu bekämpfen. Sie ersetzen den Fremdenhass ihrer Väter und Großväter durch eine nicht minder blinde Fremdenliebe."[28]

Alice Schwarzer steht innerhalb des linksliberalen Spektrums bei weitem nicht allein. So hat der Publizist Samuel Schirmbeck, ein Alt-68er, zum einen die Gefahr durch den politischen Islam angeprangert und zum anderen die verständnisvolle Haltung vieler Linksliberaler ihm gegenüber.[29] Auch hier machen manche Kapitelüberschriften die geharnischte Kritik deutlich: „Die deutsche Linke hat den Verstand verloren" – „Die Linke islamisiert Deutschland mehr als der Islam" – „Das ‚Kopftuch' – ein Leichentuch für

‚68'" – „Linke Flüchtlingshelfer hassen ‚Made in Germany'" – „Warum die Grünen nichts vom Islam verstehen" – „Idschtihad gegen Dschihad". Der Autor macht die politische Linke, die die Gefahren des Islamismus herunterspielt, für das Erstarken der politischen Rechten verantwortlich. Sie verrate die Ideale der Aufklärung. Der Autor rechnet mit jenen ab, die Deutschland als ausländerfeindlich, gar als rassistisch ansehen. Die folgenden Fragen sind rhetorischer Natur: „Widerlegte gerade die ‚Willkommenskultur' nicht das gesamte Gerede der Linken vom deutschen ‚Rassismus', von der deutschen ‚Islamophobie', von der deutschen Fremdenfeindlichkeit und von der deutschen ‚Intoleranz'? Traten die endlosen Flüchtlingsströme von Musliminnen und Muslimen nicht die linken Behauptungen von der ‚Islamfeindlichkeit' und ‚Stigmatisierung der Muslime' mit Füßen, Tag für Tag, Monat für Monat? Ein ‚islamophobes' Deutschland? Hätte sich das nicht in den islamischen Herkunftsländern der Flüchtlinge herumgesprochen?"[30] Auch Schirmbeck macht sich überzeugende Argumente für die Universalität der Menschenrechte zu eigen. Denn kulturrelativistische Positionen reden im Grunde dem politischen Islam das Wort. „Toleranz zeigt sich weder in starrer Abgrenzung noch in gleichgültiger Zulassung von anderen Lebensgewohnheiten. Vielmehr wird sie sichtbar in der Akzeptanz der Freiheit anderer, Überzeugungen zu vertreten und eine Lebensgestaltung zu wählen, die den eigenen Wertigkeiten mitunter völlig zuwiderläuft, solange sie nicht gegen die Freiheit anderer verstoßen."[31]

Wie ist die betont zurückhaltende Art der Kritik am politischen Islam, der Toleranz weder propagiert noch praktiziert, in weiten Teilen des Linksliberalismus zumal in Deutschland erklärbar? Verschiedene Stränge kommen zusammen. Die Reihenfolge ist wegen der unterschiedlichen Prioritätensetzung von Fall zu Fall verschieden. Zudem fließen oft mehrere Argumentationsmuster ineinander. Offenkundig ist das Terrain vermint.

Zunächst einmal erklärt die Angst vor dem „Beifall von der falschen Seite" die Zurückhaltung. Linksliberale wollen nicht mit tatsächlichen oder vermeintlichen Rechtspopulisten in einen Topf geworfen werden. Diese Position überzeugt ganz und gar nicht. Ob ein (tatsächlicher oder vermeintlicher) Gegner einem Argument zustimmt, tut nichts zur Sache. Ansonsten wäre es nötig, die jeweilige Gegenposition zu vertreten. Damit würde die gegnerische Seite die politische Agenda bestimmen. Das aber kann nicht gewollt sein. Wer zum politischen Islam und seinen aggressiven Seiten schweigt, schwächt die Fremdenfeindlichkeit nicht, sondern stärkt sie. Schließlich nehmen die Bürger die Diskrepanz von Realität und ihrer Vermittlung wahr.

Linksliberale befürworten am stärksten von allen politischen Richtungen die multikulturelle Gesellschaft mit offenen Grenzen. Äußerten sie scharfe Kritik am politischen Islam, müssten sie eigene Prinzipien in Frage stellen und Schattenseiten der gepriesenen multiethnischen Gesellschaft einräumen. Das wollen sie jedoch mehrheitlich nicht. Hinzu kommt: Wer die Lebenswirklichkeit anderer Milieus nicht hinreichend zur Kenntnis nimmt, sieht keine Notwendigkeit, eigene Konzepte einem Praxistest zu unterziehen. Gerade Gutsituierte leben in einer Welt, die weniger mit multiethnischen Problemen konfrontiert ist. Da lässt sich „Weltoffenheit" prima propagieren. Vielfalt ist jedoch per se nichts uneingeschränkt Positives, etwa mit Blick auf Parallelgesellschaften.[32]

Das Thema des politischen Islam eignet sich im Zusammenhang mit Migration gut dafür, mit Moralisierung, die als Moral verkauft wird, Punkte zu sammeln. Denn wer dagegen aufbegehrt, Muslime in größerer Anzahl in die hiesige Gesellschaft aufzunehmen, muss sich des Soupçons erwehren, er hege einen Generalverdacht gegen alles Fremde. „Über die moralisierende Herabsetzung der fremden und die Überlegenheitspostulierung der eigenen Positionen wird eine problematische Binarität in den politischen Diskurs eingeführt. Der binäre Code heißt dann: Wahrheit versus Lüge, Moral versus Unmoral. Pluralistische, abweichende wissenschaftliche Positionen werden so zu einer Zumutung, die es zu bekämpfen gilt."[33] Kritiker einer multikulturellen Gesellschaft sind nicht per se antidemokratisch. Aber da sie oft in die „rechte Ecke" gerückt werden, verstummen viele von ihnen zunehmend. Die doch an sich gewünschte Vielfalt wird dadurch limitiert. Es greift die Fehlperzeption um sich, nur Ewiggestrige hegten Zweifel an Missständen bei der Migrationspolitik und am politischen Islam. Schuldgefühle „der Weißen", nicht nur, aber auch – und vor allem – in Deutschland, spielen bei diesem Thema eine große Rolle. Muslime seien in der Vergangenheit durch Europäer unterdrückt worden. Elham Manea kritisiert zu Recht eine Denkweise, „die Menschen verschiedener Nationalitäten auf ihre religiöse Identität reduziert, sie als homogene Gruppe behandelt und dabei ihre Kulturen und Religion essentialisiert – ein Denkparadigma, das mittlerweile kennzeichnend für den postkolonialen und postmodernen akademischen Diskurs in der westlichen Welt ist und diesen schon viel zu lange beherrscht."[34] In der Tat wird ein Muslim durch die Identitätspolitik nicht als Individuum wahrgenommen – die Zugehörigkeit zu einer Religion legt sein Wesen fest. Identitätspolitik erklärt wesentlich das Wegschauen gegenüber höchst problematischen Befunden.

Eine Paradoxie stellt der folgende Befund dar: Auf der einen Seite wird der gewalttätige Islamismus von Linksliberalen vielfach als „rechts" bezeichnet, auf der anderen Seite erfährt die für ihn verantwortliche Ideologie indirekt Schützenhilfe, soll doch die multikulturelle Gesellschaft nicht in Frage gestellt werden. Aber die Frage muss erlaubt sein, ob nicht die vielfach unkritische Haltung ihr gegenüber zu manchen Auswüchsen beigetragen hat. Eine weitere Paradoxie: Ausgerechnet Konservative, die mit Emanzipation und Feminismus nicht viel anzufangen wissen, prangern beim politischen Islam gerade deren Fehlen an. Offenkundig wohnt dieser Kritik eine instrumentelle Funktion inne.

Was ist von dem Argument zu halten, der Linksliberalismus erreiche durch seine Beflissenheit gegenüber dem politischen Islam das Gegenteil des Beabsichtigten, nämlich eine Stärkung des Rechtspopulismus? Das ist ein zentraler Befund Sahra Wagenknechts. Deutschland habe ein Problem mit dem radikalen Islamismus. Ihre Schlussfolgerung: „Eine Linke, die einen realistischen Umgang mit Problemen als *rechts* ächtet, spielt der Rechten die Bälle zu."[35] Salafisten würden zwar nicht staatlich unterstützt, „aber auch sie können ihre Hassbotschaften ungestört verbreiten –

vielfach unter der schützenden Hand linksliberaler Politiker."³⁶ Die Diagnose dürfte stimmen. Doch reicht dies aus, deswegen auf linksliberale Topoi zu verzichten? Wohl nicht! Müsste der Umkehrschluss im Selbstverständnis Wagenknechts nicht folgendermaßen lauten: Wenn die linksliberale Sichtweise Erfolg bei der Schwächung des Rechtspopulismus hätte, dann wäre sie legitimiert? Dies mag eine Überinterpretation der Autorin sein, aber es muss gelten: Schelte von der „richtigen Seite" ist ebenso wenig ein überzeugendes Argument wie Beifall von der „falschen Seite". Der Cui-bono-Topos hat in der Wissenschaft nichts zu suchen.

Ablehnung aller Varianten des Extremismus

Wer gegen alle Formen des Extremismus Stellung bezieht und das Äquidistanzprinzip bejaht, verficht ein antiextremistisches Demokratieverständnis. Nur dieses ist glaubwürdig, weil der demokratische Verfassungsstaat von vielen Seiten bekämpft wird. Es fällt manchen schwer, sich zu dieser Position durchzuringen. Hier müssten sich Linksliberale angesprochen fühlen, aber nicht nur sie. Demokratische Rechte, demokratische Linke und demokratische Repräsentanten des Islam eint die Akzeptanz des Verfassungsstaates, wobei die Ablehnung von Gewalt und Gewaltaufrufen nicht das entscheidende Kriterium sein kann. Schließlich gibt es auch legalistischen Extremismus. Bereits Ziele sind gemäß dem Konzept der streitbaren Demokratie antidemokratisch, nicht erst Mittel. Aus Ideen können Gewalttätigkeiten hervorgehen.

Der islamistische Extremismus mit seinem Plädoyer für einen „Gottesstaat" lehnt grundsätzlich säkulare Prinzipien ab. Auf der einen Seite spielen Kritiker bei Anschlägen den islamistischen Hintergrund der „Gotteskrieger" herunter, leugnen die kommunikativen Netzwerke und benennen Persönlichkeitsstörungen der Täter, auf der anderen Seite vernachlässigen sie bei psychisch labilen Rechtsextremisten die krankhaften Symptome, stellen ausschließlich die Ideologie als Verursachungsfaktor heraus. In einem Fall wird entpolitisiert, die Einzeltat eines Isolierten betont, im anderen die Gefährlichkeit der Ideologie.³⁷ Das läuft auf ein Messen mit zweierlei Maß hinaus. Für (demokratische) Linke ist der Rechtsextremismus in der Regel ein größerer Feind als der Islamismus, für (demokratische) Rechte der Islamismus ein größerer Feind als der Linksextremismus. Insofern besteht eine gewisse Schieflage.

Obwohl die Extremismen mit der Ablehnung offener Gesellschaften durch strukturelle Gemeinsamkeiten gekennzeichnet sind, können sie nicht zusammenarbeiten, von vorübergehenden Zweckbündnissen nach dem Motto „Der Feind meines Feindes ist mein Freund" einmal abgesehen. Das Selbstverständnis dieser Ideologien, das Kompromisse auf Dauer ausschließt, macht eine feste Kooperation unmöglich. Zu den wenigen „Frontenwechslern" gehört der einstige Linksterrorist Bernhard Falk, der in der Inhaftierung zum Islamismus konvertiert ist.[38]

Demokratische Gesellschaften müssen extremistischen Großideologien widerstreiten. Wer ein angemessenes Bild von den Feinden der Demokratie vertritt, produziert deswegen noch lange kein ideologiegesättigtes Feindbild. Es verbietet sich, den Fundamentalismus als dritte Säule aus dem Extremismus-Spektrum herauszunehmen: Die unfreiheitlichen Verhältnisse in islamistischen Staaten sprechen Bände. Mit Begriffen wie „Islamophobie", „Islamfeindlichkeit" und „antimuslimischer Rassismus" wird Schindluder getrieben.[39] Wer von der Universalität der Menschenrechte überzeugt ist, kann keinem kulturellen Relativismus das Wort reden.[40] Der islamistische Extremismus mit seinem Plädoyer für einen „Gottesstaat" wendet sich, wie gesagt, gegen jegliche säkulare Prinzipien.[41] Der Hinweis auf importierten Antisemitismus, der mitunter spärlich ausfällt, macht den hiesigen Antisemitismus von rechtsaußen keinen Deut weniger schlimm.[42]

Die Lehren aus dem 11. September 2001 sollten sich nicht nur auf die Abwehr weiterer islamistischer Gewalttätigkeiten beziehen. Was oft zu kurz kommt: Die Fixierung auf Gewalt verkennt die Existenz anderer antidemokratischer Formen im Islamismus. Es ist einerseits das Verdienst bestimmter Linksliberaler, darauf nachdrücklich hingewiesen zu haben, und andererseits ein Defizit anderer, dies zu ignorieren. Linksliberale Positionen sind in dieser für den demokratischen Verfassungsstaat zentralen Frage gespalten.[43]

Der politische Islam hat das Zeug dazu, den Linksliberalismus zu spalten. Die Antwort auf die Haltung zu ihm entzweit das linksliberale Lager.

Anmerkungen

1. Bereits früh hatte der amerikanische Politikwissenschaftler Samuel P. Huntington die Gefahr durch den Islamismus beim Namen genannt. Vgl. Samuel P. Huntington, *Kampf der Kulturen. Die Neugestaltung der Weltpolitik im 21. Jahrhundert* (Wien: Europa Verlag, 1996).
2. Vgl. jetzt Katajun Amirpur, *Kohmeini. Der Revolutionär des Islams. Eine Biographie* (München: C.H. Beck, 2021).
3. Vgl. Uwe Backes, „Extremistische Ideologien", in Eckhard Jesse und Tom Mannewitz (Hrsg.), *Extremismusforschung. Handbuch für Wissenschaft und Praxis* (Baden-Baden: Nomos, 2018), S. 99–155, insbes. S. 142–150.
4. Vgl. die historische Herleitung bei Uwe Backes, *Liberalismus und Demokratie – Antinomie und Synthese. Zum Wechselverhältnis zweier politischer Strömungen im Vormärz* (Düsseldorf: Droste, 2000).
5. Vgl. Fabian Fischer, *Die konstruierte Gefahr. Feindbilder im politischen Extremismus* (Baden-Baden: Nomos, 2018).
6. Vgl. etwa Eckhard Jesse, „Äquidistanz und Hufeisenmodell einerseits, antifaschistischer Konsens und Ausgrenzung andererseits", in Uwe Backes, Alexander Gallus, Eckhard Jesse und Tom Thieme (Hrsg.), *Jahrbuch Extremismus & Demokratie*, Bd. 32 (Baden-Baden: Nomos, 2021), S. 13–40.
7. Vgl. Pascal Bruckner, *Der eingebildete Rassismus. Islamophobie und Schuld* (Berlin: Edition Tiamat, 2020), insbes. S. 49–82; Caroline Fourest, *Generation Beleidigt. Von der Sprachpolizei zur Gedankenpolizei* (Berlin: Edition Tiamat, 2020).
8. Vgl. Ruud Koopmans, *Assimilation oder Multikulturalismus? Bedingungen gelungener Integration* (Münster: LIT, 2017).
9. Vgl. Ruud Koopmans., *Das verfallene Haus des Islam. Die religiösen Ursachen von Unfreiheit, Stagnation und Gewalt* (München: C.H. Beck, 2020).
10. Ebd., S. 197.
11. Ebd., S. 190.
12. Siehe hierzu auch die ähnlichen Befunde bei Ahmad Mansour, *Klartext zur Integration. Gegen falsche Toleranz und Panikmache*, Frankfurt a. M.: S. Fischer Verlag 2018.
13. Vgl. Susanne Schröter, *Im Namen des Islam. Wie radikalislamische Gruppierungen unsere Gesellschaft bedrohen*, Gütersloh: Pantheon Verlag 2021.
14. Vgl. zuletzt: Ayaan Hirsi Ali, *Beute. Warum muslimische Einwanderung westliche Frauenrechte bedroht* (München: Bertelsmann, 2021); Seyran Ates, *Selam, Frau Imamin. Wie ich in Berlin eine liberale Moschee gründete* (Berlin: Ullstein Verlag, 2017); Necla Kelek, *Die unheilige Familie. Wie die islamische Tradition Frauen und Kinder entrechtet* (München: Droemer, 2019); Ulrike Ackermann, *Das Schweigen der Mitte. Wege aus der Polarisierungsfalle* (Darmstadt: Wissenschaftliche Buchgesellschaft, 2020), S. 160–175. Kein Sachbuch wurde nach 1945 so oft verkauft wie das folgende: Thilo Sarrazin, *Deutschland schafft sich ab. Wie wir unser Land aufs Spiel setzen* (München: Deutsche Verlags-Anstalt, 2010); Patrick Bahners,

Die Panikmacher. Die deutsche Angst vor dem Islam – eine Streitschrift (München: C.H. Beck, 2011).

15 Vgl. ausführlicher Wilfried von Bredow und Eckhard Jesse, „Gebannt im Widerspruch", *Frankfurter Allgemeine Zeitung* vom 14. Mai 2021, S. 11.

16 Vgl. David Goodhart, *The Road to Somewhere. The Populist Revolt and the Future of Politics* (London: C. Hurst & Co, 2017).

17 Vgl. Sahra Wagenknecht, *Die Selbstgerechten. Mein Gegenprogramm – für Gemeinsinn und Zusammenhalt* (Frankfurt a. M.: Campus, 2021), S. 98–139.

18 Auf das Nennen von Beispielen, die offenkundig sind, wird verzichtet.

19 Egbert Jahn, „Wissenschaftsfreiheit. Wie ich wegen angeblich ‚menschenverachtender' Äußerungen aus der Lehre der Goethe-Universität in Frankfurt a.M. ausgeschlossen wurde", in Wilhelm Hopf (Hrsg.), *Libertas. Jahrbuch für Meinungsfreiheit* Bd. 1 (Münster: LIT, 2020), S. 335–341, hier S. 340.

20 Vgl. Heribert Prantl, *Not und Gebot. Grundrechte in Quarantäne* (München: C.H. Beck, 2021).

21 Kevin Kühnert, *Die politische Linke sollte ihr Schweigen brechen*: https://www.spiegel.de, 21. Oktober 2020 [5.6.2021].

22 Ebd.

23 Vgl. beispielhaft die folgenden zehn Thesen von Ralph Giordano, „Die Gutmenschen und die dunklen Seiten des Islam", *welt.de*, am 19. September 2010 (6.6. 2021).

24 Bereits kurz nach dem 11. September 2001 erschien folgender Sammelband: Alice Schwarzer (Hrsg.), *Die Gotteskrieger und die falsche Toleranz* (Köln: Kiepenheuer & Witsch, 2002).

25 Vgl. Alice Schwarzer, *Lebenswerk* (Köln: Kiepenheuer & Witsch, 2020), S. 231–246, S. 275–289, S. 347–354, S. 423–429, S. 430–434 und S. 453–457.

26 Ebd., S. 240.

27 Vgl. Alice Schwarzer (Hrsg.), *Der Schock, Die Silvesternacht von Köln* (Köln: Kiepenheuer & Witsch, 2016).

28 Dies., *Lebenswerk*, S. 285.

29 Vgl. Samuel Schirmbeck, *Der islamische Kreuzzug und der ratlose Westen. Warum wir eine selbstbewusste Islamkritik brauchen* (Zürich: Füssli, 2016); Samuel Schirmbeck, *Gefährliche Toleranz. Der fatale Umgang der Linken mit dem Islam* (Zürich: Füssli, 2018).

30 Schirmbeck, *Gefährliche Toleranz.*, S. 147.

31 So Heiko Heinisch und Nina Scholz, *Europa, Menschenrechte und Islam – ein Kulturkampf?* (Wien: Passagen, 2012), S. 75; siehe auch dies., *Charlie versus Mohammed. Plädoyer für die Meinungsfreiheit* (Wien: Passagen, 2016).

32 Vgl. die ausgewogene Analyse von Gunter Weißgerber, Richard Schröder und Eva Quistorp, *Weltoffenes Deutschland? Zehn Thesen, die unser Land verändern* (Freiburg: Herder, 2018).

33 So Wolfgang Merkel, „Neue Krisen. Wissenschaft, Moralisierung und die Demokratie im 21. Jahrhundert", *Aus Politik und Zeitgeschichte* B 26–27/2021, S. 4–11, hier S. 10.

34 Elham Manea, „Wie das Schuldbewusstsein ‚der Weißen' dem Islamismus Vorschub leistet", in Sandra Kostner (Hrsg.), *Identitätslinke Läuterungsagenda. Eine Debatte zu ihren Folgen für Migrationsgesellschaften* (Stuttgart: Ibidem, 2019), S. 222.

35 Wagenknecht, *Die Selbstgerechten*, S. 14 (Hervorhebung im Original).

36 Ebd., S. 119.

[37] Hier bietet sich ein Vergleich zwischen den Mordtaten in Hanau (Februar 2020) und denen in Würzburg (Juni 2021) an.

[38] Vgl. Tom Mannewitz, „Biographisches Porträt: Bernhard Falk", in Uwe Backes, Alexander Gallus, Eckhard Jesse und Tom Thieme (Hrsg.), *Jahrbuch Extremismus & Demokratie*, Bd. 32 (Baden-Baden: Nomos, 2021), S. 197–213.

[39] Vgl. Armin Pfahl-Traughber, „,Islamophobie' und ,Antimuslimischer Rassismus' – Dekonstruktion zweier Hegemoniekonzepte aus menschenrechtlicher Perspektive", *Zeitschrift für Politik* 67, 2 (2020), S. 133–152.

[40] Vgl. etwa Vojin Saša Vukadinovic (Hrsg.), *Freiheit ist keine Metapher. Antisemitismus, Migration, Rassismus, Religionskritik* (Berlin: Querverlag, 2018); Sama Maani, *Respektverweigerung. Warum wir fremde Kulturen nicht respektieren sollten. Und die eigene auch nicht* (Klagenfurt: Drava, 2015).

[41] Vgl. Bassam Tibi, *Die fundamentalistische Herausforderung. Der Islam und die Weltpolitik* (München: C.H. Beck, 1992); ders., *Der neue Totalitarismus. Heiliger Krieg und westliche Sicherheit* (Darmstadt: Wissenschaftliche Buchgesellschaft, 2004); ders., *Die islamische Herausforderung. Religion und Politik im Europa des 21. Jahrhunderts* (Darmstadt: Wissenschaftliche Buchgesellschaft, 2008); ders., *Basler Unbequeme Gedanken. Über illegale Zuwanderung, Islamisierung und Unterdrückung der Redefreiheit* (Stuttgart: Ibidem, 2018).

[42] Dies gilt ganz und gar nicht für die *Neue Zürcher Zeitung*. Vgl. beispielsweise: Michael Wolffsohn, „Die nützlichen Idioten der Antisemiten" (13. Januar 2021, S. 29); Susanne Schröter, „Der islamische Antisemitismus wird verharmlost" (19. Mai 2021, S. 15); Lucien Scherrer, „Als wüsste keiner, woher die Rufe kommen" (25. Mai 2021, S. 9).

[43] Das gilt auch für „Antiimperialisten" und „Antideutsche", aber diese Aspekte wurden hier ausgespart.

Teil IV:

Länderfokussierte Analysen: Welche Lehren wurden gezogen?

Was und wen bekämpfen wir?
Auf diese Frage sucht der Westen seit zwanzig Jahren Antworten

Lorenzo Vidino

Zwanzig Jahre nach den Terroranschlägen vom 11. September 2001 hat der Westen trotz endloser Debatten noch immer keine Antwort auf die grundlegende Frage gefunden: Was und wen bekämpfen wir eigentlich? So werden die Terroranschläge selbst sowie die Reaktionen, die sie auslösten, je nach Standpunkt sehr unterschiedlich bewertet und eingeordnet. Die einen interpretierten den islamistischen Terror als Beweis für Samuel Huntingtons These vom Zusammenprall der Zivilisationen. Die anderen werteten sie als Zeichen des innerislamischen Bürgerkriegs, an dem der Westen nicht unbeteiligt sei. Extreme Sichtweisen rechtfertigten auf der einen Seite die Anschläge als postkoloniale Gegenreaktion, während sie am anderen Ende des ideologischen Spektrums als Beleg für die inhärent gewalttätige Natur des Islams gewertet wurden.

„Krieg gegen den Terror" lautete die unmittelbar nach dem 11. September geprägte Formel, die zum Ausdruck bringen sollte, wen die USA beziehungsweise der Westen als Gegner ausgemacht hatte und was bekämpft werden sollte. Obwohl dieses Schlagwort in den letzten Jahren deutlich weniger verwendet wird, beschreibt es im Kern nach wie vor die zentrale Zielrichtung und Vorgehensweise des Westens. Der Formel liegt eine strategische Überlegung zugrunde, die beinhaltet, was schon zu Beginn des mittlerweile zwei Jahrzehnte andauernden Konflikts den meisten klar war: nämlich, dass jede Formulierung, die den Eindruck einer offenen Feindschaft gegenüber dem Islam erwecken könnte, geeignet wäre, Al-Qaida und den zahlreichen anderen dschihadistischen und islamistischen Gruppen in die Hände zu spielen, weil auf diese Weise das Narrativ dieser Gruppen, dass der Westen sich auf einem Kreuzzug gegen die Muslime befinde, gestärkt würde.

Nichtsdestotrotz wurde der Begriff von Anbeginn an kritisiert. So wurde beispielsweise darauf hingewiesen, dass Terrorismus nur ein Werkzeug beziehungsweise eine Kriegstaktik sei und daher nicht der eigentliche Gegenstand dessen sein kann, was man bekämpft. Aus amerikanischer Sicht wurde der Zweite Weltkrieg auch nicht gegen den Blitzkrieg oder den Einsatz von Panzern geführt, sondern gegen Nazideutschland und seine Verbündeten. Beim Krieg gegen den Terror ging es zudem nie darum, alle terroristischen Gruppen und Ideologien zu bekämpfen. Das zeigt sich allein daran, dass gegen Gruppen wie die baskische ETA oder gewalttätige korsische Separatisten, die als Terrororganisationen eingestuft sind, recht wenige Schritte unternommen wurden, um sie zu bekämpfen.

Die Herausforderungen begannen also schon auf der semantischen Ebene: Es galt, Begrifflichkeiten zu finden, die nicht so gut wie zwangsläufig die weltweit circa 1,8 Milliarden Muslime vor den Kopf stoßen würden – darunter viele, die Dschihadismus und Islamismus ablehnen. Das Streben nach sprachlicher Sensibilität heißt jedoch nicht, dass man sich nicht hinreichend Klarheit darüber verschafft, worum es erstens in dem Konflikt geht, wer zweitens der Feind ist und wie man ihn drittens bekämpft. Doch genau diesen Klärungsprozess hat man nicht vorgenommen, weshalb im Westen weiterhin ein erstaunlich großer Mangel an Klarheit über die zentralen Parameter des Konflikts besteht.

Einige Monate nach Beginn des Kriegs gegen den Terror wurde offenkundig, dass es mit der Bekämpfung Al-Qaidas, der Gruppe, die für 9/11 verantwortlich war, nicht getan sein würde. Man hatte erkannt, dass es neben Al-Qaida eine größere Anzahl an lokalen dschihadistischen Gruppen gab, die teilweise mit Al-Qaida verbunden waren, teilweise aber unabhängig von Osama bin Ladens Terrororganisation agierten. Man erkannte also, dass es nicht nur einen zu bekämpfenden Feind gab, sondern dass man einer globalen dschihadistischen Bewegung gegenüberstand, die zwar in unterschiedliche Gruppen fragmentiert ist, welche aber aufgrund ihrer Gemeinsamkeiten dennoch eine Bewegung darstellt. Ist der Feind somit, anders, als die PR-Rhetorik vom „Krieg gegen den

Terror" nahelegt, die dschihadistische Ideologie, da sie das Mittel ist, das all diese Gruppe eint? Wenngleich führende westliche Politiker hierzu keine einstimmigen Erklärungen abgaben, scheint es Konsens zu sein, dass „der Feind" eben keine einzelne Gruppe, sondern eine bösartige Ideologie ist, die weltweit agierende Gruppen und Individuen zusammenhält.

Wie sieht es mit dem politischen Islam aus, also dem legalistischen Islamismus? Sollte sich der „Krieg gegen den Terror" auch auf den politischen Islam beziehungsweise den Islamismus (beide Bezeichnungen werden parallel verwendet) erstrecken? Könnten Gruppen wie die Muslimbruderschaft, deren Mitglieder als Fahnenträger des globalen Islamismus zu sehen sind, womöglich dennoch Verbündete sein? Ist der Islamismus im Kern ein Teil des Problems, oder ist er Teil der Lösung? Diese Frage ist angesichts des weit verbreiteten Einflusses islamistischer Bewegungen sehr wichtig. Die Meinungen zu diesem Thema könnten allerdings kaum weiter auseinandergehen.

Fairerweise muss man sagen, dass die Beziehung zwischen legalistischen Islamisten und dschihadistischen Bewegungen äußerst komplex ist und je nach Zeit und Kontext variiert. Dennoch ist die Feststellung zutreffend, dass beide gemeinsame Wurzeln haben. Die meisten Wissenschaftler, egal welche Position sie hinsichtlich der Beziehung von politischem Islam und Dschihadismus einnehmen, sehen in den Schriften des Vordenkers der Muslimbruderschaft, Sayyid Qutb, den Ausgangspunkt der salafistisch-dschihadistischen Bewegung. Es gibt zahlreiche Punkte der Konvergenz und der Divergenz zwischen politischem Islam und Dschihadismus, die auf Qutb zurückgehen. Bis zu einem gewissen Grad streben sie ein und dasselbe Endziel an, da beide eine islamische Gesellschaft errichten möchten. Dennoch kann man mit Fug und Recht behaupten, dass der islamische Staat, der den Muslimbrüdern und anderen islamistischen Gruppen vorschwebt, sich deutlich von jenem unterscheidet, den die Dschihadisten anstreben. Ein Hauptunterschied liegt in der Taktik, da die Islamisten den Stimmzettel den Kugeln vorziehen, während die dschihadistischen Gruppen argumentieren, dass die Teilnahme am politischen Prozess ketzerisch sei. Gleichzeitig wäre es jedoch ein Fehler zu glauben, dass die Muslimbrüder den Dschihad als Strategie zur Erreichung ihrer Ziele völlig aufgegeben haben, denn die Beispiele für ihre Beteiligung an gewaltsamen Aktionen, gerade in den letzten Jahren, sind zahlreich.

Diese Unterschiede und Gemeinsamkeiten führen zu einer komplexen Beziehung. Man kann sehr wohl behaupten, dass die beiden Bewegungen in ständiger Konkurrenz zueinanderstehen, um die konservativsten Teile der muslimischen Bevölkerungsgruppe anzuziehen, und dass sie einander regelmäßig mit giftigen Hetzreden angreifen. Doch gleichzeitig gibt es viele Umstände, unter denen die Bruderschaft mit dschihadistischen Gruppen kooperiert und sich damit jeder eindimensionalen Analyse entzieht.

Diese Komplexität bewirkt, dass Experten sehr unterschiedliche Ansichten über die Beziehung zwischen den beiden Seiten vertreten. Auf der einen Seite gibt es diejenigen, die argumentieren, der Dschihadismus sei nur die Spitze des Eisbergs, die unmittelbar sichtbare Manifestation eines größeren Problems, nämlich des politischen Islams. Dieser Ansicht nach hat der politische Islam, wie jede andere totalitäre Bewegung, zwei Flügel: einen, vertreten durch Gruppen wie Al-Qaida oder Islamischer Staat, der ungeduldiger und aktionsfreudiger ist und versucht, seine Ziele mit Gewalt zu erreichen; und einen anderen, der von den Muslimbrüdern gebildet wird, die zwar die Anwendung von Gewalt nicht völlig ausschließen, aber darauf abzielen, die geeignete Strategie zur richtigen Zeit und am richtigen Ort anzuwenden. Es gibt Meinungsverschiedenheiten zwischen den beiden Flügeln, die oft emotionale Untertöne annehmen. Aber sie sollten als Meinungsverschiedenheiten unter Gleichgesinnten betrachtet werden, die zwar ähnliche Weltanschauungen und Ziele haben, sich aber nicht einig sind, welche Strategien sie anwenden sollen.

Befürworter dieser Ansicht verweisen auf eine lange Geschichte ideologischer Verbindungen zwischen den beiden vermeintlichen Flügeln derselben Bewegung. Als Paradebeispiel für die Nähe zwischen beiden Bewegungen führen jene gerne an, dass die drei Personen, die eine Schlüsselrolle bei der Gründung und

Führung von Al-Qaida hatten, Abdullah Azzam, Osama bin Laden und Ayman al-Zawahiri, alle aus der Muslimbruderschaft kamen, bevor sie den Sprung in den Dschihadismus wagten. So behauptet etwa Alain Chouet, der ehemalige Leiter des DGSE, des inzwischen aufgelösten französischen Auslandsgeheimdienstes: „Al-Qaida ist nur eine kurze Episode und ein zweckmäßiges Instrument in der jahrhundertealten Existenz der Muslimbruderschaft. Die wahre Gefahr liegt in der Ausbreitung der Bruderschaft, einem Anwachsen ihres Publikums."[1]

Am anderen Ende des Spektrums wird argumentiert, dass die beiden ideologischen Strömungen wenig bis nichts gemeinsam haben. Die Bruderschaft, so wird postuliert, gab in den späten 1960er-Jahren unter der Führung von Hassan al-Hudaiby, der Berichten zufolge Qutbs Doktrin des Takfir (der Exkommunikation) und der Gewalt ablehnte, die Gewalt auf.[2] Indem sie die Lehren von al-Hudaybi übernahm, entschied sich die Bruderschaft für eine gewaltfreie Opposition, die sich auf gesellschaftliche Reformen durch Bildung an der Basis konzentrierte.[3] Dieser Sichtweise nach hat die Bruderschaft seither die Gewalt aufgegeben und den demokratischen Prozess akzeptiert und ist zu einer friedlichen sozialen Bewegung geworden, die trotz gelegentlich problematischer Rhetorik nicht als Bedrohung angesehen werden sollte.

Im Gegenteil, so argumentieren einige, können die Islamisten als Brandmauer fungieren, „die ansonsten beeinflussbare Muslime davon abhält, den Weg der Radikalisierung zu beschreiten".[4] Indem sie sich die Radikalisierung hypothetisch als ein Kontinuum vorstellen, dessen Endpunkt durch die Annahme einer dschihadistischen Weltanschauung und gewalttätiger Taktiken definiert wird, identifizieren sie die Muslimbrüder als eine Kraft, die diesen Prozess auf halbem Weg stoppen kann. Die Bruderschaft, so sagen einige, „arbeitet daran, Muslime von Gewalt abzubringen und sie stattdessen in die Politik und in wohltätige Aktivitäten zu lenken."[5] Die Tatsache, dass dschihadistische Gruppen die Muslimbrüder häufig kritisieren und sogar der Apostasie beschuldigen, weil sie den Dschihad aufgegeben hätten und die Demokratie unterstützten, wird von Befürwortern einer Annäherung an die Brüder als zusätzlicher Beweis für Gemeinsamkeiten gesehen, die der Westen mit der Bewegung finden könne. Darüber hinaus ist die Rolle der Muslimbrüder als Brandmauer nach Ansicht einiger Gelehrter besonders effektiv aufgrund der Legitimität, die die Bewegung an der Basis und an den konservativsten Rändern der muslimischen Welt genießt. Nur die Muslimbrüder sind tatsächlich in der Lage, wütende junge Männer auf dem Weg zur Radikalisierung intellektuell anzusprechen und sie von der Gewalt abzubringen. „Gemäßigte Muslime können den Bin-Ladenismus nicht besiegen, da sie nicht das gleiche Publikum mit der gleichen Sprache und den gleichen Leidenschaften ansprechen", so argumentiert der ehemalige CIA-Beamte Reuel Marc Gerecht.[6]

Eine Fallstudie: Das britische Experiment der Terrorismusbekämpfung

Die westliche Debatte über die Identifizierung des Feindes und die Rolle der Islamisten im sogenannten Krieg gegen den Terror hat sehr konkrete politische Konsequenzen, die in den letzten zwanzig Jahren auf mehreren Ebenen sichtbar wurden. Einige davon beziehen sich auf den Nahen Osten, wo westliche Regierungen um eine konsistente Einschätzung und Haltung gegenüber den in der Region agierenden islamistischen Akteuren gerungen haben. Besonders deutlich wurde das Phänomen in den Jahren des Arabischen Frühlings, als verschiedene Zweige der Muslimbruderschaft an die Macht kamen oder eine wichtige Rolle in den Wirrnissen ihrer Länder spielten – eine Dynamik, die in den Hauptstädten des Westens widersprüchliche Reaktionen auslöste.

Auch Unsicherheiten darüber, wie Islamisten einzuschätzen sind, waren in vielen westlichen Ländern ein wichtiger Bestandteil des innenpolitischen Anti-Terror-Diskurses. In vielen westlichen Strafverfolgungsbehörden und Geheimdiensten gibt es nämlich seit langem eine Debatte darüber, ob Islamisten als Partner gegen gewalttätige Radikalisierung angesehen werden können. Könnten sie, da sie nicht direkt gewalttätig sind (zumindest im Westen), von westlichen Regierungen tatsächlich gegen gewalttätige Radikalisierung eingesetzt werden? Können sie der Anziehungskraft der Dschihadisten etwas entgegensetzen? Sind sie ihrem Wesen nach Teil des Problems oder Teil der Lösung?

Die Idee, irgendeine Form der Zusammenarbeit mit Islamisten zu schmieden, hat einige europäische Politiker und Anti-Terror-Praktiker schon lange gereizt. Doch die meisten Ansätze waren zaghaft, zurückhaltend und nicht Teil einer klar definierten Strategie. Das Land, in dem diese Debatte historisch gesehen ihren Anfang nahm und in dem der Denkansatz vor allem zum ersten Mal umgesetzt wurde, ist das Vereinigte Königreich. Obwohl nie zu einer formalisierten Politik entwickelt, wurde die Bildung verschiedener Formen von Partnerschaften mit gewaltlosen Islamisten in den Jahren unmittelbar nach den Anschlägen vom 11. September 2001 vonseiten verschiedener Stellen der britischen Regierung zur Eindämmung der Radikalisierung befürwortet.

Ein internes Memorandum des Außenministeriums aus dem Jahre 2005 über den Besuch des spirituellen Führers der Muslimbruderschaft Yussuf al-Qaradawi in London steht beispielhaft für diese Denkrichtung. Das Außenministerium gab zwar zu, dass al-Qaradawis offene Unterstützung für Selbstmordattentate im Irak und in Palästina beunruhigend sei, räumte aber zugleich ein, dass „sie unter Muslimen nicht ungewöhnlich oder gar außergewöhnlich sind", weder im Nahen Osten noch im Vereinigten Königreich. Indem es den Besuch des Geistlichen in Großbritannien befürwortete, lobte das Außenministerium al-Qaradawis Rolle bei der „Förderung des Mainstream-Islam" und schlug vor, dass es „unser Ziel sein sollte, Personen wie al-Qaradawi auf unserer Seite zu haben".[7]

Dieser Denkansatz hatte wichtige Unterstützer in den oberen Rängen des britischen Sicherheitsestablishments. Der ehemalige stellvertretende Kommissar der Metropolitan Police, Andy Hayman, argumentierte in diese Richtung: „Die Leute, die am besten anraten können, wie man in der muslimischen Gemeinschaft diejenigen erreicht, die am anfälligsten für Extremismus sind, sind genau diejenigen, deren eigener Hintergrund ein Sicherheitsrisiko darstellen könnte. Hier aber liegt das Dilemma. Die wertvollsten Berater sind diejenigen, die wahrscheinlich durch den Überprüfungsprozess fallen und von Scotland Yard ausgeschlossen werden."[8]

Diesem Ansatz folgend, der gewaltlose Islamisten als Gegenmittel zu gewalttätigen Islamisten betrachtete, schuf Scotland Yard kurz nach dem 11. September 2001 die Muslim Contact Unit, eine kleine, spezialisierte Einheit, die sich dem Aufbau von Beziehungen zur muslimischen Gemeinschaft, insbesondere zu deren islamistisch geprägten Bezugsgruppen widmete. Die Muslim Contact Unit versuchte, die Vertrauenslücke, unter der die Polizei innerhalb der konservativsten Teile der muslimischen Gemeinschaft litt, zu überbrücken, indem sie mit Einrichtungen zusammenarbeitete, die nach Angaben der Einheit ein hohes Ansehen genossen und aus erster Hand Erfahrungen mit der Bekämpfung von Radikalisierung auf lokaler Ebene hatten.

In diesen Jahren arbeiteten die britischen Behörden häufig mit einer breiten Palette islamistischer Organisationen zusammen und finanzierten sie. In einigen Fällen, wie zum Beispiel bei der Muslim Contact Unit, beruhte dieser Ansatz auf einer sorgfältigen Einschätzung des islamistischen Charakters ihrer Partner und der tiefen Überzeugung, dass diese die am besten geeigneten Partner darstellten. In anderen Fällen, zum Beispiel bei der Finanzierung durch einige Gemeinderäte, wurden Partnerschaften geschlossen, ohne viel über die wahre Natur der Partner zu wissen.

Doch Mitte bis Ende der 2000er-Jahre geriet dieser Ansatz in der britischen Regierung weitgehend in Misskredit. Die Trendumkehr wird perfekt durch eine Rede von David Cameron vom Februar 2011 veranschaulicht, wenige Monate, nachdem er Premierminister geworden war:

> Die Regierungen müssen auch schlauer werden im Umgang mit denjenigen, die zwar nicht gewalttätig, aber in manchen Fällen Teil des Problems sind. Wir müssen viel stärker darüber nachdenken, mit wem zusammenzuarbeiten im öffentlichen Interesse liegt. Einige Organisationen, die versuchen, sich als Tor zur muslimischen Gemeinschaft zu präsentieren, werden mit öffentlichen Geldern überhäuft, obwohl sie wenig zur Bekämpfung des Extremismus beitragen. Wie andere schon bemerkt haben, ist das so, als würde

man sich an eine rechtsextreme faschistische Partei wenden, um eine gewalttätige weiße rassistische Bewegung zu bekämpfen. Wir sollten diese Organisationen also richtig beurteilen: Glauben sie an die universellen Menschenrechte – auch für Frauen und Menschen anderen Glaubens? Glauben sie an die Gleichheit aller vor dem Gesetz? Glauben sie an die Demokratie und das Recht der Menschen, ihre eigene Regierung zu wählen? Fördern sie die Integration oder die Separation? Dies ist die Art von Fragen, die wir stellen müssen.[9]

Die Gründe, die die britischen Behörden zu einer Änderung der Politik veranlassten, sind vielfältig und überschneiden sich. Einige haben argumentiert, dass diese Gründe hauptsächlich politischer Natur waren, wobei die Konservativen mit einer Politik brechen wollten, die ursprünglich unter einer Labour-Regierung konzipiert worden war. Diese These berücksichtigt freilich nicht die Tatsache, dass die Labour-Regierung bereits zwischen 2005 und 2010 den größten Teil ihrer positiven Ansichten über gewaltlose Islamisten dramatisch aufgegeben hatte – einschließlich ihrer Bewertungen jeglicher Funktion, die diese Islamisten bei der Bekämpfung der Radikalisierung einnehmen könnten. Zwei aufeinanderfolgende Labour-Staatssekretärinnen für Gemeinden und Kommunalverwaltung, Ruth Kelly (2006 bis 2007) und Hazel Blears (2007 bis 2009), hatten sich dafür entschieden, islamistischen Akteuren die Plattform zu entziehen und die Finanzierung zu streichen, da sie von deren negativem Einfluss und inakzeptablen Ansichten vollkommen überzeugt waren. Blears, eine prominente Labour-Führungspersönlichkeit aus einem Arbeiterbezirk, äußerte sich besonders lautstark über diesen Positionswechsel und schrieb im Jahr 2009:

> Vor allem die Linke muss wachsam sein. Die liberale Linke setzt sich historisch gesehen für die Underdogs ein, für unterdrückte Völker, um gegen Rassismus und Imperialismus Stellung zu beziehen. Das ist Teil unserer politischen DNA. Das Problem heute ist, dass diese berechtigten Besorgnisse zu einer Unterstützung von Anliegen und von Organisationen mutieren können, die extrem antiliberal sind und von Menschen betrieben werden, deren Herzen mit Frauenfeindlichkeit, Homophobie und Judenhass angefüllt sind. Die pathologische Angst der Liberalen, als ‚rassistisch' oder ‚islamfeindlich' abgestempelt zu werden, kann zu ideologischen Verrenkungen führen: Sie dulden Gruppen, die sozialkonservativ, homophob, antisemitisch und gewalttätig gegenüber Frauen sind, oder schließen sogar Bündnisse mit ihnen.

Der Wandel in der Wahrnehmung von Islamisten unterlag also keiner Tory-Labour-Dynamik. Aber es gab in der Tat ein politisches Element, das zweifelsohne einer der Gründe war, warum britische Politiker beschlossen, ihre Unterstützung für Islamisten zu beenden. In der zweiten Hälfte des Jahrzehnts deckten britische Medien nämlich routinemäßig Fälle auf, in denen islamistische Akteure, die öffentliche Gelder erhalten hatten oder von Politikern als moderate Verbündete gepriesen worden waren, dabei ertappt wurden, dass sie wilde Verschwörungstheorien und extremistische Ansichten vertraten und in einigen Fällen sogar mit gewalttätigen Islamisten in Verbindung standen. Diese Enthüllungen brachten britische Politiker regelmäßig in erheblichen Erklärungsbedarf, da es ihnen offenkundig an strategischer Weitsicht bei der Wahl ihrer Kooperationspartner mangelte.

Ein weiterer Faktor, der die politischen Entscheidungsträger in Großbritannien zu einem Kurswechsel veranlasste, war die überschaubare Wirksamkeit dieser strategischen Kooperationen. Zweifellos hatten einige der von den britischen Behörden ins Leben gerufenen Partnerschaften mit Islamisten Erfolge gezeigt. So hatte es eine Partnerschaft mit Mitgliedern der Bruderschaft den Behörden ermöglicht, den berüchtigten selbsternannten Dschihad-Kleriker Abu Hamza al-Masri zu verhaften und als Imam der Finsbury-Park-Moschee abzusetzen, was auch zur Verdrängung seiner Anhänger aus der 2005 in North London Central Mosque umbenannten Moschee führte. Zudem hatten Partnerschaften mit Salafisten im Londoner Stadtteil Brixton einige Jugendliche davon abgehalten, sich Al-Qaida und anderen dschihadistischen Gruppen anzuschließen.

Die britischen Behörden kamen bei der Analyse der Gesamtwirkung der jahrelangen Partnerschaften und der umfangreichen Finanzierung islamistischer Akteure jedoch zu dem Schluss, dass die positiven Auswirkungen vernachlässigbar waren.[10] Die Angelegenheit ist offensichtlich sehr komplex, da es äußerst schwierig ist, bestimmte Dynamiken empirisch zu bestimmen, etwa die Einschätzung, wann eine Person de-radikalisiert ist oder wer und was genau sie de-radikalisiert hat. Trotz dieser Schwierigkeiten herrschte unter britischen Anti-Terror-Experten die Auffassung vor, dass die Islamisten kaum in der Lage seien, systematisch greifbare Ergebnisse bei der Radikalisierungsprävention und der De-Radikalisierung zu erzielen. Zwar erzielten sie einige Erfolge, doch fielen diese in den Bereich des Anekdotischen und Gelegentlichen.[11]

Weitere Kritik am anfänglich islamistenfreundlichen Ansatz der britischen Terrorismusbekämpfung kommt aus einer zusätzlichen Perspektive. Selbst unter der Annahme, so argumentieren Kritiker des Ansatzes, dass gewaltlose Islamisten tatsächlich einige junge Muslime davon abhalten können, Terrorakte zu begehen, werden solche kurzfristigen Gewinne im Bereich der Sicherheit durch die langfristigen Auswirkungen einer derartigen Partnerschaft wieder aufgehoben. Kritiker behaupten, dass gewaltlose Islamisten zwar Terrorakte im Westen ablehnen, aber Ansichten und Ziele vertreten, die mit denen der säkularen und multireligiösen Gesellschaften des modernen Europas unvereinbar sind. Da sie eher Teil des Problems als Teil der Lösung sind, argumentieren die Kritiker, dass Regierungen sie nicht legitimieren und mit irgendeiner Form von Mitbeteiligung stärken sollten. Die langfristigen Auswirkungen eines solchen Engagements auf den gesellschaftlichen Zusammenhalt und die Integration seien deutlich größer als die noch nachzuweisenden kurzfristigen Gewinne, die bei der Verhinderung von Terrorakten erzielt werden können.

In Großbritannien gehörten Shiraz Maher und Martyn Frampton zu den schärfsten Verfechtern dieser Kritik, Autoren eines einflussreichen Berichts aus dem Jahr 2009 mit dem treffenden Titel *Choosing our friends wisely: Criteria for engagement with Muslim groups* (dt.: *Unsere Freunde klug auswählen: Kriterien für das Engagement mit muslimischen Gruppierungen*). „Einige der von der Regierung auserwählten Kollaborateure bei der ‚Adressierung von Missständen' wütender junger Muslime", schrieben Maher und Frampton, „stehen selber an vorderster Front, wenn es darum geht, diese Missstände gegen die britische Außenpolitik, westliche gesellschaftliche Werte und eine angeblich staatlich sanktionierte ‚Islamophobie' zu vergrößern."[12] Der Bericht argumentierte, dass die britische

Regierung durch ihre Partnerschaft mit Islamisten „genau die islamistische Ideologie unterstützt, die eine illiberale, intolerante und antiwestliche Weltsicht hervorbringt. Politische und theologische Extremisten, die mit der durch die offizielle Anerkennung verliehenen Autorität handeln, indoktrinieren junge Menschen mit einer Ideologie der Feindseligkeit gegenüber westlichen Werten."[13] Die Regierung, so wurde argumentiert, würde niemals auf die Idee kommen, die rechtsextreme British National Party zu unterstützen und zu finanzieren, um ihre Hilfe bei der Eindämmung neonazistischer Radikalisierung zu suchen. Die Idee würde als ineffektiv und politisch unangebracht betrachtet werden. Eine Partnerschaft mit Islamisten, um Dschihadisten zu bekämpfen, wurde von Maher, Frampton und einigen anderen Kritikern als eine gleichermaßen schlecht durchdachte Entscheidung angesehen.

Ein ähnliches Argument wurde von Ahmed Akkari vorgebracht. Akkari war in den 2000er-Jahren ein prominentes Mitglied der Muslimbruderschaft in Dänemark und spielte im Jahr 2006 eine Schlüsselrolle beim Schüren des dänischen Karikaturenstreits. Mittlerweile hat er die Bruderschaft verlassen und schreibt ausführlich und kritisch über seine Zeit in dieser Organisation. „Wir [Muslimbrüder] haben verstanden, dass der Westen kurzsichtig ist", erklärt Akkari, „und dass er im Grunde drei Dinge von uns will: Geld, Stimmen und nicht Bin Laden zu sein."[14] Akkari argumentiert, die Muslimbrüder glauben, dass westliche Politiker und Eliten bereit seien, die Aktivitäten der Bruderschaft im Westen zu ignorieren und sogar zu unterstützen, solange diese ihnen finanzielle oder wahltaktische Vorteile verschafft und sich nicht an Gewalt beteiligt oder, noch besser, Schritte unternimmt, die darauf abzielen, dschihadistische Gewalt zu verhindern.

Es ist ein Quidproquo, das kurzfristig wechselseitige Vorteile bringt. Die Muslimbrüder verfolgen aber Ziele, so Akkari, mit deren generationsübergreifendem Zeitrahmen ihre westlichen Partner überhaupt nichts anfangen können. „Ich hasse es, wie sie [die Muslimbrüder] es geschafft haben, die Behörden, einschließlich der Geheimdienste, zu überzeugen, sie zur Kontrolle der Dschihadisten einzusetzen", sagt er. „Indem man das tut, ermächtigt man eine

sehr erfinderische Gruppe, und wenn man sie einmal ermächtigt hat, ist es schwierig, ihnen diese Macht wieder wegzunehmen."
Akkaris Beschreibung legt nahe, dass die Muslimbrüder versuchen, von dem zu profitieren, was in der Theorie sozialer Bewegungen als „positiver radikaler Flankeneffekt" bekannt ist, d.h. der Verbesserung der Verhandlungsposition, die dem gemäßigteren Flügel einer politischen Bewegung zuteilwird, wenn ein radikalerer Rand vorhanden ist.[15] Dieser Ansicht zufolge hat der politische Islam, wie jede andere totalitäre Bewegung, zwei Flügel: einen, vertreten durch Gruppen wie Al-Qaida und den IS, der ungeduldiger und aktionsfreudiger ist und versucht, seine Ziele mit Gewalt zu erreichen; und einen anderen, der von den Muslimbrüdern gebildet wird. Dieser Flügel schließt zwar die Anwendung von Gewalt nicht völlig aus, zielt aber darauf ab, die geeignete Strategie zur richtigen Zeit und am richtigen Ort anzuwenden. Es gibt Meinungsverschiedenheiten zwischen den beiden Flügeln, die oft auch emotionale Untertöne annehmen. Aber sie sollten als Meinungsverschiedenheiten unter Gleichgesinnten betrachtet werden, die ähnliche Weltanschauungen und Ziele haben, sich aber darin unterscheiden, welche Taktiken sie anwenden sollen.

Nach Ansicht von Kritikern haben gewaltlose Islamisten seit 9/11 versucht, von dieser Dynamik zu profitieren, indem sie sich als eingeschworene Feinde der Dschihadisten und loyale Partner des Staates bei der Eindämmung des gewalttätigen Extremismus präsentierten. Doch Kritikern wie Akkari und zahlreichen anderen zufolge besteht das eigentliche Ziel der Muslimbrüder darin, die finanzielle Unterstützung und die politische Legitimität, die sie erhalten, indem sie westliche Regierungen davon überzeugen, dass sie die gemäßigte Alternative sind, nur dazu zu nutzen, ihre eigene Agenda voranzutreiben. Das Auftauchen einer ernsthaften und anhaltenden terroristischen Bedrohung, so argumentieren Kritiker, hat einige westliche Regierungen dazu veranlasst, die Schwelle dessen, was akzeptabel ist, herabzusetzen und extremistische Organisationen zu unterstützen, solange diese gegen Gewalt im Westen Stellung beziehen. „Al-Qaida war das Beste, was diesen Gruppen passieren konnte", argumentiert Ian Johnson. Er führt weiter aus, dass „unsere Messlatte [heutzutage] so niedrig [ist], dass wir zufrieden sind, wenn die Gruppen nicht zu Al-Qaida gehören. Wenn sie nicht offen den Terrorismus unterstützen, finden wir sie in Ordnung. Wir halten nicht inne, um darüber nachzudenken, woher der Terrorismus kommt, wo also tatsächlich die Fische schwimmen."[16]

Kritiker warnen, dass die Islamisten von der Unterstützung durch den Staat mit dem Ziel, sie mögen dem Dschihadismus entgegenwirken, unangemessen profitieren könnten, und dass sie ihre Reichweite weit über das hinaus ausdehnen könnten, wozu sie allein in der Lage gewesen wären, um ihre Ansichten in der größeren muslimischen Gemeinschaft zu verbreiten. Die Kritiker argumentieren, dass das größte Problem das von den Muslimbrüdern angestrebte Social-engineering-Programm ist, das eine Ablehnung vieler westlicher Grundwerte beinhaltet. Viele hochrangige Sicherheitsbeamte in verschiedenen westlichen Ländern vertreten in der Tat die Ansicht, dass es ein Selbstbetrug sei, das Problem nur in den gewalttätigen Gruppen zu sehen. Alain Grignard, der stellvertretende Leiter der Anti-Terror-Einheit der belgischen Polizei und Professor für Islamwissenschaften an der Freien Universität Brüssel, bezeichnet Al-Qaida als Epiphänomen, weil es sich bei solchen Terrororganisation um das sichtbarste Phänomen der viel größeren Bedrohung durch den politischen Islam handelt.[17]

Deutsche Sicherheitsdienste haben diese Ansichten wiederholt öffentlich gemacht. Bereits 2005 stellte das Bundesamt für Verfassungsschutz fest, dass gewaltfreie islamistische Organisationen „keine Rekrutierungsaktivitäten zum Zwecke des gewaltsamen ‚Heiligen Krieges' (Dschihad) durchführen. Sie könnten vielmehr für sich in Anspruch nehmen, junge Muslime gegen eine dschihadistische Indoktrination zu immunisieren, indem sie ihnen ein alternatives Identifikationsangebot unterbreiten. Es ist jedoch kritisch zu hinterfragen, ob ihre stark auf die Wahrung einer ‚islamischen Identität' ausgerichteten Aktivitäten nicht die Desintegration verstärken und zur Entwicklung islamistischer Parallelgesellschaften beitragen."[18] Zudem bestehe „die Gefahr, dass solche Milieus auch den Nährboden für weitere Radikalisierung bilden" und den ideologischen Boden für gewalttätige Gruppen bereiten.[19]

Ein Bericht des Verfassungsschutzes von Nordrhein-Westfalen aus dem Jahr 2018 geht auf diese Dynamik noch ausführlicher ein:

> In den letzten Jahren konnten lokale Anhänger der Muslimbruderschaft den öffentlichen Fokus auf den Dschihadismus und den spektakulären Aufstieg und Fall des Islamischen Staates nutzen, um sich als vermeintlich unproblematische Alternative zu gewaltorientierten Islamisten und als Ansprechpartner für staatliche Stellen und zivilgesellschaftliche Akteure zu präsentieren. Die Muslimbruderschaft könnte so zum Vertreter muslimischer Interessen in Staat und Gesellschaft werden und ihr Religionsverständnis innerhalb der muslimischen Gemeinschaft in Deutschland und Nordrhein-Westfalen und gegenüber staatlichen Vertretern zum Maßstab islamischen Lebens erheben. Eine solche Entwicklung wäre für die gesamte Gesellschaft und unsere Demokratie nicht hinnehmbar. Eine islamistische Auslandsorganisation würde mit ihrem politisierten Islamverständnis in Deutschland erheblichen Einfluss ausüben und damit den gesellschaftlichen Zusammenhalt und den inneren Frieden gefährden. Langfristig ist die Bedrohung der freiheitlich-demokratischen Grundordnung durch den legalistischen Islamismus, der zahlenmäßig immer überwiegen wird, größer als durch den Dschihadismus.[20]

Die deutschen Sicherheitsbehörden sind sich offenkundig vollkommen im Klaren über das Zusammenspiel von Dschihadismus und legalistischem Islamismus. Dass sich ihre analytische Klarheit nicht notwendigerweise im Handeln der Politik widerspiegelt, zeigt sich daran, dass Politiker und Behörden auf allen politischen Ebenen – von der Kommune bis zum Kanzleramt – regelmäßig Organisationen einbeziehen, die von deutschen Sicherheitsbehörden als Bestandteil islamistischer Netzwerke eingestuft werden.

Letztlich gibt es in keinem westlichen Land auch nur annähernd eine gemeinsame Bewertung des Islamismus, sondern Uneinigkeit darüber, ob die Bewegung als Freund oder Feind zu sehen ist. Vielmehr ist es oft so, dass – so unglaublich das zwanzig Jahre nach 9/11 auch klingen mag – hochrangige Politiker wenig bis gar keine Ahnung haben, was Islamismus ist oder dass ihre Gesprächspartner dieser Bewegung angehören. Es scheint daher offensichtlich, dass der Westen, wenn man Sun Tzus unsterbliches Mantra „Kenne deinen Feind" auf den „Krieg gegen den Terror" anwendet, ziemlich kläglich versagt. Betrachtet man jedoch die völlig andere Sichtweise und den ganz anderen Zeitrahmen der Islamisten, so hat der Konflikt leider gerade erst begonnen. Es bleibt die Hoffnung für den Westen, zu einem besseren Verständnis dessen zu gelangen, wogegen er kämpft – wenn auch durch Schmerz und Leid.

Anmerkungen

1. Zitiert in Caroline Fourest, *Brother Tariq: The Doublespeak of Tariq Ramadan* (New York, NY: Encounter, 2008), S. 103.
2. John O. Voll, „Fundamentalism in the Sunni Arab World," in Martin E. Marty und R. Scott Appleby (Hrsg.), *Fundamentalisms Observed* (Chicago, IL: University of Chicago Press, 1991).
3. Barbara Zollner, „Prison Talk: The Muslim Brotherhood's Internal Struggle during Gamal Abdel Nasser's Persecution", *International Journal of Middle Eastern Studies*, 39 (2007), S. 411–433.
4. Marc Lynch, „Islam Divided Between Salafi-jihad and the Ikhwan," *Studies in Conflict and Terrorism*, 33:6 (2010), S. 480.
5. Robert S. Leiken und Steven Brooke, „The Moderate Muslim Brotherhood," *Foreign Affairs*, März/April 2007, S. 112.
6. Interview mit Reuel Marc Gerecht, Homepage des American Enterprise Institute, 16. Dezember 2004: http://www.aei.org/publications/pubID.21739/pub_detail.asp,
7. British Foreign Office, internes Memo zu Yusuf al Qaradawi, 14. Juli 2005, veröffentlicht im Anhang von: Martin Bright, *When Progressives Treat with Reactionaries: The British State's Flirtation with Radical Islam*, Policy Exchange, 2006.
8. Andy Hayman, „Comment: The risk of good policing intelligence" *Times of London*, 16. Dezember 2008.
9. Transkript der Rede von David Cameron zur Radikalisierung und zum islamischen Extremismus, München, 5. Februar 2011: https://www.newstatesman.com/blogs/the-staggers/2011/02/terrorism-islam-ideology.
10. Interview mit Charles Farr, Juni 2014.
11. Mit britischen Amtsträgern 2019 und 2020 geführte Interviews.
12. Shiraz Maher und Martyn Frampton, *Choosing our friends wisely Criteria for engagement with Muslim groups*, Policy Exchange, 2009.
13. Ebd.
14. Lorenzo Vidino, *The Closed Circle: Joining and Leaving the Muslim Brotherhood in the West* (New York: Columbia University Press, 2020).
15. Doug McAdam, „Studying Social Movements: A Conceptual Tour of the Field", Program on Nonviolent Sanctions and Cultural Survival, Weatherhead Center for International Affairs, Harvard University, 1992; Herbert H. Haines, „Black Radicalization and the Funding of Civil Rights: 1957–1970," in Doug McAdam und David A. Snow (Hrsg.), *Social Movements* (Los Angeles, CA: Roxbury Publishing Company, 1997), S. 440f.
16. „The Muslim Brotherhood in Europe," Aussage von Ian Johnson vor dem Congressional Human Rights Caucus, 9. Februar 2006.

17 Zitiert in Sylvain Besson, *La Conquête de l'Occident*, (Paris: Seuil, 2005), S. 40.
18 Bundesamt für Verfassungsschutz, *Integration als Extremismus- und Terrorismusprävention Zur Typologie islamistischer Radikalisierung und Rekrutierung*, Januar 2007, S. 5.
19 Bundesamt für Verfassungsschutz, *Jahresbericht 2005*, S. 190.
20 https://www.im.nrw/system/files/media/document/file/VS_Bericht_2018.pdf

Legalistischer Islamismus.
Eine ideologische Herausforderung in Schweden

Aje Carlbom

Als ich in den 1990er-Jahren begann, über den legalistischen, d.h. gewaltfreien Islamismus in Schweden zu schreiben, war es nicht leicht, in verschiedenen öffentlichen Zusammenhängen Akzeptanz für Aussagen zu diesem Ismus zu finden. Einer der schwierigsten Bereiche hierfür war die schwedische akademische Welt. Mehrere Wissenschaftler verloren ihre Selbstbeherrschung und griffen mich mit verschiedenen Ad-hominem-Attacken an, als sie hörten, dass ich von muslimischen Enklaven und gewaltfreiem politisch-religiösen Aktivismus im Namen des Islam sprach. Meiner Ansicht nach beruhten ihre Reaktionen auf einem Mangel an empirischem Wissen, während meine Analyse auf drei Jahren Leben in dem Malmöer Stadtviertel Rosengård basierte, wo ich gewaltlose Salafisten und mit der Muslimbruderschaft assoziierte Aktivisten interviewt und Zeit mit ihnen verbracht hatte, wobei sie mir ihre ideologischen und symbolischen Welten darlegten. Offensichtlich waren die schwedischen Wissenschaftler, die sich mir auf Seminaren persönlich entgegenstellten, hinsichtlich des gewaltlosen islamischen Aktivismus völlig ahnungslos. Wahrscheinlich waren normative Aspekte auch noch mit an ihrer negativen Reaktion auf meine Feldforschungsdaten beteiligt: Meine Aussagen wurden als Herausforderung der alles beherrschenden Ideologie des Multikulturalismus wahrgenommen.[1]

Im Folgenden werde ich zunächst den Multikulturalismus im schwedischen Kontext beschreiben. Danach werde ich zum Islamismus übergehen, mit einem besonderen Schwerpunkt auf der gewaltfreien, aber orthodoxen Richtung der (schwedischen) Muslimbruderschaft. Es sei darauf hingewiesen, dass der Begriff Islamismus in Schweden offiziell auf den gewalttätigen Islamismus reduziert wird, was bedeutet, dass der legalistische Islamismus, weil er gewaltfrei agiert, eher im Dunkeln bleibt. Vielmehr wurden nach 9/11 aufgrund der Ideen und Normen des schwedischen Multikulturalismus die gewaltlosen Islamisten von schwedischen Regierungsbehörden und Politikern als wichtigste Stimme des Islam und der Muslime im Allgemeinen anerkannt.

Multikulturalismus in Schweden

Der Begriff Multikulturalismus wird in der Sozialwissenschaft in verschiedenen Bedeutungen verwendet. In meiner Dissertation habe ich zwischen ideologischem und empirischem Multikulturalismus unterschieden. Mit ‚ideologisch' wollte ich beschreiben, dass die schwedische Gesellschaft durch kulturell und religiös pluralistische Werte geführt und regiert wurde (und immer noch wird); der Begriff empirisch wurde verwendet, um auf die soziale Tatsache hinzuweisen, dass die schwedische Gesellschaft kulturell unterschiedliche Personen und Gruppen beherbergt (d.h. multikulturell ist). Bryan Turner und Berna Zengin Arslan unterscheiden zwischen Multikulturalismus als empirischem Zustand der Gesellschaft einerseits, als Politik des Staates und als Norm oder ethische Position andererseits. Multikulturalismus als Norm oder ethische Position war es wohl, was meine Gegner so erbittert kritisch gegenüber meinen Daten zum gewaltfreien Islamismus werden ließ. Wie Chris Martin betont, neigen Ideologien in der Wissenschaft dazu, Themen so zu formulieren, dass bestimmte unbequeme Tatsachen, die als Tabus oder No-go-Areas konstruiert sind, selektiv aussortiert werden. Die Ideologie des Multikulturalismus wurde von schwedischen Regierungsstellen, Politikern und Aktivisten seit mehreren Jahrzehnten gefördert.[2]

Seit den 1960er-Jahren wurde das von zunehmender Einwanderung geprägte Land mit den Ideen des Multikulturalismus ideologisch durchtränkt – mit der Kernbotschaft, dass kultureller und religiöser Pluralismus als positiver Aspekt der schwedischen Gesellschaft dargestellt werden sollte. „Seit den 1970er-Jahren", so Mats Wickström, „war es das Ziel der Einwanderer- und

Minderheitenpolitik, eine positive Einstellung gegenüber der neuen, öffentlich befürworteten multikulturellen Gesellschaft zu schaffen".[3] Die politische Kampagne zur Gewinnung toleranter schwedischer Bürger begann 1969 in kleinem Rahmen und wurde 1975 institutionalisiert, als Schweden sich offiziell zu einem kulturell pluralistischen Land erklärte. Diese hegemoniale Rahmung des Pluralismus schloss von Anfang an eine rationale Diskussion über alle möglichen negativen Aspekte der zunehmend multikulturellen Gesellschaft aus (zum Beispiel Kriminalität im Zusammenhang mit Einwanderern, Islamismus oder Probleme mit der Ehre). In den 1990er-Jahren wurde jeder, der darauf aufmerksam machte, dass es auch Nachteile des kulturellen und religiösen Pluralismus gibt, von etablierten Akademikern, Journalisten, politischen Entscheidungsträgern und Akteuren der Zivilgesellschaft als Rassist oder Islamfeind ausgegrenzt. Der multikulturalistische Deutungsrahmen hält das Denken der politischen Elite immer noch im Griff, auch wenn es einige seiner dogmatischsten Ausprägungen inzwischen eingebüßt hat.[4]

Wenn es um den Islamismus nach dem 11. September 2001 ging – und den Terroranschlägen in Europa, die in den darauf folgenden Jahren immer zahlreicher wurden –, konzentrierte sich die öffentliche Debatte in Schweden in der Regel auf Islamophobie, aber nicht auf Islamismus.[5] Anstatt Wissen über den Islamismus zu produzieren und abzustecken, welche ideologischen Strömungen in der muslimischen Diaspora aktiv waren, gelang es einer Allianz aus postkolonialen Linken und gewaltlosen islamistischen Aktivisten, jeden Ansatz einer Diskussion zurückzudrängen. Dies wurde erreicht, indem Kritiker als Rassisten oder Islamfeinde beschimpft wurden – eine Strategie, die bei schwedischen Politikern und Interessenvertretern auf gemeinschaftliche Resonanz stieß. Erst als der Islamische Staat (IS) sein Kalifat errichtete und junge schwedische Muslime Interesse zeigten, sich an diesem totalitären Staat zu beteiligen, gewann der Begriff Islamismus in Schweden eine Art kollektive Akzeptanz.

Der Begriff Islamismus

Im Laufe der Jahre habe ich den Begriff Islamismus in öffentlichen Debatten in einer Weise verwendet, die gewöhnliche fromme Muslime von Akteuren unterscheidet, die an politischen Projekten beteiligt sind und die darauf abzielen, den Islam zu verbreiten beziehungsweise eine parallele institutionelle Struktur aufzubauen, welche von Ideen und Modellen bestimmt wird, die sich aus dem Koran und der Sunna herleiten. Mein Ziel bei der Auseinandersetzung mit diesem Ismus war es, den gewaltfreien islamischen Aktivismus und die mit dieser Form der Praxis verbundenen Herausforderungen zu beleuchten. Diese Verwendung des Begriffs bietet eine sprachlich präzisere Möglichkeit, politisch aktive Muslime vom Islam selbst sowie von frommen Muslimen im Allgemeinen zu unterscheiden, wie John Jenkins betont: „Ohne Klarheit der Sprache kann es keine Klarheit der Politik geben. Semantische Gesellschaftsspiele helfen niemandem."[6] Der Begriff Islamismus wird manchmal missbraucht, indem er alle einschließt, die sich als Muslime identifizieren, oder wenn er ohne Angabe bestimmter ideologischer Tendenzen verwendet wird.[7]

In Schweden besteht ein praktisch-theoretisches Problem darin, dass es eine starke gedankliche Verbindung zwischen Islamismus und Gewalt gibt. In meinem Land hat sich die öffentliche Bedeutung des Begriffs Islamismus auf den sogenannten gewalttätigen Islamismus verengt; der gewaltfreie Islamismus blieb dabei außen vor. Tatsächlich ist der gewalttätige Islamismus ein Sicherheitsproblem, mit dem sich die Regierungen und ihre Behörden auseinandersetzen müssen. Das Dilemma bei dieser engen Auslegung ist, dass gewaltlose Islamisten – insbesondere diejenigen, die mit der schwedischen Strömung der Muslimbruderschaft verbunden sind – eine ideologische Gelegenheit erhalten haben, sich hinter der Kategorie Muslime zu verstecken und eine religiöse Plattform für die *Dawa* (Missionierung) aufzubauen, anstatt als Herausforderung für die Demokratie verstanden zu werden. Insgesamt kann man feststellen, dass offiziell nur der gewalttätige Islamismus von den schwedischen Regierungsbehörden als politisches und soziales

Problem anerkannt wird. Dies hat zur Folge, dass der Begriff „Islamismus" oft automatisch mit einer gewalttätigen Bedrohung der Demokratie assoziiert wird. Der schwedische Sicherheitsdienst macht dies in einem seiner Berichte deutlich: Der Regierungsauftrag des Dienstes beschränkt sich darauf, Gewaltakteure zu kontrollieren. Andere antidemokratische ideologische Tendenzen aber werden ignoriert.[8]

Die Verengung der Bedeutung von Islamismus auf gewaltbereiten Extremismus hatte zudem Konsequenzen für die Art des Wissens, das vom Schwedischen Zentrum zur Prävention von gewalttätigem Extremismus produziert wird. Wie der oben erwähnte schwedische Sicherheitsdienst schließt auch dieses Zentrum den gewaltfreien Islamismus aus seiner auf Erkenntnisgewinn gerichteten Arbeit aus und fokussiert stattdessen allein auf die kriminellen Aspekte des ideologischen Extremismus. Sowohl der schwedische Sicherheitsdienst als auch das Zentrum zur Prävention vor gewalttätigem Extremismus folgen den Anweisungen der schwedischen Regierung. Man kann jedoch argumentieren, dass dieser allgemeine Mangel an Aufmerksamkeit für den gewaltfreien Islamismus die schwedische Gesellschaft auch weniger aufgeklärt macht, jedenfalls in Hinblick auf Erkenntnisse über den Islamismus als eines breiteren ideologischen Phänomens. Daraus ergeben sich mehrere unbeabsichtigte Folgen. Ein Dilemma besteht etwa darin, dass Behörden in vielen Kommunen eine falsche Vorstellung von islamischem Aktivismus entwickeln und deshalb Aktivitäten, Organisationen, Schulen usw. kritiklos finanzieren, die von gewaltlosen Islamisten betrieben werden.

Zusammenfassend lässt sich sagen, dass viele schwedische Aktivisten, Politiker und Forscher den Dialog und eine Zusammenarbeit mit gewaltlosen, also legalistischen Islamisten eingegangen sind, obwohl diese mit der europäischen Muslimbruderschaft und ihren verschiedenen Organisationen verbunden sind. So kam es beispielsweise im Jahr 1994 zu einer Zusammenarbeit zwischen dem christlichen Flügel der Sozialdemokratischen Partei und den von der Bruderschaft inspirierten Islamisten. In dieser Zusammenarbeit dokumentierenden Abschlussbericht wird festgehalten, dass unter anderem Rached Ghannouchi (der Leiter des tunesischen Zweiges der Muslimbruderschaft) und Ahmed Rawi (der ehemalige Leiter der Federation of Islamic Organizations in Europe, FIOE) an den Gesprächen teilgenommen haben. Die beteiligten Akteure waren sich auch einig, dass die Sozialdemokratische Partei daran arbeiten sollte, Muslime als Mitglieder anzuwerben, und dass man gemeinsam versuchen sollte, die Herzen und Köpfe der Allgemeinheit für ein positives Bild des Islam zu gewinnen. Im Abschlussbericht wird das folgendermaßen formuliert: „Im Jahr 2002 sollte die SAP [die Sozialdemokratische Partei] wohl 2000 muslimische Mitglieder haben und 300 werden eine politische Grundausbildung erhalten [...] gemeinsam [mit den Islamisten] werden wir daran arbeiten, den Islam zu entdämonisieren." Wie sich diese Vereinbarung im Laufe der Jahre ausgewirkt hat, muss noch genauer untersucht werden; es gibt jedoch deutliche Hinweise darauf, dass das Bündnis zwischen der Partei und den Aktivisten der Bruderschaft seit vielen Jahren besteht, insbesondere unter Mithilfe von Schwesterorganisationen der Sozialdemokratischen Partei.[9]

Legalistischer Islamismus in Schweden

Verschiedene legalistische islamistische Strömungen sind in Europa aktiv, und Schweden bildet in dieser Hinsicht keine Ausnahme. Wirksam in den muslimischen Enklaven sind sowohl salafistische Gruppen als auch Hizb ut-Tahrir – sie versuchen dort, Muslime von der Mehrheitsgesellschaft zu trennen und für ihre Version des Islam zu gewinnen. In Schweden ist die Hizb ut-Tahrir eine ideologisch extreme politische Partei, die in Größe und Aktivität nicht mit ihren Schwesterparteien in Dänemark oder Großbritannien verglichen werden kann, wo diese Bewegungen noch größer sind. Allerdings scheint sie gewachsen zu sein, seit ich in den Jahren 1995 bis 1998 im Malmöer Stadtteil Rosengård Feldforschung unter Islamisten betrieben habe. Heute haben sie eine schwedische Website, auf der sie für ihre antidemokratische Ideologie werben; sie betreiben auch antidemokratische Kampagnen in den Enklaven, um Muslime gegen das demokratische System zu mobilisieren. Während der schwedischen Wahlen 2018 inszenierte Hizb ut-Tahrir in muslimischen Enklaven eine eigene Kampagne, bei der die Botschaft „Gebrauche deine Stimme, aber nicht bei den Wahlen" verbreitet wurde. In einer weiteren Kampagne, die sich auf den Sturz des Osmanischen Reiches im Jahr 1924 bezog, griff Hizb ut-Tahrir den „Kufr-Westen" an und machte ihn für alle Probleme der Muslime verantwortlich.[10]

Während Hizb ut-Tahrir in den größten Städten, vor allem in den Vororten Stockholms, beheimatet zu sein scheint, ist der Salafismus in ganz Schweden verbreitet. Die Terrorexperten Magnus Ranstorp, Filip Ahlin, Peder Hyllengren und Magnus Normark können nachweisen, dass diese fundamentalistische Bewegung in allen größeren Städten Anhänger hat, aber auch in kleineren Gemeinden im ganzen Land verankert ist.[11] Nach Aussage von Lehrern in der Stadt Borlänge haben sich die Erfolge der Aktivisten auf den Unterricht für jene Kinder ausgewirkt, die in salafistischen Kontexten aufwachsen. In einem Fokusgruppen-Interview mit zehn Vertretern verschiedener Schulen in der Gemeinde, das von mir und einem Kollegen der MSB (schwedische Zivilschutzbehörde) durchgeführt wurde, stimmten alle darin überein, dass sich viele Kinder darüber beschweren, von Kuffar (Ungläubigen) unterrichtet zu werden, und dass nach Aussage der Lehrer viele der Kinder fast sieben Tage in der Woche (nach Schulschluss in Nachtkursen) in Koranschulen verbringen. Daher scheinen viele Kinder ein verinnerlichtes Gerüst islamischer Identität zu besitzen, das direkt mit fundamentalistischen Versionen islamischer Interpretationen verbunden werden kann, wie sie für den Salafismus typisch sind.

Die am besten organisierte Islamistengruppe in Schweden – wie auch anderswo in Europa – ist jedoch die Sektion der Muslimbruderschaft. Seit den 1980er-Jahren haben die Aktivisten dieser islamistischen Bewegung im ganzen Land ein Netzwerk von Organisationen und politischen Allianzen aufgebaut. Auf dem Papier sieht es so aus, als seien die Organisationen selbständig, dennoch sind sie alle mit der Zentrale verbunden – der Islamischen Vereinigung Schwedens, die sich in der Stockholmer Moschee im Zentrum der Stadt befindet. Der Aktivismus der Organisationen deckt, wie mir Kamal Helbawy in einem Interview im Jahr 2019 berichtete, die drei Bereiche ab, die die europäische Bruderschaft vorerst als die wichtigsten ausgemacht hat: *Dawa* (missionarische Aktivitäten), *Tarbiyya* (religiöse Erziehung) und Hilfe für Muslime in aller Welt.[12]

Es gab in Schweden eine lange öffentliche Diskussion über die Verbindungen zwischen den schwedischen Organisationen und der Muslimbruderschaft. Verschärft wurde die Debatte durch die Ergebnisse der von Magnus Norell durchgeführten Studie *Die Muslimbruderschaft in Schweden*, in der das Organisationsnetzwerk der schwedischen Bruderschaft erstmals beschrieben wurde.[13] Natürlich war die Bewegung schon vor der Veröffentlichung des Berichts gelegentlich von Journalisten und Wissenschaftlern erwähnt worden, aber es war das erste Mal, dass die Struktur des schwedischen Organisationsnetzwerks umfassend beschrieben wurde. Die Reaktionen vieler zivilgesellschaftlicher Aktivisten und Wissenschaftler darauf waren von Empörung geprägt. Das lag wohl vor allem an der unverblümten Entmystifizierung bekannter islamischer Organisationen, die allesamt seit vielen Jahren von verschiedenen staatlichen Stellen und zivilgesellschaftlichen Gruppen im Rahmen religiöser Dialoge konsultiert worden waren. Ein weiterer Auslöser harscher Reaktionen war wohl, dass die Studie von der MSB finanziert wurde, einer Sicherheitsbehörde, die mit dem Schutz der schwedischen Demokratie beauftragt ist. Da die Organisationen zu potenziellen Sicherheitsproblemen erklärt wurden, befürchteten die Aktivisten jener Organisationen, dass sie neu eingestuft würden: von Partnern des religiösen Dialogs zur Bedrohung für die Demokratie. Die Konsequenz einer solchen Änderung der Einstufung würde bedeuten, dass die wirtschaftliche und politische Plattform verloren zu gehen drohte, die sie sich erarbeitet hatten. Doch anstatt die Thesen der Norell-Studie zu diskutieren, starteten die Bruderschaft sowie andere Aktivisten eine digitale Kampagne, in der sie die Behörde zwei Monate lang mit aggressiven und unterschwelligen Fragen und Behauptungen bombardierten. Das Ziel der Attacke war wohl, die Behörde zum Schweigen zu bringen und sie zu zwingen, sich zu entschuldigen und den Bericht von ihrer Publikationsliste zu nehmen. Eine der Aktivistinnen, Helena

Hummasten, die beim Erwachsenenbildungsverein Ibn Rushd angestellt ist und auf dessen Website veröffentlicht, erklärte, dass sie mit dem Ministerium in Kontakt gewesen sei und dass dieses Ministerium sich weigere, „den Bericht zurückzuziehen und von der Website der Behörde zu entfernen".[14]

Ein häufig vorgebrachtes Argument in der schwedischen Debatte ist, dass es keine empirischen Beweise für Aktivitäten der Muslimbruderschaft in Schweden gibt. Gewöhnlich wird diese Behauptung aus einer postkolonialen Position heraus formuliert, in der die Stimmen der Anderen höher bewertet werden als die Stimmen weißer Forscher mittleren Alters; und, so das Argument, da die Stimmen in den Organisationen stets ihre Verbindungen zur Muslimbruderschaft leugnen, kann es auch nicht wahr sein, dass sie Verbindungen zur sozialen Bewegung der Bruderschaft haben. So haben auch zweiundzwanzig schwedische Forscher gegen die Norell-Studie argumentiert. Zweifellos gibt es reichlich Beweise dafür, dass ein schwedisches Netzwerk von Organisationen der Bruderschaft existiert. Unter ehemaligen Aktivisten der Bewegung, Journalisten, Politikern und Wissenschaftlern ist bekannt, dass die FIOE einen wichtigen Netzwerkknoten für die Bruderschaft in Europa darstellt. Die Islamische Vereinigung in Schweden (in der Stockholmer Moschee) ist ein formelles und, nach eigenen Angaben, auch ein Gründungsmitglied von FIOE.[15] Wie einer der ehemaligen Aktivisten des schwedischen Organisationsnetzwerks, Mahmoud Aldebe, in einem Artikel ausführt:

> Jeder, der eine Vertrauensposition im Verband [der Islamischen Vereinigung Schwedens] innehat, muss der Muslimbruderschaft treu sein. Bis 2010 war ich einer von ihnen, aber ich habe beschlossen, alle Positionen in den Verbänden zu verlassen. [...] Ich verstehe nicht, warum die Führung der Organisation die Verbindungen des Verbands zur Bewegung der Muslimbruderschaft leugnet.[16]

Aldebe erklärt, er habe die Entscheidung getroffen, das Umfeld der Bruderschaft zu verlassen; plausibler scheint jedoch, dass er von seinen Mitbrüdern exkommuniziert wurde, weil er in der Öffentlichkeit zu offen über die Ideologie der Bruderschaft gesprochen hat. Einige Jahre lang war Aldebe in der öffentlichen Debatte aktiv, wobei er versuchte, Politiker und andere Akteure mit der Idee zu beeinflussen, dass Muslime eine religiöse Minderheit seien, welche die Scharia-Familiengesetze zu befolgen habe (und das Recht hierzu haben sollte). Dies ist immer noch eine bedeutsame Idee in schwedischen/europäischen Bruderschaftskreisen; allerdings wird sie heutzutage auf sehr viel diplomatischere Weise formuliert. Anstatt das Recht für Muslime zu fordern, diese Gesetze zu praktizieren, informiert die schwedische Bruderschaft die Gesellschaft lieber über die universelle Übertragbarkeit der Scharia.[17]

Identitätspolitik

In Europa haben die Aktivisten der Bruderschaft in der weit verbreiteten Ideologie der Identitätspolitik oder des kulturellen Pluralismus eine politische Opportunitätsstruktur für sich entdeckt.[18] Dies wird deutlich, wenn man die erklärten Ziele der Organisationen auf ihren Websites liest. Die FIOE weist darauf hin, dass das zentrale Ziel für die 28-Mitglieder-Organisation die „Einführung islamischer Werte" in den europäischen Kontext ist. Das zweite und dritte Ziel ist speziell auf die Identität ausgerichtet. Die Organisationen haben den Ehrgeiz, die kulturelle Identität der Muslime zu bewahren, und um dies zu erreichen, streben die FIOE und ihre Mitglieder den Aufbau eines Netzwerks islamischer Institutionen wie etwa „Moscheen, Schulen und Bildungs-, Kultur-, Sozial-, Freizeit- und Berufsbildungsinstitute und -vereine usw." an.[19] Diese Ziele stehen im Einklang mit dem, was Kamal Helbawy mir während des Interviews im Jahr 2019 sagte, als er darauf hinwies, dass die Hauptstrategie der europäischen Bruderschaft darin besteht, die Muslime vor dem zu schützen, was er als tiefe Verwestlichung bezeichnet. So zielt die Bruderschaft in Europa darauf ab, die religiöse Identität der Muslime in Bezug auf Glauben, Normen und Werte unverändert beizubehalten und sie dazu zu bringen, innerhalb der Grenzen ihrer eigenen religiösen und sozialen Sphären zu verbleiben.

Die Leitungsebenen dieser Organisationen in Schweden bezeichnen dieses Netzwerk islamischer Institutionen als

„muslimische Zivilgesellschaft" (muslimskt civilsamhälle). Omar Mustafa, eine bekannte Führungspersönlichkeit mehrerer schwedischer Bruderschaftsorganisationen, ist der Meinung, dass diese muslimische Zivilgesellschaft ein de facto existierendes Milieu ist, das aber der Weiterentwicklung bedarf – durch Muslime mit islamistischer Agenda. Einerseits umfasst diese muslimische Zivilgesellschaft die Institutionen, die seit 1981 von der Schwedischen Bruderschaft, die den Namen ‚Islamische Vereinigung Schweden' trägt, gegründet wurden, um sich um das zu kümmern, was die Organisation als muslimische Interessen bezeichnet – ohne aber klarzumachen, was das bedeutet.[20] Andererseits besteht bei den Aktivisten die Vorstellung einer muslimischen Zivilgesellschaft, die all jene einschließt, die sich als Muslime identifizieren; das heißt, die Bruderschaft in Schweden vermeidet jegliche Unterscheidung zwischen verschiedenen ideologischen Strömungen unter den Muslimen. Darüber hinaus sieht sich die schwedische Bruderschaft als Torhüter zwischen der Mehrheitsgesellschaft einerseits und der muslimischen Gesellschaft andererseits, was im folgenden Zitat eines Interviews, das ich 2019 mit dem bereits erwähnten Mustafa führte, deutlich formuliert wird: „Unsere Funktion stellt eine Brücke in beide Richtungen dar. Wir arbeiten nicht nur daran, muslimische Interessen gegenüber der Gesellschaft zu vertreten, sondern wir bieten auch einen Weg für die Mehrheitsgesellschaft in die muslimische Gruppe." Die schwedische (wie die gesamte europäische) Muslimbruderschaft sieht sich also an der Schnittstelle zweier unterschiedlicher Gesellschaften und Identitäten positioniert. Das Postulat einer muslimischen Zivilgesellschaft deckt sich also mit der Position von Yusuf al-Qaradawi, einer der stärksten Stimmen der globalen Umma, der in seinem Pamphlet *Prioritäten der islamischen Bewegung in der kommenden Phase* seine Brüder auffordert: „Versucht, eure kleine Gesellschaft innerhalb der größeren Gesellschaft einzurichten, sonst werdet ihr Euch in ihr auflösen wie Salz im Wasser."[21]

Das Ziel, eine muslimische Zivilgesellschaft in den europäischen Ländern zu etablieren, weist, wie Carrie Rosefsky Wickham es beschreibt, Ähnlichkeiten mit der Art und Weise auf, wie die

Mutterorganisation in Ägypten einen islamischen Sektor innerhalb verschiedener Wohlfahrtseinrichtungen aufbaute.[22] Abgesehen von der Tatsache, dass dieser Sektor vielen Ägyptern soziale Fürsorge verschafft, wurde auch argumentiert, dass es sich um ein gegenkulturelles Projekt handelte, dessen Endziel die Islamisierung des Landes war.[23] Denkt die Bewegung auch über ihr islamisches Projekt in Schweden und in anderen europäischen Ländern so? In Europa ist sich die Bruderschaft ihrer Minderheitenposition gegenüber der Mehrheitsgesellschaft bewusst. Die Aktivisten passen ihre Strategien einem überwiegend säkularen politischen Kontext an, da sie sich bewusst sind, dass es aufgrund ihrer Minderheitenrolle kontraproduktiv wäre, wenn die Bewegung in Europa die Botschaft vermittelte, dass ihr Endziel die Übernahme des Staates und die Einführung der Scharia als allgemeines Rechtsprinzip ist.

Angesichts der Undurchführbarkeit eines solchen Vorhabens müssen islamistische Aktivisten von der Basis aus arbeiten und versuchen, so viele Muslime wie möglich vom Festhalten an einem muslimischen Lebensstil und einem entsprechenden Normensystem zu überzeugen. In säkularen Gesellschaften ist die Schaffung einer muslimischen Zivilgesellschaft tatsächlich die Institutionalisierung einer muslimischen Gegenkultur. In Europa strebt die Bewegung die Anerkennung islamischer Praktiken, Normen und Werte an, die mit denen der Mehrheitsgesellschaft zum großen Teil unvereinbar sind. So betonen die Aktivisten der Bruderschaft in Europa, dass die Scharia ein wichtiges Element der muslimischen Identität sei. Sie haben umfangreiche Ressourcen dazu bereitgestellt, um Muslime davon zu überzeugen, diesem religiösen Rechtsprinzip zu folgen. Alle Organisationen im Netzwerk der Bruderschaft argumentieren, dass die Muslime in Europa verpflichtet seien, ihre Identität als Bürger in jenem religiös abgeleiteten Rechtssystem zu begründen, nicht etwa in den Rechtsprinzipien der europäischen Nationalstaaten. Der Europäische Rat für Fatwa und Forschung (ECFR) dient der Förderung und Verbreitung der Scharia unter europäischen Muslimen.[24]

In Schweden vermitteln die Organisationen der Bruderschaft seit einigen Jahren die Botschaft, dass Muslime in ihrem

Privatleben die Scharia befolgen sollen. So haben schwedische Aktivisten beispielsweise Jamal A. Badawis Abhandlung *Der Status der Frau im Islam* in Umlauf gebracht und sie als Argumentationshilfe für die Regulierung der Rolle der Frau in der Gesellschaft vom Standpunkt der Scharia aus benutzt.[25]

Zusammenfassend lässt sich feststellen: Wenn vorgebracht wird, Muslime sollten einem anderen Rechtskodex folgen, so bedeutet dies, dass man sich für eine Gegenkultur in Bezug auf Normen und Werte einsetzt, in der für diejenigen, die sich als Muslime identifizieren, andere rechtliche Regeln zu gelten hätten als für andere Bürger in Schweden.

Die Arbeit an der muslimischen Identität durch Organisationen der Bruderschaft findet auch im Rahmen eines Erwachsenenbildungsvereins statt, der sich ‚The Educational Organization Ibn Rushd' nennt. Zusammen mit Islamic Relief Sweden ist Ibn Rushd aufgrund seiner jährlichen steuerlichen Bezuschussung in Höhe von etwa drei Millionen Euro eine der finanziell wichtigsten Organisationen für die schwedische Muslimbruderschaft.[26] Auch wenn die Organisation formell als Bildungsverein gilt, der finanziert wird, um Muslimen bei der Integration in die schwedische Demokratie zu helfen, ist *Ibn Rushd* doch mehr eine vom Steuerzahler finanzierte Aktivistenorganisation, die sich mit typischen Aktivitäten der Bruderschaft wie *Dawa* und *Tarbiyya* befasst. Wie alle anderen europäischen Bruderschaftsorganisationen ist *Ibn Rushd* identitätspolitisch aktiv, da die Organisation sich „auf Glauben, Rechte und Vielfalt konzentriert" und, wie die Organisation es selbst formuliert, „auf der Grundlage muslimischer Werte arbeitet, um Gerechtigkeit zu verbreiten, Solidarität zu bekunden, die menschliche Freiheit zu schützen, Vielfalt zu verfechten, Beratung anzubieten und für Begegnungen einzutreten". Ein wichtiger Aspekt ihres Identitätsaktivismus ist die „Stärkung der schwedisch-muslimischen Identität", indem sie Muslimen das Studium des Korans, der islamischen Rechtsprechung, der islamischen Finanzierung, der Sendung Mohammeds und der islamischen Geschichte ermöglicht. Diese Themen könnten per se als interessante Fächer angesehen werden; es bleibt jedoch fraglich, ob solche Studien für die

Mitwirkung der Muslime am schwedischen demokratischen System hilfreich sind. Das schwedische Gesetz ist sehr klar, was die Aktivitäten in solchen Bildungsvereinen betrifft, die mit staatlichen Mitteln finanziert werden: Alle Aktivitäten müssen auf demokratischen Werten basieren wie etwa dem der Gleichberechtigung der Geschlechter, und religiöse Aktivitäten stattfinden zu lassen ist in diesen Bildungsorganisationen nicht vorgesehen.[27]

Veränderungen im Selbstdarstellungs-Management

Eine gängige Erklärung dafür, warum schwedische Politiker und Akteure der Zivilgesellschaft den Dialog und die Zusammenarbeit mit (gewaltlosen) Islamisten unkritisch befürworten, ist die Annahme, sie seien naiv oder hätten keine Ahnung vom Islam, von Muslimen und vom Islamismus. Man muss sich jedoch bewusst machen, dass die Aktivisten der Muslimbruderschaft seit den Anfängen der Bewegung in Schweden in den 1980er-Jahren allmählich besondere Fähigkeiten in ihrem Selbstdarstellungs-Management entwickelt haben.[28] In den 2000er-Jahren hat die Bewegung Schritt für Schritt ihre öffentlichen Informationen darüber verbessert, wie sie aus islamistischer Sicht denkt und Dinge bewertet, um dadurch die Wahrnehmung ihrer selbst in der Mehrheitsgesellschaft zu steuern. Dies wird deutlich, wenn man vergleicht, wie sie sich früher präsentierte und was sie über ihren islamischen Aktivismus heute mitteilt.

Als sich die Aktivisten der schwedischen Bruderschaft Ende der 1980er- und Anfang der 1990er-Jahre in ihrer Formierungsphase befanden, waren sie sich über ihre Verbindungen zu mehreren Ideologen der Bruderschaft sehr wohl im Klaren. Der Religionswissenschaftler Jonas Otterbeck zeigt in seiner Dissertation, dass die wichtigste ideologische Inspiration von Islamisten wie Abu-A'la Mawdudi, Yusuf al-Qaradawi, Muhammad Qutb, Hassan al-Banna und Sayyid Qutb herrührte. Zwischen 2011 und 2013 veröffentlichte die Islamische Vereinigung in Schweden beispielsweise al-Bannas Traktat mit zwanzig Artikeln dazu, wie man an den Islam glaubt, und seinen Artikel darüber, wie Eltern handeln sollten, damit ihre Kinder das Gebet lieben. Yusuf al-Qaradawis Artikel über „Prinzipien, Werte und allgemeine Konzepte" wurde ebenfalls als allgemeine Information über die Religion für schwedische Muslime als Zielgruppe veröffentlicht. Auch die totalitäre Islam-Definition, wie sie von al-Banna aufgestellt wurde, war eine übliche öffentliche Aussage der schwedischen Muslimbrüder. Al-Banna argumentierte, dass der Islam eine vollständige Lebensweise sei, die alles umfasse, von der individuellen Moral und Persönlichkeit bis hin zur Frage, wie der Staat die Gesellschaft regieren sollte. Diese ideologische Klarheit setzte sich im ersten Jahrzehnt des 21. Jahrhunderts fort. Ungefähr seit 2010 aber hat die Islamische Vereinigung ihren öffentlichen Diskurs in einer Weise verändert, die ihn mehr in Einklang mit den schwedischen kulturellen Werten bringt. Heute schwächen die Islamisten der schwedischen Bruderschaft ihre islamistische Ideologie in der Öffentlichkeit ab, wohl auch, um die Akzeptanz derjenigen Politiker und Behörden zu gewinnen und zu bewahren, von denen sie bei der Finanzierung aus Steuergeldern und beim religiösen Dialog abhängig sind.[29]

In öffentlichen Debatten verwenden sie Worte wie Demokratie und Gleichheit, um dein Eindruck zu erzeugen, dass sie diese für Schweden wichtigen Werte teilen. Einige könnten hier möglicherweise argumentieren, dass diese Wende einen ideologischen Wandel im Denken der Europäischen Bruderschaft signalisiert. Es gibt freilich Gründe für die Annahme, dass es sich dabei um eine rein rhetorische Strategie handelt, die dazu eingesetzt wird, Allianzen mit nicht-islamischen Akteuren der Zivilgesellschaft leichter zu ermöglichen. Hazem Kandil argumentiert in diese Richtung, wenn er den Aktivismus der Bruderschaft in den 1990er-Jahren in Ägypten beschreibt:

> Die schwierigste Aufgabe für al-Ikhwan war es, nicht-islamistische nachgeordnete Gruppen (die linke, liberale und die feministische Opposition) für ihr gegenhegemoniales Weltbild zu gewinnen. Deshalb wurde die islamistische Weltanschauung mehrfach artikuliert, de-artikuliert und wiederhergestellt, um ihre Anziehungskraft zu erweitern. Zum Beispiel nahmen sie Begriffe wie Demokratie, Bürgerrechte und Staatsbürgerschaft in ihr Vokabular auf.[30]

In Europa befinden sich die Aktivisten der Bruderschaft in einer Minderheitenposition, in der orthodoxe islamische Werte in der säkularen Mainstream-Gesellschaft nicht gut ankommen. Daher befinden sich die Organisationen in einer Position, in der sie praktizieren müssen, was in der Literatur der Bruderschaft als Doppelzüngigkeit bezeichnet wird. Einerseits haben die Organisationen ein politisches Projekt mit dem Ziel aufgebaut, die muslimische Minderheit gegenüber Politikern, Aktivisten der Zivilgesellschaft und staatlichen Stellen verschiedener Art zu vertreten. Andererseits besitzen die Organisationen den Ehrgeiz, orthodoxe islamische Normen und Werte unter der muslimischen Minderheit zu fördern. Diese Situation zwingt die Organisationen zu einer komplizierten Gratwanderung, bei der sie die an die Mehrheitsgesellschaft gerichteten Botschaften von jenen Botschaften trennen müssen, die an das gerichtet sind, was sie als muslimische Minderheit wahrnehmen.[31]

Wenn diese symbolischen Welten aufeinanderprallen, entstehen für die Organisationen Probleme für ihr Image. Ein anschauliches Beispiel dafür, was passiert, wenn islamische Werte und Normen in die Mehrheitsgesellschaft durchsickern, ist ein Vorfall vom Februar 2020, als die Göteborger Moschee (Teil der schwedischen Bruderschaft) einen islamischen Leitfaden für Neulinge im Islam veröffentlicht hatte, der eher typische orthodoxe Grundsätze darüber enthielt, wie man als frommer Muslim ein gottesfürchtiges Leben führt.[32] Hier wurden den schwedischsprachigen Muslimen alle möglichen – im Vergleich zu schwedischen Werten – konservativen und diesen diametral entgegengesetzte Normen, Werte und Gesetze (gemäß der Scharia) angeboten. Der Leitfaden plädierte für ein sich ergänzendes Wesen der Geschlechter anstatt für Gleichheit, und er gab die Empfehlung, dass Frauen die Regeln der Bescheidenheit in Kleidung und Verhalten befolgen sollten, um eine Vergewaltigung zu vermeiden. Als der Inhalt des Leitfadens in der Öffentlichkeit diskutiert wurde, zog die Göteborger Moschee ihn von ihrer Homepage zurück, anstatt zu sagen: „So verstehen wir den Islam, take it or leave it."[33] Im Allgemeinen handeln die Aktivisten der schwedischen Bruderschaft so: Sie zensieren ihre öffentlichen islamischen Informationen, die der säkularen Mehrheitsgesellschaft zugänglich sind, sobald sie Imageprobleme befürchten. Die Organisationen der schwedischen Bruderschaft haben in den letzten zehn Jahren ihre Kompetenzen im Selbstdarstellungs-Management weiterentwickelt – ein taktischer Schachzug, der mit der Zunahme der dschihadistischen Anschläge seit dem 11. September 2001 an Bedeutung gewonnen hat.

Fazit

Ich hatte angedeutet, dass der gewaltfreie Islamismus im schwedischen Umfeld ein übersehenes Phänomen ist, was auf die starke und ausschließliche Konzentration auf den gewalttätigen Islamismus seitens des Staates und seiner Behörden zurückzuführen ist. Dieser enge Fokus in Kombination mit der Ideologie des Multikulturalismus als normativer Glaubensstruktur, die alle negativen Aspekte des kulturellen und religiösen Pluralismus ausblendet, hat den Aktivisten der schwedischen Muslimbruderschaft ein ideologisches Chancengerüst geboten, innerhalb dessen sie ihr islamistisches Projekt organisieren können. Geschützt durch den Aufschwung der Identitätspolitik wird ihnen Raum geboten, sich als gewöhnliche Muslime auszugeben.

Eine Folge des Ausschlusses des gewaltfreien Islamismus aus der öffentlichen Debatte und der Forschung ist, dass dessen Akteure ihre Arbeit in muslimischen Enklaven unbehelligt fortsetzen können. Dort gründen sie Institutionen für *Dawa* und *Tarbiyya*, rekrutieren Mitglieder für die Bewegung und treten für Normen und Werte ein, die mit den Werten des schwedischen kulturellen Wertesystems unvereinbar sind. Dies geschieht im Namen des kulturellen oder religiösen Pluralismus – der ein ideologisches Paket von Ideen, Normen und Werten darstellt, das dem Denken der von Hassan al-Banna inspirierten Aktivisten entspricht. Schweden führt immer wieder Dialoge mit diesen Akteuren, anstatt zu prüfen, worauf ihre ideologischen Bestrebungen abzielen. Eine weitere Folge der Vernachlässigung gewaltfreier Formen des Islamismus in der öffentlichen Debatte ist, dass die schwedischen Steuerzahler

Unternehmungen islamistischer Aktivisten im falschen Glauben finanzieren, ihr Geld werde für integrationsfördernde Aktivitäten von Muslimen verwendet – als seien diese einer Art religiös neutrale Gruppe von Gläubigen.

Zusammengefasst lässt sich festhalten: Der gewaltfreie Islamismus stellt für Schweden aufgrund seiner Normen und Werte sowie der Politisierung religiöser Ideen eine ideologische Herausforderung dar. Solange die schwedische Öffentlichkeit den Einfluss dieser Bewegung unter den Muslimen im Lande ausblendet, wird es keine Chance zu höherem sozialen Zusammenhalt in der Gesellschaft geben.

Anmerkungen

[1] Dieser Beitrag beruht auf einem vierjährigen Forschungsprojekt, das von der schwedischen Behörde für Zivilschutz und Bereitschaft finanziert wurde (Myndigheten för samhällsskydd och beredskap, MSB). Das Forschungsprojekt trägt den Titel „Islamist packaging of messages: the politics of meaning", der Projektleiter ist der Autor dieses Beitrags. Vgl. Aje Carlbom, *The Imagined versus the Real Other: Multiculturalism and the Representation of Muslims in Sweden* (Lund: Lund monographs in Social anthropology, 2003).

[2] Ebd., S. 23; Bryan S. Turner und Berna Zengin Arslan, „Sharia and Legal Pluralism in the West", *European Journal of Social Theory* 14 (2) (2011), S. 143; Chris Martin, „How Ideology Has Hindered Sociological Insight", *Am Soc* (2016) 47, S. 122; Mats Wickström, „Comparative and Transnational Perspectives on the Introduction of Multiculturalism in Post-War Sweden", *Scandinavian Journal of History* 40 (2015).

[3] Wickström, S. 513.

[4] Ebd., S. 512–515; Aje Carlbom, „Islamofobiske problemer – om hvordan diskursen om islamofobi ekskluderer muslimer fra det demokratiske faelleskab", in Mehmet Ümit Necef og Torben Bech Dyrberg (Hrsg.), *Multikulturalismens faelder: mörkläggning og moralisme i medier, forskning och politik* (Köpenhamn: Samfundslitteratur, 2016).

[5] Ein Beispiel für die typische Herangehensweise von Wissenschaftlern nach dem 11. September 2001 ist dieser Beitrag: Larsson, Göran, „The impact of global conflicts on local contexts: Muslims in Sweden after 9/11 – the rise of Islamophobia, or new possibilities?", *Islam and Cristian-Muslim Relations* 16:1 (2005), S. 26–42.

[6] Sir John Jenkins, „On Islamism", in Sir John Jenkins, Martyn Frampton und Tom Wilson (Hrsg.), *Understanding Islamism*, Policy Exchange, UK, S. 14–36.

[7] Dunja Laris, *State and Civil Society defined by the Muslim Brothers in Europe*, EUI Working paper MWP 2011/23.

[8] Aje Carlbom, *Islamic Activism in a Multicultural Context: Ideological Continuity or Change?* Bericht (Malmö University und schwedische Behörde für Zivilschutz

LEGALISTISCHER ISLAMISMUS 237

und Bereitschaft, 2018); *The Swedish Security Police* (SÄPO), 2010, S. 23. Eine Ausnahme unter den schwedischen Regierungsbehörden stellt die Behörde für Zivilschutz und Bereitschaft dar (*Myndigheten för samhällsskydd och beredskap, MSB*), die Forschungsarbeiten finanziert, die sich damit befassen, wie sich diese Form des Islamismus auf die Gesellschaft auswirkt.

9 Elham Manea, *The Perils of Nonviolent Islamism* (New York: Telos Press Publishing, 2021), S. 158–160. Der Bericht zur Zusammenarbeit zwischen Aktivisten der Muslimbruderschaft und Sozialdemokraten ist hier zu finden: http://media2.blogg.trosolidaritet.se/2013/12/rapport-broderskap-o-Sv-muslimska-råd-99.pdf.

10 Schwedische Website, auf der die Kampagnen beschrieben sind: https://hizbut-tahrir.se.

11 Magnus Ranstorp, Filip Ahlin, Filip, Peder Hyllengren und Magnus Normark, *Mellan salafism och salafistisk jihadism: påverkan och utmaningar för det svenska samhället*, Försvarshögskolan/CATS.

12 Kamal Helbawy trat als Jugendlicher der Muslimbruderschaft bei, verließ aber die Bewegung vor einigen Jahren, weil er ihre Politisierung stärker wahrnahm. In den 1990er-Jahren war er der offizielle Vertreter der Muslimbruderschaft in Europa, und er war einer der Gründer der Muslim Association of Britain, die Mitglied in der Föderation Islamischer Organisationen in Europa (FIOE) ist; Carlbom, *Islamic Activism*, S. 25.

13 Magnus Norell, Aje Carlbom und Pierre Durrani, *The Muslim Brotherhood in Sweden*, im Auftrag der Schwedischen Zivilschutzbehörde (MSB), 2017.

14 Helena Hummasten, *Undermålig MSB-rapport sprider konspirationsteorier*, Studieförbundet Ibn Rushd, 2017.

15 Larise, *State and Civil Society*, S. 16; Carlbom, *Islamic Activism*, S. 24.

16 Mahmoud Aldebe, „Varför förnekar ni samröre med Muslimska Brödraskapet?", *Aftonbladet*, Mai 2013.

17 So teilt beispielsweise die Islamische Vereinigung ihren schwedischen Lesern mit, dass es sich beim Islam „um eine Sammlung nicht veränderbarer Prinzipien, basierend auf der Scharia handelt, die das gesellschaftliche Leben regeln".

18 Larise, *State and Civil Society*, S. 17.

19 Die zwölf Ziele der europäischen Muslimbruderschaft können auf der FIOE-Website nachgelesen werden: http://euromuslims.org/en/objectives/

20 Carlbom, *Islamic Activism*, S. 21–34.

21 Yusuf Al-Qaradawi, *Priorities of the Islamic Movement in the Coming Phase*, 1990: https://www.islambasics.com/chapter/introduction-on-the-islamic-movement

22 Carrie Rosefsky Wickham, *Mobilizing Islam: Religion, Activism and Political Change in Egypt* (New York: Columbia University Press, 2002).

23 Hazem Kandil, „Islamizing Egypt? Testing the limits of Gramscian counterhegemonic strategies", *Theor Soc* (2011) 40, S. 37–62.

24 Der Europäische Rat für Fatwa und Forschung (ECFR) wurde 1997 auf Initiative der FIOE und Yusuf al-Qaradawis gegründet. Vor kurzem startete der Rat eine „Euro Fatwa App", die Muslimen in Europa schnellen Zugang zu den Rechtsauslegungen des Rats ermöglichen soll.

25 Jamal A Badawi wird oft in Verbindung mit dem nordamerikanischen Netzwerk der Muslimbruderschaft genannt; Jamal Badawi, *The Status of Woman in Islam*, 1980.

26 Carlbom, *Islamic Activism*, S. 24ff.

[27] Siehe für englischsprachige Informationen zu Ibn Rushd: https://www.ibnrushd.se/ibn-rushd-study-association/
[28] Erving Goffman, *The Presentation of Self in Everyday Life* (New York: Anchor Books, 1959).
[29] Jonas Otterbeck, *Islam på Svenska: tidskriften Salaam och islams globalisering* (Lund: Lund University, 2001), S. 174f.; Christoph Schuck, „A Conceptual Framework of Sunni Islamism", *Politics, Religion, and Ideology* 14: April 2013. Die von al-Banna verfassten Artikel sowie der Artikel von Yusuf al-Qaradawi sind auf der IFiS-Homepage zu finden.
[30] Kandil, „Islamizing Egypt", S. 48.
[31] Roel Meijer, „Introduction", in Roel Meijer and Edwin Bakker (Hrsg.), *The Muslim Brotherhood in Europe* (London: Hurst & Company, 2012), S. 27; Lorenzo Vidino, *The New Muslim Brotherhood in the West* (New York: Columbia University Press, 2010).
[32] Bei diesem von der Göteburger Moschee veröffentlichten Leitfaden handelt es sich um die schwedische Übersetzung eines Leitfadens, der insgesamt in 26 Sprachen vorliegt. Der englischsprachige Leitfaden ist hier zu finden: www.newmuslimguide.com.
[33] Magnus Ranstorp, „Göteborgs moské legitimerar att en hustru inte kan neka sin fru sex", *Göteborgsposten*, 2020.

Die wichtigsten Lehren aus den Terroranschlägen vom 11. September 2001

Magnus Norell

Die Terroranschläge vom 11. September 2001 kündigten keine neue Art von Terrorismus an, auch wenn es damals manchmal so dargestellt wurde. Das Ausmaß – es handelte sich in jeder Hinsicht um den bis dahin verheerendsten und zerstörerischsten Terroranschlag – und die Auswirkungen der Anschläge, die nicht zuletzt mit den ausgewählten Angriffszielen zusammenhingen, verdeckten die Tatsache, dass diese Art von Anschlägen mit Massenopfern bereits vorher ein wichtiges Merkmal des internationalen islamistischen Terrorismus war. Als ein Beispiel sei hier nur erwähnt, dass das World Trade Center selbst schon 1993 von Islamisten angegriffen wurde – mit dem Ziel, die Türme zum Einsturz zu bringen. Und auch in den 1990er-Jahren kam es sowohl im Nahen Osten als auch in Europa zu islamistischen Anschlägen mit der Absicht, diejenigen zu töten, die die Täter als ihre Feinde betrachteten.[1]

Bereits in den 1990er-Jahren stellten Wissenschaftler fest, dass die Zahl der Anschläge seit den späten 1980er-Jahren stetig gesunken, aber die Anzahl der Todesopfer gestiegen war. Dies wurde vor allem damit erklärt, dass es den Terroristen zuvorderst darum ging, Feinde zu töten. Im Gegensatz dazu verübten Terroristen in den 1960er- und 1970er-Jahren Anschläge, um konkrete politische Punktgewinne zu erzielen oder um für Unabhängigkeit zu kämpfen.

Es waren hauptsächlich islamistische Gruppen und Organisationen, die auf die Tötung möglichst vieler Menschen bei einem Attentat setzten, wenngleich in den Jahren vor 9/11 auch schon andere Gruppen diese Form des Terrorismus wählten – wie beispielsweise die japanische Sekte *Aum Shinrikyo*, die1995 bei einem Anschlag in der Tokioter U-Bahn chemische Waffen einsetzte; oder amerikanische Rechtsterroristen, die im selben Jahr einen Bombenanschlag auf das Murrah Federal Building in Oklahoma verübten.

Doch auch wenn auch andere Gruppen auf diese tendenziell apokalyptische Terrorform setzten, ging und geht die Hauptbedrohung in diesem Feld von islamistisch motivierten Terroristen aus, und zwar mit großem Abstand.

Zum Zeitpunkt von 9/11 war also der Krieg, den verschiedene islamistische Bewegungen und Gruppen führten, bereits in vollem Gange. Diese Bewegungen und Gruppen wähnten sich in einem Verteidigungskrieg, den sie führen müssten, um den Islam zu verteidigen. Wenngleich die konkreten Ausprägungen des gewaltbereiten Islamismus aufgrund struktureller und geographischer Gegebenheiten variierten, verband sie eine gemeinsame politische und religiöse Ideologie miteinander: der Islamismus. Und sie gingen alle davon aus, dass der Islam angegriffen werde und dass der Westen – mitsamt allem, wofür er steht – der Feind sei.[2]

Vor dem 11. September 2011 hatte man im Westen das von Islamisten ausgehende Bedrohungspotenzial für die eigenen Gesellschaften weitgehend ignoriert. Das änderte sich von einem Tag auf den anderen, als man erlebt hatte, wie real die Bedrohung war. Für Wissenschaftler, die das vorangegangene Jahrzehnt mit der Erforschung des Islamismus verbracht und versucht hatten, einer breiteren Öffentlichkeit (einschließlich der Behörden) sein Bedrohungspotenzial nahezubringen, war dies eine längst überfällige Einsicht. Allerdings zeigte sich recht bald, dass die Anschläge zwar zu einem besseren Verständnis der Bedrohung durch den gewaltbereiten Islamismus geführt hatten, aber weiterhin allzu oft übersehen wurde, dass es auch eine gewaltlose Form des Islamismus gibt.

Haben Islamisten ihre Strategien nach 9/11 geändert?

Aus den nach 9/11 erschienen Studien zum militanten Islamismus geht klar hervor, dass einer der Hauptgründe für Al-Qaida, die Anschläge zu verüben, die Vorstellung war, dass diese eine heftige westliche Reaktion zur Folge hätten, welche ihrerseits weltweit gewalttätige Gegenreaktionen von Muslimen auslösen sollten, weil diese den Eindruck gewönnen, dass sie ihre Religion gegen den westlichen Aggressor verteidigen müssten.[3]

Dies war jedoch eine Fehlkalkulation. Obwohl es gewaltsame Gegenreaktionen gab, löste das westliche Vorgehen keine größeren Religionskriege aus. Aus Sicht der militanten islamistischen Bewegungen und Organisationen erforderte die fehlende Bereitschaft der Muslime, sich am angestrebten weltumspannenden Krieg zu beteiligen, neue Strategien. Insbesondere die von Al-Qaida schon früh verfolgte Strategie des dezentralen Widerstands, gewann an Gewicht. Statt großer Gruppierungen, die abwehrtechnisch und militärisch vom Westen leichter in den Blick genommen und bekämpft werden können, setzte man zunehmend auf kleinere Gruppen bis hin zu Einzelpersonen, den oftmals als „einsamen Wölfen" bezeichneten Terroristen.[4] Anders gesagt: Man priorisierte nicht länger große, spektakuläre Anschläge, sondern agierte mithilfe von kleineren Gruppen und Einzeltäten, die, wo immer möglich, zuschlagen sollten, um dem „Feind" zu zeigen, dass es für ihn keine Sicherheit mehr gibt, weil er jederzeit Opfer eines „Alltagsanschlags" werden kann.[5] Die Anzahl der und Vorgehensweisen bei den islamistischen Terroranschläge im Nahen Osten, in Europa und in den USA in den letzten beiden Jahrzehnten sind ein deutlicher Beleg hierfür. Für Regierungen und Nachrichtendienste stellte dieser Strategiewechsel eine enorme Herausforderung dar, da sie, um präventiv tätig zu werden und Anschlagspläne im Keim zu ersticken, nunmehr kleinere Gruppen und Einzelpersonen ins Visier nehmen mussten.

Die Sicherheitsbehörden haben diese neue Herausforderung im Hinblick auf die Verhinderung von Anschlägen durchaus erfolgreich bewältigt, obgleich sie nicht alle Attentate verhindern konnten. So waren die Bemühungen zur Terrorismusbekämpfung bis zu einem gewissen Grad erfolgreich, weil sie die Nachrichtendienste dazu zwangen, sich besser zu koordinieren und relevante Informationen auszutauschen. Weiterreichenden Erfolgen stand aber im Weg, dass viele westliche Regierungen ignorierten, dass es nicht ausreicht, den gewalttätigen Islamismus zu bekämpfen, sondern dass man, um dies erfolgreich zu tun, auch den gewaltfreien, also legalistischen Islamismus, in den Blick nehmen muss, da dieser ideologisch den Militanten zuarbeitet. Dass man den legalistischen

Islamismus leichtfertig ignorierte, hat viel damit zu tun, dass man bestrebt war, „den" Islam und „die" Muslime nicht generell zu stigmatisieren. So sehr der dahinterstehende Grundgedanke begrüßenswert ist, hat er in der Form, in der er praktiziert wurde, doch dazu geführt, dass der legalistische Islamismus heute stärker in westlichen Gesellschaften verankert ist als noch vor zwanzig Jahren.

Der Fall Schweden

Schweden ist ein hervorragendes Beispiel, um zu veranschaulichen, wie einerseits die Regierung sowie nachgeordnete Behörden – falsch – mit dem Islamismus umgegangen sind und wie andererseits islamistische Organisationen daran arbeiten, die Gesellschaft nach ihren Vorstellungen zu formen. Denn: Schweden hat mit hohen Millionenbeträgen islamistische Organisationen, insbesondere diejenigen, die der Muslimbruderschaft zuzurechnen sind, unterstützt. Die vielfältige Organisationsstruktur der Muslimbruderschaft in Schweden hat es ihr ermöglicht, finanzielle Förderung von unterschiedlichen staatlichen Geldgebern – von der kommunalen bis hin zur nationalen Ebene – zu erhalten. Auf den ersten Blick wirkt es so, als würden viele unterschiedliche Organisationen und Gruppen öffentliche Gelder erhalten. Nimmt man jedoch die Führungsebene all dieser Organisationen in den Blick, zeigt sich, dass diese Vielfalt keineswegs besteht, sondern dass eine zentralisierte Struktur dahintersteht.[6]

Die Muslimbruderschaft ist die mit Abstand größte und am besten organisierte islamistische Bewegung in Schweden. Zudem ist die Führung der Muslimbruderschaft seit 1999 formell und institutionell mit der lange das Land dominierenden politischen Partei verbunden: den Sozialdemokraten (SAP). Diese Verbindung ermöglichte der Muslimbruderschaft den Aufbau politisch wirkmächtiger Netzwerkstrukturen.[7] Die (partei-)politische Aufwertung, die das Führungspersonal der Bruderschaftsorganisationen dadurch erfuhr, führte dazu, dass Sozialdemokraten, die ihre Partei dafür kritisierten, einer Bewegung eine herausgehobene Rolle eingeräumt zu haben, die nicht repräsentativ für die Muslime in Schweden ist, wahlweise mundtot gemacht, aus der Partei gedrängt oder ihrer Posten enthoben wurden. Außerdem wurden Personen, die die engen institutionellen Verbindungen zwischen der SAP und den Muslimbrüdern kritisierten, der Islamophobie und des Rassismus beschuldigt. Der jüngste Fall betrifft die ehemalige Vorsitzende der SAP in Göteborg, der zweitgrößten Stadt Schwedens. Sie wurde aus dem Amt gedrängt, nachdem sie sich sowohl gegen Verbrechen, die im Namen der Ehre verübt werden, als auch gegen die oben beschriebenen engen Verflechtungen ausgesprochen hatte. Das ging schließlich so weit, dass sie wegen Verleumdung angeklagt wurde und einen Prozess über sich ergehen lassen musste, der allerdings mit einem Freispruch für sie endete. Dies kann als Beispiel dafür gelten, was im Englischen analog zu *warfare* (Kriegsführung) als *lawfare* (Kriegsführung mit juristischen Mitteln) bezeichnet wird. *Lawfare* ist zu einer bevorzugten Waffe für Vertreter der Muslimbruderschaft und ihrer politischen Verbündeten geworden, wenn es darum geht, gegen ihre vermeintlichen Feinde vorzugehen. Der Vorwurf der Islamophobie oder des Rassismus hat sich in Schweden als sehr wirkungsvoll erwiesen.[8]

Ein weiteres Beispiel, das zeigt, wie weit Islamisten zu gehen bereit sind, wenn einzelne Personen als Bedrohung erscheinen oder einfach nur eine kritische Sichtweise präsentieren, ist das, was dem Autor dieser Zeilen im Jahr 2017 widerfahren ist. Der MSB, die schwedische Behörde für Zivilschutz und Bereitschaft, hatte mich beauftragt, die erste Studie über die Muslimbruderschaft in Schweden zu verfassen. Diese kurze Studie wurde im Februar 2017 veröffentlicht. Die Studie bestand im Wesentlichen aus einer Überblicksdarstellung dazu, was damals allgemein über die Muslimbruderschaft bekannt war. Dennoch löste sie eine enorme negative Resonanz in islamistischen Kreisen sowie in Teilen der Wissenschaft aus. Meine Mitautoren und ich wurden mit Beschimpfungen überhäuft, und eine Troll-Armee verlangte im Internet, dass der Bericht zurückgezogen werden sollte – wozu es aber nicht kam.[9]

Im September desselben Jahres wurde ich zu einem Vortrag an der Universität Umeå eingeladen. Das Thema war nicht die

Muslimbruderschaft oder der Islamismus, sondern ein kürzlich veröffentlichter Bericht des schwedischen Sicherheitsdienstes (Säpo), der sich mit der aktuellen Terrorgefahr beschäftigte. Der Vortrag wurde von einer lokalen kleinen linken politischen Partei (Arbetarpartiet) initiiert, entwickelte sich aber schließlich zu einer gemeinsam mit einem lokalen Zweig des nationalen Bildungsvereins Vuxenskolan durchgeführten Veranstaltung. Sehr oft werden Vorträge wie dieser von einem der vielen Studienvereine in Schweden organisiert; davon erlangte der Ibn-Rushd-Studienverein Kenntnis, der eng mit dem Muslimbruderschafts-Cluster in Schweden verbunden ist. Als eine hochrangige Funktionärin, Sara Gunnerud (die inzwischen *Ibn Rushd* verlassen hat), damals strategische Beraterin bei *Ibn Rushd*, von dem Vortrag erfuhr, setzte sie sich sofort mit der nationalen Zentrale von Vuxenskolan in Verbindung, um eine „Warnung" davor auszusprechen, dass eine lokale Zweigstelle von Vuxenskolan einen „Islamophoben" einlädt.[10] Gunnerud kontaktierte berufsbedingt zuerst die nationale Zentrale per E-Mail und Telefon, danach rief sie die örtliche Niederlassung von Vuxenskolan an und teilte mit, dass sie mit deren Chef in Stockholm in Kontakt stehe. Dies ist eine bekannte „Dominanztaktik". Sie wurde bei dieser Gelegenheit voll eingesetzt – mit der Absicht, meinen Vortrag abzusagen. Da nicht Vuxenskolan der Hauptorganisator war (wovon Gunnerud und *Ibn Rushd* ausgingen), sondern Arbetarpartiet, hätte es auch nicht geholfen, wenn Vuxenskolan einen Rückzieher gemacht hätte, was aber auch nicht geschah. Das Mobbing hatte sogar den gegenteiligen Effekt: Kommentare in der Lokalzeitung, die den Vortrag unterstützten und die Absagebemühungen von *Ibn Rushd* heftig kritisierten. Der Vorfall führte aber auch eindrücklich vor Augen, wie weit Aktivisten im Muslimbruderschafts-Cluster zu gehen bereit sind und welchen Preis man zahlt, wenn man nicht einknickt. Nachdem der Vortrag stattgefunden hatte (der Hörsaal war voll), erhielt die Mitarbeiterin des örtlichen Vuxenskolan-Büros wütende Anrufe von Gunnerud – zusätzlich zu dem Druck, der vor dem Vortrag auf die Mitarbeiterin ausgeübt worden war.[11]

In einem Land wie Schweden, in dem die Bereitschaft, gegen Bewegungen wie die Muslimbruderschaft vorzugehen, nicht sehr ausgeprägt ist, haben Aktivitäten wie die oben beschriebenen gute Chancen auf Erfolg, und dabei verlieren, wie bereits erwähnt, Menschen ihre Jobs und Positionen. Es gibt nicht immer widerständige und mutige Einzelpersonen, die bereit sind, sich dem Kampf zu stellen, und das verschafft durchsetzungsfähigen und aktiven islamistischen Bewegungen wie der Muslimbruderschaft letztlich deutliche Vorteile.

Auswirkungen von 9/11 auf westliche Entscheidungsträger und Gesellschaften

Die Anschläge vom 11. September wirkten sich europaweit auf das Handeln von Regierungen aus. Sie leiteten gegenüber dem militanten Islamismus einen Kurswechsel ein – auch in Skandinavien, wo die Bedrohung durch den Islamismus mehrere Jahrzehnte lang heruntergespielt worden war.[12] Abgesehen von der Einführung neuer Antiterrorgesetze und – in einigen Ländern – verstärkter Anti-Terror-Maßnahmen durch die Polizei und die Geheimdienste bestand die größte Auswirkung der Anschläge vom 11. September 2001 auf die Gesellschaften wohl darin, dass die Diskussionen über den Islamismus (insbesondere über den militanten Islamismus) in den Vordergrund traten. Je nachdem, wo in Europa man lebte, sah dies unterschiedlich aus, aber insgesamt durchdrang das Thema Islamismus die Gesellschaften und die Politik in einem Maße, wie dies zuvor nicht der Fall gewesen war. Lässt man einmal den extrem linken und den extrem rechten Rand in Bezug auf den Islamismus außer Acht, so gab es im Grunde zwei große Denkschulen, die darüber reflektierten, wie man auf die sehr deutliche und gegenwärtige Gefahr, die von Islamisten ausgeht, reagieren sollte.[13]

Die eine Denkrichtung zeichnete das Bild einer wachsenden Bedrohung durch zunehmenden islamistischen Terrorismus und warnte vor einer dunklen Zukunft, wenn nicht schnell und hart durchgegriffen werde. Man forderte nicht nur bessere Gesetze und eine verstärkte Arbeit von Polizei und Geheimdiensten, sondern bestand auch darauf, besser zu überwachen, was in europäischen Moscheen und islamischen Mainstream-Veranstaltungen tatsächlich gepredigt wird – ohne dabei jedoch rechtliche, liberale Grenzen zu überschreiten. Es wurde argumentiert, dass Europas liberale Gesetze und großzügige Regeln und Vorschriften in Bezug auf Nichtregierungsorganisationen – sowohl religiöse als auch säkulare – es allen Islamisten leicht machten, sich zu organisieren und eine auf Intransparenz beruhende Struktur aufzubauen.[14] Das Hauptargument war, dass es nicht ausreiche, nur die Spitze des islamistischen Speers zu betrachten, sondern dass es notwendig sei, die islamistische Ideologie als die eigentliche Wurzel des Terrorismus in den Blick zu nehmen. Wichtige und lautstarke Stimmen, die für diese Art der Reaktion auf islamistische Gewalt plädierten, kamen oftmals von Forschern und Praktikern innerhalb der Polizei und der Geheimdienste.

Ebenfalls stark vertreten war die Sichtweise, dass Islamismus nichts mit dem Islam zu tun habe, schon gar nicht mit dem gewalttätigen Islamismus, so wie er am 11. September 2001 in Erscheinung getreten war. Zudem ging man davon aus, dass Islamisten, die sich gegen Gewalt aussprachen, einen mäßigenden Einfluss auf gewaltbereite Islamisten haben könnten. Dort, wo der Staat auf die Unterstützung durch legalistische Islamisten setzte, um die Militanten einzuhegen, wurde ersteren die Möglichkeit geboten, ihre Agenda voranzutreiben. Diese Einbindungsstrategie war für Politiker und Behörden attraktiv, weil sie so das Problem an „Fachleute", also muslimische Gelehrte und religiöses Führungspersonal weiterreichen konnten. Man tat etwas gegen Gewalt und Terror, konnte aber den politisch als heikel gesehenen Teil der Auseinandersetzung vermeiden, konkret die Frage: Inwieweit ist der Islamismus ein Auswuchs des Islams? Diese Vermeidungsstrategie führte dazu, dass über Jahre hinweg unzählige politische Initiativen zur Bekämpfung von gewalttätigem Extremismus ins Leben gerufen wurden, die ohne Diskussionen zur Rolle des Islamismus und des Islams auskamen.[15]

Daher wurde Gruppen und Organisationen wie der Muslimbruderschaft viel Spielraum (und Geld) gegeben, um, wie es hieß, dem gewalttätigen Extremismus entgegenzuwirken.[16] Praktisch bedeutete dies zugleich, dass in den Jahrzehnten seit 9/11 verschiedene islamistische Organisationen neue Strukturen aufbauen konnten, was zu einer noch stärkeren Segregation führte und damit zu einer Art Gleichsetzung von Islam und Islamismus.[17] Wenn wir also heute, zwanzig Jahre nach 9/11, die Situation betrachten, stehen wir in vielerlei Hinsicht schlechter da als zuvor. Nicht nur, dass es weiterhin islamistische Anschläge gibt, wenn auch nicht so verheerende wie die von 9/11. Was noch schlimmer ist: Unsere demokratischen Gesellschaften tun sich immer noch schwer damit, das Thema Islamismus zu diskutieren, ohne sich dabei ängstlich umzuschauen.

Ein Beispiel dafür ist die Reaktion auf ein Fernsehinterview im Februar 2021 von Frédérique Vidal, der französischen Ministerin für Hochschulbildung, die öffentlich den Gedanken zu äußern wagte, dass die Nation durch das bedroht sei, was in Frankreich als Islamo-Gauchisme – ein vom Soziologen Pierre-André Taguieff geprägter Begriff – bezeichnet wird. Islamo-Gauchisme bedeutet, dass insbesondere die politische Linke, darunter viele Wissenschaftler, sich auf die Seite der Islamisten geschlagen hat und – mit Intersektionalität, Postkolonialismus und Identitätspolitik als Waffen – Forschung mit Aktivismus vermengt und zudem herunterspielt oder gänzlich zurückweist, dass Islamismus irgendetwas mit dem Islam zu tun hat. Dies, so meinte Vidal, hat zu einer Cancel Culture und zu bewussten Versuchen geführt, Menschen zum Schweigen zu bringen, die sich dieser Denkweise nicht anschließen möchten. Frédérique Vidal stieß sowohl auf Unterstützung als auch auf Widerstand, gab aber nicht auf und leitete eine Untersuchung der Angelegenheit ein.[18]

Das Fatale an der gegenwärtigen Situation kann so erklärt werden: Einer der Hauptgründe ist die Unfähigkeit beziehungsweise der Unwille der Behörden und Politiker, tatsächlich zu benennen, womit wir es genau zu tun haben. Der militante Islamismus, aber auch der legalistische Islamismus, der die Militanten nährt, sind Kern dieses Konflikts. Und die verschlungenen Wege, auf denen westliche politische Führer und Experten versuchen, die offensichtliche und eklatante Verbindung zwischen dem Islam als Religion und den radikalen, gewalttätigen Interpretationen dieser religiösen Tradition, aus denen die Militanten ihre Motivation beziehen, zu vermeiden, machen es deutlich schwieriger, diesen Kampf zu gewinnen. Stattdessen wird unendlich viel Energie darauf verwendet, diesem „weißen Elefanten im Raum" aus dem Wege zu gehen und immer wieder Aussagen zu machen, die das, was jeder Islamist als wichtigsten Grund für sein Handeln angibt – nämlich seine Interpretation des Islam –, als irrelevant ausgeben und zurückweisen. Indem man sich nur auf den gewalttätigen oder militanten Islamismus konzentriert, werden die ideologischen und religiösen Wurzeln dieser Militanz oft völlig außer Acht gelassen.[19]

Das hat zweierlei Auswirkungen: Erstens lässt es die vielen tapferen und mutigen Muslime im Stich, die den Kampf gegen die Islamisten aufgenommen haben. Statt diese Menschen zu unterstützen, sowohl im Nahen Osten – wo sie oft ihr Leben riskieren, weil sie sich gegen die Islamisten aufstellen – als auch in unseren Heimatländern, lässt der Westen sie in ihrem Zweifrontenkampf allein: gegen die Militanten einerseits und gegen Politiker und Experten im Westen andererseits, die es für wichtiger halten, den Islamisten entgegenzukommen, als für die grundlegendsten Prinzipien unserer westlichen Gesellschaften einzutreten.

Zweitens: Indem wir es vermeiden, die Art der Bedrohung, mit der wir konfrontiert sind, beim Namen zu nennen, erschweren wir es unserer Polizei und unseren Geheimdiensten, effektive Gegenmaßnahmen zu ergreifen und eine offene und ehrliche Diskussion über die Bedrohung zu führen. Dies führt auch zu der etwas schizophrenen Situation, in der die Öffentlichkeit mühelos sehen und wahrnehmen kann, wo die Probleme liegen, während die fällige politische Diskussion von den Politikern, von manchen Fachleuten und in einigen Fällen auch von den Medien sorgsam vermieden wird. Dies ist nicht die Art und Weise, wie reife Demokratien sich verhalten sollten. Ein Grund für die mangelnde Bereitschaft, sich mit dem Thema des militanten Islamismus auseinanderzusetzen, ist offensichtlich Angst. Zum einen die Angst, fremdenfeindliche und sogar rassistische Ansichten zu schüren, was eine berechtigte und reale Sorge ist. Und zum anderen die Angst, durch die Auseinandersetzung mit der islamistischen Bedrohung noch mehr Anschläge auszulösen.

Nur: wenn wir dieser Angst nachgeben, verlieren wir in zweierlei Hinsicht. Wenn wir den Kampf mit den Islamisten nicht aufnehmen, weil wir – wie die mutigen anti-islamistischen Muslime (wie Kenan Malik, Sarah Haidar, Karima Bennoune, Maajid Nawaz and Hanna Gadban) es tun – nicht offen zugeben, dass der Islam einige fundamentale Reformen zu vollziehen hat, gießen wir erstens nur Öl ins Feuer und überlassen es faktisch den echten Fremdenhassern, auf diese Dilemmata hinzuweisen. Zweitens: Indem wir das Handtuch werfen und – aus Angst – nicht für die Freiheiten und Rechte eintreten, die wir im Westen mit viel Blut, Schweiß und Tränen erkämpft haben, lassen wir die Islamisten tatsächlich gewinnen. Wenn diese Trends nicht umgedreht werden, kann das Erbe der letzten zwanzig Jahre sein: deutlich mehr Angst vor und daher mehr Beschwichtigung gegenüber dem legalistischen Islam. Beides führt zu einer Cancel Culture, die es extrem schwierig macht, das Problem des Islamismus auch nur noch zu erwähnen.

Fazit

Zwanzig Jahre nach 9/11 ist klar, dass die Anschläge Auswirkungen sowohl auf Islamisten (militante und nicht-militante) als auch auf westliche Gesellschaften hatten. Für Islamisten besteht die Arbeitsteilung zwischen Militanten und Nicht-Militanten fort. Während die gewalttätige islamistische Militanz weiter wuchs und sich mit Anschlägen im gesamten Nahen Osten, in Europa und Amerika ausbreitete, konnten die legalistischen Islamisten das intellektuelle und politische Vakuum besetzen, das durch die Anschläge und die Versuche, darauf eine Antwort zu finden, entstanden war. Mit dem Argument, dass der gewaltfreie Islamismus am besten geeignet sei, mit dem militanten Islamismus fertig zu werden, ist die ideologische und religiöse Grundlage, aus der sich diese Militanz speist, lebendig geblieben – genährt von einem zaudernden und nervösen Westen, der versucht, das ganze Ausmaß der Bedrohung zu erfassen und dazu Geld in Organisationen und NGOs steckt, die sich als die wahren und einzig richtigen Interpreten des Islam präsentieren. Im Westen ist die am besten organisierte Bewegung, die in diese Rolle schlüpfte, die Muslimbruderschaft, die zahlreiche Gruppen und Organisationen in allen europäischen Ländern und in den USA gegründet hat.[20]

Bestimmte Gruppen profitieren davon, die Agenda, wie jeweils der Islam zu definieren sei, festzulegen; sie wollen keinerlei freie Diskussionen über Religion, welcher Art auch immer. In erster Linie handelt es sich dabei um Islamisten verschiedener Couleur sowie um Politiker und politische Führer, die aus unterschiedlichen Gründen den Islam als eine religiöse Tradition im Belagerungszustand ausgeben, welche mit allen Mitteln, einschließlich Gewalt, verteidigt werden müsse – ein Gedanke, der aus den oben erwähnten ideologischen Trends meist linker akademischer Vorstellungen über die Strukturierung von Gesellschaften stammt. Diese Gruppen zielen zugleich darauf ab, die freie Meinungsäußerung in Bezug auf Religion und religiöse Überzeugungen einzuschränken; sie haben es leider geschafft, die Tagesordnung zu bestimmen und einen großen Teil der Debatte über Religion zu kontrollieren, besonders im Westen.

Auch wenn einige der schlimmsten Ausprägungen des gewalttätigen oder militanten Islamismus wie der Islamische Staat oder die afghanischen Taliban bis zu einem gewissen Grad zurückgedrängt wurden – ohne dass eine der beiden Gruppen vollständig besiegt wurde –, sind die Gründe für das Entstehen dieser Bewegungen doch immer noch vorhanden und gewinnen an Boden. Diese Bewegungen und Organisationen infiltrieren auch andere Gesellschaften und haben es langsam, aber erfolgreich geschafft, selbst der nicht-muslimischen Mehrheit Scharia-Beschränkungen *(hisba)* aufzuerlegen, indem sie aggressiv separate Gesetze für Muslime befürworten und Kritiker (Muslime und Nicht-Muslime gleichermaßen) schnell als islamophob oder rassistisch brandmarken. Auf diese Weise wurde eine eindeutig nicht-demokratische, eigene Definition des Islams als einzig richtige angepriesen und damit auch ein Umfeld für radikalere Elemente (wie zum Beispiel

Salafi-Dschihadisten und Hizb ut-Tahrir) geschaffen, die ebenfalls argumentieren, dass Gewalt manchmal sowohl notwendig als auch legitim sei.[21]

Jede Gesellschaft sieht sich von Zeit zu Zeit mit schweren Krisen konfrontiert, und wenn das passiert, scheinen drei Schlüsseleigenschaften wesentlich zu sein, um mit diesen Krisen erfolgreich umzugehen: die Probleme tatsächlich wahrzunehmen, die Probleme anzuerkennen und zufriedenstellende Lösungen zu finden, am besten so schnell wie möglich. In seiner modernen Ausprägung ist das Thema Islamismus seit vielen Jahrzehnten sowohl in den westlichen als auch in den nahöstlichen Gesellschaften präsent. Als die Muslimbruderschaft 1928 gegründet wurde und sie Politik und Religion zu einem tragfähigen politischen Vehikel verschmolz, um Gesellschaften zu verändern und zu beeinflussen, waren diese Idee in arabischen und muslimischen Ländern bereits fest verankert. Seitdem haben sich zahlreiche Bücher, Studien und Berichte mit dem Phänomen des politischen Islams und den vielen Formen, die er angenommen hat, beschäftigt.

Ein Schlüsselereignis war die sogenannte Rushdie-Affäre von 1989, als das Buch *Die satanischen Verse* des britisch-indischen Autors Salman Rushdie veröffentlicht wurde. Nicht nur, dass Rushdie Ziel von Todesdrohungen und einer berüchtigten Fatwa des damaligen iranischen Obersten Führers Khomeini wurde, die ihn für ein Jahrzehnt in den Untergrund zwang – auch mehrere Personen, die an der Verbreitung und Übersetzung des Buches beteiligt waren, wurden getötet und bedroht. Diese beispiellose Affäre setzte den Islamismus fest auf die Tagesordnung, auf der er bis zum Ende des zwanzigsten und bis ins einundzwanzigste Jahrhundert hinein blieb.[22] Aber das Problem wahrzunehmen ist nicht dasselbe wie es anzuerkennen, und bis heute mangelt es vielen Experten, Politikern und Akademikern im Westen deutlich am politischen Willen, das Problem wahrzunehmen, geschweige denn es anzuerkennen. Wie bereits erwähnt, ergriffen die legalistischen Islamisten (mit der Muslimbruderschaft an der Spitze) die Gelegenheit, die Unsicherheit des Westens für ihre Belange zu nutzen, indem sie erklärten, sie wüssten, wie man die in Namen des Islams verübte Gewalt einhegt. Sie betonten dabei, dass diese Gewalt ein Resultat aus der Diskriminierung und dem mangelnden Respekt des Westens gegenüber dem Islam sei. Diese Gruppen fügten schnell hinzu, dass irgendein Buch, Bild, Theaterstück oder Kunstwerk beleidigend sei, und erklärten dies zu einem Hauptgrund für die Gewalt. Das Gerede über eine Einschränkung der Redefreiheit und spezielle Blasphemiegesetze gelangte erneut in die öffentliche Diskussion.[23]

Diese Angst und die mangelnde Bereitschaft, sich offen und mündig mit dem Islamismus, ob gewalttätig oder nicht, auseinanderzusetzen, führte bei der Suche nach Lösungen in eine Sackgasse. Wenn auch die Notwendigkeit, die militanten, gewalttätigen Formen des Islamismus (konkret also den Islamischen Staat oder Al-Qaida) zu bekämpfen, ziemlich offensichtlich war, war dies bei seinen nicht gewalttätigen/nicht-militanten Formen nicht der Fall. Aber ohne die ideologischen und religiösen Ideen hinter dem Islamismus zu verfolgen, gibt es keine Möglichkeit, ihn im Ideenkampf um die Herzen und Köpfe vollständig zu besiegen. Die Tragödie ist, dass dieser Zustand nicht nur die Gewalt nicht eindämmen kann, sondern auch die Schwierigkeiten bei der Förderung der freien Meinungsäußerung und der Stärkung verschiedener Freiheiten einschließlich von Freiheiten, die die Grundlage aller wirklich demokratischen Gesellschaften sein müssen, noch verschlimmert. Ein Verbot einer jeden öffentlichen Äußerung, die irgendjemand als Beleidigung empfinden könnte, hat keinen Platz in einer Demokratie – ebenso wenig wie Blasphemiegesetze. Solange wir es nicht wagen, dies offen und ohne Angst auszusprechen, wird der Islamismus uns erhalten bleiben und seine Wirkung entfalten.

Anmerkungen

[1] https://epub.ub.uni-muenchen.de/13769/1/Feb%2006%20SPENCER%20version%202.pdf; Walter Laqueur, *The New Terrorism* (Oxford: Oxford University Press, 1999); https://www.state.gov/1993-world-trade-center-bombing/; see for example *The Al Qaeda Manual, UK/BM-3/Presentation*. Das Handbuch wurde von der Polizei in Manchester gefunden und übersetzt. Es wurde beim sogenannten Botschaftsgerichtsverfahren (Embassy Trial) in New York im März 2001 vorgelegt.

2   Magnus Norell, *Return of the Caliphate and Consequences* (London: Greycat Publishing House, 2017); Elham Manea, *The Perils of Nonviolent Islamism* (New York: Telos Publishing Press, 2021).
3   https://www.state.gov/1993-world-trade-center-bombing/.
4   „Einsame Wölfe" war nie eine treffende Metapher, weil ein wirklich einsamer Wolf von großer Seltenheit ist, und weil wenige Tiere so sozial und darauf ausgerichtet sind, in größeren Gruppen zu leben, als Wölfe.
5   Einen guten Einblick in die internen Diskussionen von Islamisten bietet die englischsprachige Zeitschrift *Inspire*, die von Al-Qaida auf der arabischen Halbinsel (AQAP) produziert wird.
6   https://wordpress.egyptson.se/2020/01/16/minst-437-miljoner-sek-av-allm anna-medel-har-gatt-till-tre-organisationer-tillhorande-sekten-ikhwan-broder na-ar-2016/; Egyptson, *Erövringen – muslimska brödraskapets infiltration av Sverige* (Egyptson Mgt AB, 2020).
7   https://www.msb.se/sv/aktuellt/forskning-pagar/informationspaverkan-s ociala-risker-extremism/; Carlbom English.pdf; Johan Westerholm, *Muslimska brödraskapet - Islamismen i Sverige* (London: Greycat Pubslishing House, 2020), S. 310–320; Lorenzo Vidino, *The New Muslim Brotherhood in the West* (New York: Columbia University Press, 2010); Lorenzo Vidino, *The Closed Circle* (New York: Columbia University Press, 2020), Roel Meijer und Edwin Bakker (Hrsg.), *The Muslim Brotherhood in Europe* (New York: Columbia University Press, 2012), Ian Johnson, *A Mosque in Munich-Nazis, The CIA and the rise of the Muslim Brotherhood in the West* (Boston: Houghton, Mifflin and Harcourt, 2010).
8   Westerholm, *Muslimska brödraskapet – Islamismen i Sverige*, Carlbom English.pdf; https://www.gp.se/debatt/odemokratiska-krafter-hindrar-en-fri-d ebatt-1.23312966; https://www.gp.se/debatt/f%C3%B6rtals%C3%A5talet-% C3%A4r-ett-vapen-f%C3%B6r-att-tysta-meningsmotst%C3%A5ndare-1.22731 929; Orde F. Kittrie, *Lawfare – Law as a weapon of war* (Oxford: Oxford University Press 2016).
9   https://www.msb.se/sv/aktuellt/forskning-pagar/informationspaverkan-s ociala-risker-extremism/; Mats Holm, „Nedringd, JO-anmäld och mejlbombad", *Fokus*, 15. Juni 2017; Leon Nudel, *DN: Låt aldrig troll styra myndigheter*, 19. Juni 2017.
10 Der zeitliche Verlauf dieser Ereignisse wurde vom Vorsitzenden der *Arbetarpartiet*, Jan Hägglund, offengelegt: Email von Hägglund an Norell, vom 6. Oktober 2020.
11 http://www.diva-portal.org/smash/record.jsf?pid=diva2%3A692784&dswid=-1 404; https://www.roks.se/product/8-domination-techniques-adults; https://ww w.vk.se/2017-09-25/allvarligt-forsok-att-stoppa-tal-om-terror-i-umea; https://w ww.vk.se/2017-10-03/replik-ibn-rusdh-och-muslimska-brodraskapet-maste-gran skas
12 Hanna Gadban, *Min Jihad* (Stockholm: Fri Tanke Förlag, 2015); Sameh Egyptson, *Al-Kedhib al-Abyad al-Muqaddas* (Kairo: Dar El Maaref Publishing House, 2018); englische Ausgabe: *Holy White Lies – Muslim Brotherhood in the West- Case Sweden* (Kairo: Dar El Maaref Publishing House, 2018).
13 Die extreme Rechte verlor keine Zeit, alle Muslime als potenzielle Terroristen darzustellen; ebenso schnell war sie dabei, einen härteren Umgang mit Migranten und Flüchtlinge zu fordern. Die extreme Linke hingegen argumentierte, dass der Islam mit all diesen Vorgängen nichts zu tun habe und dass es der Westen sei, der die islamistische Gewalt zu verantworten habe.

14 http://www.quilliamfoundation.org/wp/wp-content/uploads/publications/free/the-muslim-brotherhood-in-the-uk2.pdf
15 https://ec.europa.eu/home-affairs/what-we-do/policies/counter-terrorism/radicalisation_en; https://www.dhs.gov/cve/what-is-cve. Ein typisches Beispiel dafür ist das Konzept der Stadt Göteborg, der zweitgrößten Stadt in Schweden, wie mit dem gewalttätigen Extremismus umzugehen sei. In dem Dokument taucht der Begriff Islamismus kaum auf, und wenn er, wie im einleitenden Hintergrundkapitel verwendet wird, wird darauf geachtet, den Islam nicht mit dem Islamismus in Verbindung zu bringen, was das Konzept letztlich ad absurdum führt: https://socialutveckling.goteborg.se/uploads/G%C3%B6teborgs-Stadsplan-mot-v%C3%A5ldsbejakande-extremism.pdf.
16 https://www.dhs.gov/cve/what-is-cve.
17 Auch hierfür stellt Schweden ein gutes Beispiel dar: Die Liberale Partei rief 1986 einen Survey ins Leben, um zu untersuchen, wie viele segregierte Stadtviertel es in Schweden gibt. Im Jahr 1990 waren es drei, im Jahr 2014, dem Jahr, in dem der Survey eingestellt wurde, 186. Dieser enorme Anstieg erfolgte, obwohl die Regierung Millionenbeträge investierte, um diesem Trend entgegenzuwirken: http://tinyurl.com/knqm58u and http://tinyurl.com/ob3todu. Für Islamisten, unabhängig davon, ob sie gewaltbereit sind oder nicht, gibt es nur eine einzig richtige Koraninterpretation, nämlich ihre eigene.
18 Johannes Heuman, „Inte heller Sverige fritt från ‚Islam-Vänsterism'", *Svenska Dagbladet*, 26. Februar 2021.
19 Ein häufig angeführtes Beispiel für diese Haltung ist: Der ehemalige US-Präsident Barack Obama weigerte sich bei einer Konferenz im Weißen Haus im Februar 2015 zum Thema „Kampf gegen den gewalttätigen Extremismus", die Begriffe „radikaler Islam" und „islamischer Terrorismus" zu verwenden: http://www.n-pr.org/2015/12/07/458797632/6-times-obama-called-on-muslim-communities-to-do-more-about-extremism.
20 Vidino, *The New Muslim Brotherhood in the West*, Vidino, *The Closed Circle*, Meijer und Bakker (Hrsg.), *The Muslim Brotherhood in Europe*; House of Commons, „Political Islam" and the Muslim Brotherhood Review (Foreign Affairs Committee): http://www.quilliamfoundation.org/wp/wp-content/uploads/publications/free/the-muslim-brotherhood-in-the-uk2.
21 Lorenzo Vidino, *Al Qaeda in Europe* (Amherst: Prometheus 2005); Lorenzo Vidino, Francesco Marone und Eva Entenmann, *Fear Thy Neighbour: Radicalization and Jihadist Attacks in the West* (Mailand: Ledizioni Ledi Publishing, 2017); Gadban, *Min Jihad*, and Egyptson, *al-Kedhib al-Abyad al-Muqaddas* (englische Ausgabe: *Holy White Lies*); Norell, *Return of the Caliphate*.
22 Salman Rushdie, *Joseph Anton. A Memoir* (London: Random House/Penguin, 2012).
23 https://ledarsidorna.se/plus/magnus-norell-rushdieaffaren-trettio-ar-senare/; https://ledarsidorna.se/plus/blasfemins-aterkomst/

Terrorismusbekämpfung ohne strategische Weitsicht. Die Blindheit des Westens – und insbesondere der USA – gegenüber dem Islamismus

Ayaan Hirsi Ali

Man könnte viele gehaltvolle Bücher schreiben über das Versagen der Politik und über all die falschen Lehren, die in den beiden Jahrzehnten nach den Anschlägen vom 11. September 2001 gezogen wurden. Im Folgenden werde ich mich hauptsächlich auf die breite amerikanische Reaktion auf den 11. September konzentrieren und Bereiche ansprechen, in denen die öffentlichen politischen Entscheidungen meiner Einschätzung nach zu kurz kamen. Hierzu werde ich kurz auf das Wesen des Islamismus eingehen – zum einen, weil der Islamismus in den USA im Zeitalter extremer Identitätspolitik nach wie vor schlecht verstanden wird, und zum anderen, weil die strategische Herausforderung, der wir uns gegenübersehen, ohne ein angemessenes Verständnis dessen, was Islamismus ist, nicht verstanden werden kann.

Zum Zeitpunkt der Abfassung dieses Beitrags sind fast zwanzig Jahre seit den Anschlägen vom 11. September vergangen. In diesem Zeitraum hat der Islamismus zahlreiche Spuren hinterlassen – nicht nur aufgrund der Aktionen von Al-Qaida und diesem Terrornetzwerk nahestehender Gruppen. In den 2010er-Jahren stellten insbesondere die radikalislamistischen Gruppen Islamischer Staat (IS) und Boko Haram eine erhebliche Herausforderung dar. Wenngleich sie schwerpunktmäßig Angst und Schrecken in Syrien, dem Irak und Nigeria sowie angrenzenden Staaten verbreiten, haben sie ebenso wie andere radikalislamistischen Gruppen auch zu einem massiven Anstieg von Anschlägen in anderen mehrheitlich muslimischen Ländern sowie in den USA und in europäischen Ländern, insbesondere in Frankreich, beigetragen. Nicht zu vergessen ist hier die Absetzung von Hosni Mubarak in Ägypten (mit amerikanischer Zustimmung) zugunsten der Muslimbruderschaft.[1]

Für die Bewertung der politischen Reaktionen ist es hilfreich, einige wichtige Warnungen vor den Gefahren des Islamismus aufzugreifen, die von US-Beamten und -Experten weitgehend ignoriert wurden, weil sie von der innerhalb der US-Elite typischen Sichtweise abwichen. Diese Diskrepanz deutet auf ernsthafte analytische Probleme bei der US-Elite hin.

Im Jahr 2014 warnte der Sozialwissenschaftler Fauzi Najjar: „Solange der islamische Diskurs auf der Scharia als primärer Quelle der Gesetzgebung besteht, steuert die muslimische Welt auf eine dunkle Periode zu".[2] Im selben Jahr, am 28. Dezember, betonte der ägyptische Präsident Abdel Fattah al-Sisi vor einem Publikum religiöser Würdenträger, die in der islamischen Al-Azhar-Universität zusammengekommen waren: „Wir müssen unsere Religion revolutionieren." Er warnte: „Die islamische Nation wird auseinandergerissen, zerstört und steuert auf den Untergang zu. Wir selbst bringen sie ins Verderben."[3]

Im Jahr 2015 warnte der Rechtswissenschaftler Abdullahi Ahmed An-Na'im, dass „die Welt nur erwarten kann, dass jedes Mal, wenn einer verschwindet, ein neuer IS auftaucht, bis wir Muslime in der Lage sind, offen über den Stillstand bei der Reform der Scharia zu diskutieren" – einschließlich solcher Doktrinen, die Sklaverei und militanten Dschihad erlauben. Jahre zuvor hatte An-Na'im, ein Schüler des Reformers Mahmud Mohammed Taha, davor gewarnt, dass die unreformierte Scharia mit modernen Menschenrechtsstandards unvereinbar sei.[4] Im Jahr 2021 warnte die jemenitisch-schweizerische Politikwissenschaftlerin Elham Manea:

> Wir haben ein Problem, ein globales Problem, und es hat einen Namen: Islamismus. Aber wir sind außerstande, damit umzugehen, weil wir entweder nicht in der Lage sind, darüber zu sprechen, oder aber damit beschäftigt sind, einen ideologischen Kampf zu führen. Das vernebelt unser Urteilsvermögen und macht uns direkt und indirekt mitschuldig an der Einbindung des Islamismus, einer totalitären Ideologie. [...] Der gewaltfreie Islamismus ist nicht nur eine totalitäre politische Ideologie, die nach Herrschaft strebt; er ist auch die religiöse Auslegung des Islam, die diese Herrschaft legitimiert und ihr Handeln sanktioniert.[5]

Hätten Politiker und Experten in den USA von diesen vier deutlichen Warnungen gewusst, wären sie wahrscheinlich verblüfft gewesen und hätten sie als absurd oder sogar als islamfeindlich betrachtet. In der Tat entstammen diese Warnungen einem gänzlich anderen analytischen Universum.

Wie kann eine derart große Kluft bestehen zwischen vielen Experten in den USA einerseits und den oben beschriebenen Warnungen andererseits, die von sehr kompetenten Muslimen ausgesprochen werden? Was die analytische Differenz vor allem offenbart: ein gefährliches Missverständnis sowohl in den USA als auch in anderen westlichen Ländern gegenüber der strategischen Herausforderung, die der Islamismus und der politische Islam darstellen. Dies ist eine der wichtigsten nicht gelernten Lektionen aus den Anschlägen des 11. September.[6]

Islamismus und Modernität

In den späten 1970er-Jahren dachten viele westliche Experten, dass auf der ganzen Welt aufgrund der fortschreitenden wirtschaftlichen Entwicklung und Modernisierung eine zunehmende Säkularisierung stattfinden würde. Die Modernisierungstheorie, die damals in den westlichen Sozialwissenschaften weit verbreitet war, ging mit dieser Weltsicht konform. Die islamische Revolution im Iran 1979 war ein echter Schock. Sie lenkte die Aufmerksamkeit der Weltgemeinschaft darauf, was Islamismus beziehungsweise politischer Islam bedeutet. Und sie zwang Analysten (darunter auch westliche Sozialwissenschaftler) dazu, ihre bisherigen Sichtweisen und ihr Analyseraster zu überdenken. Zwar taten dies nicht alle, aber die Herrschaftsmethoden Khomeinis machten es fast unmöglich, die islamische Revolution zu ignorieren.[7]

Neben der von Schiiten betriebenen islamischen Revolution im Iran verdienen sunnitische Erweckungsbewegungen, allen voran die Muslimbruderschaft (1928 von Hassan al-Banna gegründet) und der Jamaat e-Islami (1941 von Abul A'la Maududi gegründet) besondere Aufmerksamkeit. Doch die Geschichte des Islamismus reicht noch viel weiter zurück.[8]

Mekka-Muslime, Medina-Muslime und muslimische Reformer

Die den Islam nachhaltig prägende Periode kann grob in zwei Phasen eingeteilt werden: die spirituelle Phase, die mit Mekka verbunden ist, und die politische Phase, die auf Mohammeds Umzug nach Medina folgte. Es gibt einen wesentlichen Unterschied zwischen den Koranversen, die in Mekka offenbart wurden (sie sind weitgehend spiritueller Natur) und den Koranversen, die in Medina offenbart wurden (sie sind politisch aufgeladen und sogar militaristisch). Es gibt auch einen Unterschied im Verhalten des Propheten Mohammed: In Mekka war er ein spiritueller, monotheistischer Prediger, in Medina aber wurde er ein politischer und militärischer Führer.

Im orthodoxen Islam besagt die Doktrin der Abrogation, dass spätere Offenbarungen Vorrang vor früher geoffenbarten haben.[9] Im Lauf der Zeit gewährte dies den politischen Dimensionen der Medina-Periode innerhalb des orthodoxen (oder klassischen) Islams einen beträchtlichen Vorteil; ebenso verhält es sich mit den „Schwertversen", die in Medina offenbart wurden. Eine zusätzliche Komplikation besteht darin, dass viele der maßgeblichen Geschichten aus dem Leben des Propheten – die Hadithe – ihm von anderen Personen lange nach seinem Tod zugeschrieben wurden. Diese Hadithe sind häufig von fragwürdiger Authentizität. Sie wurden beeinflusst von den Stammesnormen und -bräuchen der damaligen Zeit und dienten manchmal politischen Zwecken derjenigen Person, die sie dem Propheten zuschrieb.[10] Aus diesem Grund haben Koranisten vorgeschlagen, den Einfluss der Hadithe stark zu reduzieren, insbesondere den Einfluss derjenigen Hadithe, die extremistische Lehren enthalten.

Andere Reformvorschläge, so beispielsweise eingebracht vom sudanesischen Sufi-Theologen Mahmud Muhammad Taha, zielten darauf ab, die Mekka-Periode ins Zentrum zu stellen, weil in dieser Entstehungsphase des Islams diejenigen spirituellen Lehren offenbart wurden, die ewige Gültigkeit haben. Ferner wurde, etwa von Ali Abdel Raziq, einem ägyptischen Islamgelehrten, vorgeschlagen, den Islam in erster Linie als Religion zu sehen. Alle weltlichen Pflichten, denen der Prophet nachgegangen sei, sollten als zeitlich an seine Lebensumstände gebunden gesehen werden. Der ägyptische Koranwissenschaftler Nasr Abu Zayd wies darauf hin, dass die menschliche Sprache den Koran beeinflusst habe, wodurch sich ein Spielraum für Neuinterpretationen öffnet. Keiner dieser Reformvorschläge wurde jedoch positiv aufgenommen. Ganz im Gegenteil: Mahmud Muhammad Taha wurde 1985 von einem Scharia-Gericht in Khartum zum Tode verurteilt; Ali Abdel Raziq wurde von seinen eigenen Kollegen an der Al-Azhar-Universität, die sich weigerten, seine intellektuelle Unabhängigkeit zu verteidigen, entlassen; und gegen Nasr Abu Zayd strengten konservative islamische Gelehrte eine Klage auf Annullierung seiner Ehe an, weil sie in ihm einen Apostaten sahen, der nicht mit einer Muslimin verheiratet bleiben dürfe. Sie waren mit ihrer Klage letztlich erfolgreich. Die zahlreichen Morddrohungen, die er im Zuge der Klage erhielt, ließen ihn ins Exil in die Niederlande gehen.

Im Lauf der Geschichte haben verschiedene Erweckungsbewegungen (wie sie gemeinhin genannt werden) versucht, der Medina-Dimension des Islams Geltung zu verschaffen. Zeitgenössische Islamisten setzen das Streben nach der Durchsetzung der Medina-Version des Islams fort.[11] Diejenigen, die auf die Medina-Periode abheben, haben bislang die meisten Auseinandersetzungen um die Ausrichtung des Glaubens gewonnen, was spiegelbildlich bedeutet, dass diejenigen, die Reformen anstreben, um der Mekka-Periode größeres Gewicht zu verleihen, zumeist die unterlegene Partei waren.

Was die zeitgenössischen Muslime betrifft, unterscheide ich zwischen Medina-Muslimen, Mekka-Muslimen und Reformern. Medina-Muslime zeichnen sich dadurch aus, dass sie von der militanten politischen Ideologie ergriffen sind, die Mohammed in Medina angenommen hat. Die Mekka-Muslime hingegen konzentrieren sich auf die religiösen Lehren, so wie sie ursprünglich von Mohammed in Mekka gefördert wurden. Die Reformer sind daran zu erkennen, dass sie offen für eine Art muslimischer Reformation sind. Glücklicherweise bilden heutzutage die Mekka-Muslime mit

Abstand die größte Gruppe, doch die Medina-Muslime drängen sie mit Vehemenz dazu, den Medina-Islam anzunehmen, wobei sie eine Zuckerbrot-und-Peitsche-Strategie anwenden.

Das totalitäre Weltbild der Islamisten

Es gibt viele Unterschiede innerhalb der Islamisten, d.h. der Medina-Muslime, deren interne Rivalitäten nicht selten besonders heftig sind. So streben einige Islamisten in einem ersten Schritt an, das Individuum, die Familie und die Gesellschaft zu verändern, um so die Voraussetzung für die erfolgreiche Implementierung eines islamischen Staates zu schaffen. Diese Gruppe wird teilweise als politisch quietistisch bezeichnet, da der erste Schritt der sozialen Umformung von Mensch und Gesellschaft weitgehend geräuschlos und unter dem Radar erfolgt. Andere Islamisten konzentrieren sich direkt auf die Wiedererrichtung eines Kalifats oder auf die Errichtung einer islamistischen Regierung.[12]

Manche Islamisten sind gewaltbereit, während andere Gewalt aus taktischen Gründen ablehnen. Gemein ist ihnen die Forderung, dass die unreformierte, also die klassische Scharia, flächendeckend und ohne Abstriche umgesetzt wird. Ihre Weltanschauung ist nach modernen Menschenrechtsstandards totalitär. Die Sklaverei bleibt in der klassischen Scharia legal, weil sie nicht formell abgeschafft wurde, auch wenn die Länder mit muslimischer Mehrheit sie in der Praxis nach und nach abgeschafft haben (der IS hat sie aus diesem Grund wiederbelebt). In der klassischen Scharia gibt es keine Meinungsfreiheit. Ebenso wenig gibt es Religionsfreiheit in dem Sinne, dass ein Individuum seine Religion nach Belieben wählen oder verlassen kann; noch gibt es eine Trennung zwischen Zivil- und Religionsrecht oder Gleichheit zwischen Männern und Frauen in entscheidenden Bereichen wie zum Beispiel dem Gewicht, das Aussagen vor Gericht zuteilwird. Im Islamismus kann es daher weder einen bürgerlich verfassten noch einen religiös neutralen oder säkularen Staat geben. Der Staat muss islamistisch sein; eine moderne Staatsbürgerschaft, die gleiche Rechte unabhängig vom religiösen Hintergrund gewährt, gibt es nicht, und Nicht-Muslime werden zu unterworfenen Individuen, die einer Regierung Tribut zahlen müssen, die sie nicht kontrollieren können – von Polytheisten ganz zu schweigen. Auf Abtrünnigkeit vom Islam steht die Todesstrafe.[13]

Sogar der moderne Nationalstaat selbst ist bei Islamisten umstritten: Ein Kalifat, das alle Muslime vereint, ist ein Ziel, das von vielen (wenn auch nicht allen) Islamisten geteilt wird. Unabhängig davon, ob die Islamisten Gewalt anwenden oder nicht, ist die Kluft zwischen der Allgemeinen Erklärung der Menschenrechte und der islamistischen Ideologie unüberbrückbar, weil der Islamismus die Umsetzung der unreformierten Scharia fordert. Dieses Spannungsverhältnis wurde von Islamisten öffentlich eingeräumt.[14]

Laut dem Rechtswissenschaftler An-Na'im sind in Ermangelung signifikanter Reformen der Scharia schwere Menschenrechtsverletzungen unvermeidlich.[15] Die Rechtswissenschaftlerin Nisrine Abiad sprach eine ähnliche Warnung aus:

> Wie von Abdullahi Ahmed An-Na'im behauptet, „stehen einige Prinzipien der Scharia in direktem und unüberbrückbarem Konflikt mit einigen wichtigen Menschenrechtsnormen"; daher „wird die Umsetzung und Durchsetzung dieser Scharia-Prinzipien zwangsläufig die entsprechenden Menschenrechtsnormen verletzen. [...] Die Allgemeine Erklärung der Menschenrechte enthält ein absolutes Verbot von Folter und grausamer, unmenschlicher oder erniedrigender Behandlung".[16]

Ein Problem für orthodoxe islamische Institutionen wie die Al-Azhar-Universität in Ägypten ist, dass sie ihren Studenten häufig fanatische Doktrinen beibringen, wenngleich sie selbst das, was sie lehren, nicht umsetzen. Wenn Gruppen wie der IS diese Lehren dann umsetzen, entsteht eine kognitive Dissonanz, gefolgt von der Leugnung der Verantwortung für das vorliegende Problem. Ein Absolvent von Al-Azhar, der anonym bleiben wollte, meinte zu einem westlichen Journalisten: „Der IS fällt nicht vom Himmel. Die Texte, mit denen der IS um Unterstützung aufruft, sind genau das, was wir in der Al-Azhar gelernt haben. Der Unterschied ist, dass der IS die Texte tatsächlich zur Anwendung bringt."[17]

Wie die Islamische Revolution von 1979 erregten auch die Anschläge vom 11. September 2001 die Aufmerksamkeit der Weltöffentlichkeit. Anders als bei der iranischen Revolution wurde jedoch nach den Anschlägen vom 11. September der Strategie der Täter, d.h. dem Terrorismus, mehr Aufmerksamkeit geschenkt als dem Islamismus als ideologischer Inspirationsquelle der Täter. Wurde die Ideologie der Attentäter von 9/11 überhaupt in den Blick genommen, erfolgte diese in einer verengten Weise. Der Fokus lag auf Saudi-Arabien, insbesondere auf dem dort verbreiteten Wahhabismus und der saudischen Finanzierung von Extremisten. Dergestalt wurde die Aufmerksamkeit auf die innerislamische Gewalt gerichtet, wodurch ein zentraler Aspekt, nämlich das Verhältnis von Islamismus und Islam, aus dem analytischen Blickfeld geriet.

Es stimmt natürlich, dass die Belagerung von Mekka im Jahr 1979 zu einer jahrzehntelangen finanziellen Unterstützung von Extremisten auf der ganzen Welt durch saudische Einzelpersonen und wohltätige Stiftungen geführt hat, mit verheerenden Folgen für die Gebiete und Gesellschaften, in denen diese Bewegungen Wurzeln schlagen und gedeihen konnten. Obwohl die Finanzierungsströme in der Regel sehr undurchsichtig sind, scheinen sie heute, im Vergleich mit früheren Jahrzehnten, rückläufig zu sein. Obwohl politisch absolutistisch, hat der derzeitige saudische Kronprinz Mohammed bin Salman religiösen Extremismus kritisiert und die Notwendigkeit religiöser Mäßigung betont. Die Macht der gefürchteten und übereifrigen saudischen Religionspolizei beispielsweise wurde 2016 beschnitten.[18]

Trotz seiner früheren saudischen Verknüpfung geht also der Islamismus, definiert durch den Wunsch, der Gesellschaft die klassische Scharia mit friedlichen oder gewaltsamen Mitteln aufzunötigen, weit über den Wahhabismus und Salafismus hinaus.[19] Bei der Analyse der Herausforderung durch den Islamismus muss die strategische Kampfansage durch Gruppen wie die Muslimbruderschaft, Tablighi Jama'at, Jamat-i-Islami, Milli Görüs, die türkische Religionsbehörde Diyanet (die sich seit Erdoğans Machtübernahme in der Türkei zunehmend für die Stärkung des Islamismus in europäischen Ländern einsetzt) klar erkannt werden; ganz zu schweigen von den Bemühungen Katars und des Irans, den Islamismus und die Islamisten weltweit zu unterstützen. Daher ist die

Anwendung von Gewalt oder Terrorismus das falsche Kriterium, um das Ausmaß der strategischen Bedrohung einschätzen zu können.

Die Herausforderung durch *Dawa* und Islamismus

Das Beharren darauf, dass radikale Islamisten „nichts mit dem Islam zu tun haben", hat US-Politiker seit 9/11 zu zahlreichen strategischen Fehlern verleitet. Einer dieser Fehler besteht darin, zwischen einer „winzigen" Gruppe gewalttätiger Extremisten und einer „überwältigenden" Mehrheit „gemäßigter", sprich gewaltfreier Muslime zu unterscheiden. Der Begriff *Dawa* ist in den Vereinigten Staaten nahezu unbekannt. *Dawa* bezeichnet die Verbreitung einer radikal-islamistischen Ideologie, die ihre Wurzeln in der prägenden Medina-Zeit hat. Im Gegensatz dazu ist vielen Amerikanern das Wort Dschihad vertraut.

In seiner Analyse der Bedrohung durch den radikalen Islam definierte der niederländische Inlands- und Auslandsgeheimdienst AIVD in seinem Bericht von 2004 die *Dawa* als „Propagierung radikal-islamischer Ideologie" und bezeichnete sie als eine ernst zu nehmende strategische Herausforderung. Über die Gewaltbedrohung hinaus erkannte der AIVD an, dass radikale *Dawa*-Aktivitäten die „verfassungsmäßige Ordnung" untergraben, auch wenn sie „nicht notwendigerweise gewalttätig sind".[20] Der AIVD-Geheimdienst wies auf den graduellen Charakter der *Dawa* hin und warnte die niederländischen Politiker: Sie könnten deren Bedeutung möglicherweise nicht erfassen, weil auf kurze Sicht hier keine Gewalt erkennbar sei:

> Dass diese anderen Arten potenzieller Bedrohungen durch den radikalen Islam möglicherweise unterschätzt werden, liegt auch daran, dass sie viel schwieriger zu erkennen sind als akute Gewaltandrohungen. Sie beinhalten oft schleichende Gefahren. *Auch ist die Notwendigkeit, solchen schleichenden Gefahren nachzugehen, schwieriger zu erklären. Nicht jeder ist sofort davon überzeugt, dass aus der Perspektive der demokratischen Rechtsordnung bestimmte Formen des Isolationismus – das Recht in die eigenen Hände zu nehmen, die Autorität des Staates nicht mehr anzuerkennen, parallele soziale Strukturen zu entwickeln – ein Problem darstellen können.*[21] [kursive Hervorhebung durch die Autorin]

Wie ein Analytiker feststellte, ist „religiöser islamistischer Extremismus ein einheitliches Phänomen, bei dem gewalttätiger und gewaltloser Extremismus zwei Seiten derselben Medaille sind".[22] Fast zwanzig Jahre nach 9/11 muss man sich die Frage stellen: Was ist die Verbindung zwischen *Dawa* und *Dschihad* – mit anderen Worten: zwischen der Verbreitung der Doktrin des Islamismus und der Anwendung von Gewalt zur Umsetzung dieser Vision?[23]

Die zögerliche Antwort der USA auf den Islamismus

Nach den Anschlägen vom 11. September machte sich der damals amtierende US-Präsident George W. Bush öffentlich die Diagnose zu eigen, der Islam sei von einer kleinen Gruppe von Extremisten und Übeltätern gekapert worden. Präsident Bush schien zutiefst abgeneigt, den Islamismus als strategische Herausforderung zu betrachten. Hinter den Kulissen jedoch tobte unter hochrangigen US-Beamten ein regelrechter Kampf darum, wie man sich dem Thema Islamismus und radikaler Islam strategisch nähern sollte. Laut Joseph Bosco, der von 2002 bis 2004 im Büro des Verteidigungsministers für strategische Kommunikation und muslimische Kontakte zuständig war, definierten einige amerikanische Beamte den Islam als von Natur aus friedlich, während andere argumentierten, dass er wie das Christentum eine Reformation oder zumindest angesichts der Ereignisse des 11. September sowie der Existenz radikaler islamistischer Bewegungen auf der ganzen Welt eine ernsthafte Veränderung durchlaufen müsse. Schließlich wurde ein wackeliger Kompromiss erreicht. „Wir überbrückten die Kluft, indem wir sagten, dass die meisten zeitgenössischen Muslime ihren Glauben friedlich und tolerant praktizieren, aber eine kleine, radikale Minderheit danach strebt, zu den rauen Ursprüngen des Islams aus dem siebten Jahrhundert zurückzukehren", schrieb Bosco im *National Interest*.[24]

Nicht lange nach den Anschlägen vom 11. September betonten hohe Beamte der Bush-Administration, dass der „Krieg der Ideen" ernst zu nehmen sei. „Dies ist ein Kampf um die Köpfe", erklärte der damalige stellvertretende Verteidigungsminister Paul

Wolfowitz im Jahr 2002. Dennoch konnten sich die US-Beamten nicht auf das Ziel ihrer Bemühungen einigen. Beamte hielten „qualvolle" Meetings zu diesem Thema ab, so ein Teilnehmer gegenüber *US News & World Report*. „Wir konnten nicht klären, welchen Weg wir einschlagen sollten, also wurde das Thema fallen gelassen". Ermittler des US-Bundesrechnungshofes (Government Accountability Office) sagten gegenüber dem Kongress, dass die im Außenministerium für die Einflussnahme auf die öffentliche Meinung im Ausland Verantwortlichen keine Anleitung dazu erhalten hatten, wie man dabei vorgehen und was man beachten muss. „Jeder, der weiß, wie man so etwas macht, hat aufgeschrien", sagte ein Insider zu *U.S. News*. Nur drangen ihre Schreie nicht über die Mauern des Außenministeriums hinaus.

Ein Jahr später, im Jahr 2005, stellte William Rosenau fest, dass „die Vereinigten Staaten es bisher nicht geschafft haben, auch nur annähernd eine wirksame ideologische Gegenkampagne gegen Al-Qaida zu führen".[25] Mitarbeiter der Bush-Regierung einigten sich schließlich auf die Strategie „Muslim World Outreach". Diese umfasst sowohl humanitäre Projekte, die von USAID (US-Behörde für Entwicklungshilfe) verantwortet werden, als auch die Förderung vom Kongress finanzierter arabischsprachiger Radio- und TV-Sender, die mit ihren Programmen Menschen in arabischsprachigen Ländern erreichen möchten. Radio Sawa (Sendestart im März 2002) konzentriert sich auf die Sparten Popmusik, Nachrichten und Informationsbeiträge. Al-Hurra TV (Sendestart im Februar 2004) legt den Schwerpunkt auf Nachrichtenprogramme. Bei der Programmgestaltung nehmen „Krieg-der-Ideen"-Elemente nur einen minimalen Anteil ein.

Karen Hughes, die in den Jahren 2001 und 2002 als Kommunikationsdirektorin im Weißen Haus wirkte und eine der einflussreichsten Beraterinnen von Präsident Bush war (von 2005 bis 2007 war sie im Außenministerium als Staatssekretärin für öffentliche Diplomatie und öffentliche Angelegenheiten tätig), erklärte 2010: „Ich bin zur Überzeugung gelangt, dass unsere Nation die Sprache der Religion bei unseren Diskussionen über terroristische Akte vermeiden sollte." Und im Jahr 2012 erklärte Judith McHale, die in der

Obama-Regierung von 2009 bis 2011 Staatssekretärin für öffentliche Diplomatie und öffentliche Angelegenheiten war: „Bei diesen Bemühungen [im Rahmen der Muslim World Outreach-Strategie] handelt es sich weder um einen ‚Krieg der Ideen' noch geht es darum, die Herzen und Köpfe einer großen Zahl von Menschen zu gewinnen."

Einige einflussreiche US-Abgeordnete und Regierungsbeamte versuchten dennoch, sich zu engagieren. Der republikanische US-Senator für Arizona, Jon Kyl, organisierte Anhörungen im Justizausschuss des Senats, um das Ausmaß der ideologischen Herausforderung zu dokumentieren. In deren Rahmen sagte im Jahr 2003 der Leiter der Rechtsabteilung im Finanzministerium, David Aufhauser, dass die saudischen *Dawa*-Bemühungen „eine explosive Mischung sind, wenn sie sich mit den in Tausenden von Medressen verbreiteten religiösen Lehren vermengen, die den Pluralismus verurteilen und Ungläubige als Feinde bezeichnen. [...] Damit muss man sich auseinandersetzen.[26] Jahre später, während der Trump-Administration, „hat eine kleine Gruppe von US-Beamten im Büro des Außenministeriums für Terrorismusbekämpfung und in der Abteilung für Terrorismusbekämpfung des Nationalen Sicherheitsrats versucht, die US-Politik neu auf die Bekämpfung der extremistischen Missionierung vonseiten ausländischer Staaten auszurichten" – darunter Katar, die Türkei und der Iran.[27]

Während des Kalten Krieges bauten die USA ihre militärischen Kräfte auf, um mit der militärischen Macht der Sowjetunion gleichzuziehen und sie abzuschrecken; zugleich aber engagierten sich die USA auch in einem Kampf der Ideen gegen den Kommunismus. Der Kongress für kulturelle Freiheit, Radio Free Europe sowie öffentliche moralische Verurteilungen durch führende US-Amtsträger sind einige Beispiele solcher Reaktionen. Öffentliche Hinweise hoher US-Beamter auf inhaftierte sowjetische Dissidenten und Anstrengungen, sie freizubekommen, sind ein weiteres Beispiel.[28]

Es stimmt, dass die amerikanischen Aktivitäten während dieser Zeit nicht immer konsequent waren. In den Jahren der Entspannungspolitik zum Beispiel waren solche Bemühungen weit weniger ausgeprägt als in den frühen Jahren des Kalten Krieges. In den frühen 1980er- Jahren musste die Reagan-Regierung mehrere Initiativen wiederbeleben, die in den 1970er- Jahren fast zum Erliegen gekommen waren. Freilich, sogar innerhalb der Reagan-Administration selbst zögerten einige Beamte, das sowjetische System so zu sehen, wie Reagan selbst es tat: als eine moralische Herausforderung für die freie Welt, die eine Art moralischen Kampf zu dessen Überwindung erforderte.[29]

Im Vergleich zu den Bemühungen, dem Kommunismus während des Kalten Krieges moralisch entgegenzutreten, ist die amerikanische – und westliche – Antwort auf den Islamismus im Bereich der Ideen seit 9/11 weitgehend ausgeblieben. Reform-Muslime in der westlichen Welt sehen sich einer realen Gefahr und einem Mangel an Sicherheit gegenüber, wenn sie sich äußern. Das Fehlen einer kohärenten amerikanischen Antwort im Krieg der Ideen mag angesichts der außerordentlichen Summen, die seit dem 11. September für Militäroperationen ausgegeben wurden, rätselhaft erscheinen, gab es doch in den USA keine klare Übereinkunft für die vorliegende Herausforderung. Die anfängliche Einschätzung der aus 9/11 resultierenden Herausforderungen war von Unsicherheiten geprägt. So galt es, Antworten auf grundlegende Fragen zu finden, etwa auf die Frage: Welche Ideologie ist für 9/11 verantwortlich? Der Islamismus? Oder konkreter: der Salafismus oder der Wahhabismus? Gab es eine saudische Finanzierung des Extremismus beziehungsweise des Terrorismus?

Eine der Schwierigkeiten, mit der sich westliche Regierungen, einschließlich der amerikanischen, konfrontiert sahen, war die Frage: Wie geht man strategisch am besten gegen den Islamismus vor und achtet zugleich darauf, dass es sich bei den meisten muslimischen Einzelpersonen um anständige Menschen handelt? Ähnlich schwierig war es, den totalitären Charakter der islamistischen Ideologie zu verstehen. Maßgeblich wurde dies dadurch erschwert, dass die Interessengruppen, die für sich in Anspruch nehmen, „die Muslime" in den westlichen Ländern zu vertreten, häufig von Islamisten dominiert wurden und werden. Gerade in den USA befinden sich viele darunter, die mit der Muslimbruderschaft sympathisieren.[30]

Der kontraproduktive Ansatz der USA gegenüber dem Islamismus

Weit davon entfernt, islamistische Gruppen und Einzelpersonen in den Jahren nach 9/11 abzulehnen, haben Beamte quer durch alle Regierungen schwerwiegende Fehler bei der Öffentlichkeitsarbeit gemacht und sich bewusst für eine kontraproduktive Politik entschieden, indem sie sich auf legalistische Islamisten als Berater verließen. Das führte dazu, dass trotz der von der US-Regierung vorgenommenen Einstufung der Holy Land Foundation als terroristische Organisation im Dezember 2001 und den nachfolgenden Gerichtsverfahren gegen die Stiftung, die im Jahr 2009 mit der Verurteilung der Stiftungsgründer zu langen Haftstrafen endeten, weil sie der Hamas Millionenbeträge zukommen ließen, die islamistischen Netzwerke in den USA nicht maßgeblich geschwächt wurden.[31]

Im Jahr 2010 warnte ein führender Forscher auf diesem Gebiet, Lorenzo Vidino von der George-Washington-Universität, vor der strategischen Unausgewogenheit der US-Politik und beschrieb den „erschütternden Mangel an kohärenter Strategie" in Bezug auf den Council on American-Islamic Relations (CAIR) und die Islamic Society of North America (ISNA). Einerseits wurde die ISNA bei der Bundesanwaltschaft als nicht angeklagter Mitverschwörer im Prozess gegen die Holy Land Foundation mit Verbindungen zur Muslimbruderschaft aufgeführt; andererseits lud „die Abteilung für Bürgerrechte des [US-Justiz-] Ministeriums einen hochrangigen ISNA-Funktionär zu einer wichtigen und viel beachteten Rede des damaligen Staatsanwalts Alberto Gonzales in Washington ein und unterstützte einige Tage später die jährliche ISNA-Konferenz in Chicago finanziell; auch personell erfolgte eine Unterstützung durch die Entsendung von Vertretern für einen Stand".[32]

Mehr als die meisten anderen westlichen Regierungen zogen die US-Regierungen in den beiden Jahrzehnten nach 9/11 Berater aus dem legalistischen Islamismusspektrum heran, um radikalislamistische Inhalte aus Schulungsmaterialien zu entfernen. Die Zusammenarbeit mit legalistischen Islamisten führte aber auch dazu, dass die Regierung Experten entließ, die sich kontroverser Themen wie dem militanten Dschihad annahmen, ohne nach Ausflüchten zu suchen. Als prominentes Beispiel hierfür sei nur Stephen Coughlin genannt, ein ausgewiesener Experte zu den Themen islamisches Recht und islamistischer Extremismus im Pentagon. Er verlor diese Stelle, weil er sich gegen die Zusammenarbeit mit Organisationen aus dem Umfeld der Muslimbruderschaft aussprach, die vor allem von Hesham Islam, einem Mitarbeiter des stellvertretenden Verteidigungsministers Gordon England, vorangetrieben wurde. Überdies erfüllten sie die Forderungen islamistischer Gruppen nach der Einleitung von Strategiewechseln.[33]

Auf der operativen Ebene erschwerten widersprüchliche Politikansätze den FBI-Außenstellen den Umgang mit islamistischen Gruppen. So fand kaum ein gegenseitiger Informationsaustausch über das US-Netzwerk der Muslimbruderschaft oder zu den im Gerichtsverfahren gegen die Holy Land Foundation vorgelegten Dokumenten statt. In seiner Analyse über die Unzulänglichkeiten des FBI schreibt Vidino:

> In einigen Fällen hat das Fehlen einer zentralisierten, kohärenten Strategie [des FBI] zu uninformierten Entscheidungen geführt, die viele FBI-Beamte privat kritisieren. In einem Interview für dieses Buch, das einige Monate nach der Veröffentlichung der Holy-Land-Foundation-Dokumente geführt wurde, erklärte ein hochrangiger FBI-Beamter, der in der Außendienststelle einer großen Metropole für die Terrorismusbekämpfung zuständig ist, er habe „von diesen Dokumenten gehört", sie aber noch nie gesehen. Nachdem er einige davon gelesen hatte, erklärte er, er habe „keinerlei Ahnung" gehabt, dass CAIR [Council on American-Islamic Relations] diese Geschichte schon aufgegriffen habe, und aller Wahrscheinlichkeit nach hätte er die Organisation nicht kontaktiert, wenn er es gewusst hätte.[34]

All das führte dazu, dass die Islamisten in Amerika Auftrieb erhielten, was sich nachteilig auf nicht-islamistische Muslime und Reformer auswirkte. Hedieh Mirahmadi schrieb 2010: „Während die Islamisten erfolgreich die Führung vieler großer islamischer Organisationen und Institutionen übernehmen, repräsentieren ihre

Ansichten nicht die große Mehrheit der gemäßigten, im Mainstream lebenden amerikanischen Muslime."[35] Eine reformorientierte Muslimin, Asra Nomani, verurteilte öffentlich die „Ehrenbrigade" – eine konzertierte Aktion von Islamisten, die darauf abzielt, muslimische Reformer und pluralistische Muslime in Amerika zu verleumden.[36] Selbst als muslimische Reformer und Dissidenten vor dem Spannungsverhältnis zwischen Islamismus und offener Gesellschaft warnten, war es für politische Entscheidungsträger einfacher, sich auf Terroristen, auf die Bedrohung durch Gewalt und die Zerschlagung solcher zentralen Netzwerke zu konzentrieren, die an der Planung von Anschlägen beteiligt waren, als den Islamismus erfolgreich als Ideologie zu bekämpfen.

Emile Nakhleh, der bis 2006 Direktor des „Political Islam Strategic Analysis Program" bei der CIA war, beharrte noch 2019 darauf, dass die Muslimbruderschaft eine harmlose Organisation sei, die sich „für Menschenrechte, politische Partizipation und Rechtsstaatlichkeit einsetzt" und „an schrittweise friedliche politische Reformen glaubt". Nakhleh warf John Bolton, dem damaligen Nationalen Sicherheitsberater, und Mike Pompeo, dem damaligen Außenminister, in einem Blogbeitrag „tiefsitzende Islamophobie" und „Iranophobie" vor, weil er sie als treibende Kräfte im Weißen Haus gegen der Muslimbruderschaft sah.[37] Kämen Personen wie Nakhleh in Machtpositionen und könnten innerhalb des mächtigen US-Geheimdienstapparats solche schlechten Ratschläge erteilen, könnte dies schwerwiegende Folgen haben.

Regimewandel im Irak und in Afghanistan

Nach dem 11. September 2001 schufen die USA das Ministerium für Innere Sicherheit und marschierten in Afghanistan und im Irak ein. Die Invasionen wurden zu militärischen Besetzungen – die Absicht der US-Politik bestand letztlich darin, die Regime in diesen beiden Ländern grundlegend zu ändern. Vor einigen Jahren berechnete der Ökonom Joseph Stiglitz die Kosten der US-Militärinterventionen im Irak und in Afghanistan auf drei bis fünf Billionen Dollar. Allein für Afghanistan beziffert das Costs of War-Projekt der Brown University die Kosten, die den USA zwischen 2001 und April 2021 entstanden waren, auf 2.261 Billionen Dollar. Diese Schätzungen zielen darauf ab, jegliche Ausgaben mit einzubeziehen, einschließlich der militärischen Ausgaben, der Bemühungen um die Staatenbildung und aller damit verbundenen Aufwendungen.[38]

Es gibt schmerzliche Fragen, die man sich zur US-Strategie, zur Definition und Messung des US-Erfolges und zur richtigen Kommunikation bezüglich der Anstrengungen in Afghanistan stellen kann. Eine detaillierte Analyse dazu würde den Rahmen dieses Beitrags sprengen; im Zuge seiner Bemühungen in Afghanistan hat aber das Office of the Special Inspector General for Afghanistan Reconstruction (Büro des Sondergeneralinspektors für den Wiederaufbau Afghanistans) eine Lessons-Learned-Initiative ins Leben gerufen. Diese wertvolle Arbeit offenbarte, dass realistische, erreichbare Parameter für einen US-Sieg bestenfalls unklar waren. Ein detaillierter, kritischer Bericht, der sich stark auf die Lessons-Learned-Initiative stützte, wurde schließlich in der *Washington Post* veröffentlicht; er führte gleichwohl – vielleicht nicht überraschend – kaum zu einer öffentlichen Diskussion im seicht-trivialen amerikanischen Nachrichtenbetrieb.

> Seit 2001 hat Washington in Afghanistan mehr für den Aufbau dieses Staates ausgegeben als in jedem anderen Land zuvor, und 133 Milliarden Dollar für Wiederaufbauhilfe-Programme und für die afghanischen Sicherheitskräfte bereitgestellt [...] Ein ungenannter US-AID-Beamter beklagte sich, dass er immer gefragt wurde: „Wie viel geben Sie aus?", anstatt: „Gewinnen Sie die Schlacht?" Er fügte hinzu: „Wir jagen stets dem Drachen hinterher – immer im Rückstand, und niemals genug."[39]

Die durchgeführten Interviews „machen deutlich, dass Beamte rosige Verlautbarungen herausgaben, von denen sie wussten, dass sie falsch waren, und unmissverständliche Beweise dafür zurückhielten, dass der Krieg nicht mehr zu gewinnen war".[40]

Die Lehre aus 9/11 war, dass dergleichen nie wieder passieren sollte. Viele Maßnahmen, die von den USA als Reaktion darauf ergriffen wurden, waren militärisch begründet und konzentrierten sich auf Gewalt und Terrorismus. Zudem mussten die USA und ihre westlichen Verbündeten feststellen, dass dort, wo der Transfer kultureller Werte versucht wurde, diesem mächtige Hürden entgegenstanden. So konnten, anders als ursprünglich erwartet und gehofft, weder das Programm zur Entnazifizierung West-Deutschlands noch die amerikanische Demokratisierungspolitik in Japan einfach auf Afghanistan oder den Irak übertragen werden.[41]

Jahre nach 9/11 eroberte der IS Teile des Staatsgebiets des Iraks und Syriens und errichtete dort ein Kalifat, wobei dem IS das eroberte Gebiet nur als Grundlage für ein umfassendes Kalifat diente. Aber auch Al-Qaida trat in bestimmten Teilen der Welt wieder in Erscheinung. Zudem entfesselte Boko Haram im bevölkerungsreichen Nigeria seinen Furor. Würde man vor diesem Hintergrund den westlichen Strategien ein Zeugnis ausstellen, müsste man die Note mangelhaft vergeben. Im Großen und Ganzen hat die westliche Welt keine gute Arbeit im Hinblick auf die Herausforderung des Islamismus geleistet. Es ist noch immer keine stimmige Diagnose des Problems zu erkennen, und infolgedessen auch keine geeignete Antwort auf die Herausforderung durch den Islamismus. Dies betrifft sowohl die Koordination länderübergreifender Vorgehensweise als auch das Handeln der zuständigen Behörden in den einzelnen Ländern.

Die islamistische Herausforderung für den Westen

Wegen der Platzbeschränkung habe ich meine Aufmerksamkeit weitgehend auf die Vereinigten Staaten gerichtet. Feststellen lässt sich, dass der Einsatz von Gewalt und Terror durch islamistische Gruppen teils ideologisch, teils strategisch bedingt ist. Einige islamistische Bewegungen sind eher opportunistisch – sie nutzen die ihnen zur Verfügung stehenden Mittel auf die effizienteste Weise, um ihren Gegnern den größten Schaden zuzufügen. Für Al-Qaida waren die finanziellen Kosten für die Planung und Durchführung der Anschläge vom 11. September recht gering, doch die Rendite war enorm.

Wie Elham Manea in ihrem Buch über den legalistischen Islamismus schlüssig darlegt, stellt dieser nicht nur für die muslimische Welt, sondern auch für die USA und andere westliche Demokratien eine Herausforderung dar. Insbesondere die Situation in Frankreich scheint sich von Jahr zu Jahr zu verschlechtern. Jeder neue Terroranschlag erschüttert Frankreich bis ins Mark und fesselt die öffentliche Aufmerksamkeit; jedes Mal verspricht die französische Regierung, die Situation wieder unter Kontrolle zu bringen und die republikanische Herrschaft im gesamten Staatsgebiet wiederherzustellen. Die Ermordung des Geschichtslehrers Samuel Paty durch einen Islamisten im Zusammenhang mit Karikaturen des Propheten Mohammed und wilden Online-Gerüchten über ihn führte erneut zu Versprechungen der französischen Regierung, der islamistischen Bedrohung innerhalb der nationalen Grenzen wirksam zu begegnen; doch das öffentliche Vertrauen in die Fähigkeit der französischen Behörden, die Kontrolle zu behalten, scheint zu schwinden.

Im April 2021 warnte eine Gruppe französischer Generäle – einige im Ruhestand, andere im aktiven Dienst – vor der Möglichkeit eines Bürgerkriegs in Frankreich als Folgewirkung der Islamisten, falls die Behörden nicht in der Lage seien, der Herausforderung effektiv zu begegnen. Französische Regierungsvertreter tadelten die Generäle öffentlich dafür, dass sie sich in solch umstrittene Gewässer begeben hatten. Eine repräsentative Umfrage im Anschluss an die Kontroverse ergab aber, dass 49 Prozent der Franzosen ein militärisches Eingreifen zur Aufrechterhaltung der öffentlichen Ordnung in Frankreich unterstützen würden, selbst wenn die Regierung nicht darum bitten würde. Die Spannungen innerhalb Frankreichs sind so groß, dass 45 Prozent der befragten Franzosen angaben, sie glaubten, Frankreich werde sich bald in einem Bürgerkrieg befinden.[42]

Einige Monate vor der öffentlichen Intervention französischer Militäroffiziere warnte der ehemalige Generalsekretär des französischen Verfassungsrats, Jean-Eric Schoettl, dass ein hartes Vorgehen gegen den Islamismus in Frankreich (was er befürworte) wahrscheinlich vor den Gerichten scheitern würde, weil internationale Menschenrechtsabkommen zu großzügig ausgelegt würden. Diese humanitären Abkommen seien von französischen Regierungen in einer anderen Ära unterzeichnet worden, ohne zu verstehen, dass sie künftige Regierungen auf unvorhersehbare Weise behindern könnten. Schoettl stellt fest, dass Frankreich derzeit unter fünf obersten Gerichten leidet – dem französischen Verfassungsrat, dem französischen Staatsrat, dem französischen Kassationsgerichtshof, dem Europäischen Gerichtshof und dem Europäischen Gerichtshof für Menschenrechte –, von denen ein jedes mit den übrigen darum zu konkurrieren scheint, die Fähigkeit der Behörden einzuschränken, auf die jeweilige Herausforderung zu reagieren – ähnlich, wie der Riese in *Gullivers Reisen* durch viele kleine Fesseln festgebunden war.

Die französische Öffentlichkeit müsse „die Samthandschuhe ausziehen", um den Islamismus entschieden zu überwinden, schlussfolgert Schoettl, doch der bestehende Rahmen der Menschenrechtsverträge und ihre zu weite Auslegung durch die Gerichte werden es der französischen Regierung wahrscheinlich nicht erlauben, das Notwendige zu tun. Weil die öffentliche Rhetorik der französischen Regierung so eindeutig ist, wenn es um den Islamismus geht, entsteht in der französischen Öffentlichkeit der falsche Eindruck, der Staat sei in der Lage, die notwendigen Maßnahmen zu ergreifen, um mit der Herausforderung umzugehen. Schoettl prognostiziert, dass die Öffentlichkeit zunehmend verärgert sein werde, wenn der Islamismus unbewältigt bleibt und die Terroranschläge in Frankreich weitergehen.[43]

Fazit

Zwanzig Jahre nach den Anschlägen vom 11. September 2001 ist die Expertenmeinung nach wie vor gespalten zwischen denen, die die islamistische Ideologie ernst nehmen, und jenen, die den Schwerpunkt auf die tieferen Ursachen legen, häufig auf sozioökonomische Missstände irgendwelcher Art und auf persönliche Entfremdung. Es mag in der Tat sozioökonomische Missstände bei einigen Islamisten geben; und einige Islamisten mögen entfremdet sein. Ja, einige Islamisten sind kriminell – Gefängnisse bleiben Brutstätten der Rekrutierung für sie, in Europa wie in Amerika. Die islamistische Ideologie bleibt jedoch auch 2021 weltweit noch stark, und solange sie es ist, ist die von Karl Popper beschriebene offene Gesellschaft ernsthaft gefährdet.

Wenn man über 9/11 nachdenkt, erkennt man, dass die politischen Entscheidungsträger in den USA und anderswo nur teilweise ein Verständnis der Herausforderung besaßen, vor der wir stehen. Die damalige US-Regierung setzte stark auf eine militärische Strategie, versäumte es aber, sich mit der *Dawa* zu einem Zeitpunkt zu befassen, als die Regierung die Netzwerke, die derlei Ideen verbreiteten, hätte zerschlagen können. Meiner Meinung nach stützen wir uns derzeit zu sehr auf Überwachungs- und Strafverfolgungsinstrumente, um Terroranschläge zu zerschlagen, und zu wenig auf eine koordinierte langfristige Strategie im Bereich der Ideen.

Was den Umgang mit der Ideologie angeht, scheinen die europäischen Länder trotz der schweren islamistischen Herausforderungen, mit denen sie konfrontiert sind, den Vereinigten Staaten voraus zu sein, wenn es darum geht, die klare ideologische Kampfansage zu erkennen, die der Islamismus darstellt (im Gegensatz zur reinen Gewaltandrohung). Was früher als politische Korrektheit in den USA bekannt war, hat sich nun in rassische Identitätspolitik, Critical Race Theory, Intersektionalität und Wokeism verwandelt – was die strategischen analytischen Fähigkeiten der USA und die Klarheit beeinträchtigt, die notwendig ist, um den Islamismus objektiv zu analysieren und ihm entschieden entgegenzutreten. In den Vereinigten Staaten ist es heute ein echtes Karriere-Selbstmordrisiko, zentrale Grundsätze der Identitätspolitik infrage zu stellen, sei es in Bezug auf den Islamismus oder auf jedes andere kontroverse Thema. Man fürchtet nicht so sehr den Verlust seines Arbeitsplatzes als vielmehr die dauerhafte Beschäftigungsunfähigkeit. Wenn man im Militär oder in den Geheimdiensten auf den höheren Ebenen eine Beförderung anstrebt, gibt es klare politische Motivationen, nicht von einer zunehmend erstickenden woken Ideologie abzuweichen.

In meinem eigenen Leben habe ich versucht, die Prinzipien der freien und offenen Gesellschaft zu verteidigen, seit ich 2003 zum ersten Mal in das niederländische Parlament gewählt wurde. In den darauf folgenden Jahren habe ich weiter geforscht, geschrieben und mich für die Verteidigung der freien Gesellschaft eingesetzt. Alles, was die Befürworter der freien Gesellschaft fast zwei Jahrzehnte nach dem 11. September tun können, ist, offen über die Herausforderung zu sprechen, der wir uns gegenübersehen, untereinander Hinweise auszutauschen und die politischen Entscheidungsträger vor irreführenden Annahmen zu warnen. Insbesondere in Amerika sind diejenigen, die den Islamismus kritisieren, einem heftigen ideologischen Gegenwind ausgesetzt. In Europa scheint es, vielleicht weil die islamistische Herausforderung hier weiter vorangeschritten ist, ein umfassenderes Verständnis für die strategische Herausforderung des Islamismus zu geben als in den USA. Allerdings: solange die rechtlichen Rahmenbedingungen in Europa nicht so geändert werden, dass sie dem politischen Islam Einhalt gebieten können, hat auch meiner Sicht auch Europa noch nicht die richtigen Lehren aus 9/11 gezogen.

Anmerkungen

[1] Bruce Hoffman, „Al-Qaeda's Resurrection" (2018): https://www.cfr.org/expert-brief/al-qaedas-resurrection; Gilles Kepel und Jean-Pierre Milelli (Hrsg.), *Al Qaeda in Its Own Words* (Cambridge: The Belknap Press of Harvard University, 2008); Haroro Ingram, Craig Whiteside und Charlie Winter (Hrsg), *The ISIS Reader: Milestone Texts of the Islamic State Movement* (New York: Oxford University Press, 2020); Abdulbasit Kassim und Michael Nwankpa, *The Boko Haram Reader: from Nigerian Preachers to the Islamic State* (New York: Oxford University Press, 2018); Eric Trager, *Arab Fall. How the Muslim Brotherhood Won and Lost Egypt in 891 Days.* (Washington, D.C.: Georgetown University Press, 2016).

[2] Fauzi Najjar, „Whither the Islamic Religious Discourse?", *Middle East Policy* Volume 21 (Frühjahr 2014): https://onlinelibrary.wiley.com/doi/full/10.11 11/mepo.12059.

[3] MEMRI, „Egyptian President Al-Sisi at Al-Azhar: We Must Revolutionize Our Religion" (2015): https://www.memri.org/tv/egyptian-president-al-sisi-al-azhar-we-must-revolutionize-our-religion; Y. Yehoshua, „Dispute at Al Azhar's 'International Conference on the Renewal of Islamic Thought Reflects Institution's Long-Standing Rejection of Religious Reforms in Egypt" (2020): https://www.memri.org/reports/dispute-al-azhars-international-conference -renewal-islamic-thought-reflects-institutions

[4] Abdullahi An-Na'im, „To defeat ISIS, Muslims must reform Sharia." *Newsweek*, 16. November 2015: http://www.newsweek.com/defeat-isis-mus

lims-must-reform-sharia-394942; Mende, Claudia, „Interview mit Abdullahi Ahmed An-Na'im: 'Wir Sind mitten in einer islamischen Reformation'", *Qantara.de*, 25. Juli 2017: https://de.qantara.de/inhalt/interview-mit-abdullahi-ahmed-an-naim-wir-sind-mitten-in-einer-islamischen-reformation; Abdullahi An-Na'im, *Toward an Islamic Reformation* (Syracuse, NY: Syracuse University Press, 1996).

5   Elham Manea, *Der alltägliche Islamismus. Terror beggint, wo wir ihn zulassen* (München, Kösel-Verlag, 2018), auf English: *The Perils of Nonviolent Islamism* (New York: Telos Press, 2021).

6   Vor einigen Jahren bemerkte der Islamwissenschaftler Hillel Fradkin, dass die Begriffe Islamismus und politischer Islam im Grunde austauschbar sind, da sie sich inhaltlich und analytisch auf denselben Sachverhalt beziehen. Wenngleich dies teilweise anders gesehen wird, stimme ich mit Fradkins Einschätzung überein, weshalb ich in diesem Beitrag beide Begriffe verwende, um ein- und dasselbe Phänomen zu beschreiben.

7   Amir Taheri, *The Spirit of Allah: Khomeini and the Islamic Revolution* (Bethesda, MD: Adler & Adler, 1985); Monica Duffy Toft, Daniel Philpott und Timothy Samuel Shah (Hrsg.), *God's Century: Resurgent Religion and Global Politics* (New York: W.W. Norton, 2011).

8   Guido Steinberg und Jan-Peter Hartung, „Islamistische Gruppen und Bewegungen", in Werner Ende und Udo Steinbach (Hrsg.), *Der Islam in der Gegenwart: Entwicklung und Ausbreitung* (München: C.H. Beck Hrsg. 2005), S. 681–695; Barry Rubin (Hrsg.), *The Muslim Brotherhood: The Organization and Policies of a Global Islamist Movement* (New York: Palgrave Macmillan, 2010); Alex Alexiev, „Tablighi Jamaat. Jihad's Stealthy Legions", *Middle East Quarterly* (Winter 2005), S. 3–11: https://www.meforum.org/686/tablighi-jamaat-jihads-steal thy-legions; Brynjar Lia, *The Society of the Muslim Brothers in Egypt: The Rise of an Islamic Mass Movement 1928–1942* (Reading: Ithaca, 1998); Richard Mitchell, *The Society of the Muslim Brothers* (Oxford: Oxford University Press, 1969); Roxanne Euben und Muhammad Qasim Zaman (Hrsg.), *Princeton Readings in Islamist Thought: Texts and Contexts from Al-Banna to Bin Laden* (Princeton: Princeton University Press, 2009).

9   Andrew Rippin, „Abrogation", in Peri J. Bearman et al. (Hrsg.), *The Encyclopedia of Islam* (3. Auflage) (Leiden: Brill, 2007); David Bukay, „Peace or jihad? Abrogation in Islam", *Middle East Quarterly.* (2007): http://www.meforum.org/1754/peace-or-jihad-abrogation-in-islam; Louay Fatoohi, *Abrogation in the Qur'an and Islamic Law: A Critical Study of the Concept of 'Naskh' and its Impact* (New York: Routledge, 2013).

10 Gautier Juynboll, *My days in the Oriental reading room* [on hadith] (Leiden: Ter Lugt Press, 2011).

11 R. Hrair Dekmejian, *Islam in Revolution: Fundamentalism in the Arab World* (2. Auflage) (Syracuse, NY: Syracuse University Press, 1995).

12 Roel Meijer (Hrsg.), *Global Salafism: Islam's New Religious Movement* (New York: Columbia University Press, 2009).

13 Siehe: David Cook, *Understanding Jihad* (Oakland: University of California Press, 2015): „[John Esposito's benign definition of Jihad] has virtually no validity in Islam and is derived almost entirely from the apologetic works of nineteenth- and twentieth-century Muslim modernists [...] After surveying the evidence from classical until contemporary times, one must conclude that today's jihad movements are as legitimate as any that have ever existed in classical Islam, with the exception of the fact that they disregard the necessity of established authority — that a legitimate authority such as a caliph or an *imam* could declare jihad. Other than this one major difference, contemporary jihad groups fall within the confines of classical definitions of jihad. That this is true can be seen by their careful regard for classical and contemporary law, their heavy emphasis on the spiritual rewards of jihad, and their frequently voiced claim to be fighting for the sake of Islam". Siehe zudem: Rudolph Peters, *Islam and Colonialism: the Doctrine of Jihad in Modern History* (Den Hague: Mouton Publishers, 1979), S. 124 „Surveying the field of modern literature on jihad, we see that modernist authors underline the defensive aspect of jihad, and hold that jihad outside Islamic territory is only permitted when the peaceful propagation of Islam is being hindered or when Muslims living amongst unbelievers are oppressed. Fundamentalist writers on the other hand do not depart to a great extent from the classical doctrine and emphasize the expansionist aspect."; Ahmad Ibn Naqib al-Misri, *Reliance of the Traveller: A Classic Manual of Islamic Sacred Law* (Beltsville, Maryland: Amana Publications, 1991); Abdullahi An-Na'im, *Toward an Islamic Reformation: Civil Liberties, Human Rights, and International Law* (New York: Syracuse University Press, 1996), Kapitel: „Sharia and Modern International Law" und Kapitel: „Shari'a and Basic Human Rights", Abiad, Nisrine, *Sharia, Muslim States and International Human Rights Treaty Obligations: A Comparative Study* (London: British Institute of International and Comparative Law, 2008); Kapitel 1: „The Interrelationship between Islamic Law and Human Rights", S. 1-58.

14 Abdullahi An-Na'im, *Toward an Islamic Reformation* (New York: Syracuse University Press, 1996), S. 161-181.

15 Siehe ebd. Kapitel: „Sharia and Modern International Law" und Kapitel „Shari'a and Basic Human Rights": „Unless the basis of modern Islamic law is shifted away from those texts of the Qur'an and Sunna of the Medina stage, which constituted the foundations of the construction of Shari'a, there is no way of avoiding drastic and serious violation of universal standards of human rights".

16 Abiad, *Sharia, Muslim States and International Human Rights Treaty Obligations*, S. 1-58; Sultanhussein Tabandeh, *A Muslim Commentary on the Universal Declaration of Human Rights* (London: F.T. Goulding, 1970).

17 Gert van Langendonck, „What they preach, is what IS does". *De Standaard* (2015): https://www.standaard.be/cnt/dmf20150329_01604440.

18 Yaroslan Trofimov, *The Siege of Mecca: The 1979 uprising at Islam's Holiest Shrine* (New York: Random House, 2007); Krithika Varagur, *The Call: Inside the Global Saudi Religious Project* (New York: Columbia Global Reports, 2020); Abdul-Aziz Bin Abdullah Bin Baz, *Words of Advice Regarding Da'wah: From the Noble Shaykh* (Birmingham: Al-Hidaayah, 1998); Aya Batrawy, „New Saudi guidelines

curtail powers of religious police", *Associated Press* (2016): https://apnews.com/article/615a3fff5c7e4df9accb85bb8e17337a; Aseel Bashraheel, „Rise and fall of the Saudi religious police" *Arab News* (2019): https://www.arabnews.com/node/1558176/saudi-arabia.
19   Manea, *The perils of non-violent Islamism*; Euben und Zaman (Hrsg.), *Princeton Readings in Islamist Thought*.
20   AIVD, *From Dawa to Jihad* (Den Hague: Innenministerium der Niederlande, 2004): https://english.aivd.nl/binaries/aivd-en/documents/publications/20 05/03/30/from-dawa-to-jihad/fromdawatojihad.pdf.
21   Ebd.
22   Alex Schmid, „Violent and Non-violent [Islamic] Extremism: Two sides of the same coin?" (Den Hague: ICCT, 2014): www.icct.nl /download/file/ICCT-Schmid-Violent-Non-Violent-Extremism-May -2014.pdf.
23   Bale, „Islamism and totalitarianism".
24   Joseph Bosco, „Who defines Islam? Saying extremists aren't true Muslims isn't enough", *The National Interest*, 30. März 2015: http://nationalinterest.org/feature/who-defines-islam-12501.
25   William Rosenau, „Waging the 'War of ideas'", in David G. Kamien (Hrsg.), *The McGraw Hill Homeland Security Handbook* (New York: McGraw-Hill, 2005), S. 1132f.
26   https://www.washingtonpost.com/archive/politics/2003/06/27/wahhabi-strain-of-islam-faulted/f2eb68be-daae-4bbd-a824-d0ca31ace6c4/.
27   Siehe dazu auch: John Hannah, „It's time for Saudi Arabia to stop exporting extremism", *Foreign Policy* (2019): https://foreignpolicy.com/2019/05/03/its-time-for-saudi-arabia-to-stop-exporting-extremism/: „Over the past several months, a small band of U.S. officials within the State Department's Counterterrorism Bureau and the National Security Council's counterterrorism directorate have sought to refocus U.S. policy on combating extremist proselytization by foreign states—starting with the Saudis, but also including the troubling activities of countries including Qatar, Turkey, and Iran. As I learned in recent conversations, the issue has become a regular item on their agenda for discussions with counterterrorism colleagues from Europe and Canada that constitute a forum referred to as ,the like-minded group'. Greater information-sharing about the export of Islamic radicalism by the Saudis and others is being encouraged, as is the development of common diplomatic approaches to combat it. U.S. counterterrorism officials have also begun the process of directly engaging the Saudis on the issue—in particular by asking them to take action against a handful of individuals in countries outside the Middle East, mostly extremist preachers [...]."
28   John Lenczowski, „Political-Ideological Warfare in Integrated Strategy, and its Basis in an Assessment of Soviet Reality", in Katherine Gorka und Patrick Sookhdeo (Hreg.), *Fighting the Ideological War* (McLean, VA: Isaac Publishing, 2012); John Moore, „Ideology and Central Planning: Lessons from the Cold War", in Katherine Gorka und Patrick Sookhdeo (Hreg.), *Fighting the Ideological War* (McLean, VA: Isaac Publishing, 2012); Robert Reilly, „Public Diplomacy in an Age of Global Diplomacy: Lessons from the Past", in Katherine Gorka

und Patrick Sookhdeo (Hreg.), *Fighting the Ideological War* (McLean, VA: Isaac Publishing, 2012); Michael Warner, „Origins of the Congress for Cultural Freedom", *Studies in Intelligence* 38 (5) 1995; Peter Coleman, *The Liberal Conspiracy: The Congress for Cultural Freedom and the Struggle for the Mind of Postwar Europe* (New York: Free Press., 1989); Hilton Kramer, „What Was the Congress for Cultural Freedom?", *The New Criterion* (1990): ttp://www.newcriterion.com/articles.cfm/What-was-the-Congress-for-Cultural- Freedom—5597.

29 Siehe: Richard Pipes, *Vixi: Memoirs of a Non-Belonger* (New Haven: Yale University Press, 2003), S. 125–211.

30 Hedie Mirahmadi, „Navigating Islam in America" in Zeyno Baran (Hrsg.), *The Other Muslims: Moderate and Secular* (New York: Palgrave Macmillan, 2010), S. 17–32; Zeyno Baran, „The Muslim Brotherhood's U.S. Network", *Current Trends in Islamist Ideology* 6 (2008), S. 95–122; Daniel Pipes, „CAIR: Islamists fooling the establishment" (Washington, D.C.: Hudson Institute, 2006): http://www.danielpipes.org/3437/cair-islamists-fooling-the-establishment.

31 Mirahmadi, „Navigating Islam in America", S. 17–32; Patrick Poole, „10 Failures of the U.S. Government on the Domestic Islamist Threat", *Center for Security Policy*. (2010): http://www.centerforsecuritypolicy.org/upload/wysiwyg/article%20pdfs/10_Failures_Patrick_Poole_1115.pdf, Baran, „The Muslim Brotherhood's U.S. Network", S. 95–122.

32 Lorenzo Vidino, *The Muslim Brotherhood in the West* (New York: Columbia University Press, 2010).

33 Judicial Watch, „U.S. government Purges of Law Enforcement Training Material deemed 'offensive' to Muslims", Washington, D.C. (2013): https://www.judicialwatch.org/documents/judicial-watch-special-report-u-s-government-purges-of-law-enforcement-training-material-deemed-offensive-to-muslims/; Kerry Picket, „Muslim advocacy groups influence heavily on U.S. national security protocol lexicon", *The Washington Times* (2012): http://www.washingtontimes.com/blog/watercooler/2012/sep/24/picket-muslim-advocacy-groups-influence-heavily-us/; Catherine Herridge und Judson Berger, „FBI removes hundreds of training documents after probe on treatment of Islam", *FoxNews*, 21. Februar 2012: http://www.foxnews.com/politics/2012/02/21/fbi-purges-hundreds-training-documents-after-probe-on-treatment-islam.html; Judicial Watch, „Documents obtained by Judicial Watch reveal FBI training curricula purged of material deemed ‚offensive' to Muslims" 3. Juni 2013: http://www.judicialwatch.org/press-room/press-releases/documents-obtained-by-judicial-watch-reveal-fbi-training-curricula-purged-of-material-deemed-offensive-to-muslims/; Bill Gertz, „Inside the ring: [analyst] Stephen Coughlin sacked", *The Washington Times* (2008): http://www.washingtontimes.com/news/2008/jan/4/inside-the-ring-8-34302/.

34 Vidino, *The Muslim Brotherhood in the West*.

35 Daniel Pipes, „Interview with Hisham Kabbani: 'The Muslim experience in America is unprecedented'", *Middle East Quarterly* (Juni 2000): http://www.danielpipes.org/6337/muhammad-hisham-kabbani-muslim-experience-in-america; Hillel Fradkin, „America in Islam". *The Public Interest* (Frühjahr 2004); Mirahmadi, „Navigating Islam in America", S. 17–32.

36 Asra Nomani, „Meet the honor brigade, an organized campaign to silence debate on Islam", *The Washington Post* (2015): https://www.washingtonpost.

com/opinions/meet-the-honor-brigade-an-organized-campaign-to-silence-cr itics-of-islam/2015/01/16/0b002e5a-9aaf-11e4-a7ee-526210d665b4_story.htm l?utm_term=.38a5385719d5.

37 Emile Nakleh, „Trump's disastrous plan for the Muslim Brotherhood", *Lobe Log* (2019): https://lobelog.com/trumps-disastrous-plan-for-the-muslim-brot herhood/.

38 Linda J. Bilmes und Joseph E. Stiglitz, *The Three Trillion Dollar War: The True Cost of the Iraq Conflict* (New York: W.W. Norton & Company, 2008); https:// watson.brown.edu/costsofwar/figures/2021/human-and-budgetary-costs- date-us-war-afghanistan-2001-2021.

39 https://www.washingtonpost.com/graphics/2019/investigations/afghanis tan-papers/afghanistan-war-nation-building/

40 https://www.washingtonpost.com/graphics/2019/investigations/afghanis tan-papers/documents-database/

41 Frederick Taylor, *Exorcising Hitler: the Occupation and Denazification of Germany* (New York: Bloomsbury, 2011); William Nester, *Power across the Pacific: a Diplomatic History of American Relations with Japan* (New York: Macmillan Press, 1996), S. 191–262.

42 Jamie Dettmer, „Talk of coup unnerves France", *Voice of America*. (2021): https://www.voanews.com/europe/talk-coups-unnerves-france; Jean-Daniel Lévy, „Réaction des Français à la publication de la tribune des militaires sur le site de Valeurs Actuelles", *Harris Interactive/LCI*, 28. April 2021: http:// harris-interactive.fr/wp-content/uploads/sites/6/2021/04/Rapport-Harris-I nteractive-Reactions-a-la-tribune-des-militaires-dans-Valeurs-Actuelles-LCI. pdf.

43 Jean-Eric Schoettl und Guillaume Perrault, „Terrorisme, islamisme, immigration: un droit hermétique à la volonté populaire?" L'ancien secrétaire général du Conseil constitutionnel décrit les obstacles juridiques qui affaiblissent, voire paralysent, la lutte contre l'islamisme, *Le Figaro*, 21. Oktober 2020: https://www.lefigaro.fr/vox/politique/jean-eric-schoettl-terrorisme-islam isme-desserrer-nos-contraintes-juridiques-pour-agir-enfin-20201021.

Der sanft verschleierte Islamismus

Helene Aecherli

Mit dem Einsturz der Twin Towers in New York begann unweigerlich eine neue Zeitrechnung. Die westliche Welt sah sich ihrer Naivität, oder vielleicht besser ihrer Selbstgefälligkeit beraubt, während sich innerhalb der globalen Gemeinschaft die Dichotomien „wir und ihr" sowie „gut und böse" neu manifestierten. Dichotomien, die im kurz darauf lancierten „Krieg gegen den Terror" rasch auf die Schablone „westliche Werte gegen den Islam" reduziert wurden – was wiederum derart holzschnittartig schien, dass man als aufgeklärter Mensch nicht anders konnte, als dem zu widersprechen.[1]

Das tat auch ich. In den Diskussionen um die Hintergründe von 9/11 erklärte ich stets reflexartig: „Das hat alles nichts mit dem Islam zu tun". Und dieses Mantra hörte ich nicht nur in meinem journalistischen Umfeld, sondern auch innerhalb des gesamten politisch linken Spektrums, ganz besonders unter Feministinnen. Selbst als sich die islamistische Terrorgruppe Al-Qaida längst zu den Anschlägen bekannt hatte, verwarf ich Stimmen, die eine Verbindung sahen zwischen den seit den frühen 1980er-Jahren schwelenden extremistischen Ideologien, dem Islam als Religion und den Anschlägen. Und ich glaubte, dass es für die Anschläge auf die Twin Towers als den Symbolen der westlich-kapitalistischen Welt schlechthin eine Legitimation geben könnte, nämlich die Wut der Underdogs gegen den vermeintlich allmächtigen Westen beziehungsweise die Wut der durch westliche Interessen ausgebeuteten Menschen in vielen Ländern des Nahen Ostens. Und damit war ich nicht allein, im Gegenteil: Es war das Narrativ der intellektuell engagierten Menschen, jenen, die sich auf der moralisch rechtschaffenen Seite sahen. Damals wusste ich noch nicht, dass es dafür einen Begriff geben würde: „white man's burden" – die Bürde des weißen Menschen. Damit gemeint ist eine Art postkolonialistisches Schuldgefühl, das den Diskurs westlicher Intellektueller über die Themen

Islam und Islamismus bis heute beeinflusst. Ich werde später darauf zurückkommen.

Irgendwann begann ich aber an diesem Narrativ zu zweifeln. Ich empfand das gängige Ost-West-Bashing als zu einfach, zu einseitig. Zudem hatte es ein Opfer-Täter-Paradigma geschaffen, das mir nicht nur als zu simpel, sondern auch als unwahr erschien, da es die Verantwortung der jeweiligen politischen Eliten ausblendete. Dieses Narrativ, davon war ich überzeugt, würde kaum zu einem konstruktiven politischen Ansatz, geschweige denn zu einem konstruktiven Post-9/11-Miteinander führen können.

Diese Haltung hat sich in den vergangenen Jahren immer stärker gefestigt. Denn auf Reisen in den Jemen, den Oman, nach Ägypten und Marokko, aber auch nach Afghanistan – sowie durch unzählige Gespräche mit Menschen muslimischen Glaubens – wurde mir klar, dass der Islam kein monolithischer Block ist, sondern je nach kultureller Prägung von Land zu Land, manchmal sogar von Individuum zu Individuum variiert. Darüber hinaus lernte ich, quasi durch die Hüllen einer Gesellschaft hindurchzusehen und zu erkennen, in welchem Maß sich fundamentalistische Interpretationen des Islams, etwa der Salafismus, und die darauf beruhenden politischen Ideologien jeweils ausgebreitet haben, und wie ausgeklügelt sie sich auf Koran und Sunna beziehen. Das schärfte auch meinen Blick für die Auswirkungen islamistischer Einflüsse auf Gesellschaften, insbesondere für den Druck, den Islamisten auf Menschen ausüben und wie sich Frauen und Männer – unabhängig von Alter und sozialer Schicht – diesen fundamentalistischen Kräften in ihren Reihen entgegenstemmen, und das obwohl das für nicht wenige bedeutet, sich selbst und teilweise auch ihre Familien in Gefahr zu bringen. Einige haben den Widerstand mit ihrem Leben bezahlt.

Wenn ich also heute als Journalistin über den Islam, den Islamismus oder ganz grundsätzlich über gesellschaftspolitische Entwicklungen in mehrheitlich muslimischen Staaten schreibe, tue ich es immer im Bestreben, ganz besonders jenen Menschen Gehör zu verschaffen, die sich gegen religiösen Fundamentalismus und damit gegen die Verletzung ihrer universellen Menschenrechte zur

Wehr setzen. Karima Bennoune, Professorin für Internationales Recht und UNO-Sonderberichterstatterin für kulturelle Rechte, wies auf genau diesen zentralen Punkt in ihrem Buch *Your Fatwa Does Not Apply Here* (Deine Fatwa gilt hier nicht) mit den Worten hin: „[...] der Kampf, der in mehrheitlich muslimischen Gesellschaften gegen den Extremismus geführt wird, ist einer der wichtigsten – und am meisten übersehenen – Kämpfe um Menschenrechte in der Welt".[2] Dieser Satz hat mich geprägt. Er bildet den Hintergrund für meine folgenden Ausführungen.

Die Debatte um das Burkaverbot

Sonderbarerweise haben der wachsende Einfluss des Islamismus sowie die innerislamische Kritik daran in Europa und besonders auch in der Schweiz nie die differenzierte politische und mediale Aufmerksamkeit erhalten, die nötig wäre. Selbst an Universitäten werden diese Themen meist großräumig umgangen oder unter dem Schutzmantel wissenschaftlicher Neutralität relativiert. Dabei ist es nicht so, dass islamistische Gruppen an den Grenzen der Eidgenossenschaft einfach Halt gemacht hätten. So sind etwa in der französischen Schweiz seit Jahren Zellen der Muslimbruderschaft aktiv, Winterthur genießt längst den zweifelhaften Ruf eines Nährbodens für junge Extremisten und IS-Kämpfer, Lehrerinnen und Lehrer fühlen sich angesichts von Problemen im Zusammenhang mit fundamentalistischen Interpretationen des Islams verunsichert, und die meisten Moscheen gelten als Blackbox, da Studien darüber fehlen, welche Imame in welchen Gemeinden welche Inhalte predigen und aus welchen Quellen die Gelder zur Finanzierung der Gotteshäuser stammen.

Doch haben diese hinlänglich bekannten Tatsachen den Diskurs nicht verändert. Noch immer verläuft er eng entlang dem Post-9/11-Paradigma, das Karima Bennoune als „eine rechte und eine linke Variante des sogenannten Zusammenpralls der Zivilisationen" beschreibt.[3] Während die politische Rechte „den Islam" und „die Muslime" schon früh als Feindbilder etablierte und sich erfolgreich zur populistischen Warnerin vor radikalen Kräften aufgeschwungen hat, haben sich große Teile des Mitte-Links-Spektrums und damit auch viele Feministinnen in den Strängen jener ursprünglichen Verteidigungshaltung verheddert, der auch ich einst anhing. Was das bedeutet und wohin das führen kann, lässt sich an den Debatten um die Initiative zum sogenannten Burkaverbot aufzeigen, über die im März 2021 in der Schweiz abgestimmt wurde.[4]

Die Initiative stammte aus der Feder des Egerkinger-Komitees, einer Gruppe aus dem rechtskonservativen Lager, und vermischte drei Themen geschickt miteinander: das generelle Unbehagen der Bevölkerung gegenüber dem Islam, die Stellung der Frau sowie den gesellschaftlichen Anspruch auf Sicherheit. Zwar ging es im offiziellen Wortlaut nie explizit bloß um die Vollverschleierung für Frauen, sondern um ein generelles Verhüllungsverbot in der Öffentlichkeit. Der Initiativtext umfasste die Gesichtsverhüllung von Demonstranten ebenso wie jene von gewaltbereiten Fußballfans, doch die Bildsprache, die die Kampagne begleitete, machte unmissverständlich klar, worauf die Initiatoren abzielten: auf das Verbot des Nikabs als das augenfälligste Symbol des Islamismus.[5] Diese Forderung war nicht frei von Absurdität: In der Schweiz gehören im Vergleich zu Ländern wie Frankreich, Belgien oder Großbritannien weder Nikab noch Burka zum Straßenbild, entsprechende Parallelgesellschaften existieren ebenfalls höchstens ansatzweise. Doch sollte ein Verbot der Vollverhüllung, so die Initiatoren, wachsenden Machtansprüchen des politischen Islams in der Schweiz präventiv einen Riegel vorschieben.

Nun hätten Vertreterinnen und Vertreter des politischen Mitte-Links-Spektrums – aber auch die Medien – noch während der Unterschriftensammlung eine Gegenoffensive starten und endlich eine längst überfällige, mutige öffentliche Debatte über Islam und Islamismus lancieren können. Sie hätten zum Beispiel aufzeigen können und sollen, was der Unterschied ist zwischen der Religion per se und den aus der Religion erwachsenen politischen Ideologien, wie sie die Muslimbruderschaft oder die türkische Millî Görüş vertreten. Sie hätten darlegen können, welche Konsequenzen solche politischen Ideologien für islamische Mehrheitsgesellschaften haben. Und sie hätten die Ängste der Bevölkerung thematisieren und klar Stellung beziehen können. Möglich, dass die Initiative dann gar nicht erst zustande gekommen wäre. Doch genau diese Debatte blieb aus. Ob aus Nachlässigkeit, Unwissen oder falscher Priorisierung sei dahingestellt. Eine Debatte setzte erst ein, als das Datum der Abstimmung näher rückte. Die dann einsetzende Debatte aber führte weniger zu einer konstruktiven Auseinandersetzung als zu einer starken Polemik.

„Höre ich eine solche Aussage, lasse ich sie so stehen"

„Ich habe dieses Thema [die Vollverschleierung] nicht auf meinem politischen Radar gehabt und aus diesem Grund auch nie beabsichtigt, mich in die Debatte einzuschalten", sagt die 31-jährige queerfeministische Autorin und Aktivistin Anna Rosenwasser und bringt damit wohl die unter Politikerinnen und Feministinnen vorherrschende Grundhaltung auf den Punkt. „Erst bei genauerem Hinsehen habe ich realisiert, worum es beim Burkaverbot geht. Für mich waren es zwei Dinge: eine rassistisch motivierte, auf Angst und Unwissen basierende Abwehrhaltung gegenüber allem, was mit dem Islam assoziiert wird. Und ein Missverständnis in Bezug auf die Befreiung muslimischer Frauen." Ein Missverständnis in dem Sinne, dass Musliminnen in der Schweiz wohl kaum aus patriarchalen Strukturen befreit würden, wenn man ihnen vorschriebe, was sie anzuziehen hätten oder eben nicht. Denn, so argumentiert Rosenwasser, „es gibt keinen falschen Weg, eine Frau zu sein, und keinen falschen Weg für eine Frau, ihre Religion so zu leben, wie sie es für richtig hält."

Anna Rosenwasser war mir aufgefallen, weil sie unter jungen Frauen einen Nerv zu treffen schien. Auf Instagram postete sie Sprüche wie: „Man könnte fast meinen, hier ginge es gar nicht um die Schweizer Sicherheit. Sondern um eine fremdenfeindliche Art, Frauen zu kontrollieren." Oder: „Kann mir die SVP [Schweizerische Volkspartei] bitte erklären, warum Frauen im Nikab gefährlich sind ... aber irgendein Jörg mit Maske und Wintermütze is easy?"[6] Es waren bissige Sprüche auf hellrosa Hintergrund, Sprüche, die in sich stimmig waren und eine Art inklusive „sisterhood" heraufbeschworen, eine Schwesternschaft, die Frauen jeglicher Hautfarbe und Religionszugehörigkeit umfasst. Das kam in ihrer sprunghaft anwachsenden Community an, die Posts wurden rege geteilt und unter digitalem Applaus wie Banner hochgehalten. Ihr Engagement habe zum Ziel, erklärte Rosenwasser, ihre bedingungslose Solidarität mit Musliminnen zu bekunden. „Ich stelle mich dabei nicht schützend vor sie. Ich stelle mich an ihre Seite." Zwar habe auch sie kein vertieftes Wissen über den Islam, gab sie zu. „Doch das Wissen, das ich brauchte, um mich gegen diese Initiative zu engagieren, das habe ich. Dafür muss ich vom Islam keine Ahnung haben." Auf die Frage, wie sie denn zu all jenen muslimischen Frauen stehe, die – oft unter Lebensgefahr – gegen den Nikab ankämpfen oder die darauf hinweisen, dass die Vollverhüllung ein „Marketingtool einer extremistischen religiösen Ideologie ist, die die Gender-Apartheid zu ihrem Markenzeichen gemacht hat", antwortete sie: „Höre ich eine solche Aussage, lasse ich sie so stehen."[7]

Mit ähnlicher Verve und gar noch augenfälliger agierte die „Operation Libero", eine junge politische Bewegung, die sich „für eine weltoffene und zukunftszugewandte Schweiz einsetzt. Eine Schweiz, die ein Chancenland ist und kein Freilichtmuseum", wie sie auf ihrer Webseite festhält. In einer ihrer Kampagnen setzte sie den Nikab mit Crocs – genau, diesen hässlichen Kunststoffschuhen –, mit Koriander und Pizza und gar mit der Sängerin Céline Dion gleich. Der Slogan dazu lautete: „Muss man nicht mögen. Verbieten aber auch nicht." Auf Twitter schob sie die Präzisierung nach: „Wo kämen wir hin, wenn wir alles verbieten, was einige nicht mögen? Darum sagen wir NEIN zum #Burkaverbot".[8] Ehrlich gesagt, fand ich die Kampagne auf den ersten Blick überraschend und geradezu originell, bei näherem Hinsehen aber war sie beängstigend. Denn sie verriet nicht den Hauch eines Bewusstseins für die Problematik des Symbols, das sie so leidenschaftlich verteidigte, sondern tat es als pure Geschmackssache ab und plädierte, sozusagen im blinden Eifer gegen die rechtskonservativen Initiatoren, für eine Toleranz der Intoleranz. Dadurch trug die Kampagne letztlich nicht nur dazu bei, den Nikab zu banalisieren, sondern ihn auch in der Mitte der Gesellschaft zu etablieren, womit sie unwillentlich islamistischer Propaganda in die Hände spielte. Der deutsch-israelische Psychologe und Autor Ahmad Mansour bezeichnet ein solches Vorgehen als das Toleranzparadox.[9]

Der fehlende Mut hinzusehen

Ich habe diese beiden Kampagnen vor allen anderen akribisch verfolgt und dokumentiert, weil sie vor Augen führen, wie wirkmächtig die eingangs erwähnte Verteidigungshaltung unter Angehörigen des linken Spektrums – dazu gehören auch Schauspielerinnen, Journalistinnen, Kolumnisten oder Filmemacher – noch ist und in welcher Tonalität sie herüberkommt. Sie zeichnet sich besonders dadurch aus, dass jegliche Kritik am Islam vehement abgewehrt oder gar nicht erst gehört wird. Das geschieht auch dann, wenn diese Kritik von Musliminnen oder Muslimen selbst kommt. So werden etwa muslimische Frauen, die den Mut haben, sich öffentlich gegen Hijab oder Nikab auszusprechen und auf ihr Recht auf Nicht-Verhüllung pochen, von Feministinnen kaum ernst genommen. Sie werden ignoriert, im schlimmsten Fall gar als „unauthentisch" oder als „Nestbeschmutzerinnen" abgestempelt – Reaktionen, notabene, die immer auch aus der islamistischen Echokammer zu hören sind. Doch damit nicht genug: Aktivistinnen und Aktivisten wie etwa Kacem El Ghazzali (marokkanischstämmiger Essayist und Vertreter der NGO Internationale Humanistische und Ethische Union am UN-Hochkommissariat für Flüchtlinge), die vor islamistischen Gruppierungen warnen und gestützt auf eigene Erfahrungen offenlegen, mit welchen Mitteln diese ihre Mission vorantreiben, erhalten zwar Applaus von rechts, werden von links jedoch oft belächelt oder angefeindet, und ihre Position wird nicht selten als ethnozentrisch oder westlich angeprangert.[10]

Genau das geschehe auch im akademischen Bereich, sagt Layla Ibrahim-Staubli. Sie erzählt mir, dass sie immer wieder erlebt, wie Leute aus ihrem universitären Umfeld davor zurückscheuen, Themen anzusprechen, die irgendwie „heikel" sein könnten. So wollten zum Beispiel selbst Studienkolleginnen, allesamt

Feministinnen, nichts davon hören, dass Frauen in den meisten islamischen Gesellschaften nicht mit Männern gleichgestellt sind, und zwar nicht nur wegen patriarchaler Familienstrukturen, sondern auch aufgrund islamischer Gesetzmäßigkeiten. Ibrahim-Staubli führt aus: „Diese abwehrende Haltung verändert sich auch dann nicht, wenn ich erkläre, wie sehr ich unter dieser Ungleichbehandlung gelitten habe, und wie wütend sie mich gemacht hat. Sie halten am Konzept der patriarchalen Strukturen fest und betonen, die gäbe es doch überall. Indem sie nicht anerkennen, was ich sage, sprechen sie mir indirekt das Recht ab, diese Missstände zu kritisieren. Und das ist verletzend."

Layla Ibrahim-Staubli ist eine der wenigen Musliminnen in der Schweiz, die sich offen für das Burkaverbot eingesetzt haben. Sie tat dies aus der Überzeugung heraus, dass die Verhüllung weder ein Statement für weibliches Selbstbewusstsein noch für weibliche Ermächtigung ist, wie es in der Debatte oft zu hören war, „sondern Ausdruck einer patriarchalen Macht über Frauen, gleichzeitig wie sie Zeichen ist für eine extremistische Ideologie, den Islamismus."

Vor bald acht Jahren floh die heute 49-Jährige vor dem Krieg aus Aleppo in die Schweiz, studierte Humangeographie in Bern, baute sich ein Catering-Unternehmen auf und setzte sich zum Ziel, geflüchteten Frauen eine Stimme zu verleihen. Ihre kritische Haltung gegenüber dem politischen Islam wurde durch den wachsenden Einfluss der Islamisten in Aleppo geprägt. In den 1980er-Jahren sah sie, wie Hijab und Nikab ideologisch aufgeladen und zu den sichtbarsten islamistischen Symbolen wurden, die man Frauen konsequent auferlegte. Trugen in Aleppo einst bloß eine Handvoll Frauen Schleier, gab es innerhalb einer Generation kaum mehr eine Frau, die keinen Schleier trug. Und je stärker sich der Islamismus ausbreitete, desto radikalisierter wurde auch die Gesellschaft. „Die Islamisten und das syrische Regime – beide fütterten uns mit Hass", sagt sie. Sie fügt hinzu: „Mit Hass gegen Juden, Kommunisten, Kapitalisten, gegen Feministinnen, gegen alle und alles. Wir hatten Hass in unseren Herzen." Das habe der bisher radikalsten aller islamistischen Gruppierungen den Nährboden bereitet, dem IS.

Sie sei nicht gegen den Islam, betont sie. Sie sei selber Muslimin und stolz auf das reiche kulturelle Erbe, das ihr der Islam mitgegeben habe. „Aber heute wird man aus der Community ausgeschlossen und gilt als Feind, wenn man sich nicht zur vorherrschenden fundamentalistischen Weltanschauung bekennt", erklärt sie, „und diese Tendenzen beobachte ich auch in der Schweiz." Die Unterscheidung zwischen Islam und Islamismus werde dabei nur von den wenigsten Muslimen gemacht. Als etwa der französische Präsident Emmanuel Macron im Oktober 2020 Mohammed-Karikaturen verteidigte, habe es in ihrem muslimischen Umfeld hierzulande nur zwei Fronten gegeben: Entweder man war für Macron oder für den Islam: „Wer Macron unterstützte, galt als antiislamisch. Dazwischen gab es kaum etwas. Das macht mir Sorgen."

Sorgen bereitet ihr auch, dass gerade bei Migrantinnen und Migranten zu wenig hingesehen und zu wenig nachgefragt wird, welchen kulturellen und religiösen Hintergrund sie mitbringen. Sie stellt besorgt fest, dass den Schweizer Behörden der Mut und die Fähigkeit fehlen, unterschwellige fundamentalistischen Tendenzen zu erkennen und klar zu benennen. Diese Unterlassungssünden seien geradezu fahrlässig und hülfen niemandem. Schon gar nicht Migrantinnen, die ihrem fundamentalistischen Umfeld ausgesetzt sind. „Wir brauchen Unterstützung, keine Ignoranz. Und das", sagt Ibrahim-Staubli nachdrücklich, „bedingt vor allem eines: den Willen, hinzusehen."

Die Bürde des weißen Menschen

Die oben beschriebene Verteidigungshaltung gegenüber dem Islam, das beflissene, oft sogar selbstherrliche Wegwischen von Ängsten oder Vorbehalten sowie die Marginalisierung von kritischen Stimmen, ist nicht einfach ein Reflex angesichts des politisch „rechten Feindes", sondern Ausdruck eines tief verankerten Denkmusters, das den akademischen, den politischen und vor allem auch den feministischen Diskurs dominiert. Elham Manea, schweizerisch-jemenitische Politikwissenschaftlerin und Mitherausgeberin dieses Bandes, definiert dieses Denkmuster als essentialistisches Paradigma.[11] Ein postmodernes Paradigma, das Angehörige von Minderheiten unterschiedlicher Nationalitäten weniger als Individuen denn als homogene Gruppen wahrnimmt und sie auf ihre kulturelle oder religiöse Identität reduziert. Das heißt, Menschen aus Syrien, dem Maghreb oder dem Irak werden in erster Linie als Muslime betrachtet. Muslime wiederum werden stereotypisierend als religiös eingestuft, wozu ganz selbstverständlich auch die Verschleierung gehört.

Diese Haltung ähnelt im Grunde jener der Rechtspopulisten, die in Muslimen nur potenzielle Terroristen sehen. Doch während Rechtspopulisten von Angst oder Hass getrieben sind, sind die Essentialistinnen und Essentialisten von dem Wunsch beseelt, zu beschützen. Dieser Beschützerinstinkt wurzelt in einem starken Gerechtigkeitsempfinden gegenüber Minderheiten. „Und das wiederum nährt sich aus einem tief verankerten Schuldgefühl wegen der kolonialen Vergangenheit des Westens und seiner als imperialistisch wahrgenommenen Politik", erklärt Manea. Sie bezeichnet dieses Schuldgefühl als „die Bürde des weißen Menschen". Mit diesem Begriff bezeichnet sie eine Haltung, die darauf ausgerichtet ist, gegenüber denjenigen, „von denen man glaubt, dass sie vom Westen benachteiligt worden sind", besonders tolerant sein zu müssen, um so einen Akt der Wiedergutmachung zu vollziehen.[12]

Wie gesagt, von dieser gefühlten postkolonialen Schuld und dem damit verbundenen Beschützerwunsch war auch ich einst durchdrungen. Ich kam mir nobel vor. Zu glauben, auf der Seite der vermeintlich Schwächeren zu stehen und dem Westen dabei einen Spiegel vorzuhalten, verlieh mir das Gefühl, das Richtige zu tun. Dies mag auf den ersten Blick auch keineswegs vollkommen falsch gewesen sein, dennoch ist es, wie Manea sagt, eine naive und vor allem diskriminierende Haltung: „Denn sie macht ganze Gruppen zu Opfern, in unserem Fall ‚die Musliminnen und Muslime', die es um jeden Preis zu schützen gilt, und spricht den ‚Beschützten' jegliche Selbstverantwortung ab". Die Essentialistinnen wiederum macht es unfähig, in Bezug auf die zu beschützende Gruppe

Probleme zu benennen. Aus Angst davor, diese Gruppe zu stigmatisieren oder als islamophob zu gelten, werden Probleme unter den Tisch gewischt- oder gar nicht erst in den Blick genommen.[13]

Der Kult der Rechtschaffenen

Wie stark das essentialistische Paradigma die Debatte um die Verhüllungsinitiative beeinflusste und wie klar es die moralische Denkrichtung vorgab, zeigte sich mir unter anderem daran, dass insbesondere Frauen häufig nur hinter vorgehaltener Hand oder erst bei einem vertrauten Gespräch überhaupt über das Thema redeten. Viele beklagten dann jedoch die fast schon unerträgliche Pattsituation, in die sie die Initiative gezwungen hatte. Einerseits widerstrebte es ihnen zutiefst, ein Anliegen zu unterstützen, das von der Rechten initiiert worden war, andererseits erfüllte sie der Nikab und dessen ideologischer Überbau mit Unbehagen. Doch fehlten ihnen, das wurde mir klar, oft die Worte, dieses Unbehagen klar zu formulieren. Zu groß war – und ist – die Unsicherheit darüber, was man sagen darf, was den Gepflogenheiten der „political correctness" entspricht und was nicht. Dieser Unsicherheit Auftrieb gegeben haben wohl auch die zunehmend ideologisch geführten Diskussionen um Genderinklusion, Rassismus und Intersektionaliät, die ein extrem aufgeheiztes Debattenklima hervorgebracht haben, in dem jeglicher „Fehler" einen Shitstorm auslösen kann. Dieses Klima bedeutet auch, dass die Thematisierung des Islams und des Islamismus immer mehr zu einem rhetorischen wie intellektuellen Balanceakt wird. Denn es gilt, Kritikpunkte so zu formulieren, dass man nicht in Verdacht gerät, mit Rechtspopulisten zu sympathisieren – oder schlimmer noch, dass man Gefahr läuft, innerhalb der eigenen ideologischen Diskursblase in Ungnade zu fallen. Gerade letzteres lässt viele verstummen.

Solange Diskursblasen darauf ausgelegt sind, die eigene Community in den Sozialen Medien zu bespaßen, sind sie nicht allzu problematisch. Sie können aber auch dazu führen, dass Andersdenkende einem starken Konformitätsdruck ausgesetzt werden. So wurden im Verlauf der Burkadebatte Stimmen von jungen Frauen laut, die kritisierten, dass in ihrer Blase mittlerweile ein „Kult der Rechtschaffenen" vorherrsche. Ein Kult, der all jene mundtot mache oder zu machen drohe, die es wagen, die in der Blase dominierende Meinung zu hinterfragen oder gar mit einer gegenteiligen Ansicht herauszufordern. Eine Kollegin, die anonym bleiben will, formuliert es so: „Ich stehe selber politisch links und bin Feministin, trotzdem war ich für das Verhüllungsverbot. Doch das habe ich geheim gehalten, weil es gegen die Normen meiner Bubble verstieß. Hätte ich mich geoutet, wäre ich dem rechten Lager zugeordnet und als Rassistin abgestempelt worden." Dem wollte sie sich nicht aussetzen. Also hat sie geschwiegen.

Im Prinzip ist es paradox: Bis vor Kurzem fußten politisch-ideologische Auseinandersetzungen in der Regel auf dem gewohnten Links-Rechts-Schema. Nun aber, auch das hat die Debatte um die Verhüllungsinitiative offengelegt, spielt sie sich immer stärker zwischen den unterschiedlichen Schattierungen innerhalb des linken Lagers ab. Treiberin dieses Kampfes ist die in den letzten Jahren gewachsene „kulthafte" Linke, darunter viele Anhängerinnen und Anhänger der „Woke"-Bewegung, die sich leidenschaftlich gegen soziale Ungerechtigkeiten und für den Schutz von Minderheiten einsetzt. Doch betreibt die Bewegung dieses – berechtigte und wichtige – Engagement inzwischen derart radikal, dass sie in dem Bestreben, tolerant und inklusiv zu sein, um auf der „richtigen" Seite der Geschichte zu stehen, Andersdenkende diskriminiert – Menschen, die, wie meine Kollegin, „sich weigern, alles mit dem Schwarz-Weiß-Bulldozer zu überfahren." Und das kommt jenem moralisch-ideologischen Konstrukt gefährlich nahe, das auch Islamisten für sich beanspruchen.

Dringend benötigt: Eine neue Debattenkultur

Zwanzig Jahre nach 9/11, dem Beginn einer quasi neuen Zeitrechnung, lässt sich folgendes Fazit ziehen: Über Religion zu reden, sie zu kritisieren oder ihre Dogmen herauszufordern ist schon immer schwierig gewesen. Doch den Islam ins Zentrum der Debatte zu rücken, ihn kontrovers zu diskutieren und vor allem: seine politischen Ideologien ohne Scheuklappen zu kritisieren, ist komplizierter denn je. Gerade das aber wird nötig sein, um islamistische und demokratiefeindliche Inhalte zu erkennen und ihnen Einhalt zu gebieten.

Was also ist zu tun? Schweigen ist keine Lösung, allzu nett zu sein auch nicht. Vielmehr gilt es erst einmal, sich der blinden Flecken im Diskurs gewahr zu werden, sagt die politische Philosophin Katja Gentinetta und knüpft dabei an Elham Maneas essentialistisches Paradigma an. Einer der größten blinden Flecken ist der aktuelle Gleichheitsdiskurs, der zu einer totalen Relativierung geführt hat und in dessen Rahmen alles in einen Topf geworfen wird. Das leistet nicht nur der Toleranz gegenüber der Intoleranz Vorschub; darüber wird zudem vergessen, dass wir als Gesellschaft universelle Wertigkeiten haben. Meinungsfreiheit zum Beispiel, Respekt vor anderen Menschen und die Fähigkeit Menschen nicht einfach als Teil eines Kollektivs zu betrachten, sondern als Individuen. Feministinnen, Politikern und Akademikerinnen, die ihr eigenes essentialistisches Denkmuster nicht erkennen und dadurch zur „sanften Verschleierung des Islamismus" beitragen, wirft Gentinetta gar intellektuelles Versagen vor. Der einzige Weg, aus der diskursiven Pattsituation herauszukommen, so Gentinetta, ist intellektuelle Redlichkeit. Sie bringt diese Forderung folgendermaßen auf den Punkt: „Es kann nicht sein, dass wir Gleichheit und Freiheit mit Ungleichheit und Unfreiheit verwechseln."

Gentinetta hatte im Verlauf der Debatte um die Verhüllungsinitiative einen Aufsehen erregenden Kommentar geschrieben, in dem sie den Rassismus-Vorwurf konterte, mit dem sich die Befürworterinnen und Befürworter der Initiative konfrontiert sahen – ein Vorwurf, notabene, den auch Islamisten schnell zur Hand haben, wenn sie Gegenwind verspüren. „Rassismus kann sich per definitionem nicht gegen eine Religion richten, weil Religion keine unabänderliche Geburtseigenschaft ist", schrieb sie.[14] Dafür wurde sie kritisiert, gleichzeitig aber auch für ihren Mut bewundert, und das wiederum erstaunte sie: „Darf man heute nicht einmal mehr auf einer fundierten Basis sagen, was Sache ist?", fragt sie lakonisch.

Darüber hinaus nimmt Gentinetta die westlichen Gesellschaften in die Pflicht. Diese hätten darin versagt, meint sie, eine differenzierte Diskussion über Freiheit, Toleranz, Religion und Gleichberechtigung zu führen. Zudem hätten sie darin versagt, sich darüber zu verständigen, dass Freiheit und Toleranz zum Selbstschutz Grenzen haben müssen. „Letztlich dreht sich doch alles um die Fragen: Wieviel Pluralismus verträgt eine Gesellschaft? Wie kann man in einer demokratischen Gesellschaft friedlich und stabil zusammenleben, auch wenn man unterschiedliche Vorstellungen davon hat, was ein gutes Leben ist?" Ihre Schlussfolgerungen sind simpel: „Jeder kann so leben, wie er will, unabhängig von Herkunft und Religion, solange er nicht gegen die Grundregeln der Gesellschaft, in der er lebt, verstößt – weder in der Öffentlichkeit noch innerhalb der Familie." Und zu den Regeln des Zusammenlebens, sagt sie nachdrücklich, gehört es auch, die Gleichberechtigung von Frauen und Männern anzuerkennen. „Der große Verdienst des Feminismus ist, dass er die gesellschaftliche Diskriminierung von Frauen aufgedeckt hat. Doch wird eben dieser Feminismus heute ausgerechnet von Frauen selbst so weit getrieben, das hat die leidenschaftliche Verteidigung der Burka gezeigt, dass die Freiheit der Frauen darin gesehen wird, sich freiwillig unterdrücken zu lassen. Das ist doch ein Hohn!"

Fazit: Wir brauchen eine neue mutige Debattenkultur

Der einzige Weg, aus der diskursiven Pattsituation herauszukommen, heißt für Gentinetta: intellektuelle Redlichkeit. Doch wie erreicht man als Individuum und gar als Gesellschaft intellektuelle Redlichkeit? Wie lässt sich das essentialistische Paradigma überwinden? Wie kann man sein Unbehagen über islamistische Praktiken formulieren, ohne das Gegenüber vor den Kopf zu stoßen? Und wie kann man den Finger auf wunde Punkte legen und dennoch konstruktiv bleiben?

Vielleicht gelingt es uns, Antworten darauf zu finden, indem wir schlicht und einfach eine neue öffentliche Debattenkultur anstreben: in den Sozialen Medien, in Zeitungen und Magazinen, auf

Podien und ganz besonders im Fernsehen. Die Schaffung einer Debattenkultur, die sich in erster Linie an den Fakten orientiert und die bewusst auf eine größere Diversität der Meinungen setzt, Nuancen fördert, Fragen und Momente des Zweifelns zulässt und daher schon bei der Wahl der Gesprächsteilnehmerinnen und -teilnehmer möglichst viele Perspektiven einbezieht, lohnt sich – gerade auch vor dem Hintergrund, dass der größte Feind jeglicher Ideologie die Perspektivenvielfalt ist. Darüber hinaus werden wir aber nicht darum herumkommen, Diskussionen über den Islam und seine politische Ideologie von Tabus und Moralisierung zu befreien. Dazu gehört insbesondere, dass man kritischen Stimmen genauso zuhört und sie ernstnimmt, wie den Stimmen, die „heikle" Punkte relativieren oder gar verteidigen. Dazu braucht es mehr Wissen, aber auch mehr Mut, sich mit klaren Worten gegen eine gängige und deshalb bequeme Meinung zu stellen, umso die größtmögliche Freiheit aller zu verwirklichen.

Anmerkungen

[1] Heute wird mit dem „Krieg gegen den Terror" in autoritär regierten Ländern auch das Vorgehen gegen Aktivistinnen, Oppositionelle und Regimekritiker legitimiert.
[2] Karima Bennoune, *Your Fatwa Does Not Apply Here, Untold Stories from the Fight against Muslim Fundamentalism* (New York: W.W. Norton & Company, 2013), S. 3.
[3] Bennoune, *Your Fatwa Does Not Apply Here*, S. 3.
[4] Die eidgenössische Volksinitiative *Ja zum Verhüllungsverbot* wurde mit 51,2 Prozent der Stimmen knapp angenommen.
[5] Der Nikab gehörte zur traditionellen Kleidung der Frauen in Najd, einer Region in der Mitte Saudi-Arabiens. In den übrigen Regionen des Königreichs war er hingegen unbekannt. Das änderte sich Ende der 1970er-Jahre: Damals wurde die arabische Welt durch die Islamische Revolution im Iran, die russische Invasion Afghanistans sowie die Besetzung Mekkas durch den salafistischen Prediger Juhayman al-Otaybi in ihren Grundfesten erschüttert. Zutiefst verunsichert, entschlossen sich die saudischen Machthaber, ihre eigene, an die Ideologie der islamistischen Muslimbrüder angelehnte und ultrakonservativen Version des Islams zu verbreiten, den Wahhabismus. Diese Zäsur wird „Sahwa" genannt, das religiöse Erwachen. Mit diesem neuen Religionsbranding sicherten sich die Saudis den Status als wahre Repräsentanten des Islams, was ihre Unterstützung Afghanistans und ihren Kampf gegen den iranischen Revolutionsführer Khomeini rechtfertigen sollte, der die Saudis als „Kumpanen des Westens" verspottete. Um das religiöse Erwachen für alle

sichtbar zu machen, setzten die saudischen Machthaber den Nikab als dessen Symbol ein; der Gesichtsschleier wurde zum politischen Werkzeug.

6   Die rechtskonservative Schweizerische Volkspartei, mit einem Wähleranteil von 24,1 Prozent ist die größte Partei der Schweiz und die politische Heimat der meisten Mitglieder des Egerkinger-Komitees.
7   Helene Aecherli, „Sind Burka und Nikab frauenfeindlich?": annabelle.ch/leben/politik/einordnung-sind-burka-und-nikab-frauenfeindlich/ [10. Februar 2021].
8   https://twitter.com/operationlibero/status/1362114843973722124, *Operation Libero* [17. Februar 2021].
9   https://twitter.com/AhmadMansour__/status/1359973567522361347, Ahmad Mansour [11. Februar 2021].
10 https://twitter.com/kelghazzali/status/1361585755123036160, Kacem El Ghazzali [16. Februar 2021].
11 Elham Manea, *Women and Sharia'a Law* (London, New York: I. B. Tauris, 2016), S. 11–35.
12 Mehr zur „Bürde des weißen Menschen" in Elham Manea, *Der alltägliche Islamismus. Terror beginnt, wo wir ihn zulassen* (München: Kösel, 2018), S. 20ff.
13 „Islamophob" wird oft benutzt, um kritische Diskussion im Keim zu ersticken. Auch diesem Begriff gilt es auf den Grund zu gehen: Geprägt hat ihn der französische Schriftsteller Alain Quellien zu Beginn des zwanzigsten Jahrhunderts. Er kritisierte die Haltung der französischen Kolonialverwalter gegenüber den Kulturen jener Länder, die ihnen unterstanden. Später wurde er vom amerikanisch-palästinensischen Literaturtheoretiker Edward Said verwendet, weil er sich über Kritik an seinem Buch *Orientalism* ärgerte, ein Werk der postkolonialistischen Studien. Zum Totschlagargument wurde der Begriff aber erst, als der britisch-pakistanische Gelehrte Tariq Modood Salman Rushdies *Satanische Verse* als islamophob brandmarkte. Seither wird „islamophob" im akademischen aber auch im öffentlichen Diskurs verwendet – oft gerade auch von Vertretern islamistischer Gruppierungen –, um legitime Kritik an der Religion sowie an Reformbestrebungen zu unterbinden. Siehe auch: https://www.annabelle./leben/kopftuch-ist-marketing-islamisten-47824/.
14 https://www.nzz.ch/meinung/das-burkaverbot-und-die-ins-gegenteil-verkehrten-anliegen-des-feminismus-ld.1601230?reduced=true.

Der Kampf ums kritische Denken. Islamisten und Regressive gegen die Aufklärung

Thomas Kessler

Am 11. September 2001 hat das islamistische Terrornetzwerk Al-Qaida sein Know-how in höchst präziser Kriegsführung gezeigt. Mit den Angriffen auf die Symbole ihres Hauptfeindes wurden aus militärischer Sicht alle Ziele erreicht: Al-Qaida hatte es geschafft, mithilfe eines hollywoodreif inszenierten Terrors circa 3.000 Menschen zu töten und über 6.000 zu verletzen, was der Terrororganisation globale Aufmerksamkeit für diese neue Form von Machtdemonstration einbrachte, die dazu diente, der ganzen freien Welt ihre Verletzlichkeit aufzuzeigen und sie dergestalt einzuschüchtern und zu demütigen. Kurzum: Al-Qaida war es gelungen, die freie Welt vor eine neue und schwierige Herausforderung zu stellen.

Der Propagandaeffekt blieb im ersten Moment noch überschaubar; abgesehen von kleinen Gruppen angeblich begeisterter Demonstrantinnen in Teheran und Palästina blieb der (medial inszenierte) Freudentaumel aus. Ferner berichteten Ortskundige und Korrespondenten, dass es unter den vielen arbeitslosen jungen Männern zwischen Marrakesch und Islamabad klammheimliche Schadenfreude gegeben haben soll. Damals hatte Al-Qaida rund 400 Anhänger, heute – zwanzig Jahre nach den Anschlägen und zehn Jahre nach der Tötung von Osama bin Laden – sind die islamistischen Netzwerke mit Zehntausenden von Kämpfern im Westen aktiv. Der Westen hat zwar vor und insbesondere nach 9/11 die Terrororganisationen bekämpft, aber nicht die Ideologie der Dschihadisten. Zudem sind die ökonomischen Strukturen hinter den Organisationen und die geschickte Bemäntelung des radikalen Machtanspruchs mit religiösen Inhalten bis heute nicht hinreichend durchschaut worden.

Die Folgen von 9/11

Nach zwanzig Jahren „Kampf gegen den Terror" sieht die Bilanz in den Ländern, in denen der Westen militärisch aktiv war beziehungsweise ist, nicht gut aus: Zum zwanzigsten Jahrestag von 9/11 wollen die USA und ihre westlichen Partner ihre Truppen aus Afghanistan zurückziehen. Schon die Ankündigung und die Truppenverkleinerungen führten zum Erstarken der Taliban, die, wie auch Al-Qaida sowie lokale Warlords und Drogenkartelle, nun noch blutiger um die Macht und gegen die geschwächte Regierung kämpfen als zuvor. Nicht besser sieht es in Libyen aus, einem nunmehr zerfallenen Staat. Der zweite Irakkrieg führte dazu, dass Islamisten Auftrieb erhielten und der IS im Jahr 2014 nach dem weitgehenden Rückzug der US-Truppen einen Teil des irakischen Staatsgebiets eroberte. Zudem wird der Irak von allen Seiten bedrängt, namentlich vom Iran und der Türkei. Selbst in Syrien haben die USA 2019 die mit ihnen verbündeten Kurden im Stich gelassen, kurz nachdem die Kurden unter großen Opfern – mit über 10.000 eigenen Gefallenen – den IS militärisch besiegt hatten. Auch hier bedeutete der Rückzug der US-Truppen, dass islamistischen Invasoren Räume geöffnet wurden.

So ist nach zwanzig Jahren Antiterrorkampf zu konstatieren, dass zwar die Strukturen von Al-Qaida und des IS weitgehend zerschlagen werden konnten, dass es aber mehrere, dezentral operierende Nachfolgeorganisationen gibt, die den Nahen und Mittleren Osten sowie Teile Nord-, Ost- und Westafrikas nach wie vor bedrohen und destabilisieren. Die fehlende Langzeitstrategie des Westens, die nicht nur den Beginn des Kriegs gegen den Terror in Afghanistan kennzeichnete, sondern auch den Krieg gegen den Irak und die Interventionen in Libyen und Syrien, ermöglichte es, dass ein Kalkül der Terroristen aufging, nämlich: Chaos in diesen Ländern zu stiften und dieses als Triebfeder für islamistische Propaganda zu nutzen.

Positiv fließt in die Bilanz ein, dass die Sicherheitsorgane in westlichen Staaten viele Terroranschläge vereiteln konnten. Es hätten noch mehr vermieden werden können; trotz allen

Verbesserungen sind Kooperationslücken und Bürokratie in der internationalen Zusammenarbeit noch immer die Hauptprobleme der polizeilichen Terrorbekämpfung. Eine noch engere und effizientere Zusammenarbeit in Europa und mit außereuropäischen Partnern ist unabdingbar. Eindeutig zu wenig setzen die freiheitlichen Rechtsstaaten des Westens jedoch der islamistischen Ideologie entgegen, insbesondere dann, wenn sie nicht an Gewalt orientiert ist.

Modernes 1954 – mittelalterliche Gegenwart

Von einer Rede, die der ägyptische Präsident Gamal Abdel Nasser im Jahr 1954 in Kairo hielt, existiert ein Filmmittschnitt, der aufzeigt, welchen Einfluss die Ideologie der Muslimbruderschaft damals in Ägypten hatte; interessant ist der Vergleich mit heute. Nasser berichtet von einem Treffen mit dem Führer der Muslimbruderschaft. Dieser habe gefordert, dass alle Frauen in der Öffentlichkeit ein Kopftuch tragen müssten. Auf diese Forderung reagierte das Publikum mit schallendem Gelächter. Jemand rief, wenn schon, dann solle der Muslimbruder doch selber ein Kopftuch tragen. Nasser ergänzte, dass diese abstruse Idee ein Rückfall ins Mittelalter wäre. Sichtlich erheitert fügte er hinzu, dass nicht einmal die Tochter des obersten Muslimbruders ein Kopftuch an der Universität für Medizin trage, wie solle er dann diesen Unfug für zehn Millionen Frauen anordnen?

Diese Sicht hielt sich in der muslimischen Welt bis in die 1970er-Jahre, moderne westliche Kleidung war für die meisten Frauen in der Öffentlichkeit, für Politikerinnen, Sekretärinnen, Schülerinnen, Studentinnen und Lehrerinnen in Kabul, Istanbul, Tunis, Algier, Teheran oder Kairo Standard. Heute dominiert das von Nasser als „mittelalterlich" bezeichnete Bild; in Bosnien erhalten Frauen Prämien, wenn sie das Kopftuch tragen. Die Renaissance dieser „mittelalterlichen" Praktik steht im Zusammenhang mit den Jugoslawienkriegen, nach denen zuerst Saudi-Arabien, dann die Golfstaaten und heute die Türkei in den Aufbau einer konservativen religiösen Infrastruktur in Bosnien investierten.

Mittlerweile hat sich auch das Straßenbild durch die zunehmende Verschleierungspraxis in westeuropäischen Städten geändert.

Die 1954 von der Muslimbruderschaft in Ägypten artikulierte Verschleierungsforderung ist immer noch das erste Anliegen des politischen Islams. Der Grund dafür liegt in der öffentlichen Symbolfunktion der Verschleierung, mit der die gesellschaftliche Wirkungsmacht des Islamismus für alle sichtbar gemacht wird. Darüber hinaus dient die Verschleierung dazu, die Positionierung der Frau als Untergeordnete im fundamentalistischen Sinn zu verdeutlichen.

Diese Strategie verfolgen nicht nur die Muslimbruderschaft, die heutzutage ihr Zentrum in Katar hat, sondern auch der Salafismus und Wahhabismus, die vor allem von Saudi-Arabien und den Emiraten ausgehend Verbreitung finden. Moderate und säkulare Muslime geraten aufgrund dieser Entwicklungen zunehmend in Bedrängnis, während die islamistischen Kräfte immer selbstbewusster und unverhohlener ihre Ziele verfolgen. Die islamistische Propaganda wird systematisch unterlegt mit neuen Kampfbegriffen und Opferkonstruktionen, die ihren Ausdruck in weitverbreiteten Slogans finden wie: „Wir müssen uns gegen die Islamophobie zur Wehr setzen", oder: „Die Muslime sind die Juden von heute."

Der Erfolg der islamistischen Propaganda lässt sich unter anderem daran ablesen, dass islamisierte Muslime nunmehr regelmäßig die Prinzipien des liberalen Rechtsstaats infrage stellen, zum Beispiel indem sie die Schulpflicht mit religiösen und kulturellen Begründungen für die eigenen Kinder aufzuweichen versuchen und Sonderregelungen einfordern. An einigen Schulen ist die Präsenz der Islamisten inzwischen so stark, dass die Lehrpersonen aus Selbstschutz den Schulstoff entsprechend vorzensieren. In der Schweiz sind es noch Einzelfälle, doch in den Banlieues Frankreichs ist Selbstzensur aus Angst bereits die Regel. Kritiker der antiaufklärerischen Ideologien wie Professor Klaus Kinzler in Grenoble müssen mit Bodyguards vor Attacken geschützt werden. Die islamistisch motivierte Ermordung von Samuel Paty, einem Geschichtslehrer, im Pariser Vorort Conflans-Sainte-Honorine im Oktober 2020 hat die Problematik ans Licht der Weltöffentlichkeit gebracht.

Angesichts der Angriffe gegen Bildung und kritisches Denken fragt sich der Philosoph Jean-Claude Pinson im *Lettre Internationale*, ob die Aufklärung inzwischen der Vergangenheit angehört und wir jene „Nachzügler" seien, zu denen sich Schriftsteller und Intellektuelle unterschiedlichster Epochen zählten, weil sie nicht engagiert genug am Weltgeschehen teilgenommen hatten. Pinson bringt den Verlust aufklärerischen Denkens so auf den Punkt: „Das Licht schwindet."[1]

Bei der Durchsetzung ihrer illiberalen und antiaufklärerischen Agenda stoßen die Islamisten auf irritierende Unterstützung aus linken, theologischen und wissenschaftlichen Kreisen. Diese haben sich so sehr dem identitätspolitischen Denken verschrieben, dass Kulturrelativismus für sie wichtiger ist als die Verteidigung der liberalen Grundlagen ihrer Gesellschaften. Sogar in staatlichen Funktionen, eigentlich zuständig für die Umsetzung des Ausländer- und Integrationsgesetzes, gibt es eine erstaunliche Ignoranz. So wurde der renommierte, in Berlin lebende arabisch-israelische Psychologe und Extremismusexperte Ahmad Mansour beispielsweise im Jahr 2017 bei einer Tagung der staatlichen Integrationsdelegierten in Zürich vom Gastgeber heftig angefeindet. Mansours Position für eine fordernde Integrationspolitik und konsequente Haltung gegen antiaufklärerische Fanatiker und Integrationsverweigerer wurde als rassistisch und panikschürend diffamiert – in der Schweiz gebe es keine islamistischen Parallelgesellschaften, so wurde ihm beschieden.

Beobachtungen an Kindergärten, Schulen, Berufsschulen und bei Sozialämtern zeigen sehr wohl, dass fundamentalistische und islamistische Tendenzen auch in der Schweiz seit einigen Jahren eine Realität sind. Immer häufiger sind Lehrerinnen mit Forderungen nach Sonderbehandlung und Privilegien konfrontiert, die mit der einfachen Aussage: „Ich bin Muslim" begründet werden. Inzwischen tragen schon in der Unterstufe Mädchen Kopftuch und „züchtige" Kleidung.

Radikalisierung und direkte Demokratie

Die direktdemokratische Diskussion über die Frage des Verhüllungsverbotes in der Schweiz wäre an sich eine Chance gewesen, reflektiert über Sinn und Unsinn eines Verbots der Gesichtsverhüllung in der Bundesverfassung zu debattieren. Anstelle einer solchen Debatte ging es schnell aber nur noch darum, die Initiatoren, das Egerkinger Komitee (ein Verein, der sich zum Ziel gesetzt hat, „die Islamisierung der Schweiz zu stoppen"), als bornierte Hinterwälder zu diskreditieren und – an Polemik und Dramatisierung kaum zu überbieten – eine Situation an die Wand zu malen, nach der die Verfolgung von Muslimen im Stil des Nationalsozialismus bevorstehe. Der Lausanner Politiker T. Djamel E. Medjitna (Grüne) twitterte: „Heute Verbot von Burkas, morgen Bücherverbrennung und Kristallnacht in unseren Straßen." Der Co-Präsident der Operation Libero, Stefan Manser-Egli, behauptete, eine etwas milder Variante des Vergleichs bemühend, dass „die Salafisten" heute wie die Juden im 19. Jahrhundert diskriminiert würden.[2]

Bekanntlich hat diese Argumentation nicht überzeugt, sogar (mir bekannte) linke Lehrerinnen haben das Verbot befürwortet. Gemäß Analysen haben 25 Prozent der Wählerinnen und Wähler, die der Sozialdemokratischen Partei (SP) nahestehen, ebenfalls zugestimmt; im Kanton Jura, der die politisch am stärksten nach links tendierenden Gemeinden des Landes umfasst, lag die Zustimmung sogar bei über 60 Prozent. Ferner haben moderate und säkulare Muslime das Verbot befürwortet. Viele kennen die Symbolik und ihre Hintergründe aus eigener, schmerzlicher Erfahrung. Es hätte sich vor diesem Hintergrund also aus linker und liberaler Sicht gelohnt, die Debatte differenzierter und grundsätzlicher zu führen als mit unhaltbaren und geschichtsvergessenen Vergleichen.

Der Kanton Jura hat nicht nur eine anarchistische Tradition, er liegt wie eine Halbinsel im benachbarten Frankreich, nahe den Städten Belfort und Montbéliard, mit ihren notorischen Problemen mit Salafisten in den Vororten. Dort werden die Kinder von Polizisten gemobbt und Säkulare systematisch ausgegrenzt. In Lyon hat aufgrund des Dauermobbings durch islamistisch sozialisierte

Kinder das letzte jüdische Kind die öffentlichen Schulen verlassen. In der Schweiz gibt es bisher keine solchen Exzesse, Lehrkräfte berichten jedoch auch hier zunehmend davon, dass islamistisch sozialisierte Schüler ganz unverhohlen Judenhass und Homophobie zum Ausdruck bringen. Die entsprechend sensibilisierten welschen Kantone, traditionell weltoffen, haben am 13. Juni 2021 das Bundesgesetz über polizeiliche Maßnahmen zur Bekämpfung von Terrorismus mit überdurchschnittlich großer Mehrheit angenommen; der ansonsten polizeikritische Jura (mit seiner rebellischen Unabhängigkeitsgeschichte) auch in diesem Fall mit über 60 Prozent.

Ismen und Phobien

Die faschistische Komponente des extremen politischen Islam ist den Menschen im hochpolitischen Kanton Jura und in den meisten anderen welschen Kantonen nicht entgangen. Die sechs Fragen zur Prüfung einer Ideologie sind dort in besonderem Maße präsent. Diese Fragen lauten: Wie hältst Du es: Erstens mit den Juden? Zweitens mit den Rechten der LGBTQ-Community? Drittens mit der Gleichberechtigung der Geschlechter? Viertens mit dem liberalen Rechtsstaat und seinem Gewaltmonopol? Fünftens mit der für alle geltenden Schulpflicht? Und sechstens mit der Religionskritik?

Die Islamisten fallen bei diesem Test in allen Punkten durch. Der bei konservativen Muslimen populäre ägyptische TV-Prediger Yusuf al-Qaradawi, Chefideologe der Muslimbruderschaft, plädiert dafür, Glaubensabtrünnige zu töten und Homosexuelle entweder umzubringen oder auszupeitschen. Zudem spricht er sich dafür aus, dass Frauen sich ihrem Mann unterwerfen. Gegenüber Juden bringt er einen exterminatorischen Antisemitismus zum Ausdruck, indem er sagt, dass die Nationalsozialisten sie dorthin geschickt hätten, wo sie hingehörten.

Wo die Islamisten die Macht haben, folgen den Predigten die Handlungen. Um nur einige Beispiele zu nennen: Homosexuelle werden exzessiv verfolgt, die Taliban hacken geschminkten Frauen die Finger ab, und die iranische Frauenrechtlerin Yasaman Aryani wurde zu einer sechzehnjährigen Gefängnisstrafe (inzwischen auf neun Jahre und sieben Monate reduziert) verurteilt, weil sie am internationalen Frauentag 2019 in der Teheraner U-Bahn ohne Kopftuch Blumen verteilte, um auf die Diskriminierung der Frauen aufmerksam zu machen. Irritiert haben im jüngsten Konflikt zwischen Gaza und Israel die bunten Regenbogen-Demonstrationen im Westen – pro Hamas, also eine Organisation unterstützend, die der Ideologie der Muslimbruderschaft folgend Homosexualität hart bestraft.

All diese von Islamisten begangenen offenkundigen Menschenrechtsverletzungen werden von den Anhängern des identitätspolitisch motivierten Kulturrelativismus ausgeblendet oder gar negiert. Anstatt sich mit diesen Menschenrechtsverletzungen auseinanderzusetzen, eröffnen sie eine Ausweichdebatte, die darin besteht, dass bereits der Verweis auf den Zusammenhang von Taten und Prägungen des Täters durch den (politischen) Islam als rassistisch eingestuft wird, und daher nicht mehr erfolgen soll. Dieses Verschweigen wird nicht nur in Bezug auf aktuelle Taten gefordert, sondern auch wenn es sich um Taten handelt, die in historischen Schriften Erwähnung finden. Stellvertretend für diesen Kulturrelativismus soll hier auf die Broschüre *Rassismus in Lehrmitteln* der Sozialarbeiterin Mandy Abou Shoak und der Organisationsberaterin für diversitätsorientierte Betriebskultur Rahel El-Maawi verwiesen werden. In dieser Broschüre fordern die beiden unter anderem, die historisch gut dokumentierten Berichte der Afrikaforscher des 19. Jahrhunderts so umzuschreiben, dass die brutalen Überfälle der arabischen Sklavenhändler, wie etwa 1871 in Njangwe mit 1.500 Opfern, in Schulbüchern nicht mehr erscheinen. Ihre Begründung: Solche Erwähnungen dienten nur dazu, von den Verbrechen der Weißen abzulenken und die Schuld für den Sklavenhandel auf die „arabischen Sklaven*jägerinnen" abzuschieben. Diese Schuldverlagerung sehen sie wiederum als ein Vorgehen an, das als „antimuslimischer Rassismus eingeordnet werden muss".[3] Dass es diesen Sklavenhandel über tausend Jahre hinweg gab (und in Mauretanien oder Libyen noch gibt), ist für sie kein Thema.

Dass „Ismen" (allen voran Rassismus) und „Phobien" (vor allem Islamophobie) die gewünschte kulturrelativistische Wirkung entfalten, zeigen auch die nachfolgenden Beispiele: Als am 12. Mai 2021 vor der Synagoge von Gelsenkirchen ein Mob junger Männer, türkische und palästinensische Flaggen schwingend, im Chor „Scheißjuden" brüllte, twitterte die Polizei, dass „anti-israelische Parolen" verwendet wurden. In Berlin verlangen Abgeordnete, dass das Phänomen der seit den 1980er-Jahren in Drogenhandel, Prostitution, Schutzgelderpressung, Raub, Einbrüche, Diebstahl, illegalem Glücksspiel und Sozialhilfe-Betrug tätigen arabischen Großfamilien nicht mehr als „Clan-Kriminalität" bezeichnet werden darf. Der implizite Hinweis auf die patriarchalisch-hierarchische Familienstruktur sei rassistisch, lautet die Begründung. Das Landeskriminalamt Berlin stellt hingegen „abgeschottete verwandtschaftliche Gemeinschaften" fest, die das in Deutschland vorherrschende Werte- und Normensystem ablehnten. Und es stellt fest, dass diese Gemeinschaften ganze Straßenzüge beherrschten, inklusive Paralleljustiz (von Ehrenmorden bis hin zur Blutrache).

All das hat zur Folge, dass man sich nicht mit diesen sehr realen Problemen, die das Ergebnis fehlender Integration sind, auseinandersetzt. Stattdessen betreiben immer mehr Institutionen, moralisch von den Kulturrelativierern unter Druck gesetzt, Begriffskosmetik, womit auch eine Umkehrung des Täter-Opfer-Schemas einhergeht. Nur: genau damit verhindert man, dass Lösungen für offen zutage liegende Probleme gefunden werden. Klarsicht mit Klartext ist der Weg, der Lösungen erst ermöglicht.

Integration konkret

Ich war von 1998 bis 2008 Leiter der kantonalen Integrations- und Antidiskriminierungsstelle des Kantons Basel-Stadt, von 2009 bis 2017 Leiter der Kantons- und Stadtentwicklung, dazugehörig die Fachstelle Diversität und Integration. In diesen Tätigkeiten habe ich hautnah erlebt, dass die islamistische Agitation eine große Herausforderung darstellt; sowohl für die Integration der Zuziehenden als auch für das gedeihliche Zusammenleben in unserer helvetischen Vielfalt. Schon in den 1990er-Jahren versuchten einige Exponenten der diversen islamistischen Szenen, für sich Sonderrechte an den Schulen zu erwirken. Der Unterricht in Erdkunde, Biologie, Deutsch und Geschichte sollte sich ihren fundamentalistischen Ansichten anpassen, und die Mädchen sollten von der Teilnahme am Schwimmunterricht entbunden werden.

Die Behörden reagierten mit einer klaren Haltung und der strikten Durchsetzung der Schulpflicht. Eingebettet in die Basler Integrationspolitik nach dem Prinzip „Fördern und Fordern, ab erstem Tag – verbindlich" wurde überdies das Schulgesetz so geändert, dass die Teilnahme an Elternabenden und anderen Veranstaltungen für Eltern nunmehr verpflichtend ist. Eltern mit B-Aufenthaltsausweis (Jahresaufenthaltserlaubnis), welche die Teilnahme verweigerten, wurden zur Teilnahme an Integrationskursen verpflichtet, die unter anderem die Rechte und Pflichten in einem liberalen Rechtsstaat zum Gegenstand haben. Ein besonderes Augenmerk wurde dabei auf die Themen Schulpflicht, das Gewaltmonopol des Staates und die Gleichstellung von Mann und Frau gerichtet.

Die Botschaft wurde verstanden, was daran ablesbar war, dass religiös begründete Sonderwünsche zur absoluten Seltenheit wurden. Insbesondere die vielen moderaten und säkularen Muslime sowie die Aleviten, Assyrer und Jesiden waren dankbar dafür, dass der liberale Rechtsstaat den Islamisten nicht entgegenkam, sondern auf der Einhaltung seiner Werte und Normen bestand. Das Standhalten des liberalen Rechtsstaats war gerade für die vorgenannten Gruppen auch deshalb bedeutsam, weil sie viele Menschen umfassen, die in den 1980er-Jahren vor Islamismus, Hetze und Fundamentalismus geflüchtet waren. Ganz anders hingegen reagierte ein christlicher Theologe auf die Basler Integrationspolitik. Er bezahlte die Geldstrafen für die Renitenten, weil er glaubte, ein angebliches Unrecht ausgleichen zu müssen. Die konsequente Herstellung von Chancengleichheit durch Bildung und Teilnahme am schulischen Sozialleben war in seiner identitären Logik falsch, die Sonderbehandlung für vormoderne, patriarchale Ansichten beziehungsweise für islamistische Ideologien erachtete er hingegen offenkundig als richtig.

Es zeigte sich, dass nicht zuerst die Migranten von den Errungenschaften der Aufklärung überzeugt werden mussten, die allermeisten sind ja gerade auch deswegen in die Schweiz gezogen. Wir stellten vielmehr bei einem Teil der Mehrheitsgesellschaft grundlegende Wissensdefizite fest. Wir erkannten, dass es einen „kulturellen Analphabetismus" gab, d.h. ein heikles Vakuum, das aus fehlenden Kenntnissen über die eigene Herkunft, Geschichte und Kultur resultiert und das zu Verirrung und Verwirrung führt. Wir starteten deshalb die Öffentlichkeitskampagne „Tatsachen gegen Vorurteile", mit Plakaten und Texten zur Frage: „Die Muslime feiern den Freitag, die Juden den Schabbat, und was machen Sie so am Sonntag?" Die Kampagne war erfolgreich, was sich daran zeigte, dass das Integrationsgesetz mit erhöhten Verbindlichkeiten und kostenlosen Deutschkursen im ersten Aufenthaltsjahr in einer Referendumsabstimmung mit über 60 Prozent Zustimmung angenommen wurde.

Diese proaktive Politik hat namentlich im Schul- und Sozialwesen Erfolge gebracht und zu einer konstruktiven Grundstimmung beigetragen. Sie konnte jedoch nicht verhindern, dass einzelne Prediger trotzdem in salafistischer Lesart Texte aus vormoderner Zeit unreflektiert rezitierten, voll von Intoleranz gegenüber Andersgläubigen und mit einem Herrschaftsanspruch der Männer über Frauen versehen. Im Umkreis der Aktion „Lies!" sind dschihadistisches Gedankengut und subtile Werbung für den „brüderlichen" Kriegseinsatz in Syrien verbreitet worden. Auch der selbsternannte Islamische Zentralrat Schweiz, geführt von schrillen Konvertiten, war in den 2010er-Jahren mit einzelnen Aktivisten in der Region präsent. Über Heiraten und Familiennachzug sind vollverschleierte Frauen, namentlich aus dem Balkan, zur Herausforderung für die Integrations-, Schul- und Familienbehörden geworden. Denn mit ihrer Vollverschleierung stehen sie außerhalb der Arbeitswelt, sind kaum zu integrieren und somit fern der „wirtschaftlichen Unabhängigkeit", wie es das Integrationsgesetz verlangt.

Was tun gegen Radikalisierung?

Der Regierungsrat beauftragte mich deshalb 2016, die Task Force Radikalisierung aufzubauen, mit Experten aus den Migrations-, Sicherheits-, Sozial-, Schul- und Familienbehörden, dem nationalen Nachrichtendienst und dem Nachbarkanton Basel-Landschaft sowie mit dem bikantonalen Delegierten für Religionsfragen. Wir richteten auch eine Anlaufstelle ein, bei der monatlich zwei bis vier Meldungen und Beratungsanfragen eingingen. Der Aufbau dieser Strukturen war wichtig, denn mit frühzeitigen Interventionen kann das Abdriften in die Radikalisierung noch verhindert werden, zum Beispiel bei Auszubildenden, die statt der Auseinandersetzung mit Berufsthemen nur noch Propagandavideos konsumieren.

Die Sichtung der Dossiers der damals etwa 150 bekannten Dschihadisten und aktiven Sympathisanten in der Schweiz hat gezeigt, dass die wenigsten aus Frömmigkeit, sondern häufig aus handfesten Eigeninteressen, narzisstischen Bedürfnissen und perversen Machtfantasien heraus sich dem Dschihadismus zuwandten. Die meisten waren bereits als Kleinkriminelle bekannt, mit Verurteilungen als Diebe, Drogenhändler und wegen illegaler Pornographie. Viele lebten von der Sozialhilfe oder der Invalidenversicherung. Die Abhörprotokolle deckten auf, wie sie sich Tipps für das Erschleichen einer Invalidenrente gaben. Die sogenannten „Bräute", die ihnen tatsächlich in den Krieg nach Syrien folgten, sind dort als besonders fanatisch aufgefallen. Die Grausamkeit „ihrer Gotteskrieger" schien sie eher zu faszinieren als zu stören, Solidarität mit den geraubten Jesidinnen gab es keine, deren Tortur als Sexsklavinnen und Zwangshaushälterinnen der Dschihadisten wurde von ihnen ausdrücklich gebilligt. In den kurdischen Gefangenenlagern in Nordostsyrien müssen die Wärterinnen immer wieder intervenieren, um Lynchjustiz der gefangenen Islamistinnen gegen angebliche Abweichlerinnen zu stoppen.

Die Mehrheitsgesellschaft muss Antworten auf die Herausforderungen durch islamistische Ideologien finden. Die wichtigsten Instrumente dazu sind ein erstklassiges Schulsystem mit Aufstiegschancen für alle, ein robuster Rechtsstaat und eine engagierte

Zivilgesellschaft. Um diese Instrumente erfolgreich einzusetzen, braucht es zuallererst den Willen, die Werte der Aufklärung, das Prinzip der gleichen Freiheit für alle und die Normen der Rechtsstaatlichkeit hochzuhalten und aktiv gegen Angriffe zu schützen. Resilienz und Agilität von Demokratien sind nicht gottgegeben. Sie müssen täglich gelebt und erstritten werden. Ferner müssen wir destruktive Ideologien erkennen können, da wir ihnen sonst nicht hinreichend etwas entgegenzusetzen haben. Und wir brauchen ein Verständnis dafür, dass wir nicht zufällig in einem liberal-demokratisch verfassten Staat leben. Denn wir tun dies nur, weil unsere Vorfahren ein Gemeinwesen hervorgebracht haben, das uns ein Leben in Freiheit, Gleichheit, Rechtsstaatlichkeit, aber auch Wohlstand und Sicherheit führen lässt. Und genau deshalb sind wir für Menschen aus über 160 Ländern ein attraktives Zielland.

Um den von islamistischen Ideologien ausgehenden Gefahren für die offene Gesellschaft wirkungsvoll zu begegnen sowie um Radikalisierungsprozesse zu vermeiden, ist es außerdem wichtig, die islamistische Infrastruktur verstärkt in den Blick zu nehmen. Diese Ideologie breitet sich noch zu oft unterhalb des öffentlichen Radars aus, vor allem mithilfe von islamistischen Organisations-, Wirtschafts- und Immobilienstrukturen. Diese Strukturen führen zur Etablierung von Parallelwelten, die einem geschlossenen System gleichkommen. Im Zentrum dieses Systems stehen „Multifunktionsgebäude", in denen typischerweise im Erdgeschoss Ladengeschäfte untergebracht sind. In den darüber liegenden Stockwerken befinden sich Koranschulen, Versammlungs- und Gebetsräume sowie Geldinstitute und Reisevermittlungen. Die dort vermittelte Ideologie dringt über Auffälligkeiten am Arbeitsplatz, in Kindergärten, Schulen oder in der Berufsausbildung nach außen. So glauben indoktrinierte Kinder an die harte Strafe Allahs und die Schuld der Juden am Elend der Welt. Der Schweizer Nationalrat Mustafa Atici, der sich besonders für die Förderung der Berufsausbildung engagiert, hat im Jahr 2020 von Berufsschülern die auf Indoktrination schließen lassende Antwort erhalten, dass die Lösung ihrer Ausbildungsprobleme nicht im Lernen liege, sondern im Auswendiglernen von Koransuren.

Für Pluralität und die liberale Demokratie einstehen

Der liberale Rechtsstaat muss sich eindeutig positionieren. Er darf keine naiven Kooperationen mit vermeintlich moderaten Organisationen eingehen, die sich zwar von Gewalt distanzieren, aber ebenfalls die Verbreitung und Durchsetzung islamistischer Ideologien anstreben, nur eben mit gewaltfreien – legalistischen – Mitteln. Die große Community der aus der Türkei geflüchteten Kurden, Aleviten und linken Demokraten hat die enge Kooperation der deutschen Behörden mit der türkischen Religionsbehörde Diyanet beziehungsweise DITIB und sich integrativ gebenden Kulturvereinen stets kritisiert. Als der damalige Präsident der Sozialdemokratischen Partei der Schweiz, Christian Levrat, solche Kooperationen zur Prävention gegen Radikalisierung forderte, wurde er intern von Experten über die Probleme, die daraus resultieren, aufgeklärt.

Wir sollten uns dessen bewusst sein, dass Integration das Gegenteil von Kulturrelativismus und Identitätspolitik ist. Denn Integration bedeutet die Akzeptanz unserer Verfassungswerte und zielt auf Teilhabe im Rahmen unserer Rechtsordnung ab. Die bestehenden Integrationsprogramme müssen entsprechend präzisiert und auf allen Stufen weiterentwickelt werden, insbesondere jene für fremdsprachige Kleinkinder und ihre Eltern. Die größte integrative Wirkung haben Spracherwerbskurse in Kindertagesstätten vor dem Eintritt in den Kindergarten, weil sie helfen, faire Startbedingungen beim Eintritt in die Schule herzustellen. Das Programm „Mit ausreichend Deutsch in den Kindergarten" hat in Basel gute Resultate gezeigt. Aktuell sind 41 Prozent der Dreijährigen wegen ungenügender Deutschkenntnisse zum Besuch obligatorischer Förderprogramme verpflichtet. Zur Herstellung von vollständiger Chancengleichheit reicht das Angebot stundenmäßig allerdings noch nicht aus. Der Ausbau des Angebots sollte angegangen werden, denn er lohnt sich mehrfach: sowohl für die Kinder, die bessere Teilhabechancen haben, als auch für die Gesellschaft, weil dann geringere Folgekosten für individuelle und gesellschaftliche Integrationsdefizite anfallen.

Aufklärung und Bildung erfordern eine tägliche Anstrengung. Demgegenüber mag Fanatismus und Sektiererei als Mittel zur Umgehung dieser Anstrengung auf manche attraktiv wirken. Da dieser Wettstreit bestehen bleiben wird, müssen wir uns gesellschaftlich in eine Position bringen, aus der heraus wir ihn auch in Zukunft gewinnen können. Dazu müssen wir uns diesem Wettstreit um Werte und Normen stellen und schnell auf neue Entwicklungen reagieren. Insbesondere müssen wir unsere Reaktionszeit an das hohe Tempo der globalen Kommunikation anpassen. Wir müssen Strategien parat haben, um unmittelbar reagieren zu können, sonst laufen wir der Verbreitung islamistischer Ideologien und ihren Auswirkungen auf das Denken und Handeln von Menschen hinterher. Dazu gehört auch, dass wir eng mit unseren Nachbarn zusammenarbeiten und islamistische Destabilisierungsversuche antizipieren, um adäquat auf sie reagieren zu können. Und vor allem müssen wir die beiden Bereiche Wertevermittlung und Radikalisierungsprävention ausbauen. Die spezifische staatliche Bekämpfung der gewaltfördernden Radikalisierung muss stets glaubwürdig eingebettet sein in das Empowerment für die gesamte demokratische Gemeinschaft. Die Anbindung an den freiheitlichen Rechtsstaat in einer pluralistischen Gesellschaft gelingt mit einem erstklassigen dualen Bildungssystem, in dem die Aufklärung gelebt, kritisches Denken gefördert und die Werte der liberalen Demokratie überzeugend vermittelt werden.

Anmerkungen

1 *Lettre Internationale* 131.
2 Lucien Scherrer, „Islamisten instrumentalisieren den Holocaust – mit Unterstützung von Wissenschaftlern", *NZZ*, 27. April 2021: https://www.nzz.ch/feuilleton/wenn-sich-antisemiten-als-neue-juden-inszenieren-waere-widerspruch-gefragt-stattdessen-erhalten-sie-unterstuetzung-von-wissenschaftern-ld.1604691?reduced=true
3 Siehe auch: www.condorcet.ch/rassismus

Wider den Verrat an der Freiheit, den Frauen und der Aufklärung.
Eine Philippika

Necla Kelek

Vertraue mehr auf einen Trick als auf deine militärischen Fähigkeiten. Lege mehr Wert darauf, umsichtig zu sein, als mutig im Kampf zu sein, denn Krieg ist eine Folge von Aktionen, die darauf abzielen, den Feind zu täuschen. Es wird sich wirklich als Krieg herausstellen, wenn man sich blind in Scharmützel stürzt, aber es wird für jeden, der umsichtig ist, nur eine vorbeiziehende Wolke sein.[1]

Aus dem Buch der List. Die politische Strategie der Araber.

Zwanzig Jahre nach dem 11. September 2001 befindet sich die westliche Welt in einem Identitätskrieg, den die Islamisten angezettelt haben und in dem viele westliche Intellektuelle den Universalismus der Menschenrechte und der Aufklärung verraten haben. Warum das so ist und welche Folgen das hat, darum geht es im Weiteren.

Die Kriegserklärung

Die Anschläge auf das World Trade Center und andere Einrichtungen in den USA am 11. September 2001 waren langfristig vorbereitet von einer weltweit agierenden Gruppe sunnitischer Islamisten, die durch die Terrorgruppe Al-Qaida rekrutiert und instruiert wurde. Die Anschläge waren sowohl eine Kriegserklärung gegen den verhassten Westen im Allgemeinen und gegen seine Führungsnation USA im Besonderen als auch ein Signal an die islamische Welt, in der seit 1979 das schiitische Mullah-Regime unter Ayatollah Khomeini die Führungsrolle beansprucht. Es ging den Terroristen um Osama bin Laden – wie allen Islamisten – um die Erlangung von staatlicher Macht in einem islamischen Land. In diesem Fall in Afghanistan, in dem bis dahin die USA die Taliban unterstützten. Überdies ging es ihnen langfristig auch um die Bildung eines islamischen Machtblocks, um die westlich-amerikanische Allianz aus dem Orient zu vertreiben sowie Israel und Europa zu erobern.

Der von den militanten Islamisten mit den Anschlägen erklärte Krieg wurde zunächst von der US-Regierung unter George Bush angenommen. Er wird seit nunmehr zwanzig Jahren von der alliierten Allianz der Willigen, d.h. den Nato-Staaten, an vielen Fronten gegen einen zum Teil unsichtbaren Feind geführt. Am einfachsten zu überblicken sind noch die in der Folge der Anschläge offen geführten militärischen Auseinandersetzungen zwischen der westlichen Allianz und den verschiedenen islamistischen Gruppierungen (allen voran Al-Qaida, den Taliban, dem Islamischen Staat und Boko Haram) in Afghanistan, dem Irak, in Syrien und in verschiedenen afrikanischen Staaten.

Insbesondere der 2003 von der westlichen Allianz gegen das Saddam-Regime geführte zweite Irakkrieg destabilisierte eine ganze Region und forderte zehntausende Opfer. Die USA beseitigten zwar das Saddam-Regime, sie ließen aber ein Land zurück, das seitdem zwischen den Interessen der vom Iran unterstützten Schiiten, den Sunniten und der kurdischen Volksgruppe zerrieben wird.

Der 2011 im Zuge des Arabischen Frühlings begonnene und dann von Islamisten dominierte Mehrfronten-Bürgerkrieg in Syrien löste die größte Flüchtlingswelle der jüngeren Geschichte im Nahen und Mittleren Osten aus. Vor allem in den Jahren 2015 und 2016 erreichte die Flüchtlingswelle auch Europa, wo sie die größten politischen Verwerfungen seit dem Fall des Eisernen Vorhangs mit sich brachte.

Das vorrangige Ziel der Dschihadisten war die Etablierung eines islamischen Kalifats, was ihnen von 2011 bis Juni 2014 unter Abu Bakr al-Baghdadi mit der Bezeichnung „Islamischer Staat im Irak und in Syrien (ISIS)" auch gelang. Dem „Islamischen Staat" standen in diesem religiösen Stellvertreterkrieg, die syrische Armee des Assad-Regimes, die kurdischen Separatisten und unterschiedliche Kriegsparteien unterstützend, unter anderem die USA, Russland, die Türkei und der Iran gegenüber, die jeweils ihre eigenen Interessen verfolgten. Nach der Schlacht von Baghuz (im syrisch-irakischen Grenzgebiet) und der von einem US-Militärkommando durchgeführten Liquidation al-Bagdadis im Jahr 2019 gilt der IS militärisch als besiegt. Seine Kämpfer – unter ihnen viele Männer und Frauen aus Europa, allein über 1000 aus Deutschland – sind entweder in den von Kurden errichteten Lagern gefangen, verstecken sich in den Wüsten Syriens oder sind nach Europa zurückgekehrt.

Der islamistisch motivierte Krieg erreichte auch Europa, und das nicht nur wegen der Rückkehrer, sondern auch, weil Dschihadisten nach Europa geschickt wurden, um Anschläge zu verüben beziehungsweise weil „einheimische" Dschihadisten Europa als Anschlagsziel auserkoren hatten. Allen zwischen 2015 und 2020 verübten Islamisten in Europa über 30 Anschläge mit über 200 Toten und fast 1000 verletzten Menschen. In Afrika kamen allein im Jahr 2020 Hunderte von Menschen bei islamistischen Anschlägen ums Leben.

Geht es um die Frage, wer ursächlich für dschihadistische Gewalttaten verantwortlich ist, vertritt vor allem das diskursmächtige Milieu der deutschen Intellektuellen eine Exkulpationshaltung gegenüber den Dschihadisten. So erläuterte beispielsweise der Islamwissenschaftler Stefan Weidner in einem „politischen Feuilleton" des Deutschlandfunks unter dem Titel *Der Westen hat versagt* seine Sicht mit den Worten:

> Der Krieg gegen den Terror führte nicht zu mehr Sicherheit, sondern zu mehr Instabilität im Nahen Osten, zur Entstehung des „Islamischen Staates" und einer neuen Welle des Dschihadismus [...]. Die Anschläge von New York und Washington machten den Weg frei für alle, die immer schon Panik vor dem Islam schüren wollten. Ein neuer, nun vor allem gegen Muslime gerichteter Antisemitismus (!) wurde zu einer weithin salonfähigen Haltung.[2]

Diese Haltung und die Umkehr von Ursache und Wirkung wird keinesfalls nur von Weidner vertreten. Die Schuldumkehr – der islamistische Terror ist eine Folge der imperialistischen Politik der USA und die Muslime sind Opfer von Diskriminierung – ist ein wiederkehrendes Narrativ linker, aber inzwischen auch bürgerlicher Politik bis hin zur CDU-geführten Bundesregierung.[3] Weidner setzt der Sache aber noch eine bizarre Krone auf, indem er ausführt: „„Aus dem vermeintlichen Krieg gegen den Terror wurde eine aktive, oft bewusst in Kauf genommene Missachtung unserer Überlebensgrundlagen: ein Krieg gegen uns alle." Anders gesagt: Der Krieg gegen den Terror hätte nicht nur den IS hervorgebracht, sondern durch die Bindung oder Fehlleitung der materiellen und politischen Ressourcen auch eine aktive Umweltpolitik verhindert Darauf muss man erst mal kommen.

Der Islam als Ideologie

Kritik am Islam, selbst am Islamismus, wird nicht nur von orthodoxen Muslimen, sondern besonders von sich als offen oder liberal bezeichnenden Protagonisten, vor allem aus dem universitären und medialen Umfeld, als Panikmache oder Islamophobie – ein von Islamisten im Westen etabliertes Schimpfwort – diskreditiert und delegitimiert. Dieses Vorgehen hat inzwischen unter westlichen Intellektuellen pandemischen Charakter.

Der politische Islam, hier von mir auch als Islamismus bezeichnet, ist eine politische Ideologie. Der Kern dieser Ideologie ist – verbrämt als religiöse Offenbarung – ein utopischer Gesellschafts- und Staatsentwurf, der sich auf den Koran und die Prophetenüberlieferungen stützt.[4] Das Leitbild ist der idealisierte islamische Staat, wie er unter der Führung des Propheten Mohammed im frühen siebten Jahrhundert existiert haben soll. In diesem Kalifat soll das islamische Recht, die Scharia, gelten, womit eine Unterteilung der Welt in Gläubige und Ungläubige einhergeht und in der Frauen der Besitz ihrer Männer sind. Im Kalifat gibt es keine Trennung von Staat und Religion. Einzige Richtschnur sind die autoritativen Gesetze des Islams. In dieser gänzlich bipolaren Sicht auf die Welt und auf die Religion ist auch das Problem der islamischen Gemeinschaft, der Rechtsschulen bis hin zu den Moscheevereinen begründet, was auch die Abgrenzung zwischen dem Islamismus in seinen unterschiedlichen Ausprägungen wie dem Dschihadismus, Salafismus, Wahhabismus und Shia-Islam und einem spirituell gelebten Islam so schwierig macht.

Solange sich die Muslime, die einen spirituellen Islam praktizieren, nicht zur Säkularität, der Trennung von Staat und Religion, von Politik und Glauben bekennen und in ihren patriarchalen Familienstrukturen die Unterdrückung der Frau weiter praktizieren, sind sie entweder faktisch Geiseln der Islamisten oder ihre Unterstützer. Dass die muslimische Umma – von der Ulema, den Rechtsgelehrten, bis zu den Imamen in den Moscheen – Probleme hat oder nicht willens ist, liberal-demokratische Gesellschaftsordnungen zu verteidigen, hat sich in den letzten Jahren gezeigt. Das westliche Modell der offenen Gesellschaft hat den Aktivitäten der Islamisten nämlich kaum oder gar keinen Widerstand entgegengesetzt. Eine innerislamische Debatte, gar eine Ächtung von Gewalt, findet nicht statt. Zu viele Muslime äußern sich öffentlich nur, wenn sie sich diskriminiert fühlen. So gehen sie zum Beispiel gegen die Beleidigung des Propheten auf die Straße, aber nicht für die Opfer des Dschihadismus. Solange sich in den muslimischen Communities in Europa nicht eine Loyalität gegenüber dem säkularen Staat und seiner Verfassung entwickelt, ist der spirituelle Islam vom politischen Islam, sprich vom Islamismus, schwer zu trennen. Anders gesagt: Solange die Trennung von Spiritualität und Politik nicht erfolgt, sind Islam und Islamismus zwei Seiten einer Medaille.

Der von den Islamisten als Dschihad (heiliger Krieg) bezeichnete Feldzug gegen den Westen wird mittlerweile auch im Westen geführt. Zum einen mit terroristischen Methoden, was die regelmäßigen Anschläge verdeutlichen. Zum anderen, und das ist sogar die Hauptstrategie, wird der Krieg mit psychologischen, ideologischen und legalistischen Mitteln geführt, um das Denken der Muslime und Nichtmuslime im Westen im islamistischen Sinne zu verändern. Muslime betreffend gehört zu diesen Mitteln, diese an ihre Pflichten gegenüber Allah sowie an die Einheit der Umma zu erinnern. In Bezug auf die Mehrheitsgesellschaft lautet das Ziel der Islamisten: wo immer möglich staatliche Macht zu erringen beziehungsweise Einfluss auf staatliches Handeln, zumindest aber Duldung, zu erreichen. Die Hauptstrategie zur Zielerreichung lautet: den Westen mit den eigenen Mitteln zu schlagen. Dazu gehört in erster Linie die Geltendmachung des Menschen- beziehungsweise Grundrechts auf Religionsfreiheit. Mit dessen Hilfe soll die islamistische Agenda vorangetrieben werden. Diese Strategie ist – auch im Jahr 2021 – noch erfolgversprechend.

Die Renaissance der islamischen Identität

Dem 11. September kommt hinsichtlich der Renaissance einer islamischen Identität eine bedeutende Rolle zu. Der Grund dafür ist, dass die Anschläge zeigten, dass der Westen verletzlich ist und es nur einer kleinen Schar von gewaltbereiten und den Tod nicht fürchtenden Gotteskriegern bedarf, um die stärkste Macht der Welt im Kern zu erschüttern. Dies schuf bei den „verlorenen Söhnen" der muslimischen Gemeinschaft nachhaltig die Vorstellung, dass sie auf Dauer nicht das Opfer einer kolonialen oder westlichen Politik sein müssen und dass sie sich im Westen nicht anpassen, sprich integrieren, gar assimilieren müssen, um stolz und erfolgreich zu sein. Erfolg und Stolz sind nunmehr für sie auch dadurch zu erwerben, dass sie ein „bewusster" und damit ein „guter" Muslim sind.

Die Anschläge vom 11. September beförderten in der islamischen Welt das Gefühl einer neuen siegreichen Identität und erlöste Muslime vom Trauma, einer Religion der Verlierer und Opfer anzugehören, deren Zivilisation vom Westen marginalisiert und kolonialisiert wurde. Dieses Trauma hat seinen Ursprung in der Niederlage der muslimischen Ägypter gegen Napoleon 1798 in Alexandria. Intensiviert wurde dieses Trauma durch den Untergang des Osmanischen Reichs und damit auch des Kalifats infolge des Ersten Weltkriegs. Auch das Entstehen von mehr oder weniger postkolonialen säkularen Regimen wie zum Beispiel in Syrien unter der herrschenden Assad-Familie, im Irak unter Saddam Hussein oder in Ägypten mit Anwar as-Sadat konnte die tiefgreifenden wirtschaftlichen und sozialen Krisen in den muslimisch geprägten Ländern nicht beheben. Keines dieser Länder schaffte es, seiner Jugend eine Perspektive zu bieten. Selbst die Türkei musste Arbeitskräfte nach Europa schicken, um mit deren Überweisungen die eigene Bevölkerung vor der Verarmung zu bewahren. All das beförderte das Gefühl, nur dann erfolgreich sein zu können, wenn man sich an die westlichen Normen und Werte anpasst.

Dieses Gefühl wurde mit der durch den 11. September maßgeblich beförderten Renaissance der islamischen Identität obsolet, weil in der islamischen Welt die Verhältnisse nunmehr wieder eindeutig waren: Die Welt bestand wieder aus Gläubigen und Ungläubigen sowie aus Verbotenem und Erlaubtem. Diese Form der islamischen Identität geht mit einem bipolaren Weltbild einher, wobei das Motto „Wir gegen die Anderen" nicht nur im Verhältnis von Muslimen und Nichtmuslimen, sondern auch für Muslime untereinander gilt. Die Einteilung in „Wir" und die „Anderen" erfolgt im muslimischen Binnenverhältnis aufgrund des „korrekten" muslimischen Lebenswandels. „Wir", also die „guten Gläubigen", sind diejenigen mit „korrektem" muslimischen Lebenswandel, „die Anderen" sind die Muslime, deren Lebenswandel als „inkorrekt" bewertet wird.

All das blieb nicht folgenlos für die Integration der Muslime in die deutsche Gesellschaft. Zum einen wurden sie nun nicht mehr in erster Linie als Türken, Marokkaner oder Araber, sondern als Muslime gesehen. Zum anderen sahen sich viele nun selbst zuvörderst als Muslime und richteten sich in einer neuen muslimischen Identität ein: die einen als Opfer, die anderen als Kämpfer, beide aber als Gruppe, die Minderheitenschutz für sich beansprucht. Der Terror des 11. September markiert also einen Wendepunkt in der Befindlichkeit von Muslimen. Man kann auch sagen: Mit 9/11 war das Märchen der erfolgreichen Integration am Ende, bevor es richtig begonnen hatte.

Besonders eindrücklich führte die Folgen des wieder erstarkten muslimisch-arabisch-türkische Selbstbewusstseins und die damit einhergehende Absage an die Integration ein knappes Jahrzehnt später der damalige türkische Ministerpräsident (und heutige Präsident) Recep Tayyip Erdoğan vor Augen. In einer Rede am 17. Mai 2010 in Köln vor „seinen türkischen Schwestern und Brüdern" formulierte er seine Vision einer muslimisch-türkischen Identitätspolitik, die auch beinhaltete, dass die „türkische Gemeinschaft mit ihren drei Millionen Menschen in der Lage sein [soll], in der deutschen politischen Landschaft einen Einfluss auszuüben, Wirkungen zu erzielen."[5] Erdoğan fuhr mit diesen rhetorischen

Fragen, die die türkische Gemeinschaft in die „richtige", also seine Richtung, lenken sollte, fort:

> Warum sollten wir nicht in Deutschland, in den Niederlanden, in Belgien, in den anderen Ländern Europas auch Bürgermeister haben? Warum sollten wir keine Vertreter und Gruppen in den politischen Parteien haben? Warum sollten wir in dem deutschen Parlament, in dem EU-Parlament nicht noch mehr Vertreter haben? Warum sollten unsere Ansichten bei der Formulierung der Sozialpolitik der Länder, in denen wir leben, nicht zur Kenntnis genommen werden?

Er sprach nicht den Bürger und die Bürgerin an, sondern adressierte mit dem „Wir" die Türken als Gemeinschaft, die „unsere", also seine Vorstellung von einem islamistisch-nationalistischen Kollektiv zum Ausdruck bringen sollten. Dass es ihm dabei um Abgrenzung ging, kam im zentralen Satz seiner Rede zum Ausdruck. Dieser Satz lautete: „Assimilation ist ein Verbrechen gegen die Menschlichkeit". Das heißt nichts anderes als die Aufforderung an „seine Landsleute": Wo Du auch bist, bleibe Türke, bleibe Muslim, bewahre deine Identität! Zudem versicherte er, dass die Türkei die türkische Diaspora bei der Identitätsbewahrung unterstützen werde, indem er sagte „Seien Sie versichert, dass Ihre Angelegenheiten auch unsere Angelegenheiten sind." Die Bundesregierung hätte diese Ansage als Einmischung in innere Angelegenheiten Deutschlands werten können.

Reaktionen der Politik auf die Renaissance der islamischen Identität

Wie reagierte nun die deutsche Politik auf die Anschläge vom 11. September? Wie in vielen anderen Staaten schockierten und erschütterten die Anschläge die deutsche Politik und Gesellschaft. Und wie in anderen Ländern reagierte die deutsche Regierung schnell und brachte neue Sicherheitsgesetze auf den Weg. Ferner war mit einem Schlag ein bis dato vernachlässigtes Thema ganz oben auf der Tagesordnung, nämlich die Frage: Wie gehen wir mit dem Islam um? Und damit gekoppelt: Wie integrieren wir Muslime?

Im Zuge der Suche nach Antworten auf diese Fragen wurde Samuel P. Huntingtons These vom Zusammenprall der Zivilisationen ebenso diskutiert wie Bassam Tibis Thesen zum Euroislam und zur Leitkultur. Tibi, ein leidenschaftlicher Demokrat und Europäer syrischer Herkunft, hatte bereits 1996 den Begriff der Leitkultur in die Debatte eingebracht und war an der universitären Ignoranz deutscher Intellektueller gescheitert. „Eigentlich bedeutet Leitkultur", so Tibi, „nichts anderes als eine Hausordnung für Menschen aus verschiedenen Kulturen in einem werteorientierten Gemeinwesen". Allein der Begriff der Leitkultur reichte für viele Intellektuelle aus, um seinen Inhalt zu verwerfen, wie die seit den frühen 2000er-Jahren immer wieder aufkommenden Leitkulturdebatten zeigen.

Dass es erhebliche Integrationsdefizite gab, die Leitkulturfragen berührten, habe ich in den 1990er- und frühen 2000er-Jahren im Rahmen meines Studiums und meiner Promotion im Fach Soziologie durch die Durchführung einer Reihe von Forschungsvorhaben herausgearbeitet. So habe ich mich unter anderem ausführlich mit der schulischen Sozialisation von muslimischen Kindern in Deutschland beschäftigt. Ferner habe ich als Teil eines größeren Projekts vor allem in Moscheen viele türkischstämmige Frauen befragt, die im Rahmen der Familienzusammenführung nach Deutschland gekommen waren und sich selbst als „ithal gelin", also Importbräute, bezeichneten. Schließlich hatte ich Gelegenheit, qualitative Tiefeninterviews mit türkisch- und kurdischstämmigen Gefangenen in Justizvollzugsanstalten zu führen.

Fast zeitgleich mit dem Erscheinen meines ersten Buches *Die fremde Braut* wurde am 7. Februar 2005 Hatun Sürücü, eine kurdischstämmige, alleinerziehende Mutter, vor ihrer Wohnung in Berlin-Kreuzberg von ihrem jüngeren Bruder mit drei Schüssen in den Kopf hingerichtet. Der Täter begründete seine Tat damit, dass sie leben wollte „wie eine Deutsche". Dieser sogenannte „Ehrenmord" und mein Buch über „Importbräute" aus der Türkei, das auch den Zwang zur Ehe in muslimischen Gesellschaften thematisierte, erregten große mediale, aber auch politische Aufmerksamkeit, unter anderem ablesbar daran, dass der damals amtierende

Bundesinnenminister Otto Schily (SPD) die Präsentation meines Buches im vollbesetzten Willy-Brandt-Haus übernahm. In den Medien und in der Politik war zu dieser Zeit zunehmend von gescheiterter Integration die Rede, Die Beispiele von Missständen, über die berichtet wurde, häuften sich, darunter Berichte von türkischstämmigen Frauen wie Inci S., Seyran Ateş, Serap Cileli und Fatma Bläser, die, wie ich, die miserable Lage der Frauen in muslimischen Familien aufzeigten. Präsent war damals auch noch die Debatte um das Kopftuch im Schuldienst, die 1998 damit begann, dass die baden-württembergischen Kultusbehörden Fereshta Ludin die Übernahme in den Schuldienst verweigerten, weil sie das Kopftuch in der Schule nicht abnehmen wollte. Im Umfeld des ersten „Kopftuchurteils" des Bundesverfassungsgerichts im Herbst 2003 war die Debatte noch einmal intensiviert worden.

Wenngleich die Kultur- und Moscheevereine leugneten, dass es von muslimischer Seite verursachte Problem hinsichtlich der Integration gab, sorgten die erdrückenden Realitäten dafür, dass der Islam und die Integration von Muslimen zu Topthemen avancierten, die von den Parteien nicht länger ignoriert werden konnten.

Eine gewichtige Rolle kam ab 2005 der CDU zu, die im Herbst die vorgezogene Bundestagswahl gewonnen hatte. Neben der Aufwertung der Stelle des bis dato beim Bundesfamilienministerium angesiedelten Ausländerbeauftragten zum Beauftragten für Migration, Flüchtlinge und Integration im Rang eines Staatsministers der Bundeskanzlerin versuchte die neu gewählte Bundesregierung, die diagnostizierten Integrationsprobleme mithilfe von Dialogformaten anzugehen. Daher richtete das Kanzleramt im Juli 2006 den ersten Integrationsgipfel aus, der Regierungsvertreter, Migrantenverbände und andere für die Integration relevante Verbände zusammenbrachte und dessen Ergebnis die Erstellung des ersten „Nationalen Integrationsplans" war. Das zweite Dialogforum, das im September 2006 eingerichtet wurde, war die Deutsche Islamkonferenz, deren Ziel es war, spezifische muslimische Integrationsfragen zu behandeln und auf diese Weise auch auf das Problemfeld Islam einzugehen.

In seiner Eröffnungsrede zur ersten Islamkonferenz wählte der damalige Bundesinnenminister Wolfgang Schäuble Worte, mit denen er einerseits die Dringlichkeit der Integration zum Ausdruck brachte und andererseits Muslimen signalisieren wollte, dass sie dazugehören. Er sagte: „Der Islam ist Teil Deutschlands und Europas. Der Islam ist Teil unserer Gegenwart und unserer Zukunft." Aus diesem Worten tritt ein zentraler Denkfehler hervor, denn sie zeigen an, wohin die Reise geht: Nicht der Bürger muslimischen Glaubens, sondern „der Islam" soll zu Deutschland gehören; nicht Tayfun oder Türkan, sondern „die Türken" sollen integriert werden. Hinzu kommt, dass der Ansatz der Regierung – nämlich Integration nicht als Förderung eines Miteinanders von Bürgern zu verstehen, sondern als Mittel der Interessenbefriedigung von religiösen, ethnischen und sozialen Gruppen, die spezifische Rechte einfordern – nicht geeignet war, Integration im eigentlichen Sinne zu fördern, dafür umso mehr den Interessen der Islamverbände entgegenkam.

Die Islamkonferenz verfolgte aber auch eine eigentlich kluge Idee, die darin bestand, säkulare und organisierte (konservative) Muslime an einen Tisch zu bringen, um sie mit- und untereinander sowie mit Regierungsvertretern ins Gespräch zu bringen. Wie gesagt: eine eigentlich kluge Idee, die bereits Napoleon hatte, der den großen „San Hedrin" einberief und dort Treue zum Code civil [französisches Zivilrecht] verlangte. Die Absicht, mit einer großen Bandbreite an Muslimen (von säkularen bis konservativen Gläubigen) gemeinsam über die Akzeptanz der Verfassung und die Einbindung in Integrationsprozesse zu diskutieren, erschien hoffnungsvoll. Die Sache scheiterte, weil es in den ersten drei Jahren selbst der geballten staatlichen Autorität nur unter Druck gelang, die Islamverbände dazu zu bewegen, das Grundgesetz anzuerkennen. Dass Schäuble dies als Erfolg bezeichnen konnte, bleibt mir bis heute ein Rätsel.

Heute weiß ich, dass weder die Vertreter der muslimischen Organisationen noch die verantwortlichen Parteien (auch nicht die Parteien der Opposition) die Integration von Muslimen anstrebten. Merkel ging es um Schadensbegrenzung, den Muslimverbänden um die Durchsetzung ihrer Gruppenrechte und die Anerkennung ihrer islamischen Lebensart. Die politische Exekutive wollte mit den ungeeigneten Mitteln des Staatskirchenrechts ein Problem lösen, das es so vorher gar nicht gab. Es ging nicht mehr um einen Diskurs, den die Muslime untereinander zum Beispiel unter universitärer Begleitung auf politischer oder theologischer Ebene um Säkularität, Loyalität, Grundrechte hätten führen sollen, sondern um die Anerkennung von Gruppenrechten. Im Ergebnis leistete und leistet die Deutsche Islamkonferenz deshalb einer muslimischen Identitätspolitik Vorschub.

Die Verbände wollten und wollen keine Integration. Ihnen geht es einzig darum, die Anerkennung als Körperschaften des öffentlichen Rechts zu erreichen und die Deutungshoheit darüber zu gewinnen, wie der Islam in Deutschland zu leben ist. Um diese Agenda ungestört von kritischen Stimmen aus der muslimischen Community vorantreiben zu können, stellten sie den Staat nach der Bundestagswahl 2009 de facto vor die Alternative: Entweder findet die Deutsche Islamkonferenz in der nächsten Legislaturperiode ohne Säkulare statt, oder sie findet gar nicht statt. Die Regierung wollte im Gespräch mit den organisierten Verbänden bleiben, entschied sich deshalb, dem Druck der Verbände nachzugeben, und lud in der Folge die Säkularen, also die kritischen Stimmen, aus. Die Entscheidung der Regierung, auf die kritischen und liberalen Stimmen zu verzichten, war das Ende des Versuchs, gemeinsam mit den muslimischen Verbänden Politik zu gestalten und so etwas wie eine Wertegemeinschaft anzustreben.

Im Gegensatz zur Regierung denken die muslimischen Verbände gar nicht daran, Kompromisse zu schließen. Auf die Belange der Regierung lassen sie sich nur ein, wenn es nicht vermeidbar ist, wobei dieses Sich-Einlassen dann auf der symbolischen Ebene erfolgt – beispielsweise, als in den 2010er-Jahren militante Islamisten zu einer wachsenden Bedrohung für die innere Sicherheit wurden. Die Verbände ließen sich zwar auf Sicherheitsgespräche mit der Regierung ein, doch ging es ihnen in erster Linie um Symbolpolitik. Die Islamverbände beklagten, dass Muslime unter Generalverdacht gestellt würden. Eine aktive Unterstützung der

Sicherheitsbehörden im Kampf gegen den Terrorismus – zum Beispiel durch offene Debatten in den Moscheen – wurde als Einmischung verworfen. Die Aufklärungsarbeit wird ausschließlich von den Sicherheitsbehörden geleistet.

Ein Beitrag zur Prävention gegen eine Radikalisierung sollte die Ausbildung von Imamen an deutschen Hochschulen sein. Sie soll den Import von Imamen zum Beispiel aus der Türkei überflüssig machen. Das war beziehungsweise ist blauäugig. Zwar finanziert die Bundesregierung seit dem Jahr 2020 die Imamausbildung in Deutschland; diese findet aber weiter nach den Vorgaben und unter Kontrolle der Islamverbände wie der Ditib außerhalb der Hochschule statt. Geeignete Institutionen wie das „Zentrum für islamische Theologie" an der Universität Münster unter der Leitung von Mouhanad Khorchide ließ man unberücksichtigt. Es wird auch zukünftig keine nach den Kriterien des deutschen Hochschulwesens ausgebildeten Imame geben – zum einen, weil es diese Ausbildung nicht gibt, und zum anderen, weil die Moscheen solche Imame nicht arbeiten lassen würden.

Fazit: Die Islampolitik der Bundesregierung ist auf allen Ebenen gescheitert. Dies liegt an den Verantwortlichen in den Hochschulen und Instituten, die Fake-Science betreiben, ergo: die sich nicht der Realität stellen, sondern ideologischen Wünschen nachgehen. Es liegt aber auch an der Bundesregierung, und das insbesondere, seitdem das Bundesinnenministerium gegenüber dem politischen Islam auf eine Art und Weise agiert, die Michel Houellebecqs Roman *Unterwerfung* entnommen sein könnte.

Die Migrationsforschung und die Renaissance der islamischen Identität

Bereits kurz nachdem ich 2005 meinen *Bericht über das Innere des türkischen Lebens in Deutschland* veröffentlicht hatte, regte sich aus den Reihen der institutionalisierten Migrationsforschung Widerstand gegen meinen Ansatz, die Muslime selbst, die in ihrer Gemeinschaft gelebten Traditionen und Sitten, und nicht wie üblich ausschließlich den deutschen Staat für Menschenrechtsverletzungen,

Apartheid und Ausgrenzung verantwortlich zu machen. Dass die realen Entwicklungen schon seit langem den in der universitären Migrationsforschung verbreiteten Kulturrelativismus widerlegten, focht diese nicht an, Sie nahm weiterhin lieber die Rolle der „Islamversteher und -verteidiger" ein als dass sie sich kritisch mit der muslimischen Community auseinandersetzte.

Finanziell und personell wurde sowohl von Stiftungen – man denke an den 2008 gegründeten Sachverständigenrat deutscher Stiftungen für Integration und Migration – als auch verschiedenen Regierungskoalitionen diejenige Richtung der Migrationsforschung massiv gefördert, die sich auf Vorurteilsforschung fokussiert. Das hat zur Folge, dass die Migrationsforschung kaum mehr die Probleme der Migranten untersucht, etwa Spracherwerb, Bildungschancen oder Gewalt in der Ehe, Selbstbestimmung und Zwangsverheiratung. Stattdessen untersucht man, welche Vorurteile die Mehrheitsgesellschaft gegen die Zuwanderung hat und was dagegen zu tun ist. Zu den Themen Islamophobie und antimuslimischer Rassismus wird daher intensiv geforscht, während es keine umfassenden Untersuchungen zum Zwang zur Ehe, zu Kinderehen oder zur Genitalverstümmelung gibt. Die wenigen dazu durchgeführten Studien wurden von NGOs wie „Terre des Femmes" initiiert. Die deutsche Migrationsforschung betreibt letztlich staatlich geförderte Identitätspolitik, wodurch sie die Renaissance der islamischen Identität unterstützt.

Ausblick

Wer nach der Bundestagswahl 2017 gehofft hatte, dass die CDU-Politikerin Annette Widmann-Mauz als Staatsministerin für Migration, Flüchtlinge und Integration im vierten Kabinett Merkel die Politik des Appeasements gegenüber den Islam- und Migrantenverbänden korrigieren würde, wurde eher enttäuscht. Widmann-Mauz korrigierte in keiner Weise die relativierende Politik ihrer SPD-Vorgängerin Aydan Özoğuz.

Auch der neue Bundesinnenminister Horst Seehofer (CSU) leitete keinen Kurswechsel ein. Er setzte nicht auf Prävention gegen den militanten oder legalistischen Islamismus, sondern propagierte (nach seinem verbalen Ausrutscher kurz nach seiner Amtsübernahme im März 2018 in einem *Bild*-Interview: „Nein. Der Islam gehört nicht zu Deutschland. Deutschland ist durch das Christentum geprägt.") wie sein Amtsvorgänger Thomas de Maizière ein „besseres Miteinander von Muslimen und Nicht-Muslimen". Zudem setzte Seehofer ebenfalls wie seine Vorgänger auf die Zusammenarbeit mit den Islamverbänden, trat gemeinsam mit Aiman Mazyek, dem Sprecher des Zentralrats der Muslime, auf, der einen Verband mit Mitgliedsvereinen vertritt, die der Verfassungsschutz in der Nähe der Muslimbrüderschaft verortet. Keine Priorität kam der Forderung nach Unabhängigkeit der Moscheevereine von ausländischem Einfluss oder der Durchsetzung von Frauenrechten zu. Stattdessen veranstaltete man Workshops und richtete Arbeitskreise zum Thema „Islam- und Muslimfeindlichkeit" ein. Dem Kampf gegen die sogenannte Islamophobie wurde im Lauf der Legislaturperiode immer mehr dieselbe Priorität eingeräumt wie Maßnahmen gegen Antisemitismus und Rechtsextremismus. Die Zusammenarbeit mit säkularen und den Islamismus kritisierenden Muslimen wurde hingegen de facto eingestellt.

Als eine mit großem medialem Tamtam präsentierte Lösung für die Probleme mit dem Islamismus und als Präventionsmaßnahme dagegen wurde eine Reform der Imam-Ausbildung versprochen. Imame sollen zukünftig in Deutschland ausgebildet werden – und nicht mehr zum Beispiel von der türkischen Regierung ausgebildet, bezahlt, angeleitet und nach Deutschland in die etwa tausend Moscheen der Ditib geschickt werden. Nur erwiesen sich die Vorstellungen der Ministerialbürokratie als realitätsfern. Zum einen kann man einem Moscheeverein nicht vorschreiben, wen er als Vorbeter beschäftigt, und zum anderen müssen die Islamverbände keine Religionslehrer akzeptieren, die an staatlichen Universitäten ausgebildet wurden. Was die Regierung als „Imam-Ausbildung in Deutschland" der Öffentlichkeit angeboten hat, ist eher eine vom deutschen Staat finanzierte Imam-Ausbildung unter Organisation und Kontrolle der Islamverbände in Deutschland. Und obwohl dem Bundesinnenministerium klar ist, dass die

Islamverbände nur einen Teil der muslimischen Bevölkerung repräsentieren und die Vereine kein religiöses Selbstverständnis und keine Organisationsform wie die Kirchen haben, wird die Zusammenarbeit auf der Grundlage des Staatskirchenrechts durchgeführt.

Inzwischen – die Bundestagswahl 2021 steht vor der Tür – scheint der CDU/CSU-Bundestagsfraktion die Politik der eigenen Regierung nicht mehr ganz geheuer. Auf der Sitzung, auf der sich die Fraktion für den Kanzlerkandidaten Armin Laschet aussprach, wurde ein Positionspapier zum politischen Islam beschlossen. Erstmals benennt die CDU/CSU die Herausforderung durch den legalistischen Islamismus und fordert unter anderem die Erforschung der Strukturen des politischen Islams durch die Einrichtung von Lehrstühlen sowie einer Dokumentationsstelle „Politischer Islamismus". Zudem wird die Beendigung der Kooperation mit Organisationen des politischen Islamismus gefordert. Es bleibt abzuwarten, ob diese Absichtserklärung umgesetzt wird. Zumindest eine Forderung griff das Bundesinnenministerium zügig auf: Sie richtete im Juni 2021 zunächst für ein Jahr den „Expertenkreis Politischer Islamismus" ein (der inhaltlich noch keine Dokumentationsstelle ist, aber immerhin wissenschaftliche Analysen und Handlungsempfehlungen erstellen soll).

Wenn man Probleme nicht lösen kann, definiert man sie gerne weg. Diese Kunst der Weg- oder Umdefinition beherrschen die Verantwortlichen im Bundeskanzleramt vorzüglich. Was die Vorstellung davon betrifft, was Integration bedeutet, so hat sich die Deutungsmacht im Laufe der Jahre – auch mit Hilfe der hochsubventionierten Migrationsforschung und des Vereins „Neue Deutsche Medienmacher" (einem Zusammenschluss von journalistisch tätigen Lobbyisten der Pro-Migrantenszene) – in umfassender Weise verschoben. Integration beinhaltet nach neuer Lesart auf keinen Fall mehr Formen der Assimilation, sondern bedeutet ausschließlich Vielfalt und Teilhabe.

Wenn Probleme überhaupt mit Migranten und Migrantinnen in Zusammenhang gebracht werden, dann sind sie grundsätzlich auf Diskriminierung, strukturellen Rassismus oder Vorurteile zurückzuführen. Diese erfolgreiche Verschiebung der Integrationspolitik hat viel mit der institutionalisierten Migrationsforschung zu tun, die wie oben dargelegt, sich weitgehend als Vorurteilsforschung versteht.

Ein vielsagendes Beispiel für diese neue Sozialforschung ist die Studie, die das BAMF im April 2021 unter dem Titel *Muslimisches Leben in Deutschland 2020* vorgestellt hat. Sie ist die aktuell umfassendste repräsentative Untersuchung zur in Deutschland lebenden muslimischen Bevölkerung. Sie umfasst Analysen zur zahlenmäßigen Verteilung, zur soziodemografischen Zusammensetzung, zur religiösen Alltagspraxis sowie zu unterschiedlichen Integrationsdimensionen. Die Studie wurde vom Forschungszentrum des BAMF im Auftrag der Deutschen Islam Konferenz durchgeführt. Für die Studie wurden Zugewanderte aus 23 muslimisch geprägten Herkunftsregionen sowie deren in Deutschland geborene Nachkommen befragt. Insgesamt wurden rund 4600 Interviews mit Frauen und Männern, die aus der Türkei, Südosteuropa, Nordafrika sowie dem Nahen und Mittleren Osten stammen, durchgeführt.

Nach dieser Studie umfasst die muslimische Bevölkerung 5,3 bis 5,6 Millionen Menschen und macht inzwischen 6,4 bis 6,7 Prozent der Gesamtbevölkerung Deutschlands aus. Knapp die Hälfte der hiesigen Muslime besitzt die deutsche Staatsangehörigkeit. Die muslimische Bevölkerung ist sehr viel jünger als die Gesamtbevölkerung, sie hat mehr Kinder und sie lebt in größeren Haushalten. 75 Prozent der zugewanderten Muslime haben weder eine Berufsausbildung noch haben sie ein Studium in Deutschland abgeschlossen. Bei den nachfolgenden Generationen verbessert sich die Bildungs- und Ausbildungssituation zwar deutlich, aber es bleibt ein signifikanter Abstand zu den nicht-muslimischen Altersgenossen bestehen. Ausbildungsdefizite wirken sich, wenig überraschend, auf die Arbeitsmarktintegration aus. Diesbezüglich stellt die Studie fest: „Muslimische Religionsangehörige erreichen die niedrigste Erwerbstätigenquote (52 Prozent) und mit 28 Prozent die höchste Erwerbslosenquote aller hier betrachteten Gruppen im arbeitsfähigen Alter".[6] Nur 41 Prozent der muslimischen Frauen sind berufstätig, verglichen mit 68 Prozent der Frauen ohne Migrationshintergrund – wobei die dafür verantwortlichen Gründe in dieser Studie nicht kritisch reflektiert werden.

Einige der auf Selbstauskünften beruhenden „Ergebnisse" erscheinen fragwürdig. Die Studie titelt zum Beispiel zum Thema Kopftuch: „Die deutliche Mehrheit (70 Prozent) der muslimischen Frauen trägt kein Kopftuch." Soll damit zum Ausdruck gebracht werden, dass das Kopftuch kein Problem ist? Die Zahlen lassen sich jedoch auch anders darstellen: Mehr als eines von zehn Mädchen der Altersgruppe der 11- bis 15-Jährigen trägt nach dieser Studie im Alltag das muslimische Kopftuch; in der Gruppe der 26- bis 65-jährigen Frauen tragen es 40 Prozent, bei den über 65-Jährigen sind es sogar 62 Prozent. Fast 90 Prozent der Kopftuchträgerinnen bezeichnen dies als ihre „religiöse Pflicht", während 29 Prozent der Kopftuchträgerinnen angaben, sie trügen das Kopftuch, um in der Öffentlichkeit als Muslimin erkennbar zu sein.[7] Hier stellt sich die Frage: Was bedeutet das, beispielsweise im Hinblick auf die Renaissance der islamischen Identität? Leider wurden solche Nachfragen nicht gestellt, weder an dieser noch an anderen Stellen, an denen Nachfragen Aufklärung darüber ermöglicht hätten, welche Haltung hinter den Aussagen steht.

Ein weiteres Beispiel für unkritische Darstellung ist der Punkt „Vertretungsgrad islamischer Verbände". Laut Studie fühlen sich über 40 Prozent der muslimischen Religionsangehörigen von den dreizehn Islamverbänden vertreten. Die Darstellung der Verbände und insbesondere ihrer politischen Ausrichtungen bleiben in dieser Studie allerdings selbst hinter Wikipedia-Einträgen zurück. Da wird beispielsweise der sektenartig organisierte Verband „Ahmadiyya Muslim Jamaat" unkritisch als „Reformbewegung" vorgestellt. Organisationen des legalistischen Islamismus werden in der Darstellung übergangen.[8]

Daraus ergibt sich in der Gesamtbetrachtung das Bild, dass die Auswertung der Befragungsergebnisse durch das BAMF von dem Bestreben getragen war, die muslimische Bevölkerung als integriert zu beschreiben. Probleme scheint es kaum zu geben. Kritische Nachfragen zu konfliktlastigen Themen, die das Bild der gelungenen Integration trüben könnten – etwa zu den Themen Wertevorstellungen, Identitätsfragen, Parallelgesellschaften, Selbstausgrenzung oder Zwangsheirat – hat man gar nicht erst gestellt.

Das Bemühen, den Muslimen ein ganz besonders gutes Zeugnis auszustellen, tritt aus Formulierungen wie dieser hervor: „Muslimische Religionsangehörige fühlen sich stärker mit Deutschland verbunden als Personen ohne Migrationshintergrund."[9] Dieser Befund sei „besonders hervorzuheben, da die hohe Verbundenheit mit Deutschland auch als Zustimmung zum hiesigen Werte- und Demokratiesystem interpretiert werden kann."[10] Allerdings wird dieses Wertesystem in der Studie gar nicht definiert – und entsprechend auch nicht reflektiert, was die Befragten konkret darunter verstehen, womit dieses „Ergebnis" einer Behauptung gleichkommt. Soll der Anschein erweckt werden, dass Muslime letztlich sogar die besseren Deutschen sind? (Pardon, die Studie verwendet nicht das Wort „deutsch", sondern „Personen ohne Migrationshintergrund".)

In dieses tendenziöse Interpretationsraster passt auch eine weitere erfreuliche „Erkenntnis" der Studie: Der Einfluss der Religion auf die Integration werde in Bezug auf Menschen aus muslimisch geprägten Herkunftsländern häufig überschätzt. Es lasse sich festhalten, dass die jeweilige Religionszugehörigkeit bei Personen mit Migrationshintergrund aus muslimisch geprägten Herkunftsländern in Bezug auf die betrachteten Aspekte der Integration keinen oder nur einen geringen Einfluss hat.[11] Nur: Dass man zu dieser „Erkenntnis" kommen konnte, hat auch viel damit zu tun, wie man die Untersuchung angelegt hat, also mit den Aspekten, die man nicht untersucht hat, beziehungsweise mit den Nachfragen, die man nicht gestellt hat, die aber Aufschluss über den Einfluss islamischer Identitätspolitik gegeben hätten.

Welche Schlüsse lassen sich aus all dem zwanzig Jahre nach den Anschlägen vom 11. September 2001 ziehen? Die wichtigste Erkenntnis ist, dass der Einfluss islamischer Identitätspolitik größer ist als vor zwanzig Jahren. Aber nicht, weil der Islam die Menschen fasziniert oder weil die islamische Umma die besseren Lösungen für die Zukunft der Menschheit hätte, sondern weil politische und akademische Eliten (insbesondere in Deutschland) davor zurückscheuen, die notwendigen Fragen zu stellen und die richtigen Schlüsse daraus zu ziehen. Indem sie dies unterlassen und weiterhin eine Appeasementstrategie verfolgen, marginalisieren beziehungsweise verraten sie die Werte, die konstituierend für die offenen Gesellschaften des Westens sind. Das sind die Werte der Aufklärung, der Universalität der Menschenrechte und der Freiheit des Individuums. Wer diese Werte marginalisiert, opfert die eigene Identität auf dem Altar identitätspolitischer Ideologien.

Anmerkungen

1. Eigene Übersetzung nach: *Raqa'iq al-hilal fi daqa'iq al-hiyal, Le Livre des Ruse: la strategie politique des Arabes* (Paris: Phebus, 1976), S. 287.
2. https://www.deutschlandfunkkultur.de/9-11-und-die-folgen-der-westen-hat-versagt.1005.de.html?dram:article_id=458447
3. Zum Beispiel das Kompetenznetzwerk zur Prävention von Islam- und Muslimfeindlichkeit des Bundesfamilienministerium https://kompetenznetzwerk-imf.de/ oder die Einrichtung eines „Unabhängigen Expertenkreises Muslimfeindlichkeit" beim Bundesinnenministerium, an dem sogar dem Islamismus nahestehende Personen und Organisationen beteiligt sind. Siehe: https://juedischerundschau.de/article.2020-12.der-1-millarde-euro-deal-bundesregierung-greift-fuer-die-islamisierung-deutschlands-tief-in-die-tasche.html
4. Siehe hierzu: Andreas Jacobs, *Die Machtpolitik des Terrors* (Bonn: Konrad-Adenauer-Stiftung, 2005), S. 27 ff.
5. Alle Redepassagen sind zitiert nach: https://www.sueddeutsche.de/politik/erdogan-rede-in-koeln-im-wortlaut-assimilation-ist-ein-verbrechen-gegen-die-menschlichkeit-1.293718-2.
6. Katrin Pfündel, Aja Stichs und Kerstin Tanis, *Muslimisches Leben in Deutschland 2020. Studie im Auftrag der Deutschen Islam Konferenz* (Nürnberg: Bundesamt für Migration und Flüchtlinge, 2021), S. 148.
7. Ebd., S. 117f., 121.
8. Ebd., S. 103, 110f.
9. Ebd., S. 182.
10. Ebd., S. 174.
11. Ebd., S. 11, 196.

Hybrider Islamismus, oder: die Politik der religiösen Geiselnahme

Rebecca Schönenbach

Als wenige Stunden nach den Anschlägen vom 11. September 2001 bekannt wurde, dass einer der Terroristen diese von Hamburg aus geplant hatte, begann die Diskussion um islamistische Netzwerke in Deutschland.[1] Den Sicherheitsdiensten wurde erst infolge dieser Anschläge das Ausmaß der internationalen Verbindungen der islamistischen Organisationen in Deutschland bewusst.[2] Obwohl den Sicherheitsbehörden islamistische Strukturen innerhalb Deutschlands bereits zuvor bekannt waren, wurde die Bedrohung bis dato als von außen kommend wahrgenommen. Überdies gab es vor 9/11 keine offizielle Zusammenarbeit der Sicherheitsdienste mit Islamisten, wenngleich Kontakte zu den islamistischen Strukturen innerhalb Deutschlands genutzt wurden, um Erkenntnisse über deren „Heimatländer", speziell arabische Länder, zu gewinnen.

Als Reaktion auf 9/11 richtete das Auswärtige Amt den Politikschwerpunkt „Islamdialog" ein. Das damit verfolgte Ziel war, mithilfe von „Dialogreferenten" in den deutschen Auslandsvertretungen relevante Vorgänge zu beobachten und Kontakte zu „wichtigen Akteuren der Zivilgesellschaft einschließlich der Medien" zu initiieren.[3] Dieser „kulturelle Austausch" mündete in offizielle Strategieüberlegungen. In einer vom Auswärtigen Amt 2015 herausgegebenen Publikation spricht sich der Nahostexperte Thomas Scheffler für Verhandlungen mit Islamisten aus. Zum einen hätten sich extremistische Organisationen wie die Hisbollah von einer terroristischen Bedrohung zu einem potenziellen politischen Partner bei der Lösung der Krise im Libanon nach der Ermordung des früheren Premierministers Rafiq Al-Hariri gewandelt. Zum anderen, so die Argumentation, wäre zumindest die friedliche Bewältigung des Untergangs des Kommunismus in Osteuropa kaum gelungen, wenn ihr nicht ebenfalls jahrzehntelange Verhandlungen und vertrauensbildende Maßnahmen vorausgegangen wären.

Daher plädiert Scheffler dafür, mit radikalen Islamisten in einen Dialog und in Verhandlungen einzutreten. Da Verhandlungen leichter seien, wenn es öffentlich identifizierbare Vertreter der Islamisten gäbe, sei zudem die Förderung der Demokratisierung im Nahen Osten empfehlenswert. Denn nur wenn extremistischen Organisationen die Möglichkeit zu politischer Teilhabe gegeben würde, könnte man mit ihnen verhandeln, um so eine Friedenskonsolidierung zu erreichen, die mit militärischen Methoden nicht möglich sei.[4]

Vom Gedanken geleitet, die Gefahr des Islamismus besser abschätzen und eventuell sogar kontrollieren zu können, wurde die Zusammenarbeit mit islamistischen Kräften immer mehr zu einem offiziellen Konzept. Als extremistisch bezeichnen Verfassungsschutzbehörden Personen beziehungsweise Organisationen, die darauf abzielen, die Grundwerte der freiheitlichen Demokratie zu beseitigen.[5] Der Widerspruch, Organisationen in Deutschland als Teil eines extremistischen Netzwerks zu identifizieren und dennoch als Partner zum Schutz der freiheitlich-demokratischen Ordnung zu engagieren, wurde in der lange als vernachlässigbar und geradezu unumgänglich angesehen, solange es sich um externe Kräfte handelte. So stellte der ehemalige Außenminister Guido Westerwelle im Jahr 2012 in der *Frankfurter Allgemeinen Sonntagszeitung* folgende Überlegungen in den Raum:

> Die entscheidende Frage für uns muss sein, wie sich islamisch-politische Parteien zur Demokratie stellen. Sind es islamisch-demokratische Parteien, so wie es im europäischen Parteienspektrum ganz selbstverständlich christlich-demokratische Parteien gibt? Ich bin davon überzeugt, dass die Verbindung zwischen islamischer Ausrichtung und demokratischer Gesinnung, zwischen Islam und Demokratie möglich ist. In den Transformationsländern Nordafrikas kann sich das praktisch erweisen. Immerhin beziehen sich schon jetzt viele Vertreter gemäßigt-islamischer Kräfte in Nordafrika auf die Entwicklungen in der Türkei. Dort ist mit der AKP – bei allem, was es kritisch zu beobachten gilt – eine Partei zur derzeit stärksten politischen Kraft geworden, die starke islamische Wurzeln hat und sich demokratischen Grundsätzen verpflichtet fühlt.[6]

Bei dieser Einschätzung ist vor allem der Verweis auf die AKP (Adalet ve Kalkınma Partisi, dt.: Partei für Gerechtigkeit und

Aufschwung) erstaunlich, von deren damaligem Vorsitzenden und Ministerpräsident und heutigen Präsident der Republik Türkei, Recep Tayyip Erdoğan, bereits etliche Äußerungen bekannt waren, die gegen die Einschätzung der AKP als „demokratischen Grundsätzen verpflichtet" sprachen.[7] Schon als Bürgermeister Istanbuls schlug Erdoğan vor, die Geschlechtertrennung an Badestränden und in Bussen einzuführen. Er bezeichnete 1998 Demokratie als Zug, „auf den wir aufsteigen, bis wir am Ziel sind. Die Moscheen sind unsere Kasernen, die Minarette unsere Bajonette, die Kuppeln unsere Helme und die Gläubigen unsere Soldaten".[8] Vier Jahre vor Westerwelles Einschätzung hielt Erdoğan in Deutschland vor 16.000 Menschen eine Rede, in der er die Assimilierung als Verbrechen gegen die Menschlichkeit bezeichnete. Er rief die Zuhörer auf, die Landessprache zu lernen, um Beschlüsse in den jeweiligen Parlamenten zu bewirken, die „unsere" Interessen schützen. Damit machte er alle Menschen mit türkischen Wurzeln zu Vasallen seiner Interessen, die vermeintlich der Türkei dienen.[9]

Die Rede Erdoğans erregte Aufsehen und Empörung in Deutschland. Durch die Ansprache Erdoğans an seine „Landsleute" wurde die innenpolitische Dimension der islamischen Organisationen in Deutschland und deren direkte Verbindungen zu in diesem Fall türkischen Institutionen überdeutlich. Nicht nur Westerwelle hielt dennoch in der Außenpolitik an der Vorstellung fest, er habe es mit Vertretern von Gläubigen und nicht mit islamistischen Organisationen zu tun, und auch der damalige Bundesinnenminister Wolfgang Schäuble setzte auf eine kontinuierliche Zusammenarbeit, was sich an der Beteiligung der direkt der türkischen Religionsbehörde unterstellten DİTİB (Türkisch-Islamische Union der Anstalt für Religion e.V.) an der ersten Deutschen Islam Konferenz (2006 bis 2009) zeigt. Die Ausrichtung der Religionsbehörde wandelte sich mit der Ausrichtung der AKP unter Erdoğan bereits seit 2003 zu einer immer mehr fundamentalistisch beziehungsweise islamistisch ausgerichteten Organisation.

Vor diesem Hintergrund stellt sich die Frage, ob die zu staatlichen Partnern avancierten islamischen Organisationen (neben der DITIB auch der Zentralrat der Muslime und der Islamrat) die ihnen zugedachte Vermittlerrolle zwischen den in Deutschland lebenden Muslimen und dem Staat überhaupt erfüllen können. Die Entscheidung mit diesen Organisationen zusammenzuarbeiten, wurde unter der Prämisse gefällt, sie zum Partner gegen den Islamismus zu machen. Zwar wurde versucht, zwischen der reinen Glaubenspraxis und der islamistischen Ideologie zu differenzieren und die Partnerschaft auf religiös gemäßigtere Ansprechpartner zu begrenzen, aber im Zweifel wurden islamistische Tendenzen und Verbindungen in Kauf genommen, um den angestrebten Kontakt zur muslimischen Community herzustellen.

Die Politik der Geiselhaft

In ihrer Untersuchung zur religiösen Identität junger muslimischer Frauen in Berlin kam die Ethnologin Synnøve K.N. Bendixsen zu dem Schluss, dass nach 8/11 verstärkt eine Reduzierung von Musliminnen und Muslimen auf das Merkmal „Religion" stattgefunden hat, womit einhergeht, dass sie nicht als Individuen – beispielsweise als Mutter oder Vater, Arbeiter, Musiker oder Autorin – gesehen und geschätzt werden.[10]

Indem die Politik bestimmte Repräsentanten zu Partnern erhoben hat, um im Namen „der Muslime" mit Regierungsvertretern einen Dialog zu führen, ordnete sie alle aus islamischen Ländern stammenden Menschen diesen Repräsentanten zu, obwohl islamische Organisationen nach der Untersuchung *Muslimisches Leben in Deutschland* (2009) nicht einmal einen Vertretungsanspruch für diejenigen erheben können, die von wenigstens einer dieser Organisationen überhaupt schon einmal gehört haben. Diese Politik nimmt die vielen Nicht-Muslime und Atheisten aus islamischen Ländern, die säkular lebenden Muslime und auch diejenigen Muslime, die ihren Glauben privat ausüben, in Geiselhaft. Aus Individuen, denen Grundrechte zustehen, werden Kollektive, in denen das Individuum hinter einer Gruppenidentität verschwindet. In diesem Prozess werden Grundrechte, die jedem Bürger zustehen, vom Individuum auf ein vermeintlich bestehendes Kollektiv übertragen. Auch Integrationsleistung und -anspruch gehen somit auf das neu geschaffene „muslimische" Kollektiv über. Durch dieses staatliche Vorgehen werden integrierte Individuen wieder zu von der Gesellschaft segregierten Menschen mit Migrationshintergrund aus mehrheitlich islamischen Ländern, zu Geiseln der islamischen Organisationen, mit denen der Staat „in ihrem Namen" in Verhandlungen tritt. Paradoxerweise kann ein gesondertes Kollektiv nicht integriert werden, da es seine Gruppenexistenz ja gerade der Abgrenzung von der Mehrheit verdankt.

Der Koordinierungsrat der Muslime (KRM) beispielsweise wurde erst im Jahr 2007 auf Betreiben der Deutschen Islam Konferenz gegründet. Mit dem zunehmenden Organisationsgrad der islamischen Verbände wurde allerdings kein Verfahren zur demokratischen Legitimierung der Verbände eingeführt. Die Vertreter islamischer Organisationen indes wenden einen Taschenspielertrick an. Sie beklagen, dass seit 9/11 alle Muslime unter Generalverdacht gestellt seien, obwohl sie durch ihre Inanspruchnahme der Vertretung von Muslimen diese Menschen selbst in Gruppenhaftung nehmen. Die Gruppenhaftung wird durch die Verbindungen der islamischen Verbände zu Islamisten noch verstärkt, denn ihr vermeintlicher Repräsentantenstatus suggeriert, dass auch die Mehrheit der Muslime Verbindungen zu Islamisten hätte.

Die bereits angesprochene DİTİB ist im Mai 2021 wieder in den bekenntnisorientierten islamischen Religionsunterricht in Nordrhein-Westfalen (NRW) eingebunden worden, obwohl sie nach mehreren Skandalen, wie um die Glorifizierung von Märtyrertum und um die Bespitzelung von der AKP kritisch gegenüberstehenden Personen aus dem Beirat entlassen worden war.[11] Die Bekanntmachung des Kultusministeriums fiel in eine Zeit, in der tagelang antisemitische Ausschreitungen auf antiisraelischen Demonstrationen in Deutschland stattfanden. Von Rufen wie „Sch**ß Juden" vor der Synagoge in Gelsenkirchen bis zu „Chaibar, Chaibar"-Rufen in Bremen, die sich auf die Auslöschung von Juden nach einer im Koran wiedergegebenen Passage beziehen, wird bei einem deutlichen Teil der Demonstranten expliziter Judenhass offensichtlich.[12] Die Ausschreitungen lassen sich nicht mit dem Konflikt im Nahen Osten begründen, denn die Drohungen richteten sich direkt gegen in Deutschland lebende Juden. Die Diyanet İşleri Başkanlığı ist das Amt für religiöse Angelegenheiten in der Türkei, dem die DİTİB untersteht. Von ihr werden sowohl die Freitagspredigten in den Moscheen vorgegeben als auch die Imame in die Moscheen der DİTİB entsandt und bezahlt. Inmitten der antisemitischen Ausschreitungen twittert der deutsche Account der Diyanet ein klassisches antisemitisches Stereotyp, „Babymörder Israel".[13]

Zwar begründet das Kultusministerium die erneute Ernennung der DİTİB mit der formal vollzogenen Loslösung der DİTİB von der Diyanet, aber die inhaltliche Anbindung sowie der direkte Bezug über die Imame bleibt laut einem Gutachten des Staatskirchenrechtlers Josef Isensee für das hessische Kultusministerium bestehen.[14] Somit bindet die NRW-Landesregierung faktisch die türkische Religionsbehörde mit ihren antisemitischen Inhalten wieder in die „Bildung" von Kindern aus muslimischen Familien ein. Sie tut dies auch, wie den Worten der Kultusministerin Yvonne Gebauer zu entnehmen ist, weil: „der islamische Religionsunterricht in der Schule für tausende Schülerinnen und Schüler ein wichtiges Signal für ihre Identität" [ist][15] Nur: Mit dieser Entscheidung überlässt die Landesregierung zukünftige Generationen der Geiselhaft einer Organisation, die neben Antisemitismus auch frauenfeindliche und homophobe Ansichten vertritt, und macht damit den Islamismus wiederum zu einem „wichtigen Signal" für deren Identität. Neben zahlreichen antisemitischen Vorkommnissen ist besonders der Aufbruch mehrerer junger Erwachsener aus DİTİB-Gemeinden in den Dschihad nach Syrien und den Irak besorgniserregend zu nennen.

Susanne Schröter bietet in ihrem Buch *Im Namen des Islam: Wie radikalislamische Gruppierungen unsere Gesellschaft bedrohen* einen Überblick über die extremistischen Vorfälle und Verbindungen aller in der DIK vertretenen Organisationen. Keine der in der DIK oder anderen Gremien als Partner gegen Islamismus vertretenen Organisationen ist frei von Verbindungen zu Islamisten. Die meisten Einzelpersonen ohne bedenkliche Verbindungen haben die Zusammenarbeit über die DIK aus Frustration über die staatliche

Taubheit gegenüber ihrer Kritik an den Organisationen inzwischen eingestellt.[16] Durch das staatliche Festhalten an der Überzeugung, durch Verhandlungen eine Mäßigung herstellen zu können, wird gerade die Mehrheit der moderaten und integrierten Muslime in Deutschland über die politische Legitimierung von dem Islamismus nahestehenden Organisationen wieder unter den Einfluss von Islamisten gestellt. Dennoch wird seit 2001 geradezu hilflos an der „tough love"-Politik festgehalten und die Institutionalisierung bedenklicher islamischer Organisationen sogar im Bereich der Prävention des gewaltorientierten Islamismus verankert.

Fragwürdige Prävention

In Deutschland werden seit Jahrzehnten Programme gegen Radikalisierung, gegen Links- und Rechtsextremismus und jüngeren Datums auch gegen Islamismus aufgelegt. 2016 beschloss die von Angela Merkel (CDU) und Sigmar Gabriel (SPD) geführte Regierungskoalition im Bundestag unter dem Eindruck der sogenannten Flüchtlingskrise die *Strategie der Bundesregierung zur Extremismusprävention und Demokratieförderung*. Die Strategie soll auf der Bundesebene die bisherigen Aktivitäten gegen Extremismus bündeln und optimieren. Als Handlungsfelder werden genannt: politische Bildung, interkulturelles Lernen und Demokratiearbeit; zivilgesellschaftliches Engagement; Beratung, Monitoring und Intervention; Medien und Internet; Forschung und internationale Zusammenarbeit. Die Präventionsstrategie wurde vom Bundesministerium für Familie, Senioren, Frauen und Jugend (BMFSFJ) sowie vom Bundesministerium des Innern (BMI) gemeinsam vorgelegt und richtet sich gegen Rechtsextremismus, Linksextremismus, Islamismus sowie Islamfeindlichkeit. Ergänzend zur Präventionsstrategie hat der Koalitionsausschuss der Bundesregierung 2017 das *Nationale Präventionsprogramm gegen islamistischen Extremismus* beschlossen, an dem mehrere Bundesressorts mit eigenen Projektvorhaben beteiligt sind. Das *Nationale Präventionsprogramm* legt den Fokus auf Jugendliche und junge Erwachsene, auf die Prävention im Netz, die Prävention und Deradikalisierung im Strafvollzug und in der Bewährungshilfe sowie die Verstärkung der Wirksamkeit der Extremismusprävention.

Zu weiten Teilen betreffen die auf der Bundesebene beschlossenen Präventionsprogramme Kompetenzen, die aufgrund der föderalen Struktur auf Länderebene angesiedelt sind. Entsprechend der föderalen Aufgabenverteilung haben alle sechzehn Bundesländer eigene Programme zur Extremismusprävention aufgelegt, in die wie auf Bundesebene Akteure der Zivilgesellschaft einbezogen sind. Diese unübersichtliche Präventionslandschaft wird wiederum in Gremien zu koordinieren versucht, in die Vertreter der auf Bundes- und Landesebene beteiligten Ministerien, Vertreter der Zivilgesellschaft sowie Vertreter der Sicherheitskräfte eingebunden sind.

Dabei ist seit 2016 eine deutliche Verschiebung der Kompetenzbereiche von den Innenministerien hin zu den Sozialministerien zu beobachten. Auf Bundesebene wird die Mehrheit der Präventionsprogramme vom BMFSFJ unter anderem über das Programm *Demokratie leben* finanziert und koordiniert; beim BMI verbleiben Programme, die vom Bundesamt für Migration und Flüchtlinge und der Bundeszentrale für politische Bildung geleitet werden. Über das Programm *Demokratie leben* wurden 2015 bereits Mittel in Höhe von 40,5 Millionen Euro vergeben. Der Betrag wurde erhöht und erreichte 2020 mehr als 115 Millionen Euro. Das über die Bundeszentrale für politische Bildung aufgelegte Programm *Zusammenhalt durch Teilhabe* gegen Extremismus verfügt hingegen lediglich über einen jährlichen Etat von 12 Millionen Euro.[17]

An den Bundes- und Länderprogrammen wird deutliche Kritik geübt, weil es immer wieder zu einer Zusammenarbeit mit beziehungsweise einer finanziellen Förderung von Organisationen kommt, die von Verfassungsschutzämtern auf Bundes- und Landesebene als bedenklich eingestuft werden. So wurde beispielsweise 2016 die Zusammenarbeit mit dem Deutsch-Islamischen Vereinsverband Rhein-Main e.V. bekannt, der laut hessischem Verfassungsschutz der Muslimbruderschaft nahesteht.[18] Eine andere Organisation, die in diesen Zusammenhängen immer wieder benannt wird, ist Inssan e.V. Der Verein wurde von 2007 bis 2009 im Bericht des Berliner Verfassungsschutzes als muslimbrudernah geführt. Die Zeitung *Die Welt* berichtet im März 2021 von den personellen Verbindungen zweier Vorstandsmitglieder des Vereins unter anderem zur Terrororganisation Hamas. Dennoch erhielt der Verein im Rahmen des Berliner Landesprogramms *Demokratie. Vielfalt. Respekt* in den Jahren 2010 bis 2020 fast 590.000 Euro. Zwischen 2016 und 2019 wurde Inssan durch die Integrationsbeauftragte des Berliner Senats mit rund 220.800 Euro gefördert, sowie über Bundesmittel des BMFSFJ zwischen 2017 und 2019 mit 284.000 Euro. Inssan erhielt demnach staatliche Gelder von mehr als einer Million Euro; für 2021 ist eine weitere Förderung mit 116.599 Euro durch Berliner Landesmittel geplant.[19]

Gefördert wurde unter anderem ein Projekt Inssans mit dem Namen *Nicht ohne meinen Glauben!*, bei dem es um das „Empowerment von jungen Musliminnen und Muslimen zwecks Umgang mit Diskriminierungserfahrungen beim Zugang zum Arbeitsmarkt" ging. Da Diskriminierung ein reales Problem ist, sind solche Programme notwendig und sinnvoll – wobei ein Projekt mit dem Titel „Nicht ohne meine Grundrechte!" junge Muslime besser dabei unterstützen würde, sich gegen Diskriminierung zur Wehr zu setzen. Doch auch hier zeigt sich die Politik der Geiselhaft. Statt Individuen in die Lage zu versetzen, sich ihrer Bürgerrechte bewusst zu werden und diese in Anspruch zu nehmen, wird jungen Musliminnen und Muslimen vermittelt, dass sie Diskriminierung über eine Gruppenidentität angehen können, hinter der ihre individuellen Rechte zurückstehen. Dadurch wird die Segregation nach Glaubensgruppen perpetuiert.

Der Politikwissenschaftler Carsten Frerk hat für die Forschungsgruppe „Weltanschauungen in Deutschland" die Lobbyarbeit Inssans seit der Gründung des Vereins im Jahr 2003 ausführlich analysiert. Er kommt zu dem Schluss, dass der Erfolg Inssans trotz zahlreicher Belege der Verflechtungen mit Islamisten durch eine beharrliche Kooperation mit anerkannten Trägern vor allem im kirchlichen Bereich möglich wurde. Auch hier wird im Zweifel das Risiko eingegangen, mit Islamisten zu arbeiten, wobei dieses

Vorgehen von der Hoffnung geleitet wird, dass Kooperation zu einem Gesinnungswandel und somit zur Akzeptanz der freiheitlich-demokratischen Grundordnung führen könnte.[20]

Die meisten Programme konzentrieren sich, wie auch vom *Nationalen Präventionsprogramm* vorgegeben, auf die Prävention von Radikalisierung bei Jugendlichen und jungen Erwachsenen. Der Erfolg dieser Programme ist schwer einzuschätzen, da es zu wenig (unabhängige) Forschung dazu gibt. So stellten Daniel Köhler und Verena Fiebig in einer 2019 erschienene Studie, für die sie international Praktiker aus dem Bereich der Prävention und Deradikalisierung befragten, fest, dass nicht nur die Trainingskonzepte und deren Auswirkungen für die Prävention von Radikalisierung kaum evaluiert werden, sondern dass auch die Ausbildung derjenigen, die Prävention und Intervention gegen gewaltbereiten Extremismus leisten sollten, keinen Standards unterliegen und von zwei Stunden online bis zu mehreren Tagen in Präsenz reichen. Zudem wurden die bisherigen Erkenntnisse aus der Forschung bei der Konzeption der Projekte kaum berücksichtigt.[21]

Obwohl diese Präventionsprogramme seit Jahren mit erheblichen Summen gefördert werden, gibt es weder einheitliche Standards für die Ausbildung der Projektbeauftragten noch überprüfbare Kriterien jenseits der Einhaltung von Formalien. Auch die bisherige Evaluierung der Bundesprogramme nennt hauptsächliche formale Kriterien – wie zum Beispiel die Durchführbarkeit angesichts Personalmangels –, aber wenig inhaltliche Kriterien. In der Zwischenbeurteilung 2017 wird beispielsweise empfohlen, ein nachhaltiges nationales Präventionsprogramm anzustreben, dass unter anderem die Unterstützung von Moscheegemeinden ausbaut, gefolgt von der Feststellung, dass „die Bundesregierung bereits einzelne Moscheegemeinden auf vielfältige Weise bei der Radikalisierungsprävention" unterstützt. Ob und welche Ergebnisse die bisherige Radikalisierungsprävention durch Moscheen geliefert hat, bleibt jedoch unklar.[22]

Der Psychologe und Sachverständige für Strafrecht und Strafvollstreckungsrecht Stefan Tydecks hat in Deutschland die umfangreichste Befragung von wegen islamistischem Terrorismus verurteilten Personen vorgenommen. Tydecks stellte fest, dass der überwiegende Teil der Verurteilten aus Haushalten stammt, in denen eine Pädagogik der Angst herrscht. Bei der Radikalisierung fand lediglich ein Wechsel aus einem Umfeld, das nicht in Frage gestellt werden durfte (Eltern), zu einem System statt, dessen göttliche Ordnung wiederum nicht angezweifelt werden darf. Im Gegensatz zum „Staircase-to-Terrorism"-Modell, das davon ausgeht, dass erlittene Diskriminierung als Motivation eine Rolle dabei spielt, dass sich Menschen für Radikalisierungsprozesse öffnen, kam Tydecks zu dem Schluss: „Kein Befragter berichtete von Diskriminierungserfahrungen vor seiner Zuwendung zum Islam bzw. zum radikalen Islam. Häufig wurde die Möglichkeit gelobt, wegen der in Deutschland geltenden Religionsfreiheit ungestört den Glauben zu praktizieren." Zudem stellte Tydecks fest, dass die Verurteilten generell in der Lehre islamischer Wissensquellen geschult waren und auf kritische Nachfragen zu einzelnen Stellen auf theologischer Basis antworteten.[23]

Diese Befragung der wegen islamistischem Terrorismus Verurteilten sollte Fragen hinsichtlich der den Programmen der Extremismusprävention und Deradikalisierung zugrundeliegenden Annahmen aufwerfen. Zum einen stellt sich die Frage, ob die Zusammenarbeit mit islamischen Organisationen ein Umdenken bei Menschen bewirkt, die sich bei den theologischen Grundlagen oft besser auskennen als die bestellten Gefängnisseelsorger. Zudem empfinden sich die verurteilten Terroristen als Teil der Gruppe der Muslime; eine Eingliederung in die von den islamischen Organisationen hergestellte Gruppenidentität bedeutet daher für sie nicht zwangsläufig eine Abkehr von Islamismus.[24]

Generell muss in Frage gestellt werden, ob Extremismusprävention funktioniert, wenn sie auf religiöse Gruppenidentität statt auf Individuen ausgerichtet ist. Des Weiteren muss hinterfragt werden, ob Islamismus notwendigerweise mit islamischen Organisationen bekämpft werden sollte oder ob weltanschaulich neutrale Akteure eine bessere Alternative bilden. Darüber hinaus gilt es in den Blick zu nehmen, wie sich eine auf Gruppenidentität ausgerichtete Extremismusprävention auf Minderheiten innerhalb der

Minderheit der aus mehrheitlich islamischen Ländern stammenden Menschen auswirkt. Gemeinsam ist Rechtsextremisten und Islamisten Antisemitismus, Homophobie und Frauenverachtung. Hierbei wird oft vergessen, dass Homophobie von Islamisten zuallererst homosexuelle Musliminnen und Muslime sowie islamistische Frauenverachtung vor allem Musliminnen trifft. Daher sollte bei staatlicher Extremismusprävention ein Augenmerk auf den Umgang mit diesen Gruppen gelegt werden, denn die Konsequenzen der oben beschriebenen Politik treffen vor allem Musliminnen in Deutschland.

Weibliche Geiseln und Geiselnehmerinnen

Mehr als 70 Prozent der Musliminnen in Deutschland tragen kein Kopftuch. Dennoch hält sich in der Öffentlichkeit hartnäckig das Stereotyp der kopftuchtragenden Muslimin. Diese Reduzierung von Musliminnen auf ein religiöses Symbol und damit auf den Islam, wird auch durch offizielle Kampagnen verstärkt, etwa durch die Darstellung des BMFSFJ von Musliminnen als Frauen, die sich verschleiern.[25]

Die Sprachwissenschaftlerin Reyhan Şahin befragte für ihrer Doktorarbeit kopftuchtragende Musliminnen in Deutschland. Sie kam zu dem Ergebnis, dass bei den Befragten – es handelte sich bei allen um Bildungsaufsteigerinnen – die Kleidung dazu diente, ihre innere Haltung zu Religiosität, Sexualität und Emanzipation widerzuspiegeln. Laut Şahin teilen die meisten dieser Frauen „eine konsequente religiöse Einstellung bezüglich islamischer Gebote und/oder sexueller Enthaltsamkeit", auch diejenigen, die sich expressiv-modisch kleiden. Şahin weist auf Studien hin, nach denen befragte Frauen erst durch die Wahl eines bewusst islamischen Lebensstils und das Studium der islamischen Quellen einen Handlungsspielraum erlangen, den sie vorher von ihren Eltern und ihrer Umgebung nicht zugestanden bekommen haben. Auf diese Weise führt die Islamisierung der Frauen zu einer Machtverschiebung zwischen den Generationen und Geschlechtern.[26]

Diese Beobachtung ergänzt die Erhebung Tydecks, nach der bei der Islamisierung des Verhaltens eine Pseudoverselbstständigung stattfindet – vom „Angstsystem" des Elternhauses ins „Angstsystem" des fundamentalistischen Glaubens. Für die von Şahin befragten Frauen eröffnet dieser Wechsel jedoch ein größeres Maß an persönlicher Freiheit. Sie können beispielsweise gegenüber ihren Eltern argumentieren, warum sie auch als Frau studieren sollten. Şahin interpretiert ihre Ergebnisse dahingehend, dass sich die Neo-Muslima selbstbestimmt für die Bedeckung und für fundamentalistische Einstellungen entscheidet, deren Einhaltung sie auch ihrerseits von Männern erwartet. Şahin deutet dies als Zeichen islamischer Emanzipation. Dabei geht sie nicht auf den Widerspruch ein, dass Emanzipation im europäischen Kontext der Frauenbewegungen die Loslösung von religiös-kirchlicher Keuschheitsmoral bedeutet, also eine Emanzipation aus dem „Angstsystem" der Kirche heraus hin zu einem selbstbestimmten Individuum, dessen Glauben oder Nicht-Glauben nur einen begrenzten Teil seiner Identität ausmacht. Emanzipation bedeutet demnach, auf ein Studium aus Gründen der Gleichberechtigung zu bestehen und nicht wegen der Statthaftigkeit innerhalb eines religiösen „Angstsystems" studieren zu wollen.

Selbstverständlich haben Frauen die Freiheit, sich für ein religiöses System zu entscheiden. Problematisch wird die „Islamisierung als Ausweg" nur, wenn Frauen kein anderer Ausweg bleibt. Daher weist Sineb El Masrar auf einen Widerspruch bei denjenigen hin, die sich selbst als islamische Feministinnen bezeichnen.

> Wenn nun aber vermeintlich „islamische Feministinnen" mit dubiosen Kontakten zu und Aktivitäten in islamistischen Kreisen gegenüber der nichtmuslimischen Gesellschaft ausschließlich das Recht einfordern, sich verhüllen, monogam oder polygam heiraten sowie arrangierte Ehen anbahnen zu dürfen, wenn sie bei Diskriminierung und Sexismus oder Mobbing von nicht tuchtragenden Muslimas schweigen, wie es heute an einigen Universitäten und Schulen Realität ist, oder sich damit herausreden, dass sie unter Hate-Speech leiden, dann sind dies einseitige Positionen, die es dringend zu hinterfragen gilt.[27]

Frauen mit Migrationshintergrund aus mehrheitlich islamischen Ländern sind in der öffentlichen Debatte vielseitiger

Stigmatisierung unterworfen. Zunächst werden sie, wie auch die Männer, über ihre Herkunft als „muslimisch" kollektiviert. Zudem wird ihnen unterstellt, dass sie „ihre" Religion öffentlich leben wollen, indem sie Kopftuch tragen. Hinzu kommen im letzten Jahrzehnt selbsternannte „islamische Feministinnen", die behaupten, Kopftuch und sogar Vollverschleierung seien selbstgewählt und somit Ausdruck des freien Willens und einer islamischen Emanzipation. Wer den Zusammenhang zwischen der Verschleierung von Frauen und fundamentalistischen bis islamistischen Haltungen anspricht, wie es Migrantinnen wie Seyran Ateş, Lale Akgün, Naïla Chikhi, Güner Balci oder Sineb El Masrar getan haben, wird von diesen „islamischen Feministinnen" der Islamfeindlichkeit bezichtigt.

Mädchen und Frauen mit Migrationshintergrund aus mehrheitlich islamischen Ländern werden so nicht nur zu Opfern der politischen Geiselnahme durch die Kollektivierung als Muslime, sondern auch unmittelbare Opfer von Geiselnehmerinnen, die jede Emanzipation von Musliminnen aus einem religiösen Keuschheitssystem als islamfeindlich anprangern.

Es gibt in Deutschland kaum Forschung dazu, wie viele Frauen von frauenverachtender religiöser Gewalt bis hin zu Ehrenmorden betroffen sind; diese Kategorie von Gewalt gegen Frauen wird in der Kriminalstatistik nicht einmal erfasst. Die Düsseldorfer Anwältin Gülşen Çelebi, die Frauen innerhalb Deutschlands zur Flucht vor religiös motivierter Gewalt verhilft, gibt an, dass den Frauen oft nur die Flucht ins Ausland bleibt, auch wenn sie eine neue Identität angenommen haben, da die Netzwerke der Verfolger innerhalb Deutschlands so stark sind, dass das Überleben der Opfer nicht garantiert werden kann. Trotz dieser Gefahrendimension wurde der einzigen Stelle bundesweit, die sich auf direkte Hilfe für diese Frauen spezialisiert hat, die Weiterfinanzierung vom Land Berlin und vom BMFJFS verweigert. Während die notwendigen 86.000 Euro für die Hilfe betroffener Frauen, die sich aus fundamentalistischen beziehungsweise islamistischen Milieus emanzipieren wollen, nicht zur Verfügung standen, wurden von den gleichen staatlichen Stellen Projekte im Namen der

Extremismusprävention mit über einer Million Euro gefördert, die *Nicht ohne meinen Glauben!* heißen und von einer Organisation durchgeführt werden, die Verbindungen zu frauenverachtenden Islamisten wie der Hamas unterhält.[28]

Staatliche Extremismusprävention über Gruppenidentitäten kann daher für Musliminnen zur tödlichen Falle werden, denn die Individualrechte derjenigen, die aus dem Kollektiv ausbrechen möchten, werden staatlich nicht mehr geschützt. Musliminnen bleiben somit durch eine verfehlte Integrations- und Präventionspolitik lebenslang Geiseln politisch unterstützter islamistischer Gruppierungen. Statt Frauenverachtung zu bekämpfen, wird diese auch in Präventionsprogrammen institutionalisiert.

Hybrider Islamismus

Die von Regierungspolitikern vertretene Annahme, die Institutionalisierung des Islams innerhalb Deutschlands würde automatisch eine Kontrolle und Abgrenzung vom Islamismus mit sich bringen, ermöglichte Fundamentalisten und Islamisten ein mit staatlichen und zivilgesellschaftlich anerkannten Akteuren verzahntes islamisches Ökosystem zu etablieren, in dem der Islamismus gedeihen kann.

Wie eingangs beschrieben, gingen deutsche Politiker davon aus, einem nicht greifbaren Feind der freiheitlich-demokratischen Grundordnung nicht mit konventionellen Mitteln der Terrorismusbekämpfung allein beikommen zu können. Damit waren sie allerdings nicht allein. Auch andere europäische Länder wie zum Beispiel Frankreich wählten zunächst einen ähnlichen Weg, sind aber mittlerweile dabei, sich von dieser Politik abzuwenden.

Unter den EU-Mitgliedstaaten herrscht Konsens, dass die terroristische Gefahr hybrider Natur ist. Sie besteht nicht nur aus bewaffneten und militärisch ausgebildeten Dschihadisten, sondern umfasst auch gewaltfreie Instrumente, wie Cyberangriffe auf systemrelevante Infrastruktureinrichtungen. Obgleich an diesem Punkt Konsens besteht, haben sich die EU-Staaten zwei Jahrzehnte nach 9/11 noch nicht auf eine gemeinsame Strategie gegen diese hybriden Bedrohungen einigen können.[29]

Das Konzept hybrider Kriegsführung ist inhaltlich nicht neu; der Begriff wurde hingegen erst vor zwanzig Jahren im Zusammenhang mit der Unterteilung der Hisbollah-Aktivitäten im Libanon in politische und militärische Arme geprägt. Die hybriden Angriffsstrategien von Islamisten sind facettenreich ausgestaltet. Insbesondere die in Europa zahlreichen Zentren der aus Ägypten stammenden Muslimbruderschaft sind so konzipiert, dass sie für hybride Islamismusstrategien geeignet sind: sie kombinieren Begegnungs- und Versorgungsangebote wie Kinderkrippen, Schulen, Einkaufsmöglichkeiten oder auch medizinische Leistungen mit religiösen Angeboten, die durch fundamentalistische beziehungsweise islamistische Geldgeber aus Katar finanziert werden. Stiftungen und gemeinnützige Vereine dienen oft unwissentlich als Vehikel für Islamisten. Verschiedene Organisationen bilden aber auch gezielt Netzwerke, wie Carsten Frerk am Beispiel Inssans gezeigt hat. Drohungen gegen Frauen, die sich nicht dem fundamentalistischen Regelwerk der Islamisten beugen wollen, gehören ebenso zur Strategie des hybriden Islamismus wie Medien, über die Desinformation und Propaganda verbreitet wird. Diese Medien umfassen zum Beispiel Internetzeitungen (wie *IslamiQ*) aber auch quasi staatliche Medien wie *TRT Deutsch* oder *Al Jazeera*.[30]

Die meisten dieser Methoden sind legal. Solange den Organisationen kein staatlicher Hebel geboten wird, sind sie auch nicht erfolgreich, denn der Besuch von Schulen oder bestimmten Universitäten, die Zusammenarbeit mit Stiftungen oder der Konsum von Medien kann abgelehnt werden – und wird von der Mehrheit der Muslime wie Nicht-Muslime auch tatsächlich abgelehnt. Wenn hybrider Islamismus jedoch eine staatliche Plattform bekommt, wird er gefährlich. Zunächst für Menschen mit Migrationshintergrund aus mehrheitlich islamischen Ländern, die diesen Organisationen gesellschaftlich zugeordnet werden, womit sie zu Geiseln der Ideologen gemacht werden. Von dieser Geiselhaft sind Frauen und Mädchen am stärksten betroffen, denn diejenigen, die sich für ein individuell selbstbestimmtes Leben entscheiden, werden nicht vertreten und erhalten kaum staatliche Unterstützung gegen die als ihre „rechtmäßigen" Vertreter angesehenen Ideologen. Damit werden diese Frauen aufgrund ihrer Herkunft und der ihnen unterstellten Religion rassistisch diskriminiert, denn die Inanspruchnahme der ihnen zustehenden Bürgerrechte wird ihnen verwehrt. Neben den Frauen sind die Kinder und Jugendlichen betroffen, die zum Beispiel in NRW weiter bewusst radikalen Inhalten ausgesetzt werden. Damit verletzt der Staat seine Fürsorgepflicht gegenüber den verwundbarsten Mitgliedern unseres Landes.

Wie ist diesem hybriden Islamismus zu begegnen beziehungsweise wie lässt er sich zurückdrängen, nachdem ihm viel Entfaltungsspielraum eingeräumt wurde? Der Blick nach Frankreich erscheint hier richtungsweisend. Frankreich hatte zunächst auf eine ähnliche Einbindungsstrategie islamistischer Organisationen gesetzt wie Deutschland. Im Jahr 2020 jedoch vollzog die französische Politik eine Kehrtwende und brachte ein Gesetz auf den Weg, das dem Staat eine Handhabe gegen alle Extremisten geben soll, die „Segregation" betreiben und für sich eine eigene „Verfassungsordnung" schaffen wollen, die sie von der französischen entbindet.[31] Deutschland sollte sich an dieser Gesetzesinitiative orientieren. Überdies sollte die Integrationspolitik auf die Teilhabe von Individuen abheben, anstatt weiterhin zu versuchen, Kollektive zu integrieren. Zentral ist, dass die Förderung islamistischer Akteure beendet wird und zugleich die Freiheitsrechte des Individuums in den Mittelpunkt der integrationspolitischen Bemühungen gestellt werden. Hybrider Islamismus wird durch die Stärkung des Individuums maßgeblich geschwächt, denn Emanzipation bedeutet immer den Schritt aus dem „Angstsystem" hin zur Selbstbestimmung. Diese Selbstbestimmung kann durchaus religiös sein, solange die religiöse Ausrichtung nicht durch Gruppenhaftung erzwungen ist.

Anmerkungen

1   Marc-Oliver Rehrmann, „9/11: Wo die "Todespiloten" der Terroranschläge zu Hause waren", *ndr.de*, 9. September 2011: https://www.ndr.de/geschichte/

chronologie/9-11-Wo-die-Todespiloten-der-Terroranschlaege-zu-Hause-wa ren,elfterseptember163.html, [29.05.2021]-

2   Guido Steinberg, „Germany and the Muslim Brotherhood", in Lorenzo Vidino (Hrsg.), *The West and the Muslim Brotherhood after the Arab Spring* (Dubai: Al Mesbar Studies & Research Centre in collaboration with The Foreign Policy Research Institute, 2013), S. 86–100: https://www.files.ethz.ch/isn/1626 22/201303.west_and_the_muslim_brotherhood_after_the_arab_spring.pdf, [23.05.2021].

3   Botschafter Dr. Gunter Mulack, „Vorwort Dialog mit der islamischen Welt", in Auswärtiges Amt (Hrsg.) *Dialog mit der islamischen Welt* (Berlin: Auswärtiges Amt, Referat Öffentlichkeitsarbeit Inland, 2015), S. 46–51.

4   Thomas Scheffler, „Mit Extremisten verhandeln: Weshalb, wann und wie?", in Auswärtiges Amt (Hrsg.) *Dialog mit der islamischen Welt* (Berlin: Auswärtiges Amt, Referat Öffentlichkeitsarbeit Inland, 2015), S. 76–83.

5   Landesamt für Verfassungsschutz der Freien Hansestadt Bremen, *Glossar der Verfassungsschutzbehörden*: https://www.verfassungsschutz.bremen.de/oeffe ntlichkeitsarbeit/detail.php?gsid=bremen77.c.11578.de&template=20_glossar _d&lang=de&begriff=E, [28.05.2021].

6   Guido Westerwelle, *Politischer Islam ist nicht das Gleiche wie radikaler Islamismus*, Auswärtiges Amt, 13. Januar 2012: https://www.auswaertiges-amt.de/de/ newsroom/120113-bm-faz-islam/248288, [28.05.2021].

7   Susanne Schröter, *Im Namen des Islam: Wie radikalislamische Gruppierungen unsere Gesellschaft bedrohen* (München: Random House Verlag, 2021), S. 67.

8   Dietrich Alexander, „Reformer oder Wolf im Schafspelz?", *Die Welt*, 22. September 2004: https://www.welt.de/print-welt/article341831/Reformer-oder-Wolf-im-Schafspelz.html [28.05.2021].

9   Dokumentation der Rede Erdoğans in Köln, „Das sagte Ministerpräsident Erdogan in Köln", *Die Welt*, 11. Februar 2008: https://www.welt.de/deb atte/article1660510/Das-sagte-Ministerpraesident-Erdogan-in-Koeln.html, [28.05.2021].

10 Synnøve K.N. Bendixsen, *MAKING SENSE OF THE CITY: THE RELIGIOUS SPACES OF YOUNG MUSLIM WOMEN IN BERLIN: An Ethnographic Study* (Berlin: Brill, 2013): http://www.jstor.com/stable/10.1163/j.ctv4cbh33.7, [25.05.2021], S. 66–107.

11 Ntv, „Ditib stolpert über Märtyrer-Comic", *ntv.de*, 5. September 2016: https:// www.n-tv.de/politik/Ditib-stolpert-ueber-Maertyrer-Comic-article18566476. html, [29.05.2021].

12 Democ.de, Twitter Dokumentation am 16. Mai 2021: https://twitter.com/de moc_de/status/1393831140071510016, [25.05.2021].

13 Diyanet Deutsch, „Der Babymörder İsrael muss so schnell wie möglich gestoppt werden", Tweet am 19. Mai 2021, *twitter.com*: https://twitter.com/ diyanet_de/status/1394930102123782144, [22.05.2021].

14 Josef Isensee, *Rechtsgutachten zum bekenntnisgebundenen islamischen Religionsunterricht, der an hessischen Schulen in Kooperation mit dem DITIB-Landesverband Hessen erteilt wird*, im Auftrag des Landes Hessen, vertreten durch das Hessische Kultusministerium, *hessen.de*: https://kultusministerium.hessen.de/sites

/default/files/media/prof._dr._josef_isensee_-_rechtsgutachten_ditib_hessen_fuer_hkm_2017.pdf, [30.05.2021].
15 Pressemitteilung des Ministeriums für Schule und Bildung des Landes Nordrhein-Westfalen, *Ministerin Gebauer: Ein neues, erfolgreiches Kapitel für den islamischen Religionsunterricht*, 17. Mai 2021: https://www.schulministerium.nrw/presse/pressemitteilungen/ministerin-gebauer-ein-neues-erfolgreiches-kapitel-fuer-den-islamischen, [28.05.2021].
16 Marcel Leubecher, „So verteidigt sich Seehofers Haus gegen Kritik von Abdel-Samad", *welt.de*, 14. November 2020,: https://www.welt.de/politik/deutschland/article220087294/Islamkonferenz-So-antwortet-Seehofers-Haus-auf-Kritik-von-Abdel-Samad.html, [30.05.2021].
17 Bundeszentrale für politische Bildung, *Islamismusprävention in Deutschland. Akteure und Strukturen in Bund und Ländern* (Bonn: Bundeszentrale für politische Bildung, Februar 2020): https://www.bpb.de/shop/buecher/einzelpublikationen/313119/islamismuspraevention-in-deutschland, [30.05.2021].
18 „Bundesmittel für Islamisten?", *tagesschau.de*, 7. Juli 2016: https://www.tagesschau.de/inland/bundesprogramm-islamisten-101.html, [30.05.2021].
19 Frederik Schindler, „Berlin beruft Islamisten in Kommission gegen antimuslimischen Rassismus", *welt.de*, 25.3.2021: https://www.welt.de/politik/deutschland/article229101711/Berlin-beruft-Islamisten-in-Kommission-gegen-antimuslimischen-Rassismus.html, [30.05.2021].
20 Carsten Frerk, „*Islamischer Lobbyismus*", *Forschungsgruppe Weltanschauungen in Deutschland*, 19. Juni 2020: https://fowid.de/meldung/islamischer-lobbyismus, [30.05.2021].
21 Daniel Köhler und Verena Fiebig, *Knowing What to Do: Academic and Practitioner Understanding of How to Counter Violent Radicalization*, (Terrorism Research Initiative, Juni 2019), S. 44–62: https://www.jstor.org/stable/26681908, [30.05.2021].
22 Drucksache 18/12743, Unterrichtung durch die Bundesregierung: Bericht der Bundesregierung über Arbeit und Wirksamkeit der Bundesprogramme zur Extremismusprävention, Deutscher Bundestag Drucksache 18/1274318. Wahlperiode, 14. Juni 2017, https://dip21.bundestag.de/dip21/btd/18/127/1812743.pdf, [30.05.2021]], S. 32ff.
23 Stefan Tydecks, „Die Bindung an die extremistische Ideologie bei jihadistisch motiviertem Extremismus: Ein normenbasiertes Radikalisierungsschema zur Beurteilung der Radikalisierung und Deradikalisierung", Vorabversion, *Zeitschrift „Praxis der Rechtspsychologie"*, Heft 1 (2021).
24 Vortrag von Stefan Tydecks, „Beurteilung von Terroristen – Fakten und Mythen über Radikalisierung", 12. Dezember 2019 bei Veto! Für den Rechtssaat e. V.
25 Bundesministerium für Familie, Jugend, Frauen und Sport, *Twitter.de*, 4.November 2020: https://twitter.com/bmfsfj/status/1323956853840269317?s=21, [30.05.2021]; Mediendienst Integration, *Islam und Muslime*: https://mediendienst-integration.de/gruppen/islam-und-muslime.html, [30.05.2021].
26 Reyhan Şahin, *Die Bedeutung des muslimischen Kopftuchs. Eine kleidungssemiotische Untersuchung Kopftuch tragender Musliminnen in der Bundesrepublik Deutschland* (Münster: LIT-Verlag, 2014).

[27] Sineb El Masrar, *Emanzipation im Islam – Eine Abrechnung mit ihren Feinden* (Freiburg i.B.: Herder, 2018), S. 175.
[28] Rebecca Schönenbach, „Burka oder Perlenkette – eine Debatte voller Missverständnisse", *hpd.de*, 4. März 2021: https://hpd.de/artikel/burka-oder-perlenkette-debatte-voller-missverstaendnisse-19062, [30.05.2021; Chantal Louis, „Papatya Berlin: Online-Beratung vor dem Aus?", *emma.de*, 22. August 2019: https://www.emma.de/artikel/papatya-online-beratung-vor-dem-aus-337067, [30.05.2021]; Schindler, „Berlin beruft Islamisten in Kommission gegen antimuslimischen Rassismus".
[29] European Commission, *Joint Framework on the Countering of Hybrid Threats*: https://ec.europa.eu/commission/presscorner/detail/it/MEMO_16_1250, [30.05.2021].
[30] Wolfgang Schreiber, „Der neue unsichtbare Krieg? Zum Begriff der „hybriden" Kriegsführung", *Bundeszentrale für politische Bildung*, 26. August 2016: https://www.bpb.de/apuz/232962/der-neue-unsichtbare-krieg, [28.05.2021]; https://www.faz.net/aktuell/politik/inland/islamische-bewegung-evangelischer-experte-haelt-guelen-fuer-problematisch-14409579.html, [30.05.2021]; Frédéric Burnand, „Wie Katar mit Charity-Projekten Europa unterwandert", *swissinfo.ch*, 25. April 2019: https://www.swissinfo.ch/ger/laizismus_wie-katar-mit-charity-projekten-europa-unterwandert/44917876, [30.05.2021]; Die Presse, „Sittenwächter in Wien festgenommen", *diepresse.com*, 13. August 2020: https://www.diepresse.com/5852414/sittenwachter-in-wien-und-linz-festgenommen-frauen-zu-westlich, [30.05.2021].
[31] Legifrance, „Projet de loi confortant le respect des principes de la République (INTX2030083L)" [Stand 14.5.2021: https://www.legifrance.gouv.fr/dossierlegislatif/JORFDOLE000042635616/, [30.05.2021].

Deutsche Islampolitik: 9/11 als Paradigmenwechsel

Volker Beck

Die Zuwanderung von Muslimen nach Westdeutschland in größerer Zahl wurde zunächst nicht als religionsverfassungsrechtliches Problem oder religionspolitische Herausforderung gesehen.[1] Die deutsche Islampolitik, also Religionspolitik in Bezug auf den Islam und gegenüber den muslimischen Einwohnerinnen und Einwohnern Deutschlands (mit oder ohne deutschen Pass), erlebte erst durch die Terroranschläge am 11. September 2001 eine Aufwertung und zugleich Neuorientierung. Insofern war 9/11 auch eine Zäsur und rückte die Islampolitik immer wieder ins Zentrum politischer Auseinandersetzungen. Der Islam wurde auf einmal zur Chiffre für Unsicherheit und Gefahr und zum Marker in Identitäts- und Integrationsdebatten.

Bereits in den 1980er- und mehr noch in den 1990er-Jahren gab es in Wissenschaft und Politik eine Tendenz hin zur Kulturalisierung gerade in der Debatte über die welthistorischen Perspektiven nach dem Ende der den Kalten Krieg bestimmenden Blockkonfrontation und ideologischen Systemauseinandersetzungen zwischen totalitärem Kommunismus und Marktwirtschaft wie Demokratie: Man denke etwa an Samuel P. Huntingtons viel kritisierte wie diskutierte ‚Kulturkreistheorie', erstmals dargelegt in seinem legendären Vortrag vom 19. Oktober1992 und später in seinem daran anschließenden Buch *The Clash of Civilisations* (1996, dt.: *Kampf der Kulturen*, 1996).

Wenn in der deutschen Öffentlichkeit und politischen Debatte vor 2001 Islamismus thematisiert wurde, so zumeist außenpolitisch oder in Bezug auf Ereignisse außerhalb von Deutschland, sei es die Fatwa gegen Salman Rushdie 1989, die Entführung von deutschen Touristen 2000 durch die philippinischen Abu Sajaf oder die Zerstörung der buddhistischen Buddha-Statuen in Afghanistan im

März 2001. Ein Jahr nach 9/11 konstatierte die Bundeszentrale für politische Bildung:

> Religion war über Jahrzehnte eine eher zu vernachlässigende Kategorie in der Politik. Die islamische Revolution 1979 im Iran hob jedoch die politische Brisanz religiöser Vorstellungen wieder ins öffentliche Bewusstsein. Spätestens seit den Anschlägen vom 11. September 2001 hat das Verhältnis von Religion und Politik als Faktor in den internationalen Beziehungen besondere Bedeutung erlangt.[2]

Es wurde in diversen wissenschaftlichen Arbeiten herausgearbeitet, dass Muslime in der gesellschaftlichen Wahrnehmung der Deutschen bis 2001 zuallererst Migranten waren. Bei Migranten war es letztlich zweitrangig, ob sie sich als orthodoxe Christen, Muslime oder Evangelikale, als Sikhs, Hindus oder Buddhisten verstanden. Die religiöse Zugehörigkeit machte in den politischen und öffentlichen Debatten so recht gar keinen großen Unterschied, obwohl sie bei den Anwerbestrategien durchaus eine Rolle gespielt hatte. Der „Migrant und seine Integration" wie der „Migrant als soziales Problem und Transfereinkommensbezieher" (vgl. „Anwerbestopp") oder der „Migrant und sein Potential" (vgl. die Debatte um „Kinder statt Inder" vs. IT-Spezialisten aus dem Ausland) bestimmten als thematische Verkürzungen die Debatte. Wo man herkam, war entscheidend – woran man glaubte, interessierte dagegen lange Zeit niemanden: weder die Nachbarn, die Kollegen, den Betrieb – noch die Politik.[3]

Die religiöse Grundversorgung wurde politisch lange unter dem Thema Gastarbeiterseelsorge abgehandelt. Bei Christen verschiedener Traditionen machten das die Amtskirchen. Entsprechend privilegierende Vereinbarungen für die DITIB gab es seit den 1980er-Jahren. Sie waren auch als Kontrapunkt zu den regen Organisationsgründungen von linken Flüchtlingen aus der Türkei gedacht, die aufgrund der Repressalien nach dem Militärputsch von 1980 aus ihrer Heimat nach Deutschland geflohen waren. Die 1984 erfolgte Gründung der DITIB durch einen türkischen Botschaftsrat fußte auf einer Regierungsvereinbarung zwischen Deutschland und der Türkei.[4]

In den Monaten vor den Anschlägen vom 11. September 2001 war Deutschland gerade dabei, über neue Wege für Arbeitsmigration zu diskutieren: Nach einer Rede von Bundeskanzler Schröder bei der Eröffnung der CeBIT, in der er eine Green Card für ausländische IT-Fachleute versprach, standen die Zeichen unter Rot-Grün auf mehr Einwanderung für Qualifizierte und auf Modernisierung des Zuwanderungsrechtes. Im Jahre 2001 bestimmten die Vorschläge der Süssmuth-Kommission die politische Debatte.[5] Der Mangel an IT-Fachleuten, Fragen der Qualifizierung und der demographische Wandel bestimmten vor den Anschlägen die Debatte, die sich zwischen den Polen „Kinder statt Inder" und Green Card für Fachkräfte aufspannte.

Dass die Anschläge auf eine in Deutschland beheimatete Islamistengruppe um Mohammed Atta aus Hamburg zurückgingen, verschob die Koordinaten der Integrations- und der Einwanderungsdebatte massiv: „Der Diskurs verlagert sich von der ethnischen hin zur religiösen Identität."[6] Der Fokus auf Sicherheit schob die Frage nach dem wirtschaftlichen Potenzial oder den möglichen sozialen Lasten in den Hintergrund. Die Politik reagierte ab Herbst 2001 mit einer Kaskade von Antiterrorgesetzen. Die als Gegenreaktion begonnene Operation Enduring Freedom gegen die Taliban aufgrund der UN-Resolution 1368 begann am 7. Oktober 2001 – mit der Erhöhung der Tabak-Steuer und der Versicherungssteuer wurden in Deutschland zusätzliche Maßnahmen der Antiterrorbekämpfung finanziert.

Mit dem Entwurf eines Ersten Gesetzes zur Änderung des Vereinsgesetzes wollte der Gesetzgeber auch „ein Verbot aussprechen [...] können, wenn es sich um Religionsgemeinschaften handelt." Bis dahin fand das Vereinsgesetz auf Religionsgemeinschaften und Vereinigungen, die sich die gemeinschaftliche Pflege einer Weltanschauung zur Aufgabe gemacht haben, im Rahmen des Artikels 140 GG keine Anwendung. Aufgrund von 9/11 sah man fraktionsübergreifend von Union bis Grüne das Bedürfnis, bei jenen Vereinigungen vom Vereinsverbot Gebrauch machen zu können, deren Zweck oder Tätigkeit den Strafgesetzen zuwiderlaufen oder die sich gegen die verfassungsmäßige Ordnung oder den

Gedanken der Völkerverständigung richten. Eine Religionsgemeinschaft kann demnach verboten werden, wenn sie sich in kämpferisch-aggressiver Weise gegen die Prinzipien von Demokratie und Rechtsstaat oder den in Artikel 1 Absatz 1 GG verankerten Grundsatz der Menschenwürde richtet. Unmittelbar nach Verabschiedung des Gesetzes wurde der Verband der islamischen Vereine und Gemeinden, öffentlich besser bekannt unter dem Namen „Kalifatstaat", des Metin Kaplan nach dieser Vorschrift verboten. Parallel dazu wurden die Bestimmungen für inländische terroristische und kriminelle Vereinigungen (§§ 129 und 129a StGB) grundsätzlich auf ausländische Vereinigungen mit Inlandsbezug ausgedehnt.[7]

Erklärtes Ziel der Sicherheitsgesetze war es, die Bedrohungen durch den internationalen Terrorismus bereits im Vorfeld geplanter Anschläge effektiv zu bekämpfen.[8] Der „neue[n] Dimension des Terrorismus und dessen internationale[r] Ausprägung" sollte mit dem Terrorismusbekämpfungsgesetz, im Volksmund teilweise auch „Otto-Katalog" genannt, begegnet werden. Vor allem die Geheimdienste erhielten neue Kompetenzen unter anderem bei der Einsicht in Bankkonten, bei Postdienstleistern, Luftfahrtunternehmen, Telekommunikationsunternehmen und bei der Telekommunikationsüberwachung. Das Sicherheitsüberprüfungsgesetz wurde um den vorbeugenden personellen Sabotageschutz erweitert. Auch das BKA erhielt zusätzliche Kompetenzen im Bereich der Gefahrenabwehr. Diese neuen Befugnisse der Sicherheitsbehörden wurden allerdings zeitlich befristet und mit hohen verfahrensrechtlichen Hürden verbunden. Sie sollten im Hinblick auf das Verhältnis von Grundrechtseingriffen und Sicherheitsgewinn evaluiert werden. Drei Jahre nach den Anschlägen wurde 2004 ein Gemeinsames Terror-Abwehrzentrum der Länder und des Bundes eingerichtet. All diese politischen Maßnahmen hatten ein Ziel: Deutschland sollte kein Ruheraum, Trainingslager oder Rekrutierungsgebiet für Terroristen mehr sein. Nach dem Regierungswechsel beseitigte die Große Koalition 2006 mit dem Terrorismusbekämpfungsergänzungsgesetz einen Teil der hohen Hürden des Gesetzes, verlängerte die Kompetenzen und weitete sie aus. Zudem schuf man mit dem

Gemeinsame-Dateien-Gesetz die Rechtsgrundlage für eine gemeinsame Antiterrordatei von Geheimdiensten und Polizeien. Die schwarz-gelbe Koalition verlängerte ihrerseits die Maßnahmen und verschärfte das Gesetz mit weiteren Kompetenzen. 2020 wurden die Geheimdienstkompetenzen von der Großen Koalition schließlich entfristet.[9]

Auch das Zuwanderungsgesetz wurde unter dem Gesichtspunkt Sicherheit geschärft: Die Regelausweisungstatbestände waren im ZuWG 2002 in § 54 Satz 1 Ziffer 5 analog zu den Versagungsgründen bei der Erteilung eines Aufenthaltstitels in § 5 Absatz 4 AufenthG geregelt. Danach werden Ausländer, die die freiheitliche demokratische Grundordnung oder die Sicherheit der Bundesrepublik Deutschland gefährden, seien sie politische Gewalttäter oder Unterstützer von Terrororganisationen oder Organisationen, die Terrororganisationen unterstützen, in der Regel ausgewiesen und erhalten keinen Aufenthaltstitel. Der § 58a AufenthG ist im Laufe des Vermittlungsausschussverfahrens auf Druck der unionsgeführten Bundesländer aufgenommen worden. Danach konnte allein aufgrund einer tatsachengestützten Gefahrenprognose (besondere Gefahr für die Sicherheit der Bundesrepublik oder allgemeine terroristische Gefahr), aber nicht erst aufgrund nachgewiesener Taten, eine sofort vollziehbare Abschiebungsanordnung ohne vorherige Ausweisung oder Abschiebungsandrohung durch die oberste Landesbehörde oder durch das Bundesinnenministerium erlassen werden. Tatsächlich wurde diese Vorschrift, soweit ersichtlich, erst 2017, also zwölf Jahre nach Einführung des Gesetzes, zum ersten Mal überhaupt angewandt. Nicht alles, was damals als unbedingtes Erfordernis der nationalen Sicherheit propagiert wurde, war so dringend und wirkungsvoll, wie es verkauft wurde.[10]

Die Deutsche Islamkonferenz: Islampolitik im Dialogformat

Mit der Deutschen Islamkonferenz entstand ein neues Dialogformat für das Verhältnis des Staates zu seinen muslimischen Bürgerinnen, Bürgern und deren Organisationen: Nicht Otto Schily, der in der rot-grünen Koalition als Bundesinnenminister amtierte, sondern Wolfgang Schäuble (CDU) setzte mit der Deutschen Islamkonferenz ab 2006 das Thema prominent auf die gesellschaftspolitische Agenda. Mit der Konferenz war ein neues Format gefunden, um öffentliche Fragen zwischen Staat und der diversen (Mehrheits-) Gesellschaft gegenüber ihrer vielfältigen muslimischen Minderheit zu diskutieren: von Integrationspolitik und gleicher religiöser Teilhabe über Extremismusprävention bis hin zum Problem der Bedrohung von islamistisch geprägtem Terrorismus. „Grundlegendes Ziel der Deutschen Islam Konferenz (DIK) ist der dauerhafte und regelmäßige gesamtstaatliche Dialog mit Muslimen beziehungsweise ihren Vertretungen in Deutschland,"[11] heißt es auf der aktuellen Webseite der DIK. Explizit stellte Schäuble in einer Regierungsklärung drei Punkte ins Zentrum:

- die Vereinbarkeit verschiedener islamischer Strömungen mit der deutschen Gesellschaftsordnung,
- die Vereinbarkeit des Islam als Religion mit den Strukturen und Elementen des deutschen Religionsverfassungsrechts und
- die ökonomische und soziale Lage vieler Muslime.[12]

So richtig der Ansatz des Dialoges war, die personelle Zusammensetzung und das Format blieben Dauerbrenner der Auseinandersetzung. Machtspielchen und konfligierende Deutungsansprüche der muslimischen Verbände einerseits und die ritualisierte politische Aufforderung zur Abgrenzung von islamistischen Überzeugungen und Praktiken andererseits, wechselten sich mit tarifvertragsverhandlungsähnlichen Settings und daraufffolgenden Öffnungsversuchen ab. Wichtigstes Ergebnis war die Gründung von Zentren für islamische Theologie an deutschen Hochschulen. Diesen Prozess hätte es ohne die DIK wohl so nicht gegeben. Auch wenn diese Initiative der richtigen Erkenntnis folgt, dass fundamentalistische und politische Reduktionen von Religion nur mit religiöser Bildung und Aufklärung erwidert werden können, so ist aber eine klare, konsistente religionspolitische Strategie in Bezug auf den Islam auch im Format der DIK bis heute nicht zu erkennen.

Eines der gravierendsten Probleme für diesen Zustand ist, dass die Religionspolitik ein politisches Schattendasein führt. Es gibt weder eine weitreichend entwickelte religionspolitische Debatte noch eine dafür passende etablierte Arena. So kommt es vor, dass ein neuer Religionsminister (im Bund oder in den Ländern) bei seinem einschlägigen, ersten inhaltlichen Aufschlag statt Religionspolitik sein persönliches Verhältnis zur Religion, insbesondere seine religiösen Überzeugungen in den Mittelpunkt stellt.[13] Vielfältig anzutreffen ist auch die Erwartung der Fraktionen und Parteien von ihren Kirchen- beziehungsweise Religionsbeauftragten, sie mögen vor allem Kontakt zum jeweiligen religiösen oder weltanschaulichen Milieu halten und die Werte der eigenen politischen Grundströmung dort vertreten. Religionspolitische Debatten werden daher auch gelegentlich zur identitätspolitischen Mobilisierung eigener Milieus umgedeutet und benutzt.

Ein weiteres Problem ist, dass die wenigen religionspolitischen Debatten, die politisch stattfinden, zumeist lediglich im nationalstaatlichen Rahmen bleiben – obwohl Religionsgemeinschaften zumeist transnationale Akteure sind. Hinzu kommt: Die Kompetenzen sind zwischen Bund und Ländern zersplittert. Die zentralen Rechtsgrundlagen finden sich im Grundgesetz und den völkerrechtlichen Menschenrechtspakten – ihre Umsetzung und Anwendung, gerade auch die Regelungen bei den *res mixtae*, den gemeinsamen Angelegenheiten von Staat und Religion, findet überwiegend, aber auch nicht nur, auf der Ebene der Bundesländer statt, allerdings wenig untereinander koordiniert und mit unterschiedlichen historisch gewachsenen regionalen Besonderheiten.

Aber nicht nur die strukturellen und rechtlichen Voraussetzungen einerseits und die politischen Erwartungen und Rollenverständnisse andererseits führen zu einer fehlenden Konsistenz: So forderte Innenminister Seehofer in seiner Eröffnungsrede bei der 4. Islamkonferenz wie zuvor schon in einem Gastbeitrag richtigerweise, dass die muslimischen Organisationen den

> Anforderungen des Religionsverfassungsrechts für eine Kooperation mit dem Staat genügen. Voraussetzung ist, dass ausländische Einflussnahme

ersetzt wird: Deutschlands Muslime müssen nicht nur Organisation und Finanzierung ihrer Gemeinden verstärkt selbst in die Hand nehmen.[14]

Allerdings schäkerte selbiger Bundesminister nur wenige Minuten später, auf der gleichen Veranstaltung, mit einem Verbandsvertreter, der diverse muslimische Organisationen mit ausländischer Einflussnahme repräsentiert, über die Frage, wie viele Imame dieser Verband nun in Deutschland ausbilden lassen würde. Angesichts dieser auch persönlich unklaren Haltung lässt sich fragen: Sind nicht die Abhängigkeiten und Curricula entscheidender als der Ort der Ausbildungsstätte? Besteht nicht die Gefahr, dass durch derartige öffentlich geäußerte ministerielle Statements, die klaren Ansagen, die in Reden und Gastbeiträgen gemacht werden, ad absurdum geführt werden?

Der Sinn von Religionspolitik im pluralistischen, freiheitlich-demokratischen Staat ist Religionsfreiheit. Dient sie allerdings identitätspolitischen Wählermobilisierungsfragen, muss sie scheitern. Sie wird dann notwendig inkonsistent und produziert sogar verfassungswidrige Ergebnisse. Sie trägt so auch nichts zum gesellschaftlichen Zusammenleben bei. Das Pendel in der Diskussion um die richtige Islampolitik schlägt zwischen zwei Polen ständig hin und her: Auf der einen Seite jene, die den Islam und die Muslime gleichsam für statisch, gefährlich und zurückgeblieben halten – auf der anderen Seite diejenigen, die wegen dieser kritischen Pauschalisierung bis hin zur Verteufelung der Muslime die Augen vor Problemen wie Terror, Antisemitismus und LGBT-Feindlichkeit und anderen verfassungswidrigen Positionen in muslimischen Communities verschließen. Es hat den Anschein, dass nicht wenige, die sich an der öffentlichen und politischen Debatte um eine Islampolitik beteiligen, mit zweierlei Maß messen: Vertreter islamischer Organisationen werden scheinbar in Watte gepackt und von berechtigter Kritik abgeschirmt – während gleichsam die Vertreter von Amtskirchen zu Recht der Kritik in Bezug auf antisemitische Einstellungen, LGBT-Feindlichkeit und anderen Positionen wie auch der historischen Komplizenschaft mit nationalistischen und kriegerischen Obrigkeiten ausgesetzt sind oder waren.

Die Terrorakte von 9/11 haben die dringende Notwendigkeit einer deutschen Islampolitik parteiübergreifend deutlich gemacht. Diese Dringlichkeit führte aber zum Beispiel in der Islamkonferenz dazu, dass muslimische Akteure händeringend als Ansprechpartner gesucht wurden – ohne diese auf eine religionsverfassungsrechtliche Tauglichkeit hin zu überprüfen oder diese an ihre verfassungsrechtlichen Mindeststandards zu erinnern.

Das Grundgesetz als Kompass der Religionspolitik

Die Religionspolitik und als deren Teil die Islampolitik ist durch Grundgesetz, den EU-Vertrag und die Menschenrechtskonventionen umfassend verrechtlicht. Religionspolitiker sollten die Spielräume, die das Grundgesetz lässt, kennen und nutzen. Die Weimarer Reichsverfassungsartikel setzen den Rahmen, die Grundrechte sollten der Kompass sein. Insofern sind Religionsfreiheit und eine Klärung des Begriffs der Religionsgemeinschaft Voraussetzung für die Kooperation des weltanschaulich neutralen Staates mit Religion beziehungsweise vielmehr der organisatorischen Verfasstheit von Glauben oder Weltanschauung.

Das Grundgesetz will gleiche Freiheitsgewährung für alle seiner Rechtskraft Unterworfenen. Artikel 3, das absolute Benachteiligungs- und Bevorzugungsgebot aufgrund von Glauben und religiösen Anschauungen, und Artikel 4, die Glaubens- und Gewissensfreiheit, sind die Magna Charta einer freiheitlichen Religionspolitik. Sie garantieren allen Menschen, dass sie entsprechend ihrer Glaubens- und Weltanschauungsvorstellungen frei leben können und hierfür keine Benachteiligungen befürchten müssen. Privilegierungen mehrheitlicher oder traditioneller Glaubensvorstellungen sind ausgeschlossen. In diesem Licht der Freiheits- und Gleichheitsgewährung muss auch das Religionsverfassungsrecht des Artikels 140 GG, der das Weimarer Staatskirchenrecht in das Grundgesetz inkorporiert, gelesen werden.

Aufgabe des Staates ist es, „Recht zu vermitteln, um Freiheit zu ermöglichen."[15] Dies beinhaltet gleiche Freiheitsmöglichkeiten für alle Bürger und Bürgerinnen, also auch für Nichtgläubige sowie

Gläubige der unterschiedlichsten Religionen. Das Grundgesetz spricht nicht von Religion, sondern einerseits vom Glauben der Menschen, religiösen Handlungen oder Übungen auf der einen Seite sowie von Religionsgesellschaften und -gemeinschaften auf der anderen. Eine solche Sichtweise, die konkrete Handlungen und Vergemeinschaftungsverfahren in den Blick nimmt, vermeidet auch eine Essentialisierung von Religion. Denn es gibt selbstverständlich auch nicht „den" Islam, „das" Christentum oder „das" Judentum. Jeder Glauben aktualisiert sich durch konkrete Gläubige in seiner Zeit und das zudem auch noch meist verschieden. Deshalb wird jede Religion immer wieder neu interpretiert – nur Fundamentalisten, seien sie religiös oder antireligiös, halten Religion für etwas Statisches oder gar für ein Subjekt, das handelt. Das Bundesverfassungsgericht interpretierte schon vor Jahrzehnten die Freiheit des Glaubens in einem für das Individuum weiten Sinn:

> Freiheit des Glaubens umfasst auch das Recht des Einzelnen, sein gesamtes Verhalten an den Lehren seines Glaubens auszurichten und seiner inneren Glaubensüberzeugung gemäß zu handeln. Dies betrifft nicht nur imperative Glaubenssätze, sondern auch solche religiösen Überzeugungen, die ein Verhalten als das zur Bewältigung einer Lebenslage richtige bestimmen.[16]

Eine deutsche Spezialität sind die kooperativen Aspekte des Religionsverfassungsrechts in Artikel 7 und 140 GG. Sie regeln die Kooperation von Staat und Religionsgemeinschaften unter anderem beim Religionsunterricht, bei der Anstaltsseelsorge, den Körperschaftsrechten für Religionsgesellschaften oder der Religionsgesellschaftssteuer (vulgo: Kirchensteuer). Das deutsche kooperative Religionsverfassungsrecht, zuweilen auch als „hinkende Trennung" von Kirche und Staat bezeichnet, bietet – freilich verständig praktiziert – die Chance zu Klärung, Dialog und Integration gerade beim Auftreten tatsächlicher oder vermeintlicher neuer Akteure.

Voraussetzung für die Kooperation des Staates in diesem Bereich ist die Klärung, wer Religionsgemeinschaft ist und somit in den verschiedenen Kooperationsformaten in Frage kommt. Nicht jede Vereinigung von Menschen, die einen Bezug zur Religion hat, ist schon eine Religionsgemeinschaft. Das Grundgesetz kennt ausdrücklich auch noch den religiösen Verein sowie die kollektive

Dimension der Religionsfreiheit. Das kooperative Religionsverfassungsrecht konkretisiert mit den Rechten der Religionsgemeinschaften die kollektive Religionsfreiheit. Der Staat fördert die Wahrnehmung des religiösen Selbstbestimmungsrechts der Religionsgemeinschaften, indem er ihnen durch Kooperation zusätzliche Relevanz und Ressourcen verschafft. Aber weder geht die kollektive Religionsfreiheit einfach in den Rechten der Religionsgemeinschaften auf oder sind beide Größen einfach deckungsgleich, noch sind die Rechte der Religionsgemeinschaft des kooperativen Religionsverfassungsrechtes von Artikel 7 Absatz 3 und 140 GG zwingendes Ergebnis der kollektiven Religionsfreiheit des Artikel 4. Das kooperative Religionsverfassungsrecht ist ein Bonustrack zur kollektiven Glaubensfreiheit, es ist aber aus seiner Perspektive begründbar.

Dadurch kommt der Bestimmung des verfassungsrechtlichen Begriffs der Religionsgemeinschaft beziehungsweise Religionsgesellschaft als „Zentralkategorie" eine wichtige Bedeutung zu.[17] Auch Gruppen von religiös oder weltanschaulich miteinander Verbundenen können in ihrem kollektiven Handeln von der kollektiven Religionsfreiheit geschützt sein, ohne dass sie als Kooperationspartner des Staates in Frage kommen oder auch nur eine Absicht hegen, diesen Anspruch zu erheben. Auch sind die grundgesetzlichen Rechte der Religionsgesellschaften beziehungsweise Religionsgemeinschaften kein zwingend notwendiger oder erforderlicher Ausfluss der Religionsfreiheit.

Begriff der Religionsgemeinschaften

Diese gesetzlichen Grundlagen bilden die Basis für eine Islampolitik. Allerdings bereitet Religionspolitikern die Struktur einiger Vereinigungen in der islamischen Organisationslandschaft besondere Herausforderungen: Die religionsfremde Identität und Fremdbestimmung einiger Organisationen und ihr Verhältnis zu den fundamentalen Verfassungsprinzipien, die dem staatlichen Schutz anvertrauten Grundrechte Dritter sowie die Grundprinzipien des freiheitlichen Religions- und Staatskirchenrechts des Grundgesetzes.

Es reicht nicht, dass sich Gläubige „irgendwie zusammenschließen".[18] Die Abgrenzung des Begriffs der Religionsgemeinschaft ist aus dem Sinn und Zweck der Rechtskategorie im Religionsverfassungsrecht zu bestimmen:

1. dem verfassungsrechtlich geschützten und geförderten Selbstbestimmungsrecht der Religionsgemeinschaften;
2. den funktionalen Anforderungen im *jeweiligen* Kooperationsverhältnis auch im Hinblick auf die Rechtswirkungen auf Dritte, insbesondere der Gläubigen und Mitglieder.

Der Begriff der Religionsgemeinschaft wie beispielsweise bei den Regelungen zur rituellen Schlachtung (Schächten, § 4a II Nr. 2 Tierschutzgesetz: Ausnahmegenehmigung, Töten von Tieren) oder der Beschneidung (§ 1631d BGB) ist nicht zwingend der gleiche wie bei Artikel 7 Absatz 3 GG oder Artikel 140 GG. Darauf weisen auch Bundesverfassungsgericht und Bundesverwaltungsgericht in ihrer Rechtsprechung hin.[19]

Für den bekenntnisorientierten Religionsunterricht als ordentliches Lehrfach ist hinsichtlich der funktionalen Anforderungen im Kooperationsverhältnis erforderlich, dass die Religionsgemeinschaften für Lehrerlaubnis und Curricula Auskunft geben können, was sie als verbindlichen Teil ihrer religiösen Überzeugungen und Praxen verstehen und was nicht und welche Stelle mit welchen Methoden hierüber zum Beispiel bei Streit- und Grenzfällen Auskunft zu geben weiß. Ferner ist Klarheit darüber erforderlich, wer zu der Gemeinschaft gehört und wer nicht, um zu bestimmen, wer im Rahmen der Schulpflicht zur Teilnahme am Unterricht bei dem ordentlichen Lehrfach Religionsunterricht verpflichtet ist. Bei der Verleihung der Körperschaftsrechte an Religionsgesellschaft ist zumindest zusätzlich zu verlangen, dass „sie durch ihre Verfassung und die Zahl ihrer Mitglieder die Gewähr der Dauer bieten."[20] In allen Fällen ist zu fordern, dass Religionsgemeinschaften, die der Staat als Kooperationspartner anerkennt, die Ordnung des Grundgesetzes einschließlich der Grundlinie des freiheitlichen Religionsverfassungsrechtes grundsätzlich unterstützen und respektieren und sie sie zumindest nicht gar noch gefährden.

Religionsgemeinschaften setzen begrifflich eine institutionalisierte Trias von Gläubigen, Glauben und Gemeinschaft voraus. In diese Richtung weist auch die Rechtsprechung des Bundesverwaltungsgerichtes zu den islamischen Dachverbänden, wenn das Gericht verlangt, dass ein Verband, der als Religionsgemeinschaft angesehen werden will, „Aussagen in Fragen der Glaubensinhalte und der sich daraus ergebenden Verhaltensanforderungen sowie des religiösen Kults trifft, die Autorität genießen."[21]

Dem Staatsrechtler und Kommentator der Weimarer Reichsverfassung Gerhard Anschütz zufolge ist eine Religionsgemeinschaft ein „die Angehörigen eines und desselben Glaubensbekenntnisses – oder mehrerer verwandter Glaubensbekenntnisse [...] – für ein Gebiet [...] zusammenfassender Verband zu allseitiger Erfüllung der durch das gemeinsame Bekenntnis gestellten Aufgaben".[22] Die alte Anschütz'sche Formel leistet die Abgrenzung und Definition heute nur noch, wenn man ihre begrifflichen Kriterien tatsächlich, und zwar religionswissenschaftlich, politisch und rechtlich, auf ihre Voraussetzungen untersucht, interpretiert und womöglich sogar ergänzt.

- Das Abheben auf das „Glaubensbekenntnis", die Angehörigen desselben und die „allseitige Erfüllung der durch das gemeinsame Bekenntnis gestellten Aufgaben" setzt stillschweigend eine religiöse Identität voraus, die bei diversen islamischen Verbänden wegen ihres politischen Charakters hinterfragt werden muss.
- Die Formulierung „mehrerer verwandter Glaubensbekenntnisse" darf nicht dazu verleiten, eine beliebige Zusammensetzung von Gläubigen und Gemeinschaften für eine Religionsgemeinschaft zu halten. Nicht jeder Zusammenschluss von Religionsgemeinschaften ergibt schon wieder eine Religionsgemeinschaft.[23]
- Eine religiöse Organisation und erst recht eine Religionsgemeinschaft muss sich „primär religiösen Angelegenheiten [widmen], politische, kulturelle und wirtschaftliche Aktivitäten [dürfen] also nicht dominieren"[24].

- Religiöse Vereine dienen religiösen Partikularzwecken, Religionsgesellschaften zeichnen sich durch allseitige Religionspflege aus.
- Religionsgemeinschaften knüpfen an einen „Akt religiöser Vergemeinschaftungen von natürlichen Personen" an. Daher ist für sie das „personelle Substrat, die Mitgliedschaft natürlicher Personen, konstitutiv".[25] Die korporativen Rechte der Glaubensgemeinschaften sind auch Ausfluss der individuellen Religionsfreiheitsrechte ihrer Mitglieder.
- Die Beherrschung eines religiösen Vereins oder einer sonstigen Gemeinschaft von Gläubigen durch einen ausländischen Staat, eine Partei oder eine politische Bewegung verletzt das religiöse Selbstbestimmungsrecht, das Teil der von der Verfassung geschützten kollektiven Religionsfreiheit ist. Weil die Gemeinschaften die Grundsätze der jeweiligen Religion definieren müssen, kann eine solche Fremdbestimmung dazu führen, dass es sich nicht mehr um „eigene" Grundsätze handelt, sondern um solche des ausländischen Staates und seiner Politik. Damit kann sogar die Berufung auf die kollektive Religionsfreiheit ins Leere laufen.[26]
- „Eine Gemeinschaft, die durch einen anderen Staat so beeinflusst wird, dass ihre Grundsätze nicht Ausdruck ihrer religiösen Selbstbestimmung sind, kann daher nicht Kooperationspartner beim Religionsunterricht oder bei der Anstaltsseelsorge sein."[27] Sie ist dann im religionsverfassungsrechtlichen Sinne keine Religionsgemeinschaft.[28]

Im Zuge der einsetzenden Islampolitik nach 9/11 und der dadurch entstehenden politischen Bühnen wurde gerade von Seiten der muslimischen Verbände gefordert, beispielsweise als Körperschaften des öffentlichen Rechts von Staatsseite anerkannt zu werden. Allerdings gibt der Religionsverfassungsrechtler Ansgar Hense zu bedenken: „Grundsätzlich stellt sich die Frage, ob die bestehenden muslimischen Verbände ihre Zentralperspektive im Feld des Religiösen finden oder nicht."[29] Die muslimischen Verbände verdanken ihre Entstehung der Migrationsgeschichte. Ihre Identitäten spiegeln oftmals die politisch(-religiöse) Einstellungen aus den

Herkunftsländern wider und inkorporieren damit freilich eine Tendenz, die in Staaten mit mehrheitlich muslimischer Bevölkerung in verschiedenen und wechselnden Kombinationen auftreten können: Die „Verstaatlichung des Islam" beziehungsweise die „Islamisierung des Staates".[30]

Solche Identitäten stehen im Widerspruch zu den Grundlagen des deutschen Religionsverfassungsrechts mit seiner Trennung von Staat und Religion: Sie widersprechen sowohl der religiösen Selbstbestimmung als auch dem weltanschaulich neutralen Staat. Die staatliche Anerkennung dieser hybriden politisch-religiösen Gebilde als Religionsgemeinschaften (zum Beispiel von Moscheevereinen, die von ausländischen Regierungen, Parteien oder politischen Bewegungen abhängen und geprägt beziehungsweise finanziert werden) gefährden den Fortbestand und die freiheitliche Funktion dieses Rechtes.[31]

Bisher ist allein die islamische Sondergemeinschaft Ahmadiyya Muslim Jamaat Deutschland hierzulande als islamische Religionsgemeinschaft im Sinne einer Körperschaft des öffentlichen Rechts anerkannt. Durch ihren religiösen Sondergemeinschaftscharakter gelingt es ihnen mit hinreichender Klarheit, die Trias von Glaubenssubstrat, Mitgliedern und Organisation zu konturieren. Über den Status anderer islamischer Organisationen wird vor den Gerichten, in der wissenschaftlichen Literatur und in der Politik äußerst kontrovers gestritten.

Im Folgenden soll anhand von zwei Gerichtsverfahren zum islamischen Religionsunterricht zwischen islamischen Organisationen und Bundesländern verdeutlicht werden, wie diese Kriterien praktisch zur Anwendung kommen. Sie dienen als Illustration für die These, dass in der Islampolitik nach 9/11 oftmals weder auf politischer noch juristischer Seite eine wissensbasierte Einschätzung der betreffenden Akteure und der rechtlich möglichen Spielräume im Feld stattfindet – vielmehr noch: Dieses Unwissen lässt Kooperationen mit Akteuren zu, die staatlicherseits seit 9/11 wegen ihrer Verbindung zu islamistischen Kreisen und Theologien ausgeschlossen und auf Abstand gehalten werden sollten. Dies ist beim Thema islamischer Religionsunterricht wie bei der universitären

Islamischen Theologie von Bedeutung. Denn hierbei geht es strategisch um die Stärkung muslimischer Resilienz durch Aufklärung, Bildung und Wissenschaftlichkeit gegen islamistische und politische Engführungen des Islam. Hier geht es nicht nur um den Prestige-Aspekt, der der Kooperation mit dem Staat immer innewohnt, sondern um die Definitionsmacht für Curricula und Lehrerlaubnisse (Idschaza).

Rechtsstreit I:
Klage ZMD und Islamrat gegen das Land Nordrhein-Westfalen um den islamischen Religionsunterricht

Seit über zwei Jahrzehnten dauert beispielsweise der Streit zwischen zwei islamischen Dachverbänden und dem Land Nordrhein-Westfalen. Zurück geht er auf einen Antrag aus dem Jahr 1994 auf Einführung von islamischem Religionsunterricht an den öffentlichen Schulen in Nordrhein-Westfalen. Schon 1998 hatten der Islamrat für die Bundesrepublik Deutschland e.V. und der Zentralrat der Muslime in Deutschland (ZMD) auf die Einführung eines Islamischen Religionsunterrichts an staatlichen Schulen in Nordrhein-Westfalen geklagt. 2001 erging das erstinstanzliche Urteil in der Sache, die nun schon zweimal auf dem Tisch des Bundesverwaltungsgerichtes gelandet war. Zwischenzeitlich ruhte das Verfahren ein Jahrzehnt.

Vom Fortgang dieses Verfahrens hängt die Zukunft des bewährten deutschen Religionsverfassungsrechts ab.[32] Das Land Nordrhein-Westfalen wie das *OVG Münster* hatten zunächst darauf gesetzt, dass Dachverbände keine Religionsgemeinschaften sein können. Dem widersprach 2005 aber das *Bundesverwaltungsgericht*.[33] Es verlangte allerdings, dass die Stufen der Verbände bis hinunter zu den Gemeinden durch ein organisatorisches Band zusammengehalten werden, in denen das religiöse Leben stattfindet, und die Gemeinden prägenden Einfluss auf den Verband haben. Der Dachverband müsse für Aufgaben, die für die Identität der Religionsgemeinschaft wesentlich sind, zuständig sein. Es geht dabei um die Autorität der Verbände bei Fragen der Bekenntnispflege. Das *Bundesverwaltungsgericht* verlangt zudem, dass die

Dachverbände die Grundlagen der Verfassungsordnung, die Grundrechte und die freiheitliche Ausrichtung des Staatskirchenrechtes, also auch das Selbstbestimmungsrecht der Religionsgemeinschaften und die Trennung von Staat und Religion, nicht gefährden.[34]

Das *Oberverwaltungsgericht Münster* hatte im November 2017 in seiner Urteilsbegründung angesichts der in der mündlichen Verhandlung offen zu Tage tretenden Ratlosigkeit der klagenden muslimischen Verbände bei Fragen nach ihrer Autorität zu Bekenntnisfragen darauf abgestellt, dass eine Verbindlichkeit ihrer Lehrautorität ohnehin satzungsrechtlich gar nicht angelegt sei. Darauf soll es nach Ansicht der Leipziger Richter aber nicht ankommen.

Das *Bundesverwaltungsgericht* will wissen, ob die Erkenntnisse der in religiösen Fragen Zuständigen zumindest reale Geltung bei den Verantwortlichen und Gläubigen in den Gemeinden haben und ob diese Autorität beständig in einem gewissen Umfang ausgeübt wird. Diese richterliche Frage ist nicht leicht zu beantworten: Kommt es lediglich auf „geistigen Gehalt und äußeres Erscheinungsbild" bei Religionsgemeinschaften an, so wird man im weiteren Verfahren die tatsächlichen Identitäten der Verbände und die Art ihrer Abhängigkeiten stärker untersuchen müssen.[35] Erst nach dieser qualitativen Untersuchung können die religionsverfassungsrechtlichen Problemstellungen sinnvoll bearbeitet werden. Zur Beantwortung der richterlichen Frage wäre zum Beispiel eine Generalinventur der Identitäten und der Willensbildungsprozesse der Verbände und ihrer Mitgliedsvereine notwendig. Selbstauskünfte und der bloße Blick in die Satzung – so wie es bei den meisten religions- und rechtswissenschaftlichen Gutachten unternommen wird, die in den Bundesländern in Auftrag gegeben wurden – erweisen sich als nicht aussagefähig, da nur ideale Eigenbilder reproduziert werden. Sie bilden die tatsächlichen Verhältnisse nicht ab. Das ganze Geflecht von Vermögens- und Finanzbeziehungen sowie die arbeitsrechtlichen Verhältnisse in der Organisation bleiben weiterhin im Dunkeln. Auch die politischen Aktivitäten und die in den Gemeinden tatsächlich verbreiteten religiösen Lehren sollten in den Blick genommen werden.

Die vom Bundesverwaltungsgericht geforderte Wahrnehmung „für die Identität einer Religionsgemeinschaft wesentlichen Aufgaben auch auf der Dachverbandsebene" erscheint als nicht deckungsgleich mit dem Selbstverständnis des Zentralrats der Muslime (ZMD), der sich vor allem als „die Interessenvertretung seiner heterogenen Mitglieder"[36] sieht. Dass diese Selbstbeschreibung nach der Rechtsprechung des Bundesverwaltungsgerichtes eben gerade nicht ausreicht, weiß auch deren bisherige Prozessvertreterin in dem verwaltungsrechtlichen Verfahren[37].

Gelehrtenräte

Die Rechtsvertreterin der beiden Verbände, Diana zu Hohenlohe, argumentiert in einem rechtswissenschaftlichen Aufsatz von 2019, dass es bei den klagenden Verbänden Gelehrtenräte gebe. Allerdings: Von deren Lehrtätigkeit gibt es keine öffentlich zugänglichen Spuren. Diesen Gelehrtenräten wird in der Begründung des Bundesverwaltungsgerichtsurteils von 2018 aber eine hohe Bedeutung zugewiesen.[38] Die Angaben, die zu den Gelehrtenräten in ihrem Fachaufsatz gemacht wurden, waren wohl zumindest zum Zeitpunkt der Veröffentlichung und hinsichtlich der personellen Zusammensetzung nicht korrekt.[39] Es wird der Eindruck erweckt, die Anforderungen hinsichtlich der Lehrautorität seien erfüllt. Die Rechtsvertreterin referiert im März 2019 die personelle Zusammensetzung der angeblich bestehenden Gelehrtenräte der Verbände.[40]

Meinen Recherchen zufolge sind diese Angaben wohl in mehrfacher Hinsicht falsch. Der vermittelte Eindruck, die Verbände hätten eine Lehrautorität, die in den Mitgliedsgemeinden und bei ihren Gläubigen Autorität genießt, entspricht nicht den Tatsachen. Die Frage für Grund und Quelle der Täuschung konnte nicht geklärt werden: Die Prozessvertreterin hat ihre Darstellung nach eigenen Angaben von ihrer Mandantschaft.[41] Zumindest einer der beiden Räte hat wohl zumindest zum Zeitpunkt der Veröffentlichung wohl realiter nicht existiert.

Der Gelehrtenrat des Islamrates

Erstaunlich ist, dass das Wort „Gelehrtenrat" auf der Webseite des Islamrats lediglich ein einziges Mal aufgeführt ist, und zwar peripher in der Selbstdarstellung des Verbandes in einer PDF-Datei.[42] Auf Anfrage schildert der Islamrat die Tätigkeiten des Gelehrtenrates weniger als Lehrautorität, sondern im Bereich individueller Anfragen:

> Der Gelehrtenrat wird zusammengerufen, wenn aktuelle Fragen anstehen. Zu bestimmten Fragen werden auch schriftliche Anfragen an den Gelehrtenrat gestellt. Die Ratsmitglieder nehmen zudem an Veranstaltungen der Mitgliedsgemeinden teil und sind Referenten bei der Imamaus- und -Weiterbildung [sic!] der Mitgliedsgemeinden. Der Gelehrtenrat tauscht sich mit den Imamen aus, berät sie und formuliert religiöse Standpunkte. Mitglieder können sich mit ihren Fragen an den Gelehrtenrat wenden. Der Kontakt wird meist über einen Imam oder einen Verantwortlichen in der Moschee hergestellt.[43]

Dem Gelehrtenrat gehören laut Islamrat folgende Personen an: „Ramazan Uçar, Hulusi Ünye, Murat Gül, Nermin Şeker, Elif Köse, Tarık Eroğlu".[44] Im März 2019 hatte die Prozessvertreterin noch behauptet, dem Gelehrtenrat gehörten „Şükrü Bulut, Ali Mete und Hulusinyi" an.[45] Dennoch behauptet der Vorsitzende des Islamrates Kesici (zunächst): „Die genannten Namen waren bei der mündlichen Verhandlung am OVG Münster und bei den Vorbereitungen für das Verfahren am BVerwG noch aktuell. In der Delegiertenversammlung 2021 tritt die zuvor geschilderte Änderung ein.[46] Diese Angabe ist unverständlich, denn das Urteil des Oberverwaltungsgerichts Münster erfolgte 2017. Damals gab es nach Angaben von Herr Kesici noch gar keinen Gelehrtenrat. Auf entsprechende Vorhaltung äußert sich der Islamrat wie folgt:

> Der Gelehrtenrat wurde bereits im Jahre 2017 eingesetzt; unter dem Namen: „Ausschuss für theologische Grundsatzfragen". Laut GO war der Vorsitzende des Ausschusses der Shaik ul-Islam. Am 31.3.2019 erfolgte dann die endgültige Abschaffung des Shaik ul-Islam durch die Delegiertenversammlung. In dieser Delegiertenversammlung wurde der Gelehrtenrat neu gewählt. Am 30. Mai 2021 wurde der Gelehrtenrat erneut gewählt. Die Mitglieder in alphabetischer Reihenfolge:
> 2017: Ali Mete, Hulusi Ünye, Sükrü Bulut

2019: Hulusi Ünye, Ilhan Bilgü, Nermin Seker, Nizamettin Melikoglu, Ramazan Ucar, Sükrü Bulut
2021: Elif Köse, Hulusi Ünye, Murat Gül, Nermin Şeker, Ramazan Uçar, Tarık Eroğlu.[47]

Auch diese Angaben können nicht ganz stimmen: Einen Hinweis auf das Gelehrtenratsmitglied Murat Gül gibt es auf Twitter seitens des Islamrats bereits im April 2019.[48] Entweder spielt der Gelehrtenrat im Verbandsleben eine solch nebensächliche Rolle, dass man nicht klar nachvollziehen kann, wer wann diesem Gremium angehörte – oder hier wird bewusst getäuscht. Darüber hinaus wirft die behauptete Lehrtätigkeit des Gelehrtenrates Fragen auf. Zur Substanz der Lehrtätigkeit befragt, schreibt der Islamratsvorsitzende:

> Der Islamrat hat das „Handbuch Islam" in Auftrag gegeben. Darin wird das Glaubens- und Rechtssystem sowie wichtige Fragen muslimischer Lebensführung unter Berücksichtigung aller vier Rechtsschulen auf 832 Seiten erschlossen. Das Handbuch wird als Studienausgabe den Imamen der Mitgliedsgemeinden zur Verfügung gestellt und ist in Bildungseinrichtungen seiner Mitgliedsgemeinden als Lehrmittel eingeführt worden.

Die Studienausgabe ist eine 2020 gedruckte, auszugsweise Wiedergabe eines umfassenden Handbuches aus dem Jahr 2005, das 2021 seine vierte Auflage erlebte, mit einem in allen vier Bänden wiederholten, inhaltlich dünnen Vorwort des Gelehrtenrates.[49] Im Vorwort des ursprünglichen Handbuches dankt der Verleger 2005 aber nicht dem Islamrat, der nicht erwähnt wird, sondern dem zu diesem Zeitpunkt ehemaligen Vorsitzenden des Islamrates, Hasan Özdogan. Er war stellvertretender Generalsekretär der Islamischen Gemeinschaft Millî Görüş (IGMG). Unter seiner Führung gab es angeblich eine enge Zusammenarbeit mit der von Gaddafi gegründeten World Islamic People's Leadership. Das könnte erklären, warum der Verleger Özdogan nicht nur für die Beauftragung, sondern auch für das Legen der „materiellen Grundlagen" dankt.[50] Dass der Islamrat sich Özdogans Mitwirkung am Handbuch nachträglich zu eigen machen will, erstaunt umso mehr, da man diesen 2002 wegen Berichten über seine angebliche Nähe zu Gaddafi als Vorsitzenden abgewählt hatte.[51]

Ferner führt der Vorsitzende Burhan Kesici mehrere Links zu einer Broschüre zum Fasten, zu Corona und die Q&A-Seite des Islamrat an.[52] Hierzu führt er aus: „Die Information, die Sie unter den Links finden, sind durch die Arbeit des Gelehrtenrates entstanden. Die Arbeit des Gelehrtenrates ist umfangreich, auch wenn dies auf den ersten Blick nicht ersichtlich ist." Den Unterlagen ist diese Entstehungsgeschichte tatsächlich nicht zu entnehmen. Dass hier ein Gelehrtenrat theologische Fragen mit Autorität klärt, wird durch diese Ausführungen nicht dargelegt. Nicht dargelegt wird auch, ob der Gelehrtenrat in allen seinen Mitgliedsorganisationen gleichermaßen Autorität genießt. Das ist angesichts eines eigenen Gelehrtenrates der IGMG eher unwahrscheinlich. Außerdem verweist man auf Bildungsangebote, die der Islamrat gemeinsam mit den IGMG-Studenten durchführte.[53] Wichtigstes Mitglied des Islamrates ist die von Necmettin Erbakan ins Leben gerufene IGMG. Ihr Begründer hat mit den zentralen Schlüsselbegriffen Millî Görüş und Adil Düzen eine Ideologie entworfen, die mit der freiheitlich-demokratischen Grundordnung nicht vereinbar ist. Erbakan ist außerdem mehrfach durch öffentlich geäußerte antisemitische Positionen aufgefallen. Er genießt bis heute hohes Ansehen, seine Person und Ideen werden in der Organisation gefeiert und hochgehalten. 2018 gab die IGMG in ihrem verbandseigenen Verlag eine Erbakan-Biographie auf Türkisch heraus.[54] Von daher ist naheliegend zu fragen, was der Gelehrtenrat des Islamrates zu den Lehren Erbakans, insbesondere auch seinen Schlüsselbegriffen Millî Görüş und Adil Düzen, sagt. Auf entsprechende Nachfrage teilt der Verband mit: „Die Lehren von Prof. Dr. Necmettin Erbakan waren zu keinem Zeitpunkt Gegenstand des Gelehrtenrates."[55]

Positiv hervorzuheben ist, dass der Islamrat auf Fragen (inzwischen) antwortet. Man bemüht sich offensichtlich von der Erscheinung her, den Anforderungen der Rechtsprechung zu entsprechen. In der Kommunikation mit dem Islamrat habe ich allerdings den Eindruck gewonnen, dass man Begriffe wie Religionsgemeinschaft, Lehre und Autorität nicht so versteht, wie sie religionsverfassungsrechtlich gemeint sind. Negativ hervorzuheben ist, dass die Tatsachen zum Teil widersprüchlich, unrichtig oder aufgehübscht präsentiert werden. Dabei wird auch deutlich, dass man sich scheut, das, was man nach außen (angeblich) darstellen und kommunizieren will, nach innen auch offensiv zu vertreten.

Gelehrtenrat des Zentralrates

Über den Zentralrat weiß man bei weitem nicht so viel: Mehr als die einschlägige Satzungsbestimmung ist der Landesregierung Nordrhein-Westfalen über die Existenz, Tätigkeit und Zusammensetzung des Gelehrtenrates des Zentralrates der Muslime nichts bekannt.[56]

Der Zentralrat beantwortete Fragen zur Arbeit des Gelehrtenrates ebenso wenig wie die zu seiner mitgliedschaftlichen Zusammensetzung.[57] Auch auf Vorhalt, dass öffentlich von ihrem Vorsitzenden zum Gelehrtenrat und der eigenen Verfahrensbevollmächtigten unrichtige Angaben gemacht wurden, reagieren Pressestelle und Sekretariat des Zentralrates nicht. Die von der Prozessbevollmächtigten in ihrer fachwissenschaftlichen Publikation benannten Gelehrtenratsmitglieder zeigten sich zum Teil erstaunt über ihre Nennung in diesem Zusammenhang. Einige sagten auf Nachfrage, dass sie dafür nicht zur Verfügung gestanden hätten oder von dem Gelehrtenrat und seiner Arbeit gar nichts wüssten. Andere waren nicht erreichbar. Eine Person, die selbst nach eigenen Angaben nie für dieses Gremium bereitstand, aber nicht genannt werden will, informierte den Autor, dass sie eine (erste) Einladung zur „Gelehrtenratssitzung" erst Anfang Januar 2020 erhalten habe. Dies lässt mutmaßen, dass es 2019 zumindest noch kein derartiges Gremium gegeben hat. Trotzdem sagt der Vorsitzende des Zentralrates 2018 in einem Interview: „Die Beschlüsse unseres Gelehrtenrats sind für alle verbindlich."[58]

Der als Mitglied des Gelehrtenrates aufgeführte Abdelmalek Hibaoui steht in der Kritik wegen Nähe beziehungsweise Verbindungen zu Muslimbrüdern, dem Hardcorespektrum von Millî Görüş (Saadet-Partisi) und einer Indifferenz gegenüber Israelhassern.[59] Auf Nachfrage zur Tätigkeit des Gelehrtenrates schrieb er: „Der islamische Gelehrtenrat ist ein internes Organ des ZMD und hat nach Satzung kein öffentliches Mandat."⁶⁰ Auch das spricht nicht so recht für eine Autorität in Lehrfragen.

Damit ist ein Profil des Gelehrtenrates beschrieben, das die Anforderung des Bundesverwaltungsgerichtes nach Lehre mit Autorität – wenn auch nicht zwingend mit Verbindlichkeit – eindeutig verfehlt. Mubarak Kounta und Abdelhak El Kouani werden in der Öffentlichkeitsarbeit im Zusammenhang mit einem Besuchstermin des Zentralrates als Mitglieder des Gelehrtenrates schon 2018 genannt.⁶¹ Bei den anderen Personen wurden keine entsprechenden Hinweise gefunden.

Angesichts der gravierenden Ungereimtheiten bei beiden Gelehrtenräten erscheinen die beiden Gremien wohl eher als potemkinsche Dörfer denn als Autoritätsinstanzen. Zumal bei der diversen Mitgliedschaft in beiden Verbänden die Frage ohnehin erst zu beantworten wäre, auf welche gemeinsame religiöse Identität hin hier ein Lehren mit Autorität möglich wäre und ob durch die zum Teil politisch vorgespurte Identität der Mitgliedsorganisationen der Verbände nicht die Grundlagen des Religionsverfassungsrechtes mit seiner zentralen Stellung des religiösen Selbstbestimmungsrechtes gefährdet werden.

Sollte die Verwaltungsgerichtsbarkeit für die Verbände entscheiden, wäre auch das NRW-Modell für einen bekenntnisförmigen islamischen Religionsunterricht gescheitert, bei dem nach dem 6. beziehungsweise dem 14. Schulrechtsänderungsgesetz eine Kommission aus Verbandsvertretern die Rolle der Religionsgemeinschaft substituiert.

Rechtsstreit II:
Die An- und Aberkennung der Eigenschaften einer Religionsgemeinschaft bei der DITIB Hessen

Hessen ist zunächst einen anderen Weg gegangen. Zunächst erkannte man die DITIB als Religionsgemeinschaft an. Mit Bescheid vom 17. Dezember 2012 entsprach das Land Hessen dem Antrag der DITIB Hessen und entschied sich für die Einrichtung eines bekenntnisorientierten Islamischen Religionsunterrichts in Kooperation mit der DITIB als ordentliches Lehrfach zum Schuljahr

2013/2014. Das Land war damals der Ansicht, dass der Antragsteller den Anforderungen an eine Religionsgemeinschaft im Sinne des Artikel 7 Absatz 3 GG genüge. Aufgrund von Satzungsänderungen sprach man bei der DITIB Hessen von einer Unabhängigkeit von Ankara.

Nach der DITIB-Spionageaffäre und weiteren Vorfällen im Zusammenhang mit Hetze aus der DITIB heraus gab das Land Gutachten in Auftrag und teilte durch Pressemitteilung des Hessischen Kultusministeriums vom 28. April 2020 mit, dass der Bescheid ausgesetzt sei und ab dem Schuljahr 2020/21 ein bekenntnisorientierter islamischer Religionsunterricht in Kooperation mit DITIB Hessen nicht mehr stattfinde. Diese Entscheidung der Aussetzung wurde vom Verwaltungsgericht Wiesbaden erstinstanzlich aufgehoben, da das Instrument einer „Aussetzung" im Einrichtungsbescheid nicht vorgesehen war. Sprich: Entweder man stellt fest, dass die Voraussetzungen für die Behandlung der DITIB als Religionsgemeinschaft nicht vorliegen und nimmt mit dieser Begründung den Bescheid zurück (Widerruf), oder eben nicht. Dem beklagten Land steht zudem das Rechtsmittel des Antrags auf Zulassung der Berufung beim Hessischen Verwaltungsgerichtshof offen.[62] Eine Bestätigung, dass die DITIB Hessen die Kriterien einer Religionsgemeinschaft erfüllt, ist diese formal begründete Gerichtsentscheidung nicht.

Parallel zum Rechtsstreit veranstaltete die Frankfurter DITIB-Moschee, Sitz des hessischen Landesverbandes der DITIB, eine Gedenkveranstaltung für die „Märtyrer" des Putschversuchs vom 15. Juli 2016. Anwesend waren unter anderem der Frankfurter Konsul Erdem Tuncer und der Frankfurter Religionsattaché Siddik Yildirim. Der Vorsitzende der DITIB-Moschee in Frankfurt Turan Kuzpunari sagte: „Die Fetö-Terrororganisation hatte es auf unsere Heimat und Unabhängigkeit abgesehen. In der Geschichte haben wir uns als Volk gegen Verrat immer mit Mut und Aufopferung entgegengestellt. Mit Gottes Hilfe haben wir als Volk auch dieser Besatzung Widerstand geleistet."[63]

Angesichts dieser Konstellation kann man von türkischer Regierungspropaganda durch eine örtliche DITIB-Struktur im Beisein des aufsichtsführenden Religionsattachés des Konsulats sprechen. Hervorzuheben ist, solche Veranstaltungen werden von der Diyanet ausdrücklich angeregt: In einem in einer DITIB-Hessen-Moschee verteilten Gebetszeiten-Kalender der Diyanet, vorgesehen für türkische Muslime im Ausland, heißt es für den 15. Juli: „Putschversuch der FETÖ-Terrororganisation (2016) – Tag der Demokratie und nationalen Einheit".[64] Allein dieser Kalendereintrag zeigt ein für die Diyanet-DITIB-Konstruktion klassisches Amalgam von Islam und türkischer Staatspropaganda. Vergleichbare Veranstaltungen fanden auch in DITIB-Moscheen verschiedener Bundesländer statt.[65]

Diese Ereignisse, die vom Landesverband DITIB-Hessen geplant waren, werfen die Frage auf, inwieweit noch die Voraussetzungen, die im Genehmigungsschreiben für die Einrichtung des DITIB-Religionsunterrichtes aufgeführt werden, eingehalten wurden. Die FDP-Politikerin Nicola Beer konstatierte damals die Selbstverständlichkeit: „Zum anderen kann eine Gemeinschaft, die durch einen anderen Staat so beeinflusst wird, dass ihre Grundsätze nicht Ausdruck ihrer religiösen Selbstbestimmung sind, nicht Kooperationspartner des Staates – hier: des Landes Hessen – sein."[66]

Kulturfremde Religionspraxen im Verfassungsrahmen integrieren

Gerade wenn man auf einer konsequenten Anwendung der religionsverfassungsrechtlichen Anforderungen an das Kooperationsverhältnis besteht, sollte man darauf achten, dass bei der Ausübung der Religionsfreiheit die Freiheitsrechte der Angehörigen von Minderheitsreligionen vollumfänglich zum Tragen kommen. Dies gilt maßgeblich für die Islampolitik. Nach 9/11 lassen sich aber gegenteilige Tendenzen ausmachen. Wenn nicht jedem Islamisten und jeder Islamistin, sondern auch jedem Muslim und jeder Muslima, ob liberal oder traditionell, mit Misstrauen und Abwehr begegnet wird, sind die Religionsfreiheit und die Kartographie einer offenen Gesellschaft in Gefahr.

Ein auf Freiheit und Gleichheit ausgerichtetes Recht kann integrative Kraft entfalten: Der Mehrheitskultur fremde Religionspraxen, die nicht im Widerspruch zu den verfassungsrechtlichen Rahmen stehen, müssen ermöglicht und ausdrücklich erlaubt werden. Diesem Gebot ist der Gesetzgeber bei der rituellen Schlachtung (Schächten) (§ 4a Absatz 2 Ziffer 2 Tierschutzgesetz: Ausnahmegenehmigung, Töten von Tieren) und der Beschneidung (§ 1631d BGB: Beschneidung des männlichen Kindes) im Ergebnis gerecht geworden.

Bei den landesrechtlichen Regelungen zum Tragen religiös begründeter Kleidung ist dies der Politik bislang oft nicht gelungen. Wiederholt musste das Bundesverfassungsgericht die Religions- und Berufsfreiheit kopftuchtragender Muslimas vor freiheitsbeschränkenden oder willkürlichen Maßnahmen der Exekutive und verschiedener Landesgesetzgeber schützen.[67]

Islamische Verbände

Um Angebote für muslimische Bürgerinnen und Bürger wie bekenntnisförmigen Religionsunterricht, Anstaltsseelsorge oder islamische Theologie machen zu können, braucht der weltanschaulich neutrale Staat Partner, und zwar unabhängig davon, ob er diese Angebote mit (an-)erkannten Religionsgemeinschaften analog zu Kirchen, jüdischen Gemeinden oder Baha'i durchführt oder ob er die nicht vorhandenen islamischen Religionsgemeinschaften mit Beiräten oder Kommissionen von islamischen religiösen Vereinen substituiert.

Diese Provisorien mit Religionsgemeinschaftssubstituten sind wichtig, um Muslimen gleichwertige Angebote machen zu können. Das freiheits- und gleichheitsfreundliche Grundgesetz verlangt hier ein beherztes religionspolitisches Handeln des Staates. Aber man muss dabei im Auge haben, dass bei der Kooperation die Grundlagen der freiheitlich-demokratischen Grundordnung und unseres freiheitlichen Religionsverfassungsrechts gewahrt und nicht gefährdet werden. Bei den Kooperationsverhältnissen von religiösen Organisationen und dem Staat muss darauf geachtet werden, dass der Untergrabung von Menschenwürde, Freiheit und Gleichheit wie Demokratie und Rechtsstaatlichkeit nicht Vorschub geleistet werden darf. Eine Absage an Terrorismus ist da nicht ausreichend. Konflikte im Vorfeld von Kooperationen kann man als Chance für Lern-, Differenzierungs- und Integrationsprozesse begreifen. Dazu muss man aber um die Herausforderungen und Strukturen wissen. Deshalb folgt hier ein kurzer exemplarischer Einblick in die Szene der Akteure und die damit verbundenen Herausforderungen:

Einflusspolitik des türkischen Staates in Deutschland

Die türkisch-islamischen Verbände sind Teil – aber eben nur ein Teil – einer hybriden politisch-kulturellen Einflussstrategie des türkischen Präsidenten, der türkischen Regierung und der AKP auf europäischem, vor allem auf deutschem Boden: Die türkisch-islamischen Verbände, also DITIB, ATIB (als Mitglied des ZMD) und IGMG (als Mitglied im Islamrat), sind seit Jahren Teil der Diaspora-Strategie der AKP und der türkischen Regierung.[68]

Das 2010 gegründete Präsidium für Auslandstürken und verwandte Gemeinschaften Yurtdışı Türkler ve Akraba Topluluklar Başkanlığı (YTB) hat das Ziel, die Verbindung von im Ausland lebenden Türkinnen und Türken in ihr Herkunftsland zu festigen. Es organisiert Jugendreisen in die Türkei und finanziert Publikationen und Aktivitäten türkisch-islamischer Verbände.[69] Der im Sommer 2021 vorgestellte *Verfassungsschutzbericht 2020* thematisiert fünf Jahre nach der DITIB-Spionage-Affäre diese Aktivitäten erstmals, wenn auch recht abstrakt unter der Rubrik „Spionage und nachrichtendienstliche Aktivitäten"[70]:

> Flankiert werden die Aktivitäten türkischer Nachrichtendienste und Sicherheitsbehörden durch Einflussnahmeversuche auf türkeistämmige Gemeinschaften in Deutschland, die auch Auswirkungen auf den politischen Willensbildungs- und Entscheidungsfindungsprozess in der deutschen Gesellschaft insgesamt haben können. Regierungsnahe Organisationen mit unterschiedlich starker struktureller Anbindung an Ankara (Türkei) werben in Deutschland und anderen europäischen Staaten für die gegenwärtige türkische Politik und nehmen sie gegenüber Kritik in Schutz. Ein wesentlicher Teil dieser Einflussnahmestrategie ist es, die Öffentlichkeit auf vermeintliche und tatsächliche Fälle von Rassismus, Islamophobie und Türkei-

Feindlichkeit hinzuweisen sowie angebliche Fehlentwicklungen in Deutschland und Europa besonders zu betonen, um auf diesem Weg kritischen Tönen gegenüber der politischen Entwicklung in der Türkei zu begegnen.[71]

Die verschiedenen Ziele einer AKP- beziehungsweise Erdoğan-Diaspora-Strategie lassen sich wie folgt zusammenfassen:

- Man braucht für die Wahlen in der Türkei auf die türkischen Wahlberechtigten in Deutschland ausgerichtete Mobilisierungskanäle.
- Man will die große Diasporagemeinde an Türkeistämmigen (egal, ob mit deutschem Pass oder ohne) in Deutschland innenpolitisch für die Regierungsinteressen der Türkei mobilisieren können, wie am Beispiel der Armenienresolution des Bundestages sichtbar wurde.
- Man strebt über verschiedene Akteure durch Kooperation mit dem deutschen Staat beziehungsweise den Bundesländern die aktive Einflussnahme auf öffentliche Stellenbesetzungen (Religionslehrer/innen, Personal der Islamischen Theologischen Fakultäten), auf Fördermittelvergabe und auf die Errichtung von Auslandsschulen und die Schaffung eines Arbeitsmarktes in Deutschland, in dem die Treue zur AKP ein entscheidendes Auswahlkriterium wird. Dies dient der kommunikativen Disziplinierung der Diasporagemeinde.

Die Türkei ist nicht der einzige religionspolitische Influencer in Deutschland und die DITIB nur der bekannteste, aber nicht der einzige Problemfall.

Zentralrat der Muslime in Deutschland e.V. (ZMD)

Der Zentralrat der Muslime ist eher eine effiziente Interessensvertretung und agile PR-Agentur für den Islam in Deutschland als eine Religionsgemeinschaft. Er mischt sich in viele Debatten auch im Sinne der Stärkung der demokratischen Kultur ein. Seine Mitgliedschaft ist disparat und steht teilweise im Widerspruch zum Erscheinungsbild des Verbandes

Lange schien dieses Modell aufzugehen: Gerade der Vorsitzende Aiman Mazyek erscheint medial omnipräsent, immer dialogbereit, politisch demokratisch korrekt und stets die Gesellschaft daran erinnernd, wie breit Rassismus und Muslimfeindlichkeit verbreitet seien, sei es bei Einladungen ins Bundespräsidialamt, Kanzleramt, in Ministerien oder Parteigeschäftsstellen. Hinter der demokratischen zivilgesellschaftlichen Fassade sind zahlreiche Mitgliedorganisationen, die den Verband mutmaßlich prägen, allerdings Beobachtungsobjekte der Verfassungsschutzämter. 2021 stieß der ZMD in NRW zum ersten Mal an Grenzen: Er wurde aufgrund von Einschätzungen der Sicherheitsbehörden vom Schulministerium nicht in die Kommission zum islamischen Religionsunterricht aufgenommen.[72] Zu den wichtigsten Mitgliedsverbänden des kleinsten der großen islamischen Verbände gehören: das iranisch beeinflußte oder gesteuerte Islamische Zentrum Hamburg und die Deutsche Muslimische Gemeinschaft, die vom Verfassungsschutz den Muslimbrüdern zugerechnet wird. Der größte Mitgliedsverband des ZMD ist die:

Union der Türkisch-Islamischen Kulturvereine in Europa (ATIB)

Die ATIB ist ein Offspring aus der rechtsextremen, türkisch-nationalistischen Graue-Wölfe-Bewegung (Ülkücü-Bewegung) und praktiziert eine „türkisch-islamische Synthese". Bei der ATIB handelt es sich um den mehr islamisch orientierten Flügel der Bewegung.[73]

> Das Bundesamt für Verfassungsschutz beziffert die Zahl der türkischen Rechtsextremisten in Deutschland auf rund 11.000 Personen und erkennt sowohl in der ‚Föderation der Türkisch-Demokratischen Idealistenvereine in Deutschland e.V.' (ADUTDF) als auch in der ‚Union der Türkisch-Islamischen Kulturvereine in Europa e.V.' (ATİB) Dachverbände der ‚Ülkücü- Bewegung'.[74]

Der Bundestag forderte ein Verbot der Organisationen der Ülkücü-Bewegung: „Die ATIB ist gemessen an ihrer Mitgliederzahl die größte Mitgliedsorganisation des Zentralrats der Muslime (ZMD) und stellt ein Mitglied im neun Personen umfassenden Vorstand. Somit hat die ATIB auch Einfluss auf Entscheidungen des ZMD."[75] ATIB behauptet immer wieder, nicht zu den Grauen Wölfen oder

der Bewegung zu gehören.[76] Die „Grauen Wölfe" seien gar „ein Hirngespinst", sagt Mehmet Celebi, der Stellvertreter Aiman Mazyeks.[77] Angesichts der Einstufung der ATIB im Verfassungsschutzbericht hat man im Juli 2020 angeblich ein Expertengutachten zum Verhältnis von ATIB zu den Grauen Wölfen in Auftrag geben. Bis Juli 2021 ist allerdings noch keine Beauftragung erfolgt.[78]

Allerdings scheinen die Verbindungen zwischen den verschiedenen Gruppen der Ülkücü-Bewegung, MHP, ADÜTDF und ATIB durchaus noch lebendig zu sein: Dies zeigt sich anlässlich der Beerdigung von Ethem Kıskıs, der seit 42 Jahren nicht in die Türkei einreisen durfte, weil er dort als Beschuldigter im Zusammenhang mit einem Anschlag gesucht wurde. 1978 griffen Mitglieder der rechtsextremen Grauen Wölfe Cafés an, in denen sich linke Aktivisten regelmäßig trafen. Bei diesem bewaffneten Angriff starben fünf Menschen. Kıskıs wurde laut den Berichten von mehreren türkischen Medien am 18. November 2020 auf dem Islamischen Friedhof in Dietzenbach bei Frankfurt beigesetzt, da er nicht in die Türkei überführt werden konnte. In Deutschland waren bei der Beerdigung Ali Batman, Cevat Sarac und Isa Eligür von der ADÜTDF, von der ATIB unter anderem Musa Serdar Celebi, Vater von Mehmet Alparslan Celebi und Ehrenvorsitzender von ATIB, anwesend.[79] Mehmet Celebi spricht anlässlich des Todes von Ethem Kıskıs bei Facebook von „Unser[em] Bruder [...], den wir seit unserer Kindheit als Onkel Hidir kennen."[80] So viel demonstrierte Verbundenheit ist angesichts des Abstreitens der Zugehörigkeit zu den Grauen Wölfen zumindest erstaunlich. Mehmet Celebi ist Aiman Mazyeks Stellvertreter und provoziert immer wieder mit rechter und militaristischer Hetze. So twittert er zur Eroberung Afrins 2018: „Am 18. März, dem Jahrestag des Sieges in Canakkale[81], wurde Afrin von Terroristen gesäubert."[82] 2021 verglich er die israelische Selbstverteidigung gegen Raketenangriffe der Hamas mit dem Holocaust. Diese Positionierung wurde vom Vorsitzenden des ZMD, Aiman Mazyek, zurückgewiesen: „Dies gibt natürlich weder die Haltung des ZMD noch meine wieder. Ich bedaure dennoch diesen irrlichternden und schäbigen Satz. Das Vertrauen ist hin und eine Zusammenarbeit unter meiner Führung ist mit Herrn Celebi endgültig beendet. Kommende ZMD-Wahl wird Klarheit schaffen."[83]

Das Thema der Fremdbestimmung durch ausländische Akteure, die die Verbände politisch steuern, zieht sich wie ein roter Faden durch die islamische Organisationslandschaft. Hinzu kommt, dass diese Einflussnahmen von Entitäten ausgehen, die in ihrem Gesellschafts- und Politikverständnis nicht mit der freiheitlich-demokratischen Grundordnung vereinbar sind. Dies wird besonders in der Kooperation mit dem Staat zum Problem:

Gegenseitiger Respekt als Bedingung für eine gedeihliche Kooperation

Bei der Kooperation des Staates ist für eine freiheitliche Gesellschaft unabdingbar, dass der Staat den Freiheitsraum der religiösen Gemeinschaften achtet und sich diese nicht staatliche Befugnisse anmaßen. Der Staatsrechtslehrer Josef Isensee beschreibt das „Kondominium Staat – Religionsgemeinschaft" wie folgt:

> Im Religionsunterricht wirken zwei wesensverschiedene Partner zusammen, der säkulare Staat, dem die Wahrheit der Religion kein Thema ist, wohl aber die soziale Realität der Religion, und die Religionsgemeinschaft, die sich zu einer bestimmten Religion bekennt und diese Religion ausübt, ihrerseits aber an der staatlichen Schulhoheit nicht teilhat. Die Partner ergänzen einander: Der Staat öffnet sein Schulwesen der Religionsgemeinschaft, das ihr sonst verschlossen wäre, und diese bringt ihre religiösen Grundsätze ein, die in ihrer Authentizität und ihrem Wahrheitsanspruch dort sonst keinen Raum fänden.[84]

Gleiches gilt für die Lehrstühle zu islamischer Theologie. Und weiter: „Der Staat respektiert die Selbstbestimmung der Religionsgemeinschaft in eigenen Angelegenheiten der Religion, diese akzeptiert die staatliche Schulaufsicht in den religiös indifferenten Fragen wie solchen der Organisation und der Standards des ordentlichen Lehrfachs."[85] Zu den Standards gehören auch die akademischen Mindestanforderungen an die Ausbildung der Lehrenden.

Konflikte zwischen Lehrenden und ihrer Religionsgemeinschaften müssen theologisiert werden. Ein Eingriff in die

Wissenschaftsfreiheit eines Theologieprofessors, die Ablehnung von Lehrinhalten und die Verweigerung der Idschaza (der islamischen Lehrerlaubnis) müssen von „den Bekenntnisgrundlagen der Glaubensgemeinschaften her begründet und rational plausibilisiert werden."[86] Im nordrhein-westfälischen Schulgesetz ist deshalb in § 132a Absatz 6 ausdrücklich festgehalten: „Ablehnende Beschlüsse der Kommission sind nur aus theologischen Gründen zulässig und dem Ministerium schriftlich darzulegen."

Das Bundesverfassungsgericht konstatiert ferner: „Einem gleichwohl vorhandenen legitimen kulturpolitischen Interesse des Staates, theologische Ausbildungen in universitärer Freiheit und auf einem universitären wissenschaftlichen Qualifikationsniveau stattfinden zu lassen, stehen keine grundsätzlichen verfassungsrechtlichen Hindernisse entgegen."[87] Die Sicherung des wissenschaftlichen Qualifikationsniveaus ist dann Aufgabe der Universität beziehungsweise des Staates. Allerdings versuchen diverse islamischen Organisationen im Kooperationsverhältnis immer wieder Dinge zu bestimmen, die nicht in ihrer Kompetenz in dem „Kondominium Staat – Religionsgemeinschaft" stehen. Dazu seien drei Beispiele aufgeführt:

Niedersachsen:
Islamischer Religionsunterricht und Vielfalt sexueller Identitäten

Der niedersächsische Landtag beschloss 2014, dass die Vielfalt sexueller Identitäten zukünftig im Unterricht fächerübergreifend berücksichtigt werden müsse. Der Beirat zum Islamischen Religionsunterricht aus Vertretern von Schura und DITIB lehnte das Curriculum deshalb ab. Homosexualität sei im Islam verboten, erklärt DITIB-Landeschef Ali Ünlu. Er sei kein Theologe, räumte er ein: „Deswegen brauche ich Rat von Gelehrten und den holen wir uns. Wenn es ein Inhaltsthema sein soll, dann ist es Sache der Religionsgemeinschaft; wenn es ein Bildungsauftrag sein soll, dann macht es die Regierung sowieso." Der Göttinger Staatskirchenrechtler Hans Michael Heinig wies in diesem Zusammenhang darauf hin, dass es auch in den christlichen Traditionen theologische Ablehnung homosexueller Praxis gab und gibt. Man müsse von Religionsgemeinschaften trotzdem die Denkleistung verlangen, zwischen der theologischen Ablehnung von Homosexualität und der gesellschaftlichen Norm, niemanden deshalb zu verprügeln oder im politisch-gesellschaftlichen Kontext schlechter zu behandeln als alle anderen, zu unterscheiden. Dennoch blieb der Beirat bei seiner ablehnenden Haltung. Das Ministerium wies diese zurück:

> Der Bitte des Beirates konnte dennoch nicht entsprochen werden, weil er zum einen nach Auffassung des Ministeriums bei seiner Ablehnung nicht theologisch argumentierte. Damit lagen die vorgebrachten Einwendungen außerhalb seines Mitwirkungsrechts und der von ihm vertretenen Religionsgemeinschaften, weil die zentralen Glaubenssätze von den angeführten Kritikpunkten nicht oder nicht hinreichend tangiert waren.[88]

Berlin:
Berufungsverfahren bei Lehrstühlen für islamische Theologie

Bei der Besetzung eines der Lehrstühle des Berliner Instituts für Islamische Theologie an der Humboldt-Universität kam es im Beirat für die Islamische Theologie zum Eklat: So hat die Berufungskommission eine Person wegen ihrer Qualifikation ganz oben auf die Liste gesetzt, gegen die einige Verbandsvertreter – auch von Verbänden, die nicht einmal im Beirat sind – angeblich Sturm liefen.

Beim ZMD kam es wohl zu heftigen Verwerfungen zwischen Landes- und Bundesebene, weil der Zentralratsvorsitzende Aiman Mazyek ohne Konsultation der Vertreterin des Landesverbandes direkt bei der Universitätsleitung interveniert haben soll. Grund für den Widerstand gegen eine Bewerberin war ein Persönlichkeitsmerkmal, das in der islamischen Theologie unterschiedlich bewertet wird: Sie hat einen „Transhintergrund". Angesichts dieses innerislamischen Pluralismus bei diesem Thema lässt sich eine Ablehnung dieser Bewerberin theologisch eindeutig nicht begründen. Jeglicher Bezug auf politisch-kulturelle Gründe oder diskriminierende Haltungen ohne theologische Basis können nicht Entscheidungskriterium eines Berufungsverfahren sein. Am Ende gelang die Besetzung der Professur durch die Berufungskommission nur durch eine Mischung aus Abwesenheit und Enthaltung auf der Verbändebank.[89]

Stiftung Sunnitischer Schulrat

Abdel-Hakim Ourghi leitet seit 2011 den Fachbereich Islamische Theologie/Religionspädagogik an der Pädagogischen Hochschule Freiburg. Nun hat die Stiftung Sunnitischer Schulrat dem Hochschullehrer die Lehrbefugnis verweigert.[90] Als Begründung wird das Fehlen eines Nachweises eines erfolgreich abgeschlossenen Lehramtsstudiums beziehungsweise eines gleichwertigen Abschlusses angegeben. Die vom Stelleninhaber vorliegende islamwissenschaftliche Promotion und über zehnjährige Lehrtätigkeit will man nicht als gleichwertig anerkennen. Die Landesregierung interveniert in dieser Sache nicht. Allem Anschein nach ist die Ablehnung grundlos: Tatsächlich hat Ourghi Islamwissenschaften studiert und das Studium mit dem Grad des Dr. phil. abgeschlossen. Der Stiftung Sunnitischer Schulrat war das Studiensystem vor der Bologna-Reform, das eine grundständige Promotion ohne die Erlangung eines Magistergrades ermöglicht, nicht bekannt.

Die Stiftung Sunnitischer Schulrat kann Professoren und Lehrer aufgrund der „Bekenntnisgrundlagen der Glaubensgemeinschaften" beziehungsweise der Stiftung ablehnen. Eine Ablehnung muss theologisch begründet werden. Das Land beziehungsweise die Universität hat die Beachtung des „universitären wissenschaftlichen Qualifikationsniveaus" zu garantieren. Hier hat sich das Religionsgemeinschaftssubstitut eine Kompetenz der staatlichen Seite angemaßt, die ihr m. E. nicht zukommt.

Alle drei Beispiele zeigen, dass die islamischen Verbände versuchen, weit mehr Kompetenzen für sich zu beanspruchen, als der religiösen Seite im kooperativen Religionsverfassungsrecht zukommt. Ihre Vertreter scheinen die Beanspruchung des religiösen Selbstbestimmungsrechtes über religionsaffine Bereiche (Umgang mit Sexualität, Universitätsausbildung) auszudehnen. Der weltanschaulich neutrale Staat ist gut beraten, hier keine Übergriffe zuzulassen, da diese in den Freiheitsraum von Bürgerinnen und Bürgern eingreifen. Gleichzeitig sind die Reibereien zwischen staatlichen

Instanzen und religiösen Akteuren des Islam ein gutes Übungsfeld, um am praktischen Beispiel gemeinsam religionsverfassungsrechtlich zu definieren, was ein gedeihliches Miteinander von Religion und Staat in einer pluralistischen Gesellschaft ausmacht: ein gegenseitiger Respekt der Sphären von Staat und Verfassung auf der einen und der religiösen Selbstbestimmung auf der anderen Seite.

Ende der Islampolitik im Blindflug

Die verschiedenen Beispiele für konkrete religionspolitische Auseinandersetzungen nach 9/11 zeigen eines deutlich: Die Islampolitik des Bundes irrlichtert und kennt keinen verlässlichen Leitfaden. Die Islampolitik der Bundesländer schwankt zwischen einer blauäugigen Kooperation mit islamischen Verbänden, deren Ausrichtung teilweise politisch fremdgesteuert, fundamentalistisch und nationalistisch ist, und einer kühlen, nüchtern distanzierten Kooperation hin und her. Landespolitiker und -behörden wissen oft wenig über die Hintergründe, Herkunft und ideologischen Verortungen ihrer muslimischen Gesprächs- und Kooperationspartner. Noch unsicherer agiert die kommunale Ebene; örtliche Parteigliederungen reagieren sogar hilflos auf Unterwanderungsversuche, von denen alle demokratischen Parteien betroffen sind. Längst haben bei den Parteien in der Islampolitik wahlstrategische Überlegungen Einzug gehalten. So sagt Serap Güler zu Laschets Sieg über Söder: „Es war interessant, wie die türkische Presse darüber berichtet hat, als er Kanzlerkandidat wurde: Fast ausnahmslos positiv."[91] Für die SPD waren Organisationen wie die DITIB eben auch vor allem religiöse Organisationen der türkischstämmigen Arbeitnehmerschaft.

Auf Bundesebene hat man in der 19. Legislaturperiode mit gleich zwei Expertenkreisen widersprüchliche Signale gesetzt. Mit der Einrichtung eines Expertenkreises zum politischen Islamismus will man Situationsanalyse und Handlungsempfehlungen und Forschungsdefizite identifizieren und gegen jede Ideologie vorgehen, die sich gegen die Werte und Normen unserer freiheitlich-demokratischen Grundordnung richtet. Mit der Arbeit des

Unabhängigen Expertenkreises Muslimfeindlichkeit – nach dem Vorbild des Unabhängigen Expertenkreises Antisemitismus - sollen praxisorientierte Ansätze aufgezeigt werden, um Muslimfeindlichkeit zu identifizieren, zu bekämpfen und vorzubeugen. Mit der Anlehnung des Kreises Muslimfeindlichkeit an das Thema Antisemitismus folgt man in Teilen islamistischen Standpunkten, denn auch Erdoğan und sein Diyanet-Chef vergleichen gern Muslime in Europa mit Juden vor dem Holocaust.[92]

Man muss Muslimfeindlichkeit wie Rassismus entschieden entgegentreten. Aber Muslimfeindlichkeit oder Rassismus sind eben nicht das Gleiche wie Antisemitismus, der zwei Jahrtausende europäische Kulturgeschichte prägt und auch in der muslimischen Welt zu Hause ist, ein wahnhaftes Welterklärungsmodell bereithält und sein Objekt als zugleich minderwertig und übermächtig phantasiert. Mit dem permanenten Vorwurf des „antimuslimischen Rassismus," so hat Ronya Othmann gezeigt, versuchen islamische Verbandsfunktionäre und islamistische Accounts wie „Realität Islam" oder „Generation Islam" sich gegen Kritik an antidemokratischen Akteuren in ihren Reihen zu imprägnieren und Kritik am islamischen Fundamentalismus oder politischen Islam zu diskreditieren und umzulabeln.[93] Eigentlich wäre es sachgerecht gewesen, beide Perspektiven mit einer Kommission zu bearbeiten, da die Themenstellungen miteinander konfligieren und eine sinnvolle Eingrenzung der beiden Phänomenbereiche Voraussetzung relevanter und rationaler Empfehlungen ist.

Mehr Religionspolitik wagen

Es wäre zu wünschen, dass Bund und Bundesländer den Mut zu einer aktiveren Religionspolitik haben. Viele, eigentlich die meisten grundsätzlichen religionspolitischen Fragen wie Religionsunterricht, Gefängnisseelsorge, Verleihung der Körperschaftssteuer sind in der föderalen Ordnung der Bundesrepublik auf Landesebene angesiedelt. Eine Abstimmung der Länder durch eine Religionsministerkonferenz[94], in der ihre Vorgehensweise politisch stärker abgestimmt wird, erscheint als dringend geboten. Zu lange herrschte in manchen Bundesländern die Tendenz vor, durch eine uninformierte und dadurch unbedachte, oft vorschnelle Anerkennung der Verbände wichtigen Fragen auszuweichen. Erst in jüngster Zeit haben die verantwortlichen Stellen erkannt, dass die politische Fremdbestimmung von muslimischen Verbänden praktische Probleme und Instabilität der Gemeinschaften bedeuten kann.

Eine rationale Religionspolitik braucht neue Strukturen

Abgesehen von zeitlich und räumlich begrenzten Studien wissen wir wenig über die religiöse Landschaft in Deutschland. Vielfach wurde die mangelnde Wissenschaftlichkeit von Constantin Schreibers Buch *Inside Islam* über Predigten in deutschen Moscheen und sein Moscheeregister-Projekt Moscheepedia kritisiert. Aber seine Aktivitäten legen einen Finger in die Wunde: Es gibt oft keine gesicherten wissenschaftlichen Daten, zum Beispiel gewonnen durch einschlägige Feldforschung, in diesem Bereich.

Auch die religions- und rechtswissenschaftlichen Gutachter der Religionspolitik der Länder stützen sich lediglich auf Satzungen, Materialien der Öffentlichkeitsarbeit und Selbstauskünfte der Verbände und reproduzieren dadurch Selbstbilder. Ihre Gutachten spiegeln das Fehlen von wissenschaftlich validierbaren Daten zum Beispiel zu muslimischen Verbänden wider: „Evidenz, also gut gestützte Erkenntnis, ist eine zentrale Voraussetzung für eine rationale und effiziente Auswahl politischer Maßnahmen." Leider gilt dies nicht nur, aber eben auch für die religiöse Landschaft: „Deutschland ist notorisch untererforscht."[95]

Durch 9/11 wurde die Bedeutung von Religionspolitik am Beispiel von Islampolitik eklatant deutlich. Die Veränderungen der religiösen Landschaft durch Migration bedürfen keines neuen Religionsverfassungsrechts, wohl aber Strukturen, die diese Veränderungen und deren Bedeutung für die Religionspolitik mit Wissen begleiten. Überfällig ist, dass die Politik mehr in qualitativ hochwertige wissenschaftliche Beratung in diesem Bereich investiert. Dies wird auch in der Politik anerkannt[96]: Für die Außenpolitik hat der Bund eine eigene Denkfabrik mit der Stiftung Wissenschaft und Politik (SWP). Von Umweltpolitik bis Verkehrspolitik gibt es ähnliche Einrichtungen. Sie alle sichern die politiknahe anwendungsorientierte Forschung jenseits der zumeist kurzfristig getakteten Drittmittelprojekte an deutschen Forschungsinstitutionen. Etwas Ähnliches braucht es für das Verhältnis von Religion, Wissenschaft und Politik. Eine Lösung wäre die Einrichtung einer Stiftung Wissenschaft, Religion, Recht und Politik oder eines Gerhard-Anschütz-Institutes[97], das beispielsweise von Bund und Ländern gemeinsam getragen wird. Egal, wie man so eine Institution benennt: Es braucht mehr wissenschaftliche und kontinuierliche Feldforschung zur religiösen Landschaft in Deutschland und eine wissenschaftlich fundierte Beratung in Sachen Religionspolitik.[98]

Ökonomie der Religion

Eklatante Wissenslücken werden auch bei der ökonomischen Seite von Religionsgemeinschaften deutlich. Auch hier gilt, Finanzströme sind Einflussströme: Will man religionsfremde Einflüsse erkennen, reicht nicht der Blick in eine Satzung. So sollte bei islamischen Verbänden der ganze Kosmos ihrer Unternehmungen und Untervereine, Moscheebauvereine, Verlage, Werbeagenturen, Reiseveranstalter für die Hadsch, Halal-Zertifizierer, Bestattungshilfevereine, Kurban Spenden Vereine (Spenden zum Opferfest) und karitative Einrichtungen in den Blick genommen werden.

Ein allgemeines Verbot der Auslandsfinanzierung nach österreichischem Vorbild dürfte an den hohen verfassungsrechtlichen Hürden in Deutschland wohl eher scheitern. Ein Sondergesetz allein für muslimische Organisationen wäre ohnehin verfassungswidrig. Die Diskussion um eine Moscheesteuer ist hingegen eher eine Phantomdebatte. Islamische Religionsgemeinschaften mit Körperschaftsstatus hätten dieses Recht ohnehin, würden aber aus religiösen Gründen wohl eher keinen Gebrauch davon machen. Rechtsänderungen oder politische Initiativen scheinen vor diesem Hintergrund unnötig. Notwendig wäre aus meiner Sicht eher eine allgemeine Gesetzgebung für mehr Transparenz über die Auslandsfinanzierung von Nichtregierungsorganisationen, die religiöse Vereine und Religionsgemeinschaften einschließt.[99]

Angesichts des ausländischen Einflusses über Finanzströme auf religiöse Organisationen zum Beispiel auf einige muslimische Verbände braucht es zumindest eine größere finanzielle Transparenz. Ein Sondergesetz für den Bereich Religion verbietet sich hier zurecht schon von Verfassungs wegen. Ein Blick auf die postsowjetischen, insbesondere die russischen, und türkischen Einflussnetze und die Geldflüsse im neurechten Umfeld der AfD macht deutlich, dass der Bedarf an Transparenz auch für nicht-religiöse Organisationen besteht. Die in der Presse berichteten angeblichen Verbindungen zwischen der Organisatorin der Anti-LGBT-Gruppierung „Demo für alle", Hedwig von Beverfoerde, mit dem russischen Geschäftsmann Konstantin Malofejew, die Unterstützungsstrukturen der sogenannten Aserbaidschan-Connection im Bundestag, die von der ehemaligen AfD-Vorsitzenden Frauke Petry kolportierten Geldflüsse über das Ausland in die Kassen der AfD oder die von Gazprom finanzierte Umweltstiftung von Mecklenburg-Vorpommern zeigen eindrücklich, dass Geldflüsse aus dem Ausland gezielt eingesetzt werden, um auf die innenpolitische Meinungsbildung in Deutschland Einfluss zu nehmen.

Aufgrund von mehr Transparenz wird man wohl zielgenauer bestimmen können, wie man gesetzgeberisch auf Geldströme überhaupt regulierend eingreifen kann, um die demokratische Selbstbestimmung und die freiheitlich demokratische Grundordnung vor antifreiheitlichen und antidemokratischen Einflüssen zu schützen. Überlegenswert wäre ein Verbot der staatlichen und quasi-staatlichen (zum Beispiel durch staatsnahe Stiftungen oder Unternehmen und Einzelpersonen aus der jeweiligen Herrschaftselite) Finanzierung aus Ländern, die kein Mindestmaß an Trennung von Staat und Religion umsetzen, keine gleiche Religionsfreiheit für alle Glaubensrichtungen garantieren oder autokratische oder nichtdemokratische Regierungsformen aufweisen, wie es Ruud Koopmans vorgeschlagen hat.[100] Die bisherigen Anstrengungen der Bundesregierung, in diesen Bereich Transparenz und Kontrolle hineinzubekommen, sind wenig überzeugend.[101]

Islamisten gehören nicht zur Vielfalt

Der Sinn von Religionspolitik ist Religionsfreiheit. Sie muss die Freiheit aller Bürgerinnen und Bürger verwirklichen wollen, gemäß ihrer weltanschaulichen wie religiösen Überzeugungen ihr Leben und ihren Alltag gestalten zu können, soweit damit der Freiheitsraum anderer nicht beschränkt wird. Das Verfassungsrecht ist dabei ein vernünftiger Kompass.

Eine in die Beliebigkeit abdriftende „Vielfaltspolitik" erscheint dabei als Irrweg. Ein Negativbeispiel dafür ist die 2021 von der Heinrich-Böll-Stiftung publizierte Schrift *Religionspolitik als Vielfaltspolitik*. Um zu vermeiden, sich mit heiklen islamistischen Akteuren und dem ausländischen Einfluss auf einen Teil der islamischen Organisationen hierzulande auseinandersetzen zu müssen, wird erklärt, die „Debatte über ordnungsrechtliche Fragen der Religionspolitik" nicht zu führen – um nur wenige Zeilen danach neue Ordnungssysteme und „andere Wege als den über den Körperschaftsstatus" für Muslime sowie eine Beteiligung von „Verteter:innen islamischer Religionsgemeinschaften [sic!]" in Rundfunk- und Medienräten zu fordern.[102] Eine Forderung, die realiter in der Hamburger Bürgerschaft von Rot-Grün trotz Widerspruch jüdischer Organisationen angesichts der israelhassenden Diyanet und der iranischen Hetzer des IZH für Schura und DITIB Landesverband Hamburg erhoben und verfolgt wird.[103]

Allgemeine Texte zur Religionspolitik haben oft bei der Auseinandersetzung mit der religiösen Vielfältigkeit nur den Islam und weltanschauliche Gruppen wie organisierte Religionsfreie/Nichtreligiöse/Atheisten/Agnostiker neben den beiden großen Amtskirchen auf dem Schirm. Die christliche Orthodoxie, das Judentum, Alevitismus, Hinduismus, Buddhismus, Baha'i, Jeziden, Zoroastrier oder esoterische Strömungen werden dabei nicht offensiv als Teil der Vielfalt angesprochen, der in einer freiheitlichen und respektvollen Ordnung gleiches Recht auf Wahrung seiner Rechte und Entfaltungsmöglichkeiten hat.[104]

Wer über Vielfalt redet und am Ende allein das Pro und Contra bezüglich des muslimischen Kopftuches benennen kann, aber Kippa, Schtreimel, Darstar und Habit außen vorlässt, wer die freiheitspolitische Differenz zwischen dem von Religionen nicht vorgeschriebenen Zeigen von Symbolen und dem Befolgen von religiös begründeten Kleidungsvorschriften nicht zu fassen weiß, kann den von der Verfassung gewährten und im Miteinander der Gesellschaft deshalb auch zu respektierenden gleichen Freiheitsraum von Gläubigen unterschiedlicher Richtungen und Religionslosen nicht bestimmen und verteidigen.

Die gleiche Grundrechtsgewährung des Grundgesetzes für alle in ihrer Verschiedenheit hat mit derartig beliebigen Vielfaltsapologien nichts zu tun. Sie schließen nämlich notwendigerweise die Freiheitsbeschränkung für die Feinde der Freiheit mit ein. Die wehrhafte Demokratie des Grundgesetzes hat die Lehre aus Poppers Hinweis auf das Paradox der Toleranz gezogen:

> Uneingeschränkte Toleranz führt mit Notwendigkeit zum Verschwinden der Toleranz. Denn wenn wir die uneingeschränkte Toleranz sogar auf die Intoleranten ausdehnen, wenn wir nicht bereit sind, eine tolerante Gesellschaftsordnung gegen die Angriffe der Intoleranz zu verteidigen, dann werden die Toleranten vernichtet werden und die Toleranz mit ihnen. [...] Wir sollten geltend machen, dass sich jede Bewegung, die die Intoleranz predigt, außerhalb des Gesetzes stellt, und wir sollten eine Aufforderung zur Intoleranz und Verfolgung als ebenso verbrecherisch behandeln wie eine Aufforderung zum Mord, zum Raub oder zur Wiedereinführung des Sklavenhandels.[105]

Vielfalt und Freiheit braucht die Erörterung der ordungsrechtlichen Grenzen, um ihre Grundlagen zu gewährleisten. Zur Vielfalt des Islam gehören eben Osama Bin Laden, Boko Haram oder der Israelhasser Ali Erbas genauso dazu wie muslimische Nachbarn, Seyran Ates oder ein hochgebildeter und die Freiheit und Barmherzigkeit Allahs lehrender Theologe wie Mouhanad Khorchide. Zur Vielfalt des Christentums gehören aber auch nicht nur Papst Franziskus und EKD-Ratsvorsitzender Heinrich Bedford-Strohm, sondern auch Leute wie ein Paul Schäfer von der Colonia Dignidad, die antisemitischen und homosexuellenfeindlichen Pius-Brüder oder die wegen Prügelstrafe und Kindesmisshandlung bekannte Glaubensgemeinschaft Zwölf Stämme. Dies ließe sich so ähnlich für alle Weltreligionen durchdeklinieren. Insofern ist dem Publizisten Sascha Lobo zuzustimmen, wenn er konstatiert:

> Das deutsche Linksbürgertum dagegen neigt viel zu häufig dazu, Islamisten und ihr mörderisches Schaffen zu ignorieren, zu normalisieren oder gar zu verharmlosen. [...] Islamistisch gefärbte Vielfalt ist keine.[106]

Nicht die Mitte, aber die freiheitlich-demokratische Grundordnung ist vor Gefahren von allen Seiten zu verteidigen. Wer Opfer von Diskriminierung, Gewalt und Ausgrenzung wurde, ist Opfer von Diskriminierung, Gewalt und Ausgrenzung. Damit geschieht ihm/ihr Unrecht. Aber Recht hat er oder sie damit noch lange nicht. Diese Feststellung mag banal wirken, zeigt aber ein zugrunde liegendes Rechts- und Politikverständnis: Manchmal müssen die Rechte von Menschen verteidigt werden, die Unrecht haben, selbst wenn diese andere bedrängen würden, wenn sie könnten. Das Eintreten für bestimmte Rechtspositionen ist nicht gleichbedeutend mit einer Identifikation der Weltsicht der Profiteure dieses Eintretens. Das Eintreten für gleiche Religionsfreiheit für Muslime basiert auf einem freiheitlichen Verständnis unserer Verfassung.

Kompetente Entscheidungen statt identitäts- und tagespolitischen Ersatzhandlungen

Aus identitätspolitischen Gründen gelingt autochthonen deutschen Religionspolitikerinnen und -politikern eher ein Bekenntnis für oder gegen ihnen fremde individuelle Religionspraktiken – vor allem jene oft individuellen Praktiken mit hohem symbolischen Wert und weiter Sichtbarkeit – wie das Tragen eines Kopftuchs, das Schächten von Tieren oder die Beschneidung von Jungen bei der Aufnahme in die religiöse Gemeinschaft. Eine streitbare und differenzierte Auseinandersetzung mit organisierten religiösen Akteuren – wie beispielsweise mit den muslimischen Verbänden – mit ihren Ansprüchen und Vorstellungen sind in der deutschen Religionspolitik rar. Auf Anhieb wirkt das kurios: Kritik am religiösen Individuum, Friede mit den religiösen Verbänden. Tatsächlich liegt es daran, dass in der Religionspolitik hinreichend differenzierte und belegte Erkenntnisse fehlen, um organisierte religiöse

Verbände oder ihren individuellen Repräsentanten einzuordnen und wenn nötig, diesen entsprechend klar entgegenzutreten. Viele können in diesem Politikfeld kaum beurteilen, wer in migrantischen oder islamischen (oder auch christlich-migrantischen) Organisationen in Deutschland als Äquivalent zum Beispiel zu den Pius-Brüdern gilt oder welche Positionen mit politischen Ideen und Ideologien, seien sie von AfD, NPD, Der Rechten, dem III. Weg oder historisch den Nationalsozialisten, in hohem Maße übereinstimmen. Ohne es zu intendieren und wider besseres Wissen sitzen dann Religionspolitikerinnen und -politiker oder andere Repräsentanten des Staates mit Vertreterinnen und Vertretern von muslimischen Verbänden, seien sie türkisch, iranisch, maghrebinisch oder anderweitig geprägt, beim Iftar oder Tee mit Baklava zusammen, in denen genau solche verfassungsfeindlichen Positionen gepflegt werden. Dem Austausch folgt dann das nächste bewilligte Sozial- und Integrationsprojekt – selbst kritische migrantische Stimmen, die die politischen Tendenzen von religiösen Vereinigungen in Deutschland als nicht grundgesetzkonform einordnen, werden allzu häufig ignoriert.

Symbolpolitik fällt leichter, als eine informierte differenzierte Islampolitik, die das Grundgesetz zur Grundlage nimmt. Es fällt politischen Verantwortlichen anscheinend leichter, den traditionell praktizierenden Muslimen Beschränkungen aufzuerlegen, als sich tatsächlich mit den Strukturen des organisierten politischen Islam oder Islamismus kritisch auseinanderzusetzen. Damit verfehlt man aber in zweifacher Weise den politischen Auftrag: die gleiche Religionsfreiheit für alle zu verwirklichen und gleichzeitig Gefahren der Radikalisierung präventiv und repressiv differenziert entgegenzutreten. Dies ist aber gerade nach 9/11 wie nach dem Anschlag auf dem Breitscheidplatz notwendig: Ein Wandel in der Islampolitik ist dringend geboten.

Anmerkungen

1 Vgl. Josef Isensee, *Staat und Religion. Abhandlungen aus den Jahren 1974–2017*, hrsg. v. Ansgar Hense. Staatskirchenrechtliche Abhandlungen, Bd. 59 (2019), S. 655.
2 Ludwig Watzal, „Editorial. Religion und Politik", *Aus Politik und Zeitgeschichte*, B 42–43/2002 21.10.2002: https://www.bpb.de/shop/zeitschriften/apuz/266 57/religion-und-politik [25.07.2021] hier S. 2. Dass die islamische Revolution 1979 einen Schub für den Islamismus bedeutete argumentiert auch Ralph Ghadban, *Allahs mutige Kritiker – Die unterdrückte Wahrheit über den Islam*, (Freiburg: Herder, 2021), S.180f.; Ruud Koopmans, *Das verfallene Haus des Islam. Die religiösen Ursachen von Unfreiheit, Stagnation und Gewalt* (München: C.H. Beck, 2020) S. 23–33.
3 Das ist mein persönlicher Eindruck und meine Erinnerung – allerdings wissen Historiker und Richter, dass der Zeugenbeweis oft wenig taugt. Chronologisch entspricht dieser aber auch den Beobachtungen von Levent Tezcan, „Spielarten der Kulturalisierung", *Zeitschrift für Kulturphilosophie*, 2011 (2), S. 358, wenn er von „Seit etwa einem Jahrzehnt" spricht. Siehe auch Riem Spielhaus, „Vom Migranten zum Muslim und wieder zurück – Die Vermengung von Integrations- und Islamthemen in Medien, Politik und Forschung", in Dirk Halm, Hendrik Meyer (Hrsg.) *Islam und die deutsche Gesellschaft. Islam und Politik* (Wiesbaden: Springer, 2013), S. 172. Spielhaus ordnet dies zeitlich ebenso ein („vor mehr als einem Jahrzehnt"), ohne jedoch den Zusammenhang zu 9/11 explizit zu erwähnen. Spielhaus behauptet gar dies sei eine Folge der Einbürgerung.
4 Vgl. hierzu Dietrich Thränhardt, „Religiöse Pluralisierung im Einwanderungsland Deutschland", in Elke Ariëns, Helmut König und Manfred Sicking (Hrsg.) *Glaubensfragen in Europa: Religion und Politik im Konflikt* (Bielefeld, 2011) S. 51–70, hier S. 63.
5 Vgl. dazu Gerhard Schröder, *Rede des Bundeskanzlers bei der Eröffnungsfeier der CeBIT 2000*, (Hannover, 23.02.2000): https://politische-reden.eu/BR/t/84.html [25.07.2021]. Das Plädoyer für ein Einwanderungsgesetz in Rita Süssmuth, „Wir brauchen ein Einwanderungsgesetz", *Mediendienst Integration* [11.09.2015]: https://mediendienst-integration.de/artikel/15-jahre-zuwanderungskommission-rita-suessmuth-einwanderungsgesetz.html [25.07.2021]; dazu auch der Bericht der Unabhängigen Kommission „Zuwanderung": *Zuwanderung gestalten Integration fördern* (Berlin, 4. Juli 2001): http://www.jugendsozialarbeit.de/media/raw/Zuwanderungsbericht_pdf.pdf [25.07.2021]; siehe auch BT-Drucksache 14/7387. Zum Gegenpol vgl. „,Kinder statt Inder'. Rüttgers verteidigt verbalen Ausrutscher", *Spiegel Online* [09.03.2000] https://www.spiegel.de/politik/deutschland/kinder-statt-inder-ruettgers-verteidigt-verbalen-ausrutscher-a-68369.html [25.07.2021].
6 Tezcan „Spielarten der Kulturalisierung", S. 361.
7 Vgl. zum Verbot des „Kalifatstaates" BT-Drs. 14/7026 14/7354; Urteil vom 27.11.2002 – BVerwG 6 A 4.02.34. Des Weiteren Strafrechtsänderungsgesetz – § 129b StGB (34. StrÄndG) 14/7025, 14/8893.
8 Eine Aufzählung einiger Maßnahmen finden sich bei Marwan Abou-Taam, „Folgen des 11. September 2001 für die deutschen Sicherheitsgesetze", *APuZ* (30.6.2011), S. 9–13: https://www.bpb.de/apuz/33229/folgen-des-11-september-2001-fuer-die-deutschen-sicherheitsgesetze?p=all [25.07.2021]; siehe auch

DEUTSCHE ISLAMPOLITIK 399

	Christian Rath, „Chronik der Sicherheitsgesetze – Der Weg zum Antiterrorstaat", *Die Tageszeitung* (20. 4. 2010): https://taz.de/Chronik-der-Sicherheits gesetze/!5144153/ [25.07.2021].
9	Siehe zum Gesetz zur Bekämpfung des internationalen Terrorismus (Terrorismusbekämpfungsgesetz) BT-Drs. 14/7727 (neu), 14/7830, 14/7864; zum GTAZ siehe Bundesministerium des Inneren, *GTAZ (Gemeinsames Terrorismusabwehrzentrum)*, Pressemitteilung vom 25. Juli 2004: https://web.archive.org/web/20140725194827/http://www.bmi.bund.de/SharedDocs/Glossareintra ege/DE/G/gatz_de.html?nn=109632 [25.07.2021]; für Gemeinsame-Dateien-Gesetz siehe BT-Drs. 16/2921, 16/2950, 16/3642; für dessen Verlängerung BT-Drs. 17/6925,17/7513; für dessen Entfristung BT-Drs. 19/23706, 19/24008
10	Vgl. zur Verschärfung des Zuwanderungsgesetzes BT-Drs. 14/7387, 14/8395, identisch mit 15/420, 15/955. Vgl. zur Abschiebung „Entwurf eines Gesetzes zur Steuerung und Begrenzung der Zuwanderung und zur Regelung des Aufenthalts und der Integration von Unionsbürgern und Ausländern (Zuwanderungsgesetz)" in *Bundesgesetzblatt Teil I 2004* Nr. 41 (05.08.2004). Vgl. zur rechtlichen Umsetzung *Beschluss vom 21.03.2017* –BVerwG 1 VR 2.17.
11	https://www.deutsche-islam-konferenz.de/DE/Startseite/startseite_node. html [25.07.2021]
12	Vgl. dazu Wolfgang Schäuble, *Regierungserklärung des Bundesministers des Innern zur Deutschen Islamkonferenz vor dem Deutschen Bundestag am 28. September 2006 in Berlin*: https://www.bundesregierung.de/breg-de/service/bulletin/regierungserklaerung-des-bundesministers-des-innern-dr-wolfgang-schaeub le--797464 [25.07.2021].
13	Siehe die Position des Bundesminister zur Religionspolitik in Horst Seehofer, „Reden wir über Religion", *Die Welt*, (23.08.2018): https://www.welt.de/deb atte/kommentar/plus181267996/Innenminister-Horst-Seehofer-fordert-Deb atte-ueber-Religion-und-Staat.html [25.07.2021]; als kritische Replik dazu Volker Beck „Religionspolitik: Auch der Ramadan gehört zum Brauchtum in unserem Land", *Die Welt* (28.8.2018): https://www.welt.de/debatte/komment are/article181334910/Volker-Beck-Horst-Seehofer-muss-alle-Religionen-gleic h-behandeln.html [25.07.2021].
14	Horst Seehofer, *Grundsatzrede des Bundesinnenministers zum Auftakt der 4. Deutschen Islam Konferenz* (Berlin, 2018): https://www.deutsche-islam-konferenz. de/SharedDocs/Meldungen/DE/rede-seehofer-auftakt-vierte-dik.html?nn= 598216; ders. „Ein Islam in, aus und für Deutschland. Gastbeitrag", *FAZ*, 26.11.2018. https://www.faz.net/aktuell/politik/inland/horst-seehofer-uebe r-den-islam-in-deutschland-15910734.html [beide 25.07.2021]
15	Hermann Krings, *System und Freiheit. Gesammelte Aufsätze* (Freiburg, 1980), S. 196.
16	BVerfG, Urteil des Zweiten Senats vom 24. September 2003 – 2 BvR 1436/02 -, Rn. 37.
17	Vgl. hierzu Hans Michael Heinig, „‚Religionsgemeinschaft/Religionsgesellschaft': Herkunft, aktuelle Bedeutung und Zukunft einer religionsverfassungsrechtlichen Zentralkategorie", *Zeitschrift für evangelisches Kirchenrecht*, 64, 1 (2019), S. 1–23.
18	Ansgar Hense, „Staatliche Verträge mit muslimischen Akteuren – ein längerer, religionsverfassungsrechtlicher Zwischenruf zur Lage", in Björn Thümler (Hrsg.), *Wofür braucht Niedersachsen einen Vertrag mit islamischen Verbänden* (Vechta, 2016), S. 208

[19] Vgl. dazu BVerwG, Urteil vom 23.11.2000 – 3 C 40.99 Rn. 32; BVerfG, Urteil des Ersten Senats vom 15.01.2002 – 1 BvR 1783/99 –, Rn. 55.
[20] Artikel 140 GG i. V. m. Artikel 137 V WRV.
[21] BVerwG, Beschluss vom 20.12.2018 – 6 B 94.18; BVerwG, Urteil vom 23. Februar 2005 – 6 C 2.04.
[22] Gerhard Anschütz, *Die Verfassung des Deutschen Reiches vom 11. August 1919. Ein Kommentar für Wissenschaft und Praxis*, 14. Auflage (Berlin: Stilke, 1933), S. 633.
[23] Vgl. zum Beispiel: Die Arbeitsgemeinschaft Christlicher Kirchen e. V. oder die Arbeitsgemeinschaft der Kirchen und Religionsgesellschaften in Berlin e. V., die erst seit 2005 überhaupt als Verein eingetragen ist.
[24] Hans Michael Heinig, „,Religionsgemeinschaft/Religionsgesellschaft'", S. 12 f.
[25] Ebd., 11f.
[26] So auch Bernd Grzeszick, „Islamischer Religionsunterricht an öffentlichen Schulen", *Zeitschrift für evangelisches Kirchenrecht* 62 (2017), S. 381ff; ferner Hense „Staatliche Verträge mit muslimischen Akteuren", S. 224 f; Paul Stelkens, „Moscheeplanung zwischen Baurecht und Verfassungsrecht", Franz Sommerfeld (Hrsg.), *Der Moscheestreit* (Köln, 2008), S. 147ff.; ders., „Schweigen auf rechtlichem Neuland", *Kölner Stadtanzeiger*, 27.8.2007. www.ksta.de/13171154.
[27] Die Bundesregierung: BT-Drs. 18/13658, 4.
[28] Vgl. hierzu ferner Volker Beck, „Religionsverfassungsrecht – Bewährungsprobe Islam", *Zeitschrift für Rechtspolitik* 3, (2019), S. 85–88., insbes. S. 86; und ders. „Religionspolitik zur Verwirklichung von Freiheit und Gleichheit der Religion", in Karlies Abmeier, Andreas Jacobs, Thomas Köhler (Hrsg.), *Rechtliche Optionen für Kooperation zwischen deutschem Staat und muslimischen Gemeinschaften* (Münster: Konrad-Adenauer-Stiftung, 2019), S. 55–70, hier insbes. 66f.
[29] Hense „Staatliche Verträge mit muslimischen Akteuren", S. 208.
[30] Koopmans, *Das verfallene Haus des Islam*, S. 53.
[31] Auf diese Problematik der „nicht bekenntnisförmigen Organisationen" und des ausländischen Einflusses hat der Autor erstmals aufmerksam gemacht in Volker Beck, „Fahrplan zur Integration", *taz*, 16.04.2007: https://taz.de/!293082/ (Die Unterüberschrift ist meiner Erinnerung nach einen Zutat der Redaktion) und dann in ders. und Cem Özdemir, „Den Islam und andere Religionen der Einwanderer ins deutsche Religionsverfassungsrecht integrieren: Gleiche Rechte für Muslime, Aleviten und Jeziden!", *Kirche & Recht. Zeitschrift für die kirchliche und staatliche Praxis*, 21 (2015), S. 129–141.
[32] BVerwG, Beschl. v. 20.12.2018 – 6 B 94/18 (OVG Münster) in: NVwZ 2019, 236. Vgl. dazu auch Volker Beck „Religionsverfassungsrecht. Zeit der Metamorphosen", *FAZ Einspruch* (13.2.2019): https://einspruch.faz.net/einspruch-magazin/2019-02-13/zeit-der-metamorphosen/206529.html [25.07.2021]
[33] BVerwG, Urteil vom 23.2.2005 – 6 C 2/04 (OVG Münster) in NJW 2005, 2101.
[34] Zu den Erfordernissen der Rechtstreue siehe BVerfG, Urteil vom 19.12.2000 – 2 BvR 1500/97, NJW 2001, 429 (Zeugen Jehova). Die Probleme bei islamischen Verbänden mit Auslandsbezug sind allerdings andere, da es hier nicht um eine ausländische Zentrale einer apolitischen Religionsgemeinschaft wie bei den Zeugen Jehovas, sondern um staatliche oder anderweitig politische, nicht primär religiöse, Entitäten geht.
[35] Dazu mehr unter: *Islamische Verbände und ausländische staatliche oder politische Einflüsse auf deutschem Boden*

36 Abdassamad El Yazidi, *Gleichbehandlung führt über körperschaftsrechtliche Anerkennung Religionspolitische Antwort auf organisierte Muslime nach dem Pluralitätsverständnis des deutschen Grundgesetzes* (Alhambra Gesellschaft, 2021). S. 4.
37 Diana zu Hohenlohe, „Islamische Dachverbände als Religionsgesellschaften – ein Zwischenbericht", in *Zeitschrift für evangelisches Kirchenrecht* 64 (2019), S. 79–97, hier S. 80f.
38 Beschluss vom 20.12.2018 - BVerwG 6 B 94.18 Rn 2,4,23,24.
39 Vgl. zu Hohenlohe, „Islamische Dachverbände", S. 84ff. Sie nennt als Mitglieder des elfköpfigen Gelehrtenrates des Zentralrates „Cefli Ademi, Tarek Badawia, Ali Ceylan, Muhsin Ghachoui, Abdelmalek Hibaoui, Benjamin Idriss, Mahmoud Kellner, Abdelhak El Kouani, Sheikh Mbarek Kounta, Mohammed Mohsin und Muna Tatari." Sie nennt als Mitglieder des dreiköpfigen Gelehrtenrates des Islamrates „Şükrü Bulut, Ali Mete und Hulusinyi."
40 Die Kommunikation mit dem Islamrat erweckt den Eindruck, man habe im Verfahren die Existenz der Gelehrtenräte vorgetragen. (vgl. erste E-Mail von Kesici an den Autor vom 28.6.2021). Die Rechtsvertreterin dazu: Die „Fragen waren nicht Gegenstand des Verfahrens vor dem Bundesverwaltungsgericht und wurden deshalb in den Schriftsätzen auch nicht dargelegt." (Zitat aus der E-Mail von zu Hohenlohe vom 16.01.2020 an den Autor).
41 Laut Diana zu Hohenlohe gilt: „Die Angaben beruhen auf entsprechenden Informationen der beiden Verbände." (Zitat aus der E-Mail an den Autor vom 13.1.2020).
42 Vgl. Islamrat für die Bundesrepublik Deutschland, *Islamrat für die Bundesrepublik Deutschland: Selbstdarstellung*, (o.J.): http://islamrat.de/wp-content/uploads/2014/06/Islamrat_Selbstdarstellung.pdf.pdf [25.07.2021]
43 Zitat aus dem Schreiben von Herrn Burhan Kesici vom 17.6.2021 an den Autor.
44 Ebd.
45 Diana zu Hohenlohe, „Islamische Dachverbände", S. 85. Die neuerliche Nachfrage des Autors hierzu stammt vom 31.3.2021. Die erste Anfrage war vom 11.1.2020.
46 Zitat aus der ersten E-Mail von Herrn Burhan Kesici an den Autor vom 27.6.2021.
47 Ebd.
48 „Der Vorsitzende der Islamischen Föderation in Berlin und Mitglied des Gelehrtenrates des Islamrates, Murat Gül, hat heute am Gedenkgottesdienst für die ermordeten in #SriLanka teilgenommen und zu den Versammelten gesprochen". Tweet des Islamrats vom 28.4.2019: https://twitter.com/Islamratbrd/status/1122506619655544834/photo/1 [26.07.2021].
49 Vgl. Ahmad A. Reidegeld, *Handbuch Islam: Die Glaubens- und Rechtslehre der Muslime*, 4. Auflage (Kandern, 2021), 831 Seiten und ders., *Handbuch Islam: Studienausgabe*, hrsg. v. Islamrat für die Bundesrepublik Deutschland (Kandern, 2020), 4 Bde. mit insgesamt 265 Seiten.
50 Salim Spohr in: Reidegeld *Handbuch Islam*, S. 24. Vgl. Maximilian Popp, „Ankaras Trojaner", *Der Spiegel* (11.09.2011): https://www.spiegel.de/politik/ankaras-trojaner-a-658b14e1-0002-0001-0000-000080362881; Uta Rasche, „Islamische Organisationen in Deutschland. Rivalität und Konkurrenz", *FAZ* (25.10.2001): https://www.faz.net/aktuell/politik/islamische-organisationen-in-deutschland-rivalitaet-und-konkurrenz-1194985.html [beide 26.07.2021].
51 Vgl. Yassin Musharbash, „Islamrat renoviert Fassade", *taz* (30.01.2002): https://taz.de/!1128402/, [26.07.2021].

52 Vgl. dazu die Q&A-Seite des Islamrats mit Antworten auf häufig gestellte Fragen: https://www.islamrat.de/fragen/#hfaq-post-1802 [26.07.2021], allerdings ist keine Autorenschaft des Gelehrtenrates erkennbar. Vgl. auch *Informationen für das medizinische und seelsorgerische Personal in Krankenhäusern und Gesundheitseinrichtungen zum Umgang mit muslimischen Patienten und Angehörigen*, hrsg. vom Islamrat der Bundesrepublik Deutschland (2021): https://www.islamrat.de/wp-content/uploads/2021/04/Empfehlungen-und-Hinweise-Corona_.pdf – auch hier ist eine Autorenschaft des Gelehrtenrates nicht erkennbar. Weiter verweist Burhan Kesici auf die Broschüre *Fasten in der Schule: Eine Stellungnahme des Islamrats*, hrsg. vom Islamrat für die Bundesrepublik Deutschland (2016?): http://islamrat.de/wp-content/uploads/2016/06/Islamrat_Fasten-in-der-Schule.pdf – auch in dieser Publikation ist eine Autorenschaft des Gelehrtenrates nicht erkennbar. Im Impressum steht das Jahr 2016. Das ist vor der Einsetzung des ersten angeblichen Gelehrtenrates [alle Internetquellen 26.07.2021].

53 Vgl. hierzu den Tweet des Islamrats vom 4.11.2020 über eine Veranstaltungsreihe mit Kübra und Ibrahim Bahçi: https://twitter.com/Islamratbrd/status/1324067479606431744 [26.07.2021].

54 Vgl. hierzu Abdulkadir Macit, *Necmettin Erbakan* (Köln: PLURAL Publications, 2018); Engin Karahan, *Transformationsprozess im Rückwärtsgang?* (18.10.2020): https://karahan.net/2020/10/18/transformationsprozess-im-rueckwaertsgang/ [26.07.2021].

55 Zitat aus dem Schreiben von Herrn Burhan Kesici an den Autor vom 17.6.2021.

56 Vgl. dazu Landtag Nordrhein-Westfalen, Drucksache 17/8113 10.12.2019.

57 Der Vorsitzende Aiman Mazyek teilte mir im Februar 2019 mit, dass meine „bisherigen Verlautbarungen und öffentlichen Bekundungen auch nicht von einem fairen und differenzierten Umgang geprägt gewesen" (Zitat aus seiner E-Mail vom 22.02.2019) seien. Kritische Nachfragen werden in diesem Zusammenhang als Populismus im Sinne der AfD abgetan. Daher beantworte man meine Fragen (vom 13.1.2020, erneut 20.6.2021) nicht. Entsprechend blieben auch E-Mails mit Hinweisen und Nachfragen zu den falschen Angaben der Prozessbevollmächtigten und des Vorsitzenden unbeantwortet.

58 Zitat Aiman Mazyek in Eduard Kopp, „Wir sind bereit, bis zum Bundesverfassungsgericht zu gehen", *Chrismon* (16.03.2018): https://chrismon.evangelisch.de/mazyek, auch veröffentlicht unter http://islam.de/29776 [26.07.2021].

59 Vgl. „Der Tübinger Professor und die antisemitischen Redner". *Die Welt*, (20.9.2019): https://www.welt.de/print/die_welt/politik/article200619360/Der-Tuebinger-Professor-und-die-antisemitischen-Redner.html, Michael Weißenborn, „Islamismus an der Uni Tübingen. Weiterer Professor unter Islamismusverdacht", *Stuttgarter Nachrichten* (23.09.2019): https://www.stuttgarter-nachrichten.de/inhalt.islamismus-an-der-uni-weiterer-professor-unter-islamismusverdacht.54e4263b-d233-4449-8dff-c4dfd6c33db4.html [26.07.2021].

60 Zitat aus E-Mail von Herrn Abdelmalek Hibaoui an den Autor vom 22.9.2019

61 Vgl. hierzu Islam.de: „Delegation von Erzbischöfin zu Besuch in der Tarik-Moschee", Nachricht auf *www.islam.de* (13.03.2018): http://islam.de/29732 und „ZMD unterwegs für globalen Frieden", Nachricht auf *www.islam.de* (10.12.2018): http://www.islam.de/30585

62 Vgl. Josef Isensee, *Rechtsgutachten zum bekenntnisgebundenen islamischen Religionsunterricht, der an hessischen Schulen in Kooperation mit dem DITIB-*

Landesverband Hessen erteilt wird. Erstellt im Auftrag des Landes Hessen, vertreten durch das Hessische Kultusministerium (Wiesbaden, 2017): https://kultusminist erium.hessen.de/sites/default/files/media/prof._dr._josef_isensee_-_rechts gutachten_ditib_hessen_fuer_hkm_2017.pdf, S. 10-12, 73 [26.07.2021], VG Wiesbaden, Keine Aussetzung des bekenntnisorientierten islamischen Religionsunterrichts in Kooperation mit DITIB Landesverband Hessen e.V., Pressemitteilung, 2.7.2021: https://verwaltungsgerichtsbarkeit.hessen.de/pressem itteilungen/keine-aussetzung-des-bekenntnisorientierten-islamischen-religio nsunterrichts-in [26.07.2021]; LTO-Redaktion, „VG Wiesbaden: Aussetzung islamischen Religionsunterrichts rechtswidrig", *Legal Tribune Online* (05.07.2021): https://www.lto.de/recht/nachrichten/n/vg-wiesbaden-6k123 420wi-religionsunterricht-hessen-islam-trkischer-moscheeverband-ditib/ [26. 07.2021]. Die schriftliche Begründung lag zum Zeitpunkt des Redaktionsschlusses noch nicht vor.

63 Übersetzung von Isa Deveçeken, *Şehitlerimiz saygıyla anıldı*. *Avrupa Sabah* (12.7.2021): https://www.sabah.com.tr/avrupa/2021/07/12/sehitlerimiz-sa ygiyla-anildi oder: https://twitter.com/erenguevercin/status/141451645873 4903299, https://www.facebook.com/story.php?story_fbid=66014938827881 7&id=100028512848189. [alle 26.07.2021]. Die Abkürzung „FETÖ" steht in der türkischen Propaganda für „Fethullahçı Terör Örgütü" zu Deutsch „Fethullahistische Terrororganisation". Damit wird die Gülen-Bewegung, einstiger Partner der AKP; von der türkischen Regierung diffamiert.

64 Der Liberal-Islamischer Bund hat den Gebetskalender aufgefunden und gemeldet: https://twitter.com/LIB_eV/status/1415740594467528708 [26.07.2021].

65 DITIB Hamm: https://www.facebook.com/story.php?story_fbid=414221972 5874461&id=888269231269543, DITIB Würselen: https://www.facebook.com /story.php?story_fbid=1777117365783030&id=505471596280953; DITIB Bad Nauheim. https://www.facebook.com/story.php?story_fbid=5734598509944 849&id=100001842702649; DITIB Bad Nauheim: https://archive.ph/1caKY https://www.facebook.com/1540559872865736/posts/2904623996459310/ DITIB Schwäbisch Gmünd https://www.facebook.com/story.php?story_ fbid=5799077530133412&id=597003797007504, Yasar Durmus, Vorsitzender der Ditib Yildirim Beyazid Moschee Duisburg im Türkischen Konsulat Düsseldorf, https://www.facebook.com/story.php?story_fbid=573459850994484 9&id=100001842702649 [17.07.2021].

66 Zitat von Nicola Beer in Josef Isensee, *Rechtsgutachten*, S. 6. Vgl. für die Gesamtsituation ferner ebd. S. 71ff., 90.

67 BVerfG, Beschluss des Ersten Senats vom 27. Januar 2015 – 1 BvR 471/10: http://www.bverfg.de/e/rs20150127_1bvr047110.html. Zuvor bereits, noch relativ offen für eine Regelung: BVerfG, Urteil des Zweiten Senats vom 24. September 2003 – 2 BvR 1436/02: http://www.bverfg.de/e/rs20030924_2bv r143602.html [26.07.2021].

68 Die VIKZ, die auch türkisch-islamisch ist, ist hier bisher nicht entsprechend aufgefallen. Sie wird aber teilweise über den Koordinierungsrat der Muslime miteinbezogen in die Interessenspolitik der von Ankara beeinflussten oder gelenkten Verbände.

69 Vgl. dazu Landtag Nordrhein-Westfalen Drucksache 17/4966.

70 Vgl. dazu Christoph Schult, „Spionage-Verdacht. Grünen-Politiker Beck zeigt Imame an", *Der Spiegel* (17.12.2016): https://www.spiegel.de/politik/deut schland/volker-beck-zeigt-imame-der-ditib-wegen-spionage-verdacht-an-a-1

126240.html [26.07.2021]; Generalbundesanwalt beim Bundesgerichtshof, *Ermittlungsverfahren gegen mutmaßliche Informanten der Türkei wegen des Verdachts der geheimdienstlichen Agententätigkeit eingestellt* (Pressemitteilung vom 06. 12.2017): https://www.generalbundesanwalt.de/SharedDocs/Pressemitteilungen/DE/2017/Pressemitteilung-vom-06-12-2017.html [26.07.2021].

71 Bundesministerium des Innern, für Bau und Heimat, *Verfassungsschutzbericht 2020* (Berlin, 2021), S. 332 f.

72 Vgl. Till-Reimer Stoldt, „Abkehr von einem Vorzeige-Muslim", *Die Welt* (10.05.2021): https://www.welt.de/regionales/nrw/article231033531/NRW-Schulministerium-lehnt-Zentralrat-der-Muslime-als-Partner-ab.html; Yvonne Gebauer, *Ein neues, erfolgreiches Kapitel für den islamischen Religionsunterricht. Neue Kommission nimmt ihre Arbeit auf* (Pressemitteilung, 17.05.2021): https://www.schulministerium.nrw/presse/pressemitteilungen/ministerin-gebauer-ein-neues-erfolgreiches-kapitel-fuer-den-islamischen [beide 26.07. 2021].

73 Vgl. Beck, „Der Sinn von Religionspolitik", S. 111; Susanne Schröter, „Türkischer Rechtsextremismus in Deutschland - Die Grauen Wölfe. Antisemitisch, rassistisch, demokratiefeindlich" (Berlin: American Jewish Committee Berliner Ramer Institute, 2021), S. 23f.; Eißler, *Islamische Verbände*, S. 123f.; allgemeiner bei Kemal Bozay, *Graue Wölfe – die größte rechtsextreme Organisation in Deutschland*, (Berlin; Bundeszentrale für politische Bildung, 24.11.2017): http://www.bpb.de/politik/extremismus/rechtsextremismus/260333/graue-woelfe-die-groesste-rechtsextreme-organisation-in-deutschland [26.07.2021].

74 BT-Drs. 19/24388.

75 BT-Drs. 19/9415, S. 7 f.

76 Vgl. Verwaltungsgericht München, Urteil v. 23.05.2019 – M 30 K 17.1230, Çelebi, Musa Serdar: Offener Brief des ATIB Ehrenvorsitzenden Musa Serdar Çelebi an den Deutschen Innenminister Horst Seehofer, Kriftel, 9 September 2020. *https://www.atib.org/kopie-von-haber-90?lang=de* Durmuş Yıldırım: ATIB: Die Union der Türkisch-Islamischen Kulturvereine in Europa e.V. (ATIB) bedauert Aufnahme des Dachverbands in den Bundeverfassungsschutzbericht, erstmals seit der Gründung in 1987 (2020) *https://www.atib.org/kopie-von-haber-84?lang=de* [27.07.2021]

77 „Sie sind der erste Journalist seit zehn Jahren, der mir überhaupt solche Fragen stellt." Fabian Goldmann, „Interview mit dem stellvertretenden Vorsitzenden des „Zentralrats der Muslime" Mehmet Alparslan Çelebi" auf *Heise online*, (28.07.2020): https://www.heise.de/tp/features/Sie-sind-der-erste-Journalist-seit-zehn-Jahren-der-mir-ueberhaupt-solche-Fragen-stellt-4855414.html?seite=all [27.07.2021].

78 Vgl. dazu *Verfassungsschutzbericht 2019*, S. 274. Zum Expertengutachten Goldman „Interview mit Mehmet Alparslan Çelebi"; auch KNA, „Zentralrat der Muslime für Prüfung von Mitgliedsverband. Atib unter der Lupe", *Domradio* (16.07.2020): https://www.domradio.de/themen/islam-und-kirche/2020-07-16/atib-unter-der-lupe-zentralrat-der-muslime-fuer-pruefung-von-mitgliedsverband.– Auf Nachfrage des Autors bei Zentralrat und ATIB zu dem Experten und dem Gutachten gab es keine Reaktion. E-Mail der ATIB vom 13.06.2021 an den Autor: „Es haben einige Vorgespräche mit bestimmten Wissenschaftlern und Instituten stattgefunden, die sich in dieser Thematik

spezialisiert und dabei einen Namen gemacht haben. Pandemie bedingt konnten diese fruchtbaren Gespräche nicht zum Abschluss gebracht werden. Sobald hierzu ein abschließendes Ergebnis vorliegt, werden wir es mit der Öffentlichkeit teilen."

79 Vgl. hierzu Murat Cakir: Die schiefe Debatte: Verbot der Grauen Wölfe. antifra*, 6.5.2021.https://antifra.blog.rosalux.de/die-schiefe-debatte-verbot-der-grauen-woelfe/ auch „Çatlı'ya vermişler", Hürriyet (30.06.2000): https://www.hurriyet.com.tr/gundem/catliya-vermisler-39164894, auch dazu Dogan Tufan, „ETHEM'İ FRANKFURT'DA TOPRAĞA VERDİK", YozgatFM, (19.11.2020): https://www.yozgatfm.com.tr/yazarlar/dogan-tufan/ethem-i-frankfurt-da-topraga-verdik; dazu auch BirGün, „Frankfurt'taki ‚Hıdır' şaşkınlığı sürüyor", (20.11.2020): https://www.birgun.net/haber/frankfurt-taki-hidir-saskinligi-suruyor-323664 [alle 27.07.2021].

80 https://archive.is/m1fqo https://www.facebook.com/MehmetAlpCelebi/posts/10164450518930113 [alle 27.07.2021]

81 Bei der Schlacht von Çanakkale oder Gallipoli verteidigten sich die türkischen Streitkräfte erfolgreich gegen einen Angriff der Franzosen und Briten, die auch wegen Kemal Atatürks Rolle wichtig für die nationale Erinnerung blieb.

82 Vgl. Originaltweet auf https://twitter.com/MehmetCelebi/status/975630284614983680?s=20 (18.03.2018) beziehungsweise den Screenshot auf https://twitter.com/Volker_Beck/status/975417789971300352?s=20 [27.07.2021].

83 Zitat aus Tweet von Aiman A. Mazyek @aimanMazyek (19.05.2021): https://twitter.com/aimanMazyek/status/1395104269515251715?s=20 https://archive.is/tcndw [27.07.2021]

84 Isensee, *Rechtsgutachten zum bekenntnisgebundenen islamischen Religionsunterricht*, S. 21.

85 Ebd., S. 23.

86 Arnulf von Scheliha: Religionspolitik: Beiträge zur politischen Ethik und zur politischen Dimension des religiösen Pluralismus (Tübingen: Mohr Siebeck, 2018), S. 252.

87 BVerfG, Beschluss des Ersten Senats vom 28. Oktober 2008 - 1 BvR 462/06 -, Rn.56.

88 Jan Ehlert, „Streit um Islamunterricht in Niedersachsen", *NDRkultur* (22.02.2019): https://www.ndr.de/kultur/sendungen/freitagsforum/Streit-um-Islamunterricht,avenariusislamunterricht100.html; vgl. aber auch Stefanie Witten, „Islamunterricht: Ministerium entscheidet gegen Ditib und Schura", *Neue Osnabrücker Zeitung*, (14.2.2019): https://www.noz.de/deutschland-welt/niedersachsen/artikel/1655787/islamunterricht-ministerium-entscheidet-gegen-ditib-und-schura; [beide 27.07.2021]; Schreiben des Niedersächsischen Kultusministerium vom 25.11.2020 an den Autor.

89 Vgl. Julia Haak, „Islam-Institut: Eine muslimische Frau", *Berliner Zeitung* (28.05.2020): https://www.berliner-zeitung.de/politik-gesellschaft/eine-muslimische-frau-li.84567; vgl. auch Volker Beck, „Ausdruck von Pluralität und Gleichheit. Probleme mit den Verbänden beim Institut für Islamische Theologie der Humboldt-Universität", *Jüdische Allgemeine* (04.09.2019): https://www.juedische-allgemeine.de/meinung/ausdruck-von-pluralitaet-und-gleichheit/ [beide 27.07.2021].

90 Stiftung Sunnitischer Schulrat – Stiftung des öffentlichen Rechts: Unterlagen vom 21.06.2021 aufgrund des Antrags auf Informationszugang von Seiten des

Autors; vgl. dazu auch Thomas Thiel, „Lehrverbote durch Fundamentalisten", *FAZ* (30.06.2021).

91 Georg Ismar, Maria Kotsev, „NRW-Staatssekretärin Serap Güler im Interview: ‚Müssen gegen diese hässliche Fratze des Antisemitismus klare Antworten finden'", *Der Tagesspiel* (16.05.2021): https://www.tagesspiegel.de/politik/nrw-staatssekretaerin-serap-gueler-im-interview-muessen-gegen-diese-haessliche-fratze-des-antisemitismus-klare-antworten-finden/27193842.html?version=1&id=27193842; vgl. zum gleichen Interview auch *Der Tagesspiegel*, „NRW-Staatssekretärin Güler erwartet, dass Laschet türkeistämmige Wähler für die Union gewinnt", *Presseportal.de* (16.05.2021): https://www.presseportal.de/pm/2790/4916133 [27.07.2021], So auch Laschet selbst: „Ich bin davon überzeugt, dass die Deutschtürken einen sehr großen Anteil an meinem Wahlsieg haben werden". Faruk Şen: Armin Laschet ile röportaj. Brandday, 26.7.2021. https://brandday.net/genel/2021/07/26/armin-laschet-ile-roportaj/ [27.07.2021],

92 Vgl. zum Expertenkreis zum politischen Islamismus Bundesministerium des Innern, für Bau und Heimat, *Neuer Expertenkreis zum politischen Islamismus* (Pressemitteilung, 15.06.2021): https://www.bmi.bund.de/SharedDocs/pressemitteilungen/DE/2021/06/expertenkreis-politischer-extremismus.html; vgl. zum Unabhängigen Expertenkreis Antisemitismus Bundesminister des Innern, für Bau und Heimat, *Bundesinnenminister Seehofer beruft Mitglieder für Unabhängigen Expertenkreis Muslimfeindlichkeit*, (Pressemitteilung, 01.09.2020): https://www.bmi.bund.de/SharedDocs/pressemitteilungen/DE/2020/09/expertenkreis-muslimfeindlichkeit.html; vgl. zum Gleichsetzung zwischen Juden und Muslimen Mopo Redaktion: „‚Kein Unterschied: Erdogan vergleicht Muslime in Europa mit Juden vor dem Holocaust', in Hamburger Morgenpost (14.05.2021): https://www.mopo.de/news/kein-unterschied-erdogan-vergleicht-muslime-in-europa-mit-juden-vor-dem-holocaust-38387040/; [27.07.2021].

93 Vgl. die Argumentation Ronya Othmann, „Wie sie mit Rassismusvorwürfen ablenken", *FAZ*, 09.05.2021: https://www.faz.net/aktuell/feuilleton/islamistische-diskursverschiebung-wie-sie-mit-rassismusvorwuerfen-ablenken-17330305.html [27.07.2021]. Lucien Scherrer, „Islamisten instrumentalisieren den Holocaust – mit Unterstützung von Wissenschaftlern", *Neue Zürcher Zeitung* (27.04.2021): https://www.nzz.ch/feuilleton/wenn-sich-antisemiten-als-neue-juden-inszenieren-waere-widerspruch-gefragt-stattdessen-erhalten-sie-unterstuetzung-von-wissenschaftern-ld.1604691?reduced=true [27.07.2021]; vgl. auch Khorchide, „Sind wir nicht schon längst auf den politischen Islam hereingefallen?". *Die Presse*, 17.11.2020. https://www.diepresse.com/5898835/sind-wir-nicht-schon-langst-auf-den-politischen-islam-hereingefallen [27.07.2021].

94 Ein Vorschlag, der von den Professoren Heinig und Waldhoff auf einer Konferenz der Konrad-Adenauer-Stiftung gemacht wurde. Mehr dazu in „Kirchenrechtler fordert Ministerkonferenz für Religionsfragen Breitere Aufstellung für religionspolitische Diskussionen", *Evangelischer Pressedienst* (27.11.2018): https://www.ekd.de/kirchenrechtler-fordert-ministerkonferenz-fuer-religionsfragen-40910.htm; auch dazu Stefanie Witten, „Beck: Brauchen Religionsministerkonferenz: Wohin steuert die Deutsche Islamkonferenz?", *Neue Osnabrücker Zeitung* (27.11.2018): https://www.noz.de/deutschlandwelt/politik/artikel/1596007/wohin-steuert-die-deutsche-islamkonferenz [27.07.2021]; sowie Volker Beck, „Religionspolitik zur Verwirklichung von

Freiheit und Gleichheit der Religion", in Karlies Abmeier, Andreas Jacobs und Thomas Köhler (Hrsg.), *Rechtliche Optionen für Kooperation zwischen deutschem Staat und muslimischen Gemeinschaften* (Münster: Konrad-Adenauer-Stiftung, 2019), S. 69; dort auch S. 213. Unterstützend dazu Lucie Kretschmer und Ellen Ueberschär, „Religionspolitik als Vielfaltspolitik. Empfehlungen für eine grüne Religions- und Weltanschauungspolitik", *böll.brief Demokratie & Gesellschaft #24* (Berlin: Heinrich-Böll-Stiftung, Juni 2021), S.9.

95 Armin Falk, „Im Land der Kleinmütigen. Deutschlands Politiker verlassen sich zu sehr auf ihren Bauch. Ein fataler Fehler", *Die Zeit* (04.07.2021): https://www.zeit.de/2021/27/evidenz-politik-deutschland-bauchgefuehl-corona-massnahmen [27.07.2021].

96 Die Union fordert neue Lehrstühle und ein Dokumentationszentrum Politischer Islam. Siehe dazu: CDU/CSU-Fraktion im Deutschen Bundestag: Die freiheitliche Gesellschaft bewahren, den gesellschaftlichen Zusammenhalt fördern, den Politischen Islamismus bekämpfen. Positionspapier. Beschluss vom 20. April 2021. https://www.cducsu.de/sites/default/files/2021-04/PP%20Politischer%20Islamismus.pdf [27.07.2021]. Die Grünen fordern „eine unabhängige wissenschaftliche Einrichtung zur Erforschung der religiösen und weltanschaulichen Landschaft". *BUNDNIS 90 / DIE GRUNEN: Deutschland. Alles ist drin. Bundestagswahlprogramm 2021*: https://cms.gruene.de/uploads/documents/Wahlprogramm-DIE-GRUENEN-Bundestagswahl-2021_barrierefrei.pdf [27.07.2021]. S. 175.

97 Gerhard Anschütz kommentiert die Weimarer Reichsverfassung, deren religionsverfassungsrechtliches Repertoire im Artikel 140 Grundgesetz als Teil des Grundgesetzes fortwirkt. Sein Werk ist bis heute Referenzpunkt der religionsverfassungsrechtlichen Diskussion. Aufgrund der Ernennung Hitlers zum Reichskanzler beantragte er seine Emeritierung, da es sich mit der neuen Staatsordnung nicht arrangieren wollte.

98 Volker Beck, „Religionspolitik zur Verwirklichung" S. 69; Hans-Michael Heinig, „Die deutsche Islampolitik – ambitionslos und inkonsequent", *Die Welt*, 17.11.2020. https://www.welt.de/debatte/kommentare/plus220315534/Integration-Wie-die-deutsche-Islampolitik-umsteuern-muss.html [27.07.2021]. auch Lucie Kretschmer, Ellen Ueberschär, „Religionspolitik als Vielfaltspolitik, S.9.

99 Vgl. Hasso Suliak, „Veranstaltung ‚Islam und Recht'. Sondergesetze für Muslime?", *Legal Tribune Online*, (14.02.2019): https://www.lto.de/recht/hintergruende/h/islam-muslime-recht-tagung-berlin-koerperschaft-integration-grundgesetz/ [27.07.2021], Beck „Religionspolitik zur Verwirklichung" S. 70.

100 Vgl. dazu Koopmans, *Das verfallene Haus des Islam*, S. 249.

101 Vgl. dazu Georg Mascolo, Ronen Steinke, „Moscheenfinanzierung: Im Auswärtigen Amt wird geprüft, ob die Spenden aus den Golfstaaten willkommen sind", *Süddeutsche Zeitung*, (28.12.2018) https://www.sueddeutsche.de/politik/moscheenfinanzierung-wie-die-kontrolle-der-geldfluesse-aus-dem-golf-ablaeuft-1.4266857-0 [27.07.2021]. Auch die Union will hier weitergehen. Vgl. CDU/CSU-Fraktion Positionspapier 2021.

102 Kretschmer/Ueberschär, „Religionspolitik als Vielfaltspolitik", S. 9. Diese Position der Heinrich Böll Stiftung ist umso erstaunlicher, da der Bericht der Religionskommission und der Parteitagsbeschluss der ihr nahestehenden Partei Bündnis 90/Die Grünen hierzu noch klar formulierte: „Die vier großen muslimischen Verbände (DİTİB, Islamrat, Zentralrat der Muslime, V.I.K.Z.) erfüllen aber aus grüner Sicht zum gegenwärtigen Zeitpunkt nicht die vom

Grundgesetz geforderten Voraussetzungen an eine Religionsgemeinschaft im Sinne des Religionsverfassungs- rechts. Sie sind religiöse Vereine. Ihre Identität und Abgrenzung untereinander ist nicht durch Unterschiede im religiösen Bekenntnis begründet, sondern politischen und sprachlichen Identitäten aus den Herkunftsländern und der Migrationsgeschichte geschuldet. Die DITIB ist dabei zudem eine Tochterorganisation des Präsidiums für Religionsangelegenheiten (Diyanet İşleri Başkanlığı) in Ankara. Die strukturelle Abhängigkeit von einem Staat und dessen jeweiliger Regierungspolitik entspricht nicht der grundgesetzlich geforderten Trennung von Religion und Staat." Aus Bündnis 90/Die Grünen, *Abschlussbericht der Kommission „Weltanschauungen, Religionsgemeinschaften und Staat"* (Berlin, 2016): https://sven-giegold.de/wp-content/uploads/2016/03/Abschlussbericht_ReliKomm_GRÜNE.pdf, S. 4 [27.07.2021].

[103] Vgl. dazu Bürgerschaft der Freien und Hansestadt Hamburg Drucksache 22/4964, vgl. auch Björn Stritzel, „SPD und Grüne wollen Islamisten in NDR-Rundfunkrat holen", *Bild*, (01.7.2021): https://www.bild.de/politik/ausland/politik-ausland/hamburg-spd-und-gruene-wollen-islamisten-in-rundfunkrat-holen-76935830.bild.html [27.07.2021].

[104] Vgl. dazu aus evangelischer Perspektive Hanna Fülling, „„Religionspolitik vor den Herausforderungen der Pluralisierung", in *EZW Texte* 259 (Berlin, 2019); vgl. auch Kretschmer/Ueberschaer (2021), „Religionspolitik als Vielfaltspolitik". Die Mitgliederzahlen beziehungsweise die Schätzung von Anhängerschaften von Religionen und Weltanschauungsgemeinschaften in Deutschland sammelt der Religionswissenschaftliche Medieninformationsdienst remid: https://www.remid.de/info_zahlen/ [27.07.2021].

[105] Karl Popper, *Die offene Gesellschaft und ihre Feinde*, Band I *Der Zauber Platons*, 8. Auflage (hrsg. v.: Hubert Kiesewetter, Tübingen: 2003), S. 147, ebd. 361f.; ders. Band II *Falsche Propheten, Marx und die Folgen*, 8. Auflage, (hrsg. v.: Hubert Kiesewetter, Tübingen: 2003), S. 442.

[106] Sascha Lobo, „Verstörende Gleichgültigkeit: Von der linksbürgerlichen Islamismustoleranz", *Der Spiegel*, (07.07.2021): https://www.spiegel.de/netzwelt/verstoerende-gleichgueltigkeit-von-der-linksbuergerlichen-islamismustoleranz-kolumne-a-f2371f37-ac62-4116-b2c1-823496130edd [27.07.2021].

Autorinnen und Autoren

Helene Aecherli ist Reporterin bei der Frauenzeitschrift *annabelle*, freischaffende Publizistin und Moderatorin. Seit Jahren liegt der Fokus ihrer Arbeit auf Gender- und Menschenrechtsfragen sowohl in Europa als auch im Nahen Osten. 2019 wurde sie als „Reporterin des Jahres" ausgezeichnet.

Ebrahim Afsah, Prof. Dr., ist Jurist. Er ist seit 2018 Professor für Rechtswesen und Ethik im Islam am Institut für Europarecht, Internationales Recht und Rechtsvergleichung an der Universität Wien. Zugleich ist er seit 2012 Assoziierter Professor für Völkerrecht an der Universität Kopenhagen. Zuvor arbeitete er lange als Rechts- und Verwaltungsexperte in der Entwicklungszusammenarbeit, hauptsächlich in Afghanistan. Seine Forschungsschwerpunkte sind das allgemeine Völkerrecht, besonders Kriegsrecht; das islamische Recht, besonders dessen öffentlicher Teil; sowie vergleichendes Verfassungsrecht, besonders das der muslimischen Staaten.

Volker Beck war von 1994 bis 2017 Mitglied des Deutschen Bundestages. In dieser Zeit war er u.a. rechtspolitischer, menschenrechtspolitischer, migrationspolitischer und religionspolitischer Sprecher der Bundestagsfraktion von Bündnis 90/Die Grünen. Zudem war er von 2014 bis 2017 Vorsitzender der deutsch-israelischen Parlamentariergruppe des Bundestags. Seit dem Wintersemester 2017/18 ist er als Lehrbeauftragter für Religionspolitik am Centrum für Religionswissenschaftliche Studien der Ruhr-Universität Bochum.

Aje Carlbom, Dr., ist Sozialanthropologe an der Universität Malmö, wo er zu den Schwerpunkten Multikulturalismus, Islamismus und Segregation forscht und lehrt. Seine kritische Auseinandersetzung mit der schwedischen Migrations- und Integrationspolitik begann in den späten 1990er-Jahren als er für seine Dissertation drei Jahre im Malmöer Stadtteil Rosengård lebte und die Beziehungen zwischen einheimischen Schweden und zugewanderten

Muslimen untersuchte. Die schwedische Zivilschutzbehörde beauftragte ihn 2017 damit, die Aktivitäten der Muslimbruderschaft in Schweden zu untersuchen.

Heiko Heinisch ist Historiker. Als freiberuflicher Autor und Publizist arbeitet er seit einigen Jahren vor allem zu den Themen Menschenrechte, Integration und Islam. Er ist Koautor des von der österreichischen Bundesregierung in Auftrag gegebenen Forschungsberichts *Die Rolle der Moschee im Integrationsprozess* (Wien, 2017). Zuletzt veröffentlichte er zusammen mit Nina Scholz das Buch *Alles für Allah. Wie der politische Islam unsere Gesellschaft verändert* (Molden, 2019).

Ayaan Hirsi Ali ist Politikwissenschaftlerin. Sie war von 2003 bis 2006 Abgeordnete des niederländischen Parlaments. Seit ihrer Auswanderung in die USA ist sie wissenschaftlich tätig, gegenwärtig an der Hoover Institution der Universität Stanford. Im Jahr 2007 gründete sie die AHA-Stiftung zur Stärkung vor Frauenrechten. Im Zentrum steht der Kampf gegen Kinderheirat, Zwangsheirat, Ehrenmorde und weibliche Genitalverstümmelung. Als Autorin und Publizistin hat sie zahlreiche Texte veröffentlicht. Ihr aktuelles Buch trägt den Titel *Beute. Warum muslimische Einwanderung westliche Frauenrechte bedroht* (Bertelsmann, 2021).

Eckhard Jesse, Prof. Dr., ist Politikwissenschaftler. Er war von 1993 bis zu seiner Emeritierung im Jahr 2014 Professor für Politikwissenschaft an der TU Chemnitz. Er gibt seit1989 das von ihm ins Leben gerufene *Jahrbuch Extremismus & Demokratie* heraus. Er schreibt regelmäßig für die *Neue Zürcher Zeitung*. In jüngerer Zeit gab er u.a. (zusammen mit Tom Mannewitz) den Band *Extremismusforschung. Handbuch für Wissenschaft und Praxis* (Nomos, 2018) heraus.

Necla Kelek, Dr., ist Soziologin. Sie ist freiberuflich als Autorin und Publizistin tätig und engagiert sich im Vorstand von Terre des Femmes. Seit Januar 2020 ist sie erste Vorsitzende des „Vereins Säkularer Islam Hamburg e.V.", der säkularen und liberalen Musliminnen und Muslimen Gehör verschaffen und als Gegengewicht zum konservativen, scharia-orientierten Verbandsislam wirken will. Das zuletzt von ihr veröffentlichte Buch trägt den Titel *Die unheilige Familie. Wie die islamische Tradition Frauen und Kinder entrechtet* (Droemer, 2019).

Thomas Kessler arbeitet seit vielen Jahren in den Bereichen Stadtentwicklung, Migration und Integration sowie Radikalisierung. Er war von 1999 bis 2009 Delegierter für Migration und Integration sowie Leiter der Integrations- und Antidiskriminierungsstelle des Kantons Basel-Stadt, danach leitete er bis 2017 die Abteilung Kantons- und Stadtentwicklung mit den Fachstellen Diversität, Religion und Integration, Strategie und Grundlagen sowie Wohnen. 2016 wurde er zudem Leiter der neu geschaffenen Task Force Radikalisierung Basel-Stadt. Seit 2017 arbeitet er als Projektentwickler und Berater u.a. zu Migrations- und Integrationsfragen.

Ruud Koopmans, Prof. Dr., ist Direktor der Abteilung „Migration, Integration und Transnationalisierung" am Wissenschaftszentrum Berlin sowie Professor für Soziologie und Migrationsforschung an der Humboldt-Universität Berlin. Zuletzt veröffentlichte er das Buch *Das verfallene Haus des Islam. Die religiösen Ursachen von Unfreiheit, Stagnation und Gewalt* (C.H Beck, 2020), das bereits ins Niederländische und Dänische übersetzt wurde.

Sandra Kostner, Dr., ist Historikerin und Soziologin. Seit 2010 ist sie als Migrationsforscherin und Geschäftsführerin des Masterstudiengangs Interkulturalität und Integration an der PH Schwäbisch Gmünd tätig. Sie gab u.a. den Band *Identitätslinke Läuterungsagenda. Eine Debatte zu ihren Folgen für Migrationsgesellschaften* (ibidem, 2019) heraus.

Elham Manea, Dr. habil., ist Privatdozentin am Institut für Politikwissenschaft der Universität Zürich. Als Frauen- und Menschenrechtsaktivistin berät sie staatliche und nichtstaatliche Organisationen und engagiert sich für die Etablierung eines humanistischen Islam. Zuletzt veröffentlichte sie das Buch *Der alltägliche Islamismus. Terror beginnt, wo wir ihn zulassen* (Kösel, 2018).

Magnus Norell, Dr., ist Politikwissenschaftler. Er ist assoziierter Wissenschaftler am Washington Institute und Politikberater bei der Europäischen Stiftung für Demokratie in Brüssel. Zuvor war er u.a. als Analyst beim schwedischen Geheimdienst und Militärgeheimdienst sowie bei der Schwedischen Behörde für Verteidigungsforschung tätig. Er forscht und publiziert zu internationalen Sicherheitsfragen, insbesondere zu den Themen Terrorismus und radikaler Islamismus.

Armin Pfahl-Traughber, Prof. Dr., ist Politikwissenschaftler und Soziologe. Er lehrt an der Hochschule des Bundes für öffentliche Verwaltung in Brühl und gibt ebendort das *Jahrbuch für Extremismus- und Terrorismusforschung* heraus. Seine Arbeitsschwerpunkte sind Antisemitismus, Extremismus, Ideengeschichte, Ideologiekritik, Islamismus, Terrorismus und Zeitgeschichte.

Rebecca Schönenbach ist Diplom-Volkswirtin. Sie arbeitet als Analystin schwerpunktmäßig zu den Themen Extremismusbekämpfung und Terrorismusfinanzierung. Sie ist Vorsitzende des Vereins Frauen für Freiheit e.V., der sich vor allem für die Prävention von Gewalt gegen Frauen einsetzt. Zusammen mit Naïla Chikhi hat sie den Sammelband *Ich will frei sein, nicht mutig. FrauenStimmen gegen Gewalt* (Alibri, 2021) herausgegeben. Als Publizistin schreibt sie seit Juni 2021 für die *Welt am Sonntag* alle 14 Tage die Kolumne „Für die Freiheit".

Kristina Schröder, Dr., ist Soziologin und Publizistin. Von 2002 bis 2017 war sie Mitglied des Deutschen Bundestages. Als Mitglied des Innenausschusses war sie Berichterstatterin der CDU/CSU-Bundestagsfraktion für Islam, Integration und Extremismus. Von 2009 bis 2013 gehörte sie dem Bundeskabinett als Ministerin für Familie, Senioren, Frauen und Jugend an. Als Publizistin schreibt sie regelmäßig Kolumnen für *Die Welt*.

Susanne Schröter, Prof. Dr., ist Ethnologin. Sie ist Professorin für Ethnologie an der Goethe-Universität Frankfurt, wo sie 2014 das Frankfurter Forschungszentrum Globaler Islam gegründet hat, als dessen Direktorin sie seitdem fungiert. Sie forscht schwerpunktmäßig zu den Themen Islamismus und Dschihadismus, liberaler Islam und Frauenbewegungen in der islamischen Welt. Zuletzt publizierte sie die Bücher: *Politischer Islam. Stresstest für Deutschland* (Gütersloher Verlagsgesellschaft, 2019) und *Allahs Karawane. Eine Reise durch das islamische Multiversum* (C.H. Beck, 2021).

Lorenzo Vidino, Dr., ist Programmdirektor für Extremismus an der George Washington University in Washington D.C. Er forscht vor allem zu den Themen Radikalisierung und Islamismus. Zuletzt veröffentlichte er das Buch *The Closed Circle: Joining and Leaving the Muslim Brotherhood in the West* (Columbia University Press, 2020).

Joachim Wagner, Dr., ist Journalist und Autor. Als Journalist war er unter anderem der Leiter und Moderator des NDR-Politmagazins *Panorama* sowie Leiter des ARD-Studios London und zuletzt bis Ende 2008 stellvertretender Leiter des ARD-Hauptstadtstudios. Als Autor publizierte er beispielsweise das Buch *Die Macht der Moschee. Scheitert die Integration am Islam?* (Herder, 2018).

Michael Wolffsohn, Prof. Dr., ist Historiker und Publizist. Er war von 1981 bis 2012 Professor für Neuere Geschichte an der Universität der Bundeswehr München. Er hat über 30 wissenschaftliche Bücher veröffentlicht, darunter *Wem gehört das Heilige Land?* (15. Auflage 2019; *Whose Holy Land?* englische Ausgabe 2021); *Israel* (8. Auflage 2015; englische Ausgabe 2021); *Ewige Schuld?* (5. Auflage 1990) und *Deutschjüdische Glückskinder* (3. Auflage 2018; als umgearbeitetes Kinderbuch 2021).

***ibidem**.eu*